Das verkannte Jahrhundert

Der Historismus
am Beispiel
Wiesbaden

*Dieses Buch ist
meiner Frau Ingeborg gewidmet.*

Danksagung

Mein ganz besonderer Dank gilt Herrn Dr. Hans von Papen†, der aus seiner umfangreichen Sammlung von Stichen, Zeichnungen und anderen historischen Zeugnissen zur Geschichte der Stadt Wiesbaden viele Abbildungen für dieses Buch zur Verfügung gestellt hat.

Dank sagen möchte ich auch dem Stadtarchiv Wiesbaden für die hilfreiche Unterstützung bei der Recherche und der Bebilderung dieses Buches.

Ebenso gilt mein Dank den vielen Gesprächspartnern, die sich mit mir für die Würdigung der Stadt Wiesbaden als Stadt des Historismus einsetzen.

Gerlinde Thalheim, Heike Kühn und Sonja Lucas vom MONUMENTE-Verlag der Deutschen Stiftung Denkmalschutz danke ich für die verlegerische Betreuung dieses Buches sowie Christian Kiesow für die sehr sorgfältige Erstellung der Pläne und Klaus Kiesow für die Konzeption der CD.

Wenn ich hier einen Dank an jene privaten Hausbesitzer in Wiebaden anfüge, die als Eigentümer ihre Denkmale erhalten und unterhalten und somit der Allgemeinheit einen großen Dienst erweisen, hoffe ich, aus dem Herzen vieler Einwohner und Besucher unserer Stadt zu sprechen.

Gottfried Kiesow

Das verkannte Jahrhundert

Der Historismus am Beispiel Wiesbaden

DEUTSCHE STIFTUNG
DENKMALSCHUTZ

monumente
Publikationen

Inhalt

Ohne den Blick auf die Geschichte lässt sich Wiesbadens Entwicklung nicht verstehen: Die römischen Thermen und das fränkische „Bad in den Wiesen"; das Haus Nassau, das seit dem Mittelalter hier regierte, von Grafen zu Fürsten und im 19. Jahrhundert schließlich zu Herzögen aufstieg; die Zeit unter preußischer Verwaltung, während der Wiesbaden den Glanz einer Weltkurstadt erlebte, in der sich die Berühmten, Reichen und Mächtigen Europas trafen.

Das Kapitel zeichnet ein detailliertes Bild des stürmischen baulichen Wachstums Wiesbadens im 19. Jahrhundert. Ausgangspunkt ist das Historische Fünfeck, ein in Deutschland einzigartiger klassizistischer Stadtgrundriss. Die Entwicklung von der Kleinstadt zur Großstadt bis zur Weltkurstadt wird in zahlreichen Plänen und zeitgenössischen Darstellungen nachvollziehbar. Geschlossene Straßenfronten, aufwendige Villen in bevorzugter Lage und stadtbildprägende Bauten aus allen Phasen machen Wiesbaden zur bedeutendsten Stadt des Historismus in Deutschland.

Eine Einführung in die Baukunst des Historismus: Anhand der zahlreichen hervorragenden Bauwerke in Wiesbaden veranschaulicht Gottfried Kiesow die fünf Phasen des Historismus. In vielen Vergleichsbeispielen zeigt er ganz konkret, an welchen Epochen und Vorbildern aus ganz Europa sich die Baukunst im 19. Jahrhundert orientierte und daraus eigene Stilformen entwickelte.

Die CD-ROM

Diesem Buch ist eine CD beigefügt, die vor allem in den beiden ersten Kapiteln über das Buch hinausgeht. Da die Abbildungsnummerierung im Buch Bezug auf die CD nimmt, ist sie im Buch nicht überall schlüssig. Wo es notwendig erschien, sind im Text Verweise auf die CD eingefügt.

Die CD bietet die Möglichkeit, alle Bilder heran zu zoomen und so die Bauwerke im Detail zu betrachten. Dieser Vorteil gilt in besonderem Maße für die Pläne. Sie lassen sich so weit vergrößern, dass die Entstehungszeit einzelner Quartiere und Häuser nachvollzogen werden kann, da jeweils neu hinzugekommene Bauten rot gekennzeichnet sind.

Auch die Volltextsuche nutzt die Vorteile des elektronischen Mediums und hilft Ihnen, bestimmte Bauwerke oder Stichworte zu finden. Ein spezifisches Glossar beantwortet dem interessierten Laien Fragen zur Stilkunde.

Das Programm der CD läuft auf Microsoft®-Betriebssystemen ab Windows 98.

Wie alle Produkte der MONUMENTE Publikationen der Deutschen Stiftung Denkmalschutz dient auch dieses Buch mit der CD dazu, für Denkmalkultur zu sensibilisieren. Die Erlöse kommen den Satzungsaufgaben der Stiftung zugute. Deshalb möchten wir Sie herzlich bitten, von der CD keine Kopien zu erstellen, sondern sich bei zusätzlichem Bedarf an CDs an die im Impressum angegebene Verlagsadresse zu wenden.

DEUTSCHE STIFTUNG
DENKMALSCHUTZ

„Städte sind wie eine steinerne Chronik.
Man muss nur lernen,
wie man darin lesen kann."

Gottfried Kiesow

Unter dieses Motto stellt Gottfried Kiesow seine erfolgreichen Bücher. Es gehört zu seinen Überzeugungen als Autor, Lehrender und Reiseleiter und in besonderem Maße zu seinem Beruf als Kunsthistoriker und Denkmalpfleger, dass man das Auge zum wichtigsten „Werkzeug" schulen kann. Nur wer genau hinschaut und dabei vor seinem inneren Auge Vergleiche heranzieht, vermag Architektur in ihrem künstlerischen, handwerklichen, technischen und geistigen Zusammenhang zu erfassen. Diesen Ansatz möchte Gottfried Kiesow auch mit dem vorliegenden Buch vermitteln.

Je näher wir der Gegenwart kommen, desto schwieriger ist die Beurteilung der Kunst und Architektur. Was wird überdauern? Woran werden spätere Generation ihr Geschichtsbewusstsein und ihr Identitätsgefühl knüpfen? Wenn Professor Kiesow mit diesem Buch den Historismus würdigt, einen Stil, der zu den jüngeren Epochen der Kunstgeschichte gehört, so geschieht dies in dem Bewusstsein, dass die Baukunst des 19. Jahrhunderts lange Zeit keine große Wertschätzung genoss.

Die fatale Folge war der Verlust zahlreicher historischer Gebäude, die zwar die Kriegszerstörung überstanden hatten, aber vielerorts abgerissen wurden zugunsten einer Umgestaltung der Innenstädte mit völlig neuen Größenordnungen. Als in den 70er Jahren eine positivere Einstellung zur Architektur des 19. Jahrhunderts aufkam, wurden durchaus lautstark Argumente gegen den Abriss und für die Denkmalpflege diskutiert, verbunden mit dem Ruf nach Ensembleschutz von Gründerzeitvierteln. Dennoch ging in vielen Städten im Westen wie im Osten Deutschlands weitere Bausubstanz verloren. Das Thema bleibt aktuell.

Bundesweit stehen Wohnhäuser aus dem 19. Jahrhundert auf Spekulationsterrain. Ihr Erhalt stellt große Anforderungen an die Eigentümer – man denke nur an die Fassaden, die eine aufwendigere Pflege erfordern. Mit diesem Buch möchten wir als Stiftung deshalb auch Eigentümer und Planer, Kommunen und Denkmalpfleger in ihrem Engagement für die Architektur des 19. Jahrhunderts bestärken.

Wiesbaden ist dafür ein ausgezeichnetes Beispiel, denn dort wird die Wohnqualität wesentlich durch die historische Architektur geprägt. Die Stadt erfuhr im 19. Jahrhundert eine großartige städtebauliche Blütezeit. Sie ist heute das bedeutendste Gesamtkunstwerk für den Historismus in Deutschland.

Dass aus diesem Buch die besondere Begeisterung des Autors für Wiesbaden spricht, kommt nicht von ungefähr: Lebt und arbeitet Gottfried Kiesow doch seit fast 40 Jahren in der hessischen Landeshauptstadt. Als Bürger gehört er zu denjenigen, die die Stadt tagtäglich erleben, als Landesdenkmalpfleger von Hessen war er von 1966 bis 1996 zuständig für die denkmalpflegerische Leitlinie.

Wer aus dieser Kombination die Erwartung von besonderem Kenntnisreichtum und Herzblut schöpft, wird nicht enttäuscht werden.

Dr. Robert Knüppel
Generalsekretär
der Deutschen Stiftung Denkmalschutz

Zur Geschichte Wiesbadens

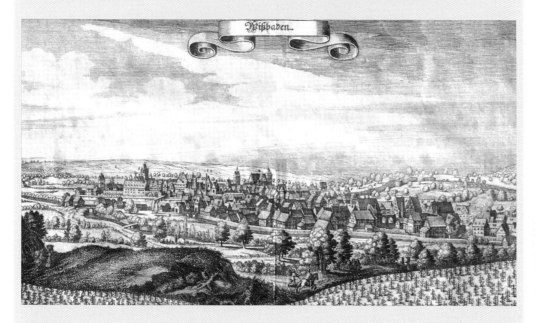

Zu der fast zweitausend Jahre fassbaren, von Höhen und Tiefen geprägten Geschichte Wiesbadens ist bereits viel veröffentlicht worden, besonders anschaulich zusammengefasst von Albert Schaefer in seinem Buch „Wiesbaden". In meinem Beitrag geht es in erster Linie um die kunstgeschichtliche Würdigung mit dem Schwerpunkt Historismus. Geschichtliche Ereignisse werden deshalb vor allem dann geschildert, wenn sie Einfluss auf das Stadtbild und die erhaltenen Kulturdenkmale hatten.

Die Römer nutzten die heißen Quellen, von den Franken erfahren wir den Namen „wisibada", den das Reichsgut trug. Im Mittelalter spielte Wiesbaden zwar keine besonders hervorgehobene Rolle, es hatte jedoch immerhin den Status einer Reichsstadt. Damals treten erstmals die Grafen von Nassau auf, die in ihrer durchaus komplizierten Familiengeschichte mit wechselnden Linien bis 1866 Wiesbadener Geschichte prägten. Von besonderer Bedeutung ist Graf Georg August Samuel, barocker Herrscher, der die Fürstenwürde erlangte. 1803 stieg Wiesbaden zum Herzogtum auf. Das Ende der nassauischen Herrschaft kam mit den Preußen, die Wiesbaden 1866 zur Provinzhauptstadt machten.

Das 19. Jahrhundert sah dann den Aufstieg Wiesbadens zur Weltkurstadt und damit verbunden eine rasante Stadtentwicklung, die mit ihrer Stadtanlage, ihren Straßenzügen und Plätzen, den sakralen, öffentlichen und privaten Bauten heute den großen kunsthistorischen Wert als Beispiel für den Historismus sowie die hohe Wohnqualität für Bewohner und Besucher ausmachen.

Von der Hohen Wurzel mit einer Höhe von 584 Metern über dem Meeresspiegel fallen die Südhänge des Taunus sanft bis ins Rheintal ab (Abb. 1) und erreichen am Schiersteiner Hafen 83 Meter über dem Meeresspiegel. Angenehmes Klima, fruchtbare Böden und die Nähe zum Rhein haben schon sehr früh zu einer menschlichen Besiedlung der heutigen Gemarkung geführt.[1] Die Grabungen der Archäologen bestätigten dies. Zunächst lebten in dieser Gegend die Kelten, die um 50 v. Chr. von Germanen abgelöst wurden. Heute noch erkennbare Spuren sind die germanischen Ringwälle am Schläferskopf, am Hang unterhalb der Platte (genannt Würzburg) und die „Burg" in Rambach unweit des Sportplatzes.

In das Licht der Geschichte – also der schriftlichen Überlieferung – tritt der Ort um

50 n. Chr. durch die Erwähnung von Plinius d. Ä. „sunt et Mattiaci in Germania fontes calidi trans Rhenum" [Es gibt bei den Mattiakern in Germanien jenseits des Rheins heiße Quellen]. Von Anfang an bis in die jüngste Vergangenheit haben die heißen Quellen in der Geschichte Wiesbadens die zentrale Rolle gespielt. Sie waren Anlass zur Entstehung der Stadt und der Grund für die Siedlungskontinuität. Im 19. Jahrhundert bildeten sie schließlich den Dreh- und Angelpunkt für die Blütezeit Wiesbadens.

Wiesbaden in der Römerzeit

Das linke Rheinufer von Mainz hatten die Römer bereits zwischen 39 und 37 v. Chr. besetzt. Von dort aus haben sie die heißen Quellen auf der rechten Rheinseite entdeckt und genutzt. Und auch das gehört untrennbar zur Geschichte von Wiesbaden: Das wechselvolle, mehr gestörte als freundschaftliche Verhältnis zu dem bis in das 19. Jahrhundert hinein ungleich bedeutenderen Mainz. Ab der Wilhelminischen Ära hat das nur wenig jüngere Wiesbaden Mainz in seiner Entwicklung überholt.

Das römische „Aquis Mattiacis"

Während Mainz zur Römerzeit vom Militärlager für zwei Legionen bis zur Hauptstadt der römischen Provinz Obergermanien (Germania Superior) aufstieg, diente „Aquis Mattiacis" der Gesundheit von Legionären und Bürgern des großen Mainz, als Handelsplatz und Wohnort von Angehörigen der Legionäre.[2] Es war beliebtes Gebiet für den Bau von Landhäusern.

Heute sind beiderseits des Römertores (Abb. 4, S. 12) Abgüsse der römischen Gedenksteine aufgestellt (Originale im Museum Wiesbaden), die die Bedeutung der Heilquellen bezeugen. Mit der Befestigung der Siedlung bei den heißen Quellen begannen die Römer zur Regierungszeit Caligulas (37–41 n. Chr.), wie Grabungsfunde im Gebiet zwischen Kleiner Schwalbacher Straße, Hochstätt, Mauritiusplatz und Friedrichstraße zu Tage brachten.

Zugleich bildete „Aquis Mattiacis" mit den Befestigungsanlagen im Hinterland des rechtsrheinischen Limes einen schützenden Vorposten. Es war jene Brückenkopf-Funktion, wie sie Deutz für Köln, später Sachsenhausen für Frankfurt am Main und Kehl für Straßburg besaßen. Mainz-Kastel, seit 1946 in der Verwaltung von Wiesbaden, bildete den Brückenkopf, herausgehoben durch einen Ehrenbogen für Germanicus (Abb. 2). Ein Meilenstein gab die Entfernung zu den „Aquae Mattiacae" mit „VI mille passum" an, das sind 6 000 Doppelschritt, damit neun Kilometer.

Um die ständig den Limes angreifenden Chatten vom rechten Rheinufer fernzuhalten, legten die Römer an der heutigen Schwalbacher Straße ein Erdlager an, das bald durch ein steinernes Kastell ersetzt wurde (Abb. 3/CD 44). Durch Ausgrabungen ist uns diese mittelgroße Garnison für eine Kohorte (500 Mann) näher bekannt. Nur die Kastellstraße folgt noch dem Verlauf der ehemaligen Nordmauer, sonst weist der Stadtgrundriss des 19. Jahrhunderts keinerlei Bezüge zum Römerkastell auf. Es hat ja auch nur bis 121 n. Chr. bestanden, dann wurde die Kohorte unmittelbar an den Limes in die Saalburg bei Bad Homburg verlegt.

Wenn das Kastell nahe der Quellen auf dem höchsten Punkt des westlich angrenzenden Geländes angelegt war, sollte es wohl auch dem Schutz einer Siedlung der Mattiaker dienen. Dies war jener Teil der Chatten, der sich nicht nur den Römern unterworfen, sondern wohl auch weitgehend römische Lebensweisen angenommen hatte. Die Siedlung erstreckte sich zur Römerzeit von Süden nach Norden beiderseits von Kirch- und Langgasse etwa zwischen dem heutigen Karstadtgebäude und dem Kochbrunnen, von Osten nach Westen zwischen Spiegelgasse und Hirschgraben/Schwalbacher Straße. Nimmt man die Quellen und den Mauritiusplatz als Fixpunkte an, folgt die Langgasse wohl der Mittelachse der römischen Siedlung (Abb. 3/CD 44).

„Aquae Mattiacorum" war der Hauptort einer „civitas", die etwa die heutige Gemarkung und den Rheingau umfasste. Der Flecken hat sich wahrscheinlich bis an die spätere Hei-

Abb. 2: Fundament eines Ehrenbogens für Germanicus in Mainz-Kastel, dem Brückenkopf auf der Wiesbadener Seite gegenüber der römischen Garnison in Mainz

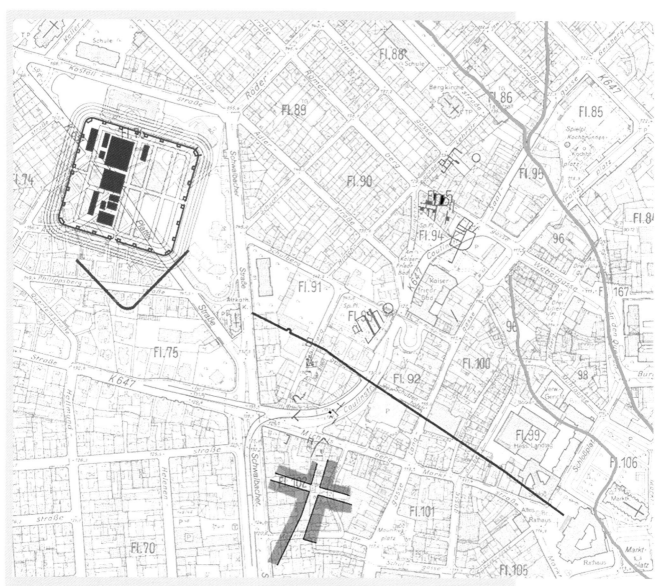

denmauer erstreckt. Nördlich davon lagen die Thermalbäder, gespeist von den Quellen am Kochbrunnen, am Kranzplatz, am Schützenhof und der Adlerquelle. Die Thermen liegen bei den meisten Römersiedlungen am Rand oder außerhalb der Befestigungen. Am besten erforscht und durch ein anschauliches Modell im Museum Wiesbaden überliefert ist die Thermenanlage am Kranzplatz, deren Reste man 1903 bei den Erdarbeiten zum Bau des „Palasthotels" aufdeckte (Abb. 5, S. 12/CD 46).

Ansonsten sind Spuren der Römerzeit im Wiesbadener Stadtgebiet kaum vorhanden, da die Bauten späterer Generationen die Römersiedlung überdeckt oder zerstört haben. Anhand zahlreicher im Museum ausgestellter Funde wird die antike Siedlung dem Besucher jedoch fassbar. Ein Museumsbesuch ist auf alle Fälle lohnenswert!

Die Heidenmauer

Die Heidenmauer ist das wichtigste erhaltene Monument Wiesbadens aus der Römerzeit. Von ihr sind noch ansehnliche Reste beiderseits des sogenannten Römertores sichtbar, das im Jahr 1902 von Felix Genzmer (Abb. 4, vgl. auch S. 184/CD 47) als Nachbildung eines antiken Stadttores errichtet wurde. Es setzt hier einen städtebaulichen Akzent, der für die Römerzeit nicht nachgewiesen ist.

Die Heidenmauer stammt erst aus der letzten römischen Epoche zwischen 364 und 375 n. Chr. unter Kaiser Valentinian, als sich das Römische Reich bereits in Auflösung befand, der Limes 259/60 n. Chr. von den Germanen überrannt und Wiesbaden zerstört worden war. Zum Schutz von Mainz versuchte man einen kleinen rechtsrheinischen Brückenkopf auf dem Gebiet des heutigen Wiesbaden zu halten.

Abb. 3: Römische Spuren, eingetragen im heutigen Stadtplan: der quadratische Grundriss des steinernen Kastells an der Schiersteiner Straße, die spätantike sog. Heidenmauer, die bis ins Mittelalter hinein Teil der Stadtbefestigung blieb, das Achsenkreuz Langgasse/Michelsberg/Marktstraße, ein möglicher Rest des römischen Stadtgrundrisses, wie er z. B. auch im englischen Chester[3] und vielleicht heute noch in Wiesbaden das Gerüst der Altstadt bildet.

Abb. 4: Römertor von 1902, mit Resten der sog. römischen Heidenmauer

Die Mauer beginnt am Hang des heutigen Heidenberges, hat aber nichts mit dem einst dort befindlichen Steinkastell zu tun. Sie konnte auf einer Länge von etwa 520 Metern nachgewiesen werden und verlief fast geradlinig nach Südosten bis etwa zum Kindergarten neben der Marktkirche, wo sie später in einem mittelalterlichen Turm endete. Es gelang Valentinian, der sich am 4. Juni 369 n. Chr. persönlich in Wiesbaden aufhielt, das rechtsrheinische Vorland von Mainz vertraglich zu sichern. Dadurch erübrigte sich eine Befestigung des „Vicus Aquae Mattiacorum".[4]

Abb. 5: Im Museum Wiesbaden zeigt das Modell der römischen Thermenanlage am Kranzplatz den Aufbau der Anlage.
A. Auskleideraum und Kaltraum
B: Becken zur Fußreinigung
C, E, F: Thermalwasserbecken
G: Heizraum
H: Schwitzbad mit Kaltwasserrundbecken

Siedlungskontinuität

In vielen ehemals römischen Städten wie etwa Maastricht oder auch Chester errichtete man die ersten Kirchenbauten bewusst über den Ruinen römischer Tempel. Zum einen sollte dies den Sieg des Christentums über den heidnischen Aberglauben demonstrieren, zum anderen bot sich hier ein ausreichend großer, nicht in Privatbesitz befindlicher Bauplatz an. Die „civitas mattiacorum" besaß einen Tempel des Jupiter Dolichenus und einen Tempel der Quellengöttin Sirona. Diese Gewissheit verdanken wir Inschriften auf Grabsteinen. Während der Sirona-Tempel eher im Gebiet der heißen Quellen zu suchen ist, könnte der Jupiter-Tempel auf dem heutigen Mauritiusplatz gestanden haben, was allerdings nicht nachzuweisen ist. Der Mauritiusplatz war also schon seit der Römerzeit der Mittelpunkt der Siedlung. Für seine ehemals zentrale Bedeutung gibt es heute auf dem Platz leider keinerlei Hinweise und die Gestaltung wird dem historisch herausgehobenen Ort nicht gerecht.

Als die Franken im 5. Jahrhundert an den Rhein vordrangen, scheint die „Civitas Mattiacorum" bestehen geblieben zu sein; vieles deutet auf eine Siedlungskontinuität hin, für die schon allein die heißen Quellen ein wichtiger Grund waren. Darauf verweisen auch germanische Gräber aus dem 4. und 5. Jahrhundert, sowie fränkische aus dem 6. und 7. Jahrhundert. Das bedeutet, dass der Ort trotz mehrfacher Zerstörung immer von Menschen bewohnt war. Insofern könnte auch das römische Achsenkreuz aus Langgasse, Michelsberg und Marktstraße in den mittelalterlichen Stadtgrundriss übernommen worden sein, wobei es seine exakte Geradlinigkeit beim Wiederaufbau nach Stadtbränden eingebüßt hätte.

Wiesbaden im Mittelalter

Die Franken stellten im Gebiet des heutigen Hessens die Oberschicht, erschlossen das Land beiderseits des Limes neu und führten das Christentum ein. Die am Mittelrhein heute noch ganz oder in Teilen bestehenden zehn karolingischen Kirchenbauten[5] und die vielfach nachgewiesenen Pfalzen oder Königshöfe lassen erkennen, dass hier ein Zentrum fränkischer Reichspolitik bestand. Die Chatten nördlich des Limes wie auch die Mattiaker und die verschiedenen von den Römern angesiedelten Völker im Süden wurden keineswegs vertrieben, sondern integriert.

Wisibada – „Bad in den Wiesen"

In der Zeit der Franken erhielt der Ort an den Quellen seinen heutigen Namen, den Einhard 828 als „castrum, quod moderno tempore wisibada vocatur" erwähnte. Einhard war der Biograf und Berater Karls des Großen. Er gehörte zu den herausragenden Gelehrten und Künstlern am Hof in Aachen. Ludwig der Fromme, Sohn Karls des Großen, hatte ihm die Mark Michelstadt als Dank für die Verdienste um seine Familie geschenkt, vielleicht aber auch, um den engen Vertrauten seines Vaters nicht stets in seiner Nähe haben zu müssen. Auf einer Reise von Aachen zu seinem Kloster in Steinbach (heute ein Vorort von Michelstadt) und nochmals 829 auf der Rückreise nach Aachen übernachtete er in dem „Castrum, das in den neuen Zeiten Wisibada genannt wird". Den alten Namen „Aquae Mattiacae" hat er sicher gekannt. Die Deutung von Schaefer, dass beide Namen inhaltlich dasselbe aussagen, der neue also nur die fränkische Form des römischen darstellt, hat viel für sich.[6]

castrum und curtis

In Wiesbaden gab es somit ein „castrum", also eine Burg, die immerhin so bedeutend war, dass sie sich Einhard für die Zwischenrast anbot. Es muss sich um eine „curtis", einen befestigten fränkischen Königshof, gehandelt haben. Gemeinsam mit den wichtigeren Pfalzen und Reichsklöstern dienten diese Königshöfe den fränkischen Königen zum Aufenthalt, wenn sie im Umherreisen ihr Reich regierten.

Für die Anlage dieses „castrums" nutzte man die römische Heidenmauer, um an deren südliches Ende eine Turmburg[7] (siehe CD) anzulehnen. Ihre quadratischen Fundamente mit ungefähr zehn Metern Kantenlänge konnten Archäologen 1952 beim Wiederaufbau des Kavalierhauses freilegen.

Fränkisches Reichsgut

Jedenfalls war Wiesbaden damals ein Stützpunkt des Reiches, denn auch Kaiser Ludwig der Deutsche rastete hier im Hauptort des Königs-Sondergaus. Die Franken hatten das Reich in Gaue aufgeteilt. Der damalige Rheingau reichte von Lorsch bis Lorch, doch wurde aus ihm das Gebiet der fruchtbaren Taunushänge zwischen Kriftel und Walluf als Königs-Sondergau herausgeschnitten, wohl als Gegengewicht zum immer mächtiger werdenden Erzbistum Mainz. Die Bedeutung Wiesbadens als Königshof bestand trotz der Verlagerung der Reichsgewalt in den Harz auch noch unter Kaiser Otto dem Großen, der in „wisibada" am 14. Februar 965 zwei Schenkungen für das Mauritiuskloster in Magdeburg beurkundete.

Wiesbaden im hohen Mittelalter

Die enge Bindung von Wiesbaden an das jeweilige königliche oder kaiserliche deutsche Herrschaftsgeschlecht ist vielfach belegt. So bezeichnete Kaiser Heinrich V. Wiesbaden als seinen Königshof. Spätestens unter der Regierung des Stauferkaisers Friedrich II. wurde Wiesbaden Reichsstadt, als solche zum ersten Mal 1241 als „civitas imperatoria" erwähnt. Vielleicht wurde es aber schon von Kaiser Barbarossa zusammen mit Wetzlar, Friedberg und Gelnhausen im Zuge des Ausbaus des Gebietes rings um Frankfurt zu einem Reichsterritorium erhoben. Den Höhepunkt in der Geschichte Wiesbadens im hohen Mittelalter bildete ohne Zweifel der Besuch Kaiser Friedrichs II. von Hohenstaufen zum Pfingstfest am 18. Mai 1236. Die Mauritiuskirche war eine Stiftung aus dem Reichsgut an den Deutschen Orden, der von Friedrich II. besonders gefördert wurde.

Unter den Grafen von Nassau

In der kaiserlosen Zeit nach dem Zusammenbruch des Stauferreiches gelang es den Grafen von Nassau, in Wiesbaden endgültig Fuß zu fassen. Zuvor waren sie zum Dank für treue Dienste um das Reich 1170 mit dem Reichshof Wiesbaden belehnt worden. Die Grafen von Nassau erwarben in Wiesbaden eigenen Besitz, zu dessen Schutz sie die Burgen Sonnenberg (siehe CD) und Frauenstein errichteten. Das Interregnum bot die Gelegenheit, sich

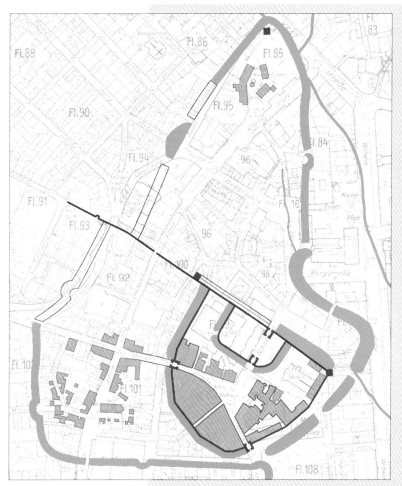

Abb. 6: Das mittelalterliche Wiesbaden im heutigen Stadtgrundriss: Der ummauerte Burgbezirk, der Flecken in Weiterführung der römisch-mattiakischen Siedlung und das Quellgebiet

Abb. 7: Mauritiuskirche, auf dem Mauritiusplatz, auf karolingischem Vorgängerbau 1488 erbaut, 1714 umgebaut, 1850 durch Brand zerstört

Abb. 8: Zeichnung des Alten Rathauses von 1608/10. Erdgeschoss und Renaissancegiebel sind erhalten. Die Fachwerk-Obergeschosse hat man 1828 in Stein ersetzt. Im Hintergrund der Uhrturm, mittelalterliches Tor des Burgbezirks

die Stadt anzueignen. 1292–98 gelang es Graf Adolf von Nassau als einzigem seines Geschlechts die deutsche Königswürde zu erlangen. Dies nutzte er zwar zum Wohl seines Landes, für Wiesbaden aber brachte sein Königtum Nachteile. Wiesbaden verlor den Status als Reichsstadt und damit jede reichspolitische Bedeutung. Zwar blieb Wiesbaden bis zur Vertreibung Herzog Adolfs von Nassau 1866 stets eine nassauische Residenzstadt, doch durch die Zersplitterung infolge ständiger Erbteilungen hatten die Grafen von Nassau im Kreis der anderen Fürsten nur wenig Gewicht.

Unter König Adolf wurde die Turmburg durch eine 1297 als „veste" bezeichnete Burg ersetzt, von der wir aber außer ihrer Lage kaum etwas wissen. Von ihr wie auch sonst ist vom mittelalterlichen Wiesbaden heute in der Kernstadt außer Teilen des Stadtgrundrisses nichts mehr zu sehen. Bierstadt jedoch, seit 1928 eingemeindet, besitzt noch eine der ältesten Kirchen der Region aus der Zeit um 1080–1100 (siehe CD).

Mittelalterlich sind auch die Burgruinen der 1926 und 1928 hinzu gekommenen Vororte Sonnenberg und Frauenstein sowie Bauteile einiger Kirchen in anderen Vororten. Dazu gehört auch Klarenthal, das König Adolf 1298 als Franziskaner-Nonnenkloster gründete (siehe CD) in das auch einige Frauen der gräflichen Familie eintraten. Zeitweilig diente die Klosterkirche als Grablege des nassauischen Grafengeschlechts. Nachdem König Adolf 1298 von einer Versammlung der Kurfürsten abgesetzt und Albrecht von Österreich zum Gegenkönig gewählt worden war, fiel der Nassauer in der Schlacht bei Göllheim (Pfalz).

Vom frühen Mittelalter an gliederte sich Wiesbaden in drei Teile: den Burgbezirk, den Flecken und das Quellengebiet „Sauerland" (Abb. 6). Die mittelalterliche Stadt umfasste einen Bruchteil der heutigen Stadtfläche (Abb. 9, 10). Ihre Ausdehnung ist auf dem heutigen Stadtplan an den kleinteiligen Straßen im Zentrum gut zu erkennen. Neben den bereits ge-

nannten Straßen gehören auch die Wagemannstraße, die Ellbogengasse und die Hochstättenstraße zum mittelalterlichen Bestand. Im Jahr
1370 ist im Flecken ein Kaufhaus belegt. Die
Stadtmauer wurde erst 1508–10 um den Flecken herumgeführt und mit vier Toren ausgestattet. Der Uhrturm (vgl. CD) verlor damit
seine ursprünglich wehrhafte Funktion in der
Umfriedung des Burgbezirks als Tor zum Flecken. Als Bebauung herrschten bäuerliche
Hofreiten vor, daneben gab es Häuser für die
Kaufleute und die Klosterhöfe der Mainzer
Stifte St. Viktor und St. Peter sowie den Non-
nenhof der Tiefentaler Zisterzienserinnen.

Das Quellenviertel „Sauerland" nördlich der
Heidenmauer war vom Flecken über die Badgasse (Langgasse) durch eine nachträglich geschaffene Lücke in der Heidenmauer zugänglich. Diesen dritten Teil des Siedlungsbereiches
muss man sich im Vergleich zum Flecken noch
ungeordneter, mit wahllos um die Thermalquellen gruppierten Badhäusern, vorstellen.
Für das 15. und 16. Jahrhundert sind beim
Kochbrunnen nachgewiesen:

„Zum Rindsfuß" 1423, „Schwan" 1471,
„Bock" 1486 (als „Schwarzer Bock" bis heute)
„Rose" 1500, „Engel" und „Roter Löwe" 1524
„Blume", „Glocke" und „Spiegel" von 1532
sowie „Horn" 1539.

Abb. 9: Wiesbaden im 17. Jahrhundert, kolorierter Stich

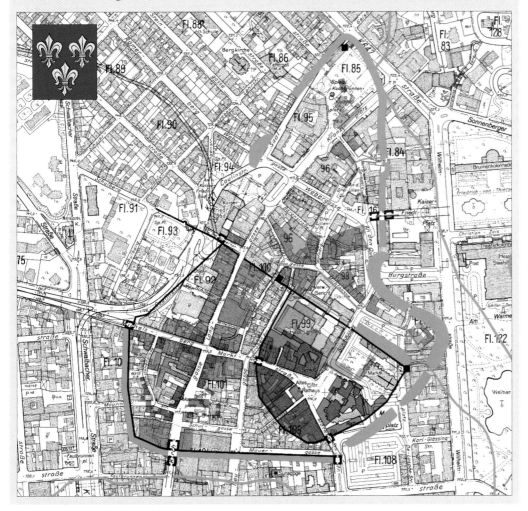

Abb. 10: Stadtgrundriss Wiesbadens 1508–1690, eingetragen im heutigen Katasterplan:
Schwarz eingezeichnet ist die
mittelalterliche Bebauung, in
Rot die Stadterweiterung des
16. und 17. Jahrhunderts.

Am Übergang vom Mittelalter
zur Neuzeit entstand das spätere Stadtwappen Wiesbadens
mit den drei gelben Lilien auf
blauem Grund, 1522 zunächst
als Gerichtssiegel nachgewiesen. Zwar ist die Lilie im
Mittelalter als Symbol der
Reinheit und damit der Jung-
frau Maria sehr beliebt und
kommt deshalb auch im Wappen von Florenz vor. Jedoch ist
die Ähnlichkeit mit dem Wappen der Könige von Frankreich
so groß, dass Renkhoff darin
einen Bezug zu Karl dem Großen sieht, auf den sich Frankreich ebenso wie Wiesbaden als
ihren angeblichen Gründer berufen haben.[8]

Abb. 11: Schloss Biebrich mit der Promenade am Rheinufer, kolorierter Stich um 1800

Wiesbaden im Zeitalter des Absolutismus

Ähnlich bescheiden wie im späten Mittelalter blieb die Rolle Wiesbadens auch im Zeitalter von Renaissance und Barock. Zwar errichtete Graf Johann Ludwig gegenüber der alten Burg einen Schlossflügel im Stil der Renaissance, außerdem erhielt Wiesbaden 1608–10 endlich ein eigenes Rathaus (Abb. 8, S. 14); der Charakter des Landstädtchens änderte sich dadurch nicht. Auf den Stadtansichten Dilichs 1605, Hörnigks 1637, Meißners 1638 und Merians 1644 ragen aus der unregelmäßigen Anordnung niedriger Häuser in erster Linie die Maurituskirche, der Uhrturm, das untere Stadttor und das Sonnenberger Tor hervor. Erst in zweiter Linie nimmt man das Schloss als unregelmäßige Ansammlung verschiedener Bauteile wahr (Abb. 9, S. 15).

Der Dreißigjährige Krieg hat im Gebiet des heutigen Hessen besonders gewütet, da hier nicht nur die Auseinandersetzung der Konfessionen, sondern auch der Erbfolgestreit zwischen den Landgrafschaften Hessen-Kassel und Hessen-Darmstadt eine Rolle spielten. Die zentrale Lage in Deutschland kam noch dazu. Zwar versuchten die Grafen von Nassau neutral zu bleiben, sie konnten aber die üblichen Plünderungen, Brandschatzungen und abgezwungenen Kontributionen beider Seiten nicht verhindern. So erschienen 1647 bei der Huldigung für den heimgekehrten Grafen Johannes nur noch 51 Bürger auf dem Marktplatz. Der Wiederaufbau vollzog sich nur sehr schleppend, da auch die Badhäuser in der Mehrzahl zerstört waren und deshalb keine Badegäste zur wirtschaftlichen Erstarkung beitragen konnten.

Graf Johannes von Nassau-Idstein

Graf Johannes war in seiner insgesamt 50 Jahre währenden Regierungszeit bis 1677 sehr bemüht, die Entwicklung Wiesbadens zu fördern – jedoch ohne größere Erfolge. Dazu plante er sogar, den Salzbach durch den Bau von Schleusen bis in den Rhein schiffbar zu machen, um den Transport von Holz aus dem Taunus zu ermöglichen und den Handel ganz allgemein zu beleben. Dieser Plan war ebenso kühn wie undurchführbar. Nachdem die viel zu gering – und im „Sauerland" nördlich der Heidenmauer sogar überhaupt nicht befestigte Stadt – immer wieder von fremden Truppen in den Raubkriegen Ludwigs XIV. von Frankreich heimgesucht worden war, ermahnte Graf Johannes noch in seinem Testament die Untertanen, die Mauern, Gräben, Türme und Tore stets instand zu halten und nicht erst aus dem Schaden zu lernen. Sein Sohn Georg August Samuel von Nassau hat den väterlichen Rat beherzigt und um 1700 die Mauern weitgehend erneuern lassen und dabei erstmalig auch das „Sauerland" einbezogen (vgl. S. 39–41).

Georg August Samuel von Nassau-Idstein

Einen beachtlichen Aufschwung erlebte die Grafschaft Nassau-Idstein unter der Regierung von Georg August Samuel, der erst zwölf Jahre alt war, als sein Vater starb. Das Land wurde durch zwei testamentarisch bestimmte Vor-

Abb. 12: Westflügel von
Schloss Biebrich

munde regiert, durch den Bruder seiner Mutter, Johann Caspar von Leiningen-Dagsburg, und den Grafen Johann August von Solms. So konnte der junge Graf die fünf Jahre bis zu seiner Mündigkeit 1684 mit dem Studium in Gießen, Straßburg und Paris – später auch in England und Brabant – verbringen. Er lernte die europäischen Höfe kennen, wobei ihn Versailles besonders beeindruckte. So kam es, dass zum ersten Mal ein nassauischer Herrscher die Pracht barocker Architektur schätzten lernte. Im Gegensatz zu den meist recht hausbackenen Angehörigen der nassauischen Grafenfamilie hatte er durch seine Erziehung eine weltmännische Weitsicht und höfische Umgangsformen erworben. Das muss man wissen, um Schloss Biebrich richtig einzuschätzen (Abb. 12), das vor allem mit dem Bau der Rotunde und der Galerien durch den Mainzer Hofbaumeister Maximilian von Welsch aus den sonst eher schlicht und nüchtern wirkenden Schlossbauten Nassaus herausragt.

Fürstentum Nassau

Es gelang Graf Georg August Samuel, durch seine Teilnahme an der Befreiung Wiens von der türkischen Belagerung 1685 und aufgrund einer beachtlich hohen Geldzahlung 1688 vom Kaiser in den Fürstenstand erhoben zu werden. Die neue Fürstenwürde verpflichtete geradezu, eine rege Bautätigkeit einzuleiten, die das immer noch unter den Spätfolgen des Dreißigjährigen Krieges leidende Land auch dringend benötigte. Zunächst vollendete er den Umbau des Idsteiner Residenzschlosses, legte dann in Wiesbaden den Herrengarten und die Fasane-

rie an, ließ das alte Stadtschloss am Marktplatz umbauen und erweitern, bevor er in Biebrich unmittelbar am Rheinufer einen Barockgarten anlegte, dessen Gartenhäuser er zu einem barocken Lustschloss für Feste aller Art ähnlich dem Dresdner Zwinger erweiterte. Damit schuf Georg August Samuel die Basis für den Ausbau des Biebricher Lustschlosses zu einem Residenzschloss unter Fürst Karl von Nassau-Idstein ab 1734. Nach Fertigstellung des Westflügels (Abb. 12) 1741 wurde die Residenz von Usingen nach Biebrich verlegt und damit in die unmittelbare Nähe von Wiebaden. Die Stadt profitierte von dieser Entwicklung, wenngleich Biebrich damals bedeutender war und auf den Landkarten des 18. Jahrhunderts größer dargestellt wurde. Doch hatte schon Georg August Samuel mit einem Erlass von 1690 durch die Verleihung von Privilegien die Bautätigkeit in Idstein und Wiesbaden angekurbelt, so dass in letzterem die Einwohnerzahl von 644 im Jahr 1690 auf 1329 bei seinem Tod 1721 angestiegen war und damit Idstein überrundet werden konnte.

Aus dieser spätbarocken Blütezeit blieben in den später eingemeindeten Vororten außer dem Biebricher Schloss die Hauptkirche am dortigen Schlosspark, die Rokokokirche in Schierstein, der interessante zentrale Kirchenbau in Naurod und der Umbau der Bierstadter Kirche zu einem barocken Saalbau erhalten. In Wiesbaden selbst steht nur noch das Schloss Fasanerie sowie die Häuser Wagemannstraße 5 und 19. Doch zeugen im Stadtgrundriss die auffallend gerade angelegten Straßen – Neu-, Saal- und Webergasse – von dieser Zeit.

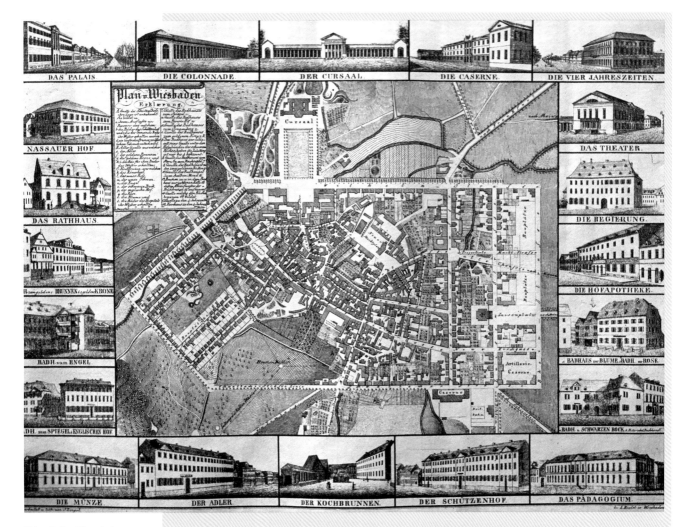

Abb. 13: Das Historische Fünfeck, Plan aus der Zeit um 1834. Ein klassizistischer Stadtgrundriss, der in Deutschland einzigartig ist. Mit dem Ausbau trugen die Stadtplaner der Entwicklung des Kurbetriebes und dem Bevölkerungswachstum Rechnung.

Wiesbaden bis 1866

Nach dem eher noch bescheidenen Wachstum im 18. Jahrhundert gab es den ersten großen Schub infolge der Veränderungen im Zeitalter Napoleons. Nachdem dieser im Frieden von Lunéville 1801 die Abtretung aller linksrheinischen Gebiete Deutschlands an Frankreich erzwungen hatte, wurden die zum Rheinbund gehörenden Fürsten, darunter auch die Nassauer, durch Gebiete der 1803 im Reichsdeputationshauptschluss aufgelösten geistlichen Fürstentümer und des Zisterzienserordens entschädigt. Nassau erhielt u. a. von Kurmainz den Rheingau mit Kloster Eberbach und von Kurtrier Montabaur und Limburg an der Lahn.

Aufstieg zum Herzogtum

Auch gelang es dem Weilburger Minister Heinrich von Gagern, nicht nur die Souveränität Nassaus zu bewahren, sondern vertraglich die Vereinigung der Landesteile Weilburg und Usingen zu einem Herzogtum zu sichern. Als Residenzen blieben zunächst Weilburg und Biebrich, Wiesbaden wurde Sitz der Staatsbehörden. Dies löste eine erste Bautätigkeit an der Einmündung der Marktstraße in die Friedrichstraße aus (vgl. S. 45).

Im Hinblick auf die Vereinigung der Landesteile nach dem absehbaren Aussterben der Weilburger Linie und der damit vereinbarten Vereinigung begann man damals schon, die Erweiterung Wiesbadens zur Residenzstadt zu betreiben. Maßgebend dafür waren außer der Nähe zum stattlichsten der nassauischen Barockschlösser in Biebrich die inzwischen aufgeblühte Badekur in Wiesbaden. Mit dem nur drei Monate auseinanderliegenden Tod des Fürsten Friedrich Wilhelm von Nassau-Weilburg und des Herzogs Friedrich August von Nassau-Usingen 1816 wurde das Land vereinigt und Wiesbaden zur Residenzstadt bestimmt, wobei der Erbe Herzog Wilhelm noch bis zu seinem Tod 1839 in Biebrich residierte und erst Herzog Adolf nach Fertigstellung des Stadtschlosses nach Wiesbaden übersiedelte. Diese landesgeschichtliche Entwicklung wie auch die wachsende Bedeutung des Kurlebens bewirkten den ersten großen Schub zur Stadterweiterung Wiesbadens im Zeitalter von Klassizismus und Romantik.

Während der Regierungszeiten der Herzöge Wilhelm (1816–39) und Adolf von Nassau (1839–66) begann die erste große Blütezeit Wiesbadens. Dies lässt sich schon an den Einwohnerzahlen ablesen: Waren es im Jahre 1800 gerade einmal 2500, so lebten 1850 rund 13000, also fünfmal so viel, und 1870 schon 35000 Einwohner in der Stadt. Das bedeutet eine Steigerung um das 14fache innerhalb von nur 70 Jahren. Sie beruhte zum einen auf dem Ausbau der Stadt zur Residenz des gerade erst neu geschaffenen Herzogtums, wodurch Wiesbaden zur Hauptstadt des bis 1946 größten Territoriums seiner Geschichte wurde. Zum anderen entwickelte sich das Kurwesen in dieser Zeit in besonderem Maße, wovon die Gästezahlen ein anschauliches Bild vermitteln: 1782–1800 kamen jährlich im Durchschnitt 5000 Kurgäste nach Wiesbaden. 1801 waren es 12815 (davon 2039 Durchreisende), 1815 kamen 6300 (bei 4300 Einwohnern) und 1848 hielten sich 35000 Gäste (bei 14000 Einwohnern) in der Stadt auf.

Wiesbaden wird Weltkurstadt

Seit 1852 wird Wiesbaden als Weltkurstadt bezeichnet. Dazu trugen berühmte Persönlichkeiten bei, an der Spitze natürlich Johann Wolfgang von Goethe, der sich vom 29. Juli bis zum 12. September 1814 und vom 27. Mai bis 11. August 1815 in Wiesbaden aufgehalten hat. Ihm folgten Monarchen wie König Leopold I. von Belgien 1839, Angehörige des Hochadels, Generäle, Gelehrte und Künstler. Letztere hielten sich mehr aus beruflichen als aus gesundheitlichen Gründen in der Kurstadt auf, wiewohl man generell feststellen kann, dass die Gesundheit für die Kur in allen bedeutenden Badorten des 19. Jahrhunderts meist der Vorwand war, sich in gehobenen gesellschaftlichen Kreisen zu bewegen, Verbindungen zu knüpfen oder Ehen zu vermitteln. Kaum ein bedeutender Komponist jener Zeit, dessen Namen in diesem Zusammenhang nicht zu nennen wäre, angefangen von Carl Maria von Weber, über Niccolò Paganini, Richard Wagner, Franz Liszt, Felix Mendelssohn-Bartholdy, dazu die Schriftsteller und Dichter Clemens Brentano, Honoré de Balzac und Fjodor Dostojewski.

Abb. 14: Wiesbaden, Altes Kurhaus. Ansicht aus der Zeit zwischen 1830 und 1840, im Hintergrund das 1824–27 erbaute und 1840 abgebrochene Palais von Hagen

Das Historische Fünfeck

Baulich vollzog sich dieses Wachstum vor allem rings um die Altstadt mit der Anlage des Historischen Fünfecks (Abb. 13) sowie im sogenannten Quellenviertel. Dabei trat die herzogliche Verwaltung sowohl direkt als Bauherr mit der Errichtung

von zwei Beamtenhäusern 1803–05 in der Marktstraße 2–4/Ecke Friedrichstraße,

des Schlösschens 1813–17 (heute Sitz der Industrie- und Handelskammer) in der Wilhelmstraße,

der Infanteriekaserne 1816–19 an der Schwalbacher Straße,

des Alten Theaters 1825–27 anstelle des heutigen Hotels „Nassauer Hof",

der Münze 1829–31 und des Pädagogiums 1831 auf dem Luisenplatz (heute Kultusministerium),

des Staatsministeriums 1838–42 in der Luisenstraße (heute Justizministerium)

und 1837–41 des Stadtschlosses auf.

Gleichzeitig wurde auch die private Bautätigkeit durch die 1812 gewährten herzoglichen Baugnaden so erfolgreich gefördert, dass man sie aus finanziellen Gründen in voller Höhe nur bis 1818, bezüglich der Steuerfreiheit bis 1845 aufrecht erhalten konnte (vgl. S. 46–48).

Private Bautätigkeit

Der zweite, ausschließlich auf Privatinitiative beruhende Schwerpunkt der Bautätigkeit lag im Gebiet der Quellen am Kranzplatz und rings um den Kochbrunnen, wo sich die Badehotels drängten und der Wettbewerb ständige Modernisierungen und Abbrüche mit Neubauten erforderte.

Wegen des sehr begrenzten Raumes dehnte Christian Zais die Kureinrichtungen auf den damaligen Theaterplatz – heute Kaiser-Friedrich-Platz – aus. Er schuf vor allem aber mit dem Alten Kurhaus von 1808–10 den gesellschaftlichen Mittelpunkt (Abb. 14), ohne den sich Wiesbaden nicht zum Anziehungspunkt so erlauchter Kurgäste entwickelt hätte. Das Alte Theater wie auch die Kolonnaden von 1826/27 und 1839 trugen ebenfalls entscheidend dazu bei. Das Alte Kurhaus diente keineswegs – wie der Name auszusagen scheint – der Anwendung der Kur, sondern dem gesellschaftlichen Beisammensein beim Essen an der Table d'hôte, Festen und Konzerten, nicht zuletzt aber dem Glücksspiel, als weit über die Grenzen hinaus bekanntem Anziehungspunkt. Dostojewski[9] hat dies selbst 1863 bei seinem ersten Besuch mit beachtlichem Gewinn von 3000 Francs, beim zweiten Mal 1865 nur mit Verlust ausprobiert und dann in seinem Roman „Der Spieler" zusammen mit seinen Eindrücken aus Baden-Baden und Bad Homburg literarisch verewigt.

Zum Aufschwung der Kur trug ebenso bei, dass man 1820 endlich auch die Trinkkur pflegte. Bis in die 20er Jahre hinein dienten die Thermalquellen ausschließlich zum Baden, was innerhalb der Badehotels stattfand. Als Heiltrunk verwandte man Schwalbacher Wasser, wie auch Goethe es noch 1814 erwähnte. Erst die wissenschaftlichen Untersuchungen der Thermalquellen durch Doktor Friedrich Lehr (1771–1831) und Professor Doktor Carl Remigius Fresenius (1818) erbrachten die Erkenntnis von der heilenden Wirkung einer Trinkkur, vornehmlich mit den Wassern des Kochbrunnens.

Das Herzogtum Nassau in den napoleonischen Kriegen

So jung und nur von kurzer Dauer das Herzogtum Nassau auch war, so fortschrittlich war es auf vielen Gebieten, wohl durch den Einfluss Frankreichs, mit dem es durch den Vertrag vom 16. Juli 1806 im Rheinbund verbündet war. Dadurch hatte es auch weniger als zum Beispiel Preußen oder Kurhessen unter den napoleonischen Kriegen zu leiden. Allerdings musste es Truppen für Napoleons Kriege gegen Preußen und Spanien stellen und ständig Unterkünfte für Truppen bereit halten, vor allem, als sich das Kriegsglück wendete und die Sieger der Völkerschlacht von Leipzig Mainz belagerten. Als das Herzogtum am 7. November 1813 der „Preußischen Zentralbehörde für die eroberten Länder" unterstellt wurde, bestand zum ersten Mal die Gefahr, dass es seine Souveränität verlieren könnte. Es erklärte deshalb fünf Tage später seinen Austritt aus dem Rheinbund und unterstützte nun die Alliierten in ihrem Kampf gegen Napoleon, dessen Ära mit der Schlacht von Waterloo am 18. Juni 1815 ihr Ende fand. An den Beitrag nassauischer Truppen erinnert das Denkmal auf dem Luisenplatz (Abb. 15).

Da Wiesbaden relativ wenig unter den napoleonischen Kriegen zu leiden hatte, konnte der Ausbau zur herzoglichen Residenzstadt und bedeutenden Kurstadt – kontinuierlich seit 1803 geplant – eingeleitet und ab 1815 durchgeführt werden. Von der Militärgeschichte zeugt die alte Infanteriekaserne an der Schwalbacher Straße, 1816–19 von Christian Friedrich Goetz erbaut (vgl. S. 126). Man brach sie 1911–12 ab, erhalten blieb nur das ehemalige Militärkasino in der Dotzheimer Straße 3, leerstehend und verwahrlost.

Fortschrittliche Landespolitik

Der Aufbau des Herzogtums Nassau vollzog sich sowohl auf politischem, kulturellem als auch wirtschaftlichem Gebiet. Herzog Friedrich August hatte dem Land 1814 eine für die damalige Zeit recht fortschrittliche ständische Verfassung gegeben. Seit 1818 tagte der Landtag jährlich einige Monate wohl im alten Schloss, nach der Erbauung 1838–42 im Ministerialgebäude an der Luisenstraße.

Abb. 15: Denkmal von 1865 zur Erinnerung an den Sieg über Napoleon 1815 bei Waterloo. Wiesbaden, Luisenplatz

Abb. 16: Der Rheinbahnhof von 1868

Das Schulwesen

Das Schulwesen erhielt mit dem Edikt vom 24. Februar 1817 die entscheidende Grundlage. Es wurde die Simultanschule für alle öffentlichen Schulen eingeführt, das heißt, dass hier Kinder aller Konfessionen zusammen im Sinne des Christentums, jedoch in gegenseitiger Toleranz, unterrichtet wurden. Für die finanzielle Ausstattung der Volks- und Realschulen waren künftig die Gemeinden zuständig, für die Höheren Schulen der Staat, der dafür den heute noch bestehenden Zentralstudienfonds schuf. Eine der ersten neuen Schulen wurde 1817 neben der späteren Marktkirche auf dem Gelände des heutigen Kindergartens errichtet und 1899 durch das 1944 zerstörte Lyzeum ersetzt. Weiterhin entstanden 1831 das Pädagogium auf dem Luisenplatz und 1842–44 die Volksschule in der Lehrstraße.

Religiöse Toleranz

Die beispielhafte religiöse Toleranz des Herzogtums Nassau drückt sich außer im Schulwesen in der Union von Lutheranern und Reformierten aus, die 1817 in der Pfarrkirche von Idstein (Unionskirche) vollzogen wurde. Die Katholiken durften nicht nur endlich ein eigenes Gotteshaus errichten, Herzog Wilhelm schenkte ihnen dafür auch das Grundstück. Er gründete 1827 für seine katholischen Landeskinder, die er aus den ehemaligen Kurfürstentümern Mainz und Trier übernommen hatte, das Bistum Limburg, das erste auf dem Gebiet des heutigen Bundeslandes Hessen.

Die Sammlung Nassauischer Altertümer

Die Sammlung Nassauischer Altertümer entstand auf Initiative der Bürger. Als erster Museumsbau diente das Schlösschen, das ursprünglich als Erbprinzenpalais geplant war. Durch den Tod des greisen Usinger Fürsten

1816 und den unerwarteten tödlichen Unfall des Weilburger Fürsten trat dessen Sohn Prinz Wilhelm die Erbfolge an und benötigte das für ihn gedachte Palais nicht mehr. Hier zog auch die Nassauische Landesbibliothek ein, zu deren erstem Leiter der Architekt Helfrich Bernhard Hundeshagen ernannt wurde. Nach seiner Konzeption vom 12. Oktober 1813 entstand die erste öffentliche Bibliothek aus den Beständen der Regierungsbibliothek von Nassau-Usingen in Idstein.

Gewerbefreiheit

Die Einführung der Gewerbefreiheit sollte die wirtschaftliche Entwicklung des Herzogtums fördern, desgleichen der Bau der ersten Eisenbahnlinie 1839 durch das Nassauer Land, der Taunusbahn von Frankfurt nach Wiesbaden.

Diese Anbindung an den zentralen Wirtschaftsraum des Rhein-Main-Gebietes begünstigte den Handel und die Niederlassung von Industriebetrieben. Als zweite Linie wurde 1856 die Rheinbahn nach Rüdesheim eröffnet, ihr Bahnhof (Abb. 16) 1868 erbaut. Bedenkt man, dass die erste Eisenbahnlinie in Deutschland von Nürnberg nach Fürth gerade erst 1835 eröffnet worden war, äußert sich hier der Pioniergeist des jungen Herzogtums, ebenso in der Einrichtung der Nassauischen Landesbank 1860, der Vorgängerin der heutigen Nassauischen Sparkasse.

Die Revolution von 1848

So hatte sich das Herzogtum zu einem relativ toleranten, fortschrittlichen Staat entwickelt. Um so erstaunlicher ist es, dass von Frankreich aus die Revolution von 1848 von allen deutschen Staaten zuerst auf das Herzogtum Nassau, nämlich bereits am 4. März, übergriff. Die

Abb. 17: Trotz fortschrittlicher Landespolitik brach die Revolution 1848 in Deutschland zuerst im Herzogtum Nassau aus. Revolutionäre versammelten sich am 4. März 1848 vor dem Wiesbadener Schloss.

Wiesbadener Liberalen unter Führung von August Hergenhahn richteten bei einem Treffen im Hotel „Vier Jahreszeiten" „Neun Forderungen der Nassauer" an den Herzog und seine Regierung. Sie betrafen die allgemeine Volksbewaffnung, die unbedingte Pressefreiheit, die sofortige Einberufung eines deutschen Parlaments, die sofortige Vereidigung des Militärs auf die Verfassung, das Recht der freien Vereinigung, öffentliche, mündliche Verfahren mit Schwurgerichten, die Erklärung der Domänen zum Staatseigentum, die sofortige Einberufung einer zweiten Kammer zum Entwurf eines neuen Wahlgesetzes, bei dem die Wählbarkeit nicht an einen gewissen Vermögensstand gebunden sein sollte und die Beseitigung aller Beengungen der verfassungsmäßigen Religionsfreiheit.

Nachdem diese Forderungen am 2. März durch eine Volksversammlung auf dem Theaterplatz lebhafte Zustimmung erhalten hatten, wurden sie dem Staatsminister von Dungern übergeben. Der Herzog selbst befand sich in Berlin beim preußischen König, um über Maßnahmen gegen den befürchteten Ausbruch einer Revolution zu beraten. Staatsminister von Dungern war deshalb nicht handlungsfähig, sah sich jedoch unter dem Druck der geduldig im strömenden Regen ausharrenden Volksmenge gezwungen, auf eigene Verantwortung wenigstens zwei Forderungen, die nach der Volksbewaffnung und die nach der Pressefreiheit, zu gewähren.

Am 4. März 1848 sah sich dann der inzwischen zurückgekehrte Herzog Adolf angesichts einer rings um das Schloss und in allen Seitenstraßen versammelten Volksmenge von nahezu 30 000 Bürgern (Abb. 17) gezwungen, alle neun Forderungen anzuerkennen. Das Ganze verlief ungewöhnlich friedlich, denn Hergenhahn hatte nach der Genehmigung einer Volksbewaffnung eine Bürgerwehr aufgestellt, die den Herzog beim Gang vom Bahnhof zum Stadtschloss schützend begleitete und auch sonst für Ordnung sorgte. Darin wird der friedliche Charakter der Bürger von Nassau deutlich, und es bestätigt, dass der Herzog und seine Regierung nicht mit Gewalt und Willkür geherrscht hatten. Dennoch gab es gravierende Missstände wie die fehlende Pressefreiheit. Sie wird in den zwei Jahre zuvor von Staatsminister von Dungern geäußerten Worten deutlich: „Mit unseren Zeitungen sind wir so streng, dass wir gar keine drucken lassen".

Als eine noch stärkere Triebkraft für die Revolution wirkte der langjährige Streit um die großen Staatsdomänen, die der Herzog als Privatvermögen betrachtete und sich deshalb weigerte, die Erträge mit der Bevölkerung zu teilen. Dieses Verhalten war besonders brisant in den Jahren 1846 und 1847, die infolge von Missernten zu Hungerjahren für die Landbevölkerung mit ihren kleinen, wenig fruchtbaren Feldern geworden waren.

Auch hatte der Herzog weder den Zehnten ablösen noch die Wildschäden regulieren lassen. Dieses Fehlverhalten des Herzogs und seiner Regierung ist denn auch eine Erklärung dafür, weshalb es so wenig Widerstand gegen die Okkupation des Herzogtums 1866 durch das Königreich Preußen gegeben hat. Im Unterschied dazu leisteten die Bevölkerung und besonders der Adel im Kurfürstentum Hessen-Kassel, im Großherzogtum Braunschweig sowie im Königreich Hannover starken innerlichen Widerstand, der zum Teil bis heute als Abneigung gegenüber „Preußen" spürbar wird.

Wiesbaden unter den Preußen ab 1866

Als Hauptstadt eines preußischen Regierungsbezirks, mehr noch als Weltbad und Pensionärsstadt, hat Wiesbaden auf den 1806–66 geschaffenen Grundlagen schließlich in der wilhelminischen Ära in der Kernstadt seine endgültige städtebauliche und architektonische Gestalt gewonnen.

Danach kamen bis heute nur noch einzelne Leistungen von baukünstlerischem Rang dazu. Leider waren aber auch Verluste zu beklagen, zum einen durch Bomben im Zweiten Weltkrieg, zum anderen durch Abbrüche in der Nachkriegszeit bis 1975. Kaiser Wilhelm II. verkündete für das Jahr 1900: „Ich führe euch herrlichen Zeiten entgegen!" In die Gegenrichtung verlief dann die nie berechenbare Geschichte des 20. Jahrhunderts mit ihren beiden verlustreichen Weltkriegen.

Abb. 18: Luisenplatz, eine Schöpfung des nassauischen Klassizismus

Das Ende des Herzogtums

Das Ende der Souveränität Nassaus wurde durch die eigenmächtige Entscheidung Herzog Adolfs und seiner Regierung provoziert, auf der Seite Österreichs am Krieg gegen Preußen teilzunehmen; und dies, obwohl das Parlament die von der Regierung beantragten Kriegskredite am 12. Mai 1866 abgelehnt hatte. Die Niederlage in der Schlacht bei Königgrätz am 3. Juli 1866 brachte keine nennenswerten Verluste und schuf damit auch kein nassauisches Märtyrertum. Dieser Krieg lebt bezeichnenderweise nur in spöttischen Anekdoten weiter, wie sie der frühere Oberbürgermeister und spätere Landtagspräsident Georg Buch gern zu erzählen pflegte: Als die Armee im Begriff war, auszurücken, fragte der kommandierende General den Herzog: „Nehmen wir die Artillerie mit, oder bleibt die Kanone zur Verteidigung von Wiesbaden hier?" Als auf dem Schlachtfeld von der einen Seite die Preußen und von der anderen ein schweres Unwetter aufzogen, gab der Oberbefehlshaber den Befehl: „Gleich gibt es einen Regenguss, die Armee suche deshalb Schutz dort unter der großen Linde!"

Sichtbar aber bleibt das Herzogtum Nassau in den erhaltenen Baudenkmalen: dem Erbprinzenpalais in der Wilhelmstraße, der Ruine des Jagdschlosses Platte, der Münze, dem heutigen Kultusministerium, der Bonifatiuskirche und einigen Häusern am Luisenplatz (Abb. 18), dem Staatsministerium und anschließenden Bürgerbauten in der Luisenstraße, der Marktkirche, dem Stadtschloss, der Russischen Kirche, der Nassauischen Sparkasse, einer Vielzahl von Villen an den Parkanlagen sowie der Rheinkaserne in Biebrich.

Gerade in Wiesbaden, das seit 1866 nicht mehr die Hauptstadt eines souveränen Staates, sondern lediglich der Sitz einer preußischen Provinzialregierung war, hätte man vermutet, dass dies mit Schmerzen, Resignation und wirtschaftlichem Niedergang verbunden gewesen wäre. Statt dessen blühte die Stadt weiter auf. Der Herzog samt seiner Regierung verschwanden fast sang- und klanglos von der politischen Weltbühne. Das wirkte sich bis in die jüngste Geschichte aus, als das 1946 gegründete Bundesland lediglich Hessen genannt und der Bestandteil Nassau weggelassen wurde. Nahezu alle anderen, durch die Alliierten künstlich geschaffenen Länder wie Baden-Württemberg, Rheinland-Pfalz, Nordrhein-Westfalen und Schleswig-Holstein führen dagegen einen historisch begründeten Doppelnamen, nach der Wiedervereinigung 1990 auch Sachsen-Anhalt und Mecklenburg-Vorpommern. Da hätte sich das kürzere Hessen-Nassau leichter aussprechen lassen, zumal die beiden Landesteile in der preußischen Provinz Hessen-Nassau zusammengefasst waren.

Dass es an einem starken nassauischen Landesbewusstsein mangelte, erkennt man auch daran, dass sowohl die Nassauische Landesbibliothek als auch das Nassauische Landesmuseum jeweils die Bezeichnung „Hessische" erhielten, ohne dass es dagegen in Wiesbaden einen bemerkenswerten Protest gegeben hätte. Nur die Nassauische Sparkasse pflegt noch die Erinnerung an das untergegangene Herzogtum, das mit einer Existenz von gerade einmal 50 Jahren nicht allzu tief in das Bewusstsein seiner Bevölkerung eingedrungen war, um wenigstens noch in der Erinnerung weiter zu leben. Dazu trug wohl auch die Überfremdung

Abb. 19: Die Schule in der Oranierstraße gehörte zu den Bauvorhaben, die mit dem Übergang Nassaus in preußische Verwaltung fortgeführt wurden, erbaut 1868.

der angestammten Bewohner durch den enormen Zuzug von Fremden seit Beginn des 19. Jahrhunderts bei.

Hauptstadt eines preußischen Regierungsbezirks

Entsprechend reibungslos erfolgte deshalb der Übergang an Preußen, dessen Parlament die Annexion des Herzogtums Nassau am 7. September 1866 beschlossen hatte. Das preußische Regierungspräsidium übernahm Zug um Zug die Verwaltung des Landes, die nassauischen Beamten blieben durchweg in ihren Ämtern. Der in das Exil zunächst nach Belgien geflohene Herzog Adolf, ab 1898 Großherzog von Luxemburg, erhielt eine Entschädigung von 8,5 Millionen Talern und behielt das Privateigentum an den Schlössern in Biebrich, Weilburg, Königstein, dem Jagdschloss Platte und dem Paulinenschlösschen. Die im Staatsbesitz befindlichen Schlösser in Wiesbaden, Idstein und Usingen wie auch die nassauischen Domänen und Staatsbahnen gingen in preußischen Staatsbesitz über. Alle Kureinrichtungen sowie die Burgruine Sonnenberg erwarb die Stadt Wiesbaden. Am nunmehr „Königlichen Hoftheater" beteiligte sich die Stadt mit jährlich 15 572 Talern, den herzoglichen Zuschuss zahlte König Wilhelm I. aus seiner Privatschatulle. Wie reibungslos der Übergang verlief, zeigte sich an der Weiterführung geplanter oder bereits begonnener Bauvorhaben, so der Schule an der Oranierstraße (Abb. 19), des Rheinbahnhofs (an der Stelle der heutigen Rhein-Main-Halle), der Wilhelms-Heilanstalt und der Synagoge am Michelsberg.

Die einzige wirklich einschneidende Veränderung war die Schließung der Spielbank. Zwar zog sie sich infolge einer direkten Intervention bei König Wilhelm, dem man 1867 in Bad Ems eine Denkschrift zur wirtschaftlichen Bedeutung überreicht hatte, bis 1872 hin. Doch dann konnte die Weiterführung wegen moralischer Bedenken des Königshauses nicht mehr geduldet werden. Der Aufschub von sechs Jahren hatte allerdings einen solchen Ansturm von Spielern ausgelöst, dass nach der Einführung einer Kurtaxe eine Finanzreserve von 75 000 Mark geschaffen war, die den Ausfall der nächsten Jahre abschwächen konnte.

Der sanfte Übergang vom Herzogtum Nassau zur preußischen Provinz beruhte nicht zuletzt auf dem toleranten Wesen des preußischen Königs Wilhelm I. (*1797, König 1861, Kaiser 1871, † 1888), das sich schon bei der Gewährung einer Schonfrist für die Spielbank erwiesen hatte. Als der erste Pfarrer der Marktkirche seine Predigt mit den Worten begann: „Wir Nassauer können dieses Friedensfest nur mit sehr gemischten Gefühlen feiern, denn wir sind zum Raube gefallen", wurde dies sogleich nach Berlin übermittelt. Für den Geistlichen hatte dieser Ausspruch keinen Nachteil, ganz im Gegenteil, er wurde von Wilhelm I. zum Konsistorialrat ernannt. Für die noble Gesinnung des Königs spricht auch jener Erlass des preußischen Zivilkommissars von Diest an August Hergenhahn: „Wie es der ausgesprochene Wille Seiner Majestät des Königs ist, dass die Eigentümlichkeiten des Landes und die Gefühle der Bewohner geschont werden, so ist es und bleibt es gestattet, dass auch ferner die nassauischen Gewohnheiten überall zur öffentlichen Anwendung kommen".[10]

So wehten bei feierlichen Anlässen die Fahnen von Nassau neben denen Preußens. Diese Behutsamkeit trug mehr zum Vergessen der herzoglichen Zeit bei, als wenn man jede Erinnerung daran verboten hätte. Man änderte auch kaum etwas im Schulunterricht, pflegte nun aber die brandenburgische Geschichte. Auch trat an die Stelle des 24. Juli als Geburtstag von Herzog Adolf der 22. März als der von König Wilhelm I., dessen Beliebtheit durch seinen jährlichen Aufenthalt in Wiesbaden seit 1867 ständig wuchs. Durch ihn fühlte sich die vornehme Welt von Wiesbaden angezogen, auch die Zahl der Gäste stieg nochmals erheblich. Die Stadt war nicht nur endgültig zum

Weltbad aufgestiegen, sondern wurde auch die vornehmste der vier preußischen Pensionärsstädte Wiesbaden, Görlitz, Naumburg und Bonn. Dies begünstigte die städtebauliche Entwicklung der Südstadt ebenso wie der Villenviertel. Nicht zuletzt wurde die Akzeptanz Preußens durch den Sieg über Frankreich 1871 und die Erhebung des preußischen Königs zum ersten deutschen Kaiser Wilhelm I. gefördert (Abb. 20).

Bevölkerungswachstum

Wenn in einer Stadt von 1800 bis 1870, also innerhalb von 70 Jahren, die Einwohnerzahl von 2500 auf 35000 hochschnellte, so war dies nur durch den Zuzug von außen möglich, was zwangsläufig zu einer Überfremdung der Einheimischen führt. Hinzu kamen noch die unzähligen Kurgäste, an Zahl bald doppelt so viele wie Einwohner.

Diese fehlende Bodenständigkeit hat schon der pensionierte englische Major Sir Francis Head bei seinem Aufenthalt in Wiesbaden empfunden und 1833 unter dem Pseudonym „An old man" in seinem Buch „Bubbles from the Brunnen of Nassau" formuliert: „Die Kurstadt Wiesbaden wirke so, als sei sie nicht für die eigenen Einwohner, sondern für Fremde gebaut." Obwohl die meisten Leute die Größe der Gebäude „laut bewundern", liege etwas „sehr Melancholisches darin, Häuser zu sehen, die viel zu großartig für den Lebensstil der Einwohner sind." Sie brüsten sich mit diesen Häusern „wie Kinder, die Erwachsenenschuhe tragen, zehnmal zu groß für ihre eigenen Füße."[11]

Da die Zahl der Einwohner, wie auch die der Kurgäste nach 1866 noch anstieg – 1910 waren es 109000 Bewohner in der Kernstadt und 200000 Gäste (Stadtgrundrisse vgl. CD sowie S. 62 und 88) – schritt die Entwicklung zur Weltstadt ohne besondere Bodenständigkeit weiter fort, so dass der 1919 berufene Intendant Carl Hagemann zu Recht bemerkte, dass man in Wiesbaden immer Gast sei, auch wenn man dort ständig wohne. Der positive Aspekt dieses Verhaltens ist eine Weltoffenheit und vorurteilslose Akzeptanz der neu Zugezogenen, die ohne diskriminierende Bezeichnungen als „Hergelaufene" oder „Zugereiste", wie andernorts üblich, sehr schnell integriert werden. Denn auch heute ist Wiesbaden mit seinen fast 270000 Einwohnern keine anonyme Großstadt, sondern regt durch die Aufgeschlossenheit der Bewohner zur Kommunikation an.

Der Aufschwung Wiesbadens setzte sich, wie die Einwohnerzahlen belegen, weiterhin konti-

Abb. 20: Untere Wilhelmstraße um 1870, Prachtstraße der preußischen Zeit in Wiesbaden

nuierlich fort, von 35000 im Jahr 1870 auf 86000 im Jahr 1900, und schließlich kam mit der Überschreitung der Grenze von 100000 die Aufnahme in den Kreis der Großstädte 1905. Zwischen dem Ende des Herzogtums Nassau und dem Beginn des neuen Jahrhunderts hatte sich Wiesbaden also nochmals um das Dreifache vergrößert. Das wirkte sich natürlich auch auf das Stadtbild aus. An die Stelle von zwei- bis dreigeschossigen, schlichten Wohnbauten traten besonders in der Wilhelm- und Taunusstraße immer prachtvoller ausstaffierte vier- bis fünfgeschossige Gebäude. Zugleich dehnte sich die bebaute Fläche nach Süden und Westen bis an die bereits 1871 geplante, aber erst am Ende des Jahrhunderts ausgeführten Ringstraße, nach 1900 darüber hinaus in das Rheingau- und nach Südwesten in das Dichterviertel aus.

Bauliche Entwicklung

Diese enorme bauliche Entwicklung verlief jedoch nicht gleichmäßig, sondern in Schüben, wie wir dies aus unserer Zeit gewöhnt sind. So gab es in den 70er und frühen 80er Jahren eine Rezession mit Arbeitslosigkeit und Armut in den unteren sozialen Schichten. Dann aber blühte die Baukonjunktur um so stärker wieder auf und die Prachtbauten der wilhelminischen Ära begannen mehr und mehr die bescheideneren aus dem Klassizismus und der Romantik in den Hintergrund zu drängen. An die Stelle einheimischer Architekten traten

Abb. 21: Das Staatstheater, 1892–94 in prunkvollem Neubarock erbaut, gehört zu den Repräsentationsbauten, die des Kaisers würdig waren.

Abb. 22: Der Schriftsteller und Liberale Gustav Freytag gehörte zur illustren Gesellschaft und wohnte in seiner Wiesbadener Villa am Bierstadter Hang in der späteren Gustav-Freytag-Straße.

Abb. 23: Jährlich im Mai gaben Wilhelm II. und seine Gattin dem Wiesbadener Kurbetrieb kaiserlichen Glanz.

jetzt bei großen öffentlichen Vorhaben auswärtige aus den anderen Metropolen. Das 1883–87 von Georg von Hauberisser erbaute Neue Rathaus machte hier in seinen Formen der deutschen Renaissance den noch relativ disziplinierten Anfang. Die dann folgenden Bauten der Kochbrunnenkolonnade 1887/88, des Staatstheaters 1892–94 (Abb. 21) und seines Foyers von 1901/02, der Hotels „Nassauer Hof" und „Rose" sowie anderer Privatbauten entsprechen in ihrem prunkvollen Neubarock so ganz dem Geschmack von Kaiser Wilhelm II. (*1859, Kaiser 1888–1914, † 1941), der sich bis zum Ausbruch des Ersten Weltkriegs jährlich im Mai in Wiesbaden aufhielt und die vornehme Welt und alle die, die sich selbst dazu zählten, hierher lockte. Er veranlasste indirekt auch den Neubau des Kurhauses, das außen in seinem Neoklassizismus von Friedrich von Thiersch aus den Jahren 1902–07 nicht protzig wirkt, innen aber die ganze Vielfalt des Stilpluralismus im Späthistorismus darbietet.

Nicht mehr die Literaten, Musiker und anderen Künstler wie im Herzogtum Nassau bildeten die Prominenz, sondern Adel, mehr noch Geldadel und Generäle. Dennoch entfaltete sich im Schatten von Prunk und vornehmem Gehabe auch die Kultur: Hier komponierte Johannes Brahms 1883 seine „Wiesbadener Symphonie", wirkte Max Reger von 1891–96 als Lehrer am Konservatorium, gab Konrad Duden 1880 erstmals sein Wörterbuch heraus. Gustav Freytag verbrachte die letzten 20 Jahre seines Lebens in seiner Villa in der später nach ihm benannten Straße (Abb. 22). Ferner sind die beiden in Biebrich geborenen Wilhelm Heinrich von Riehl (Kulturhistoriker, 1823–97) und Wilhelm Dilthey (Philosoph, 1833–1911) zu nennen. Der bedeutendste Maler Wiesbadens war Kaspar Kögler (1838–1923) (siehe CD), ein Schüler von Moritz von Schwind, dessen Ruhm jedoch nicht über die Grenzen Wiesbadens hinausreichte. Dafür traf dies für die Maifestspiele (Abb. 23, 25) zu, die 1896 begründet wurden und ebenso für den Internistenkongress, der hier seit 1882 jährlich stattfindet.

Trotz der enormen Baukonjunktur zwischen 1880 und 1905, in der sich die Stadt innerhalb von 25 Jahren von 50000 auf 100000 Einwohner vergrößerte, wirkt sie nirgends monoton. Ganz im Gegenteil, es entstand eine bewundernswerte Vielfalt an Bauformen, die dem früher so gescholtenen Stilpluralismus zu verdanken ist. Das erkennt man auch an den neuen Kirchen, die zur geistlichen Versorgung der stark gewachsene Zahl der Gemeindemitglieder erbaut werden mussten. Für die evangelischen Gemeinden waren dies die Bergkirche von 1876–79 und die Ringkirche von 1892–94, beide von Johannes Otzen aus Berlin, sowie die Lutherkirche 1908–11, von Friedrich Pützer aus Darmstadt.

Der Kulturkampf

Für die zunehmende Zahl katholischer Einwohner wurden die Dreifaltigkeitskirche in der Eichendorffstraße 1912 von Professor Becker und in der Kellerstraße die Maria-Hilf-Kirche 1893–95 von Max Meckel geschaffen. Die altkatholische Friedenskirche in der Schwalbacher Straße (Abb. 24), erbaut 1899–1900 von Max Schröder, ist ein Denkmal des Kulturkampfes zwischen Preußen und der katholischen Kirche. Ausgelöst wurde der Kulturkampf durch das Dogma von der Unfehlbarkeit des Papstes, 1870 auf dem vatikanischen Konzil verkündet.

Eine gewisse Anzahl dagegen opponierender Gläubiger spaltete sich ab und gründete altkatholische Gemeinden, so auch in der Stadt Wiesbaden. Reichskanzler Otto von Bismarck hatte mit einer starken Abspaltung gerechnet und darin die Chance zur Bildung einer katholischen, vom Vatikan unabhängigen Nationalkirche gewittert. Er unterstützte deshalb einseitig die Altkatholiken, indem ihnen vielerorts – wie auch in Wiesbaden – die Gotteshäuser zugewiesen wurden, die von den katholischen Gemeinden geräumt werden mussten. Nachdem Bismarck jedoch den Bogen mit radikalen Gesetzen gegen die katholische Kirche überspannt hatte, auf den zähen Widerstand des überwiegenden Teiles der Geistlichkeit und auf die Kritik breiter Kreise der Bevölkerung gestoßen war, musste er im Staatsvertrag von 1888 der katholischen Kirche ihre alten Rechte zurückgeben, so dass die Wiesbadener Gemeinde wieder in ihre Bonifatiuskirche einziehen konnte. Die altkatholische Gemeinde erhielt ihr eigenes neues Gotteshaus an sehr exponierter Stelle am Ende der Schwalbacher Straße hoch am Berghang.

Sozialstruktur

Außer diesem Kulturkampf überschatteten auch Bismarcks Sozialistengesetze jene wilhelminische Ära, die in der Erinnerung dennoch ungetrübt die „gute alte Zeit" geblieben ist, was sie überwiegend für die Begüterten und Privilegierten auch war. Im Schatten des Glanzes aber gab es in den kleinbürgerlichen Schichten und der Arbeiterschaft so viel Armut, dass in Wiesbaden eine Armensteuer erhoben wurde. Die 25 178 zahlenden Bürger brachten 1876 jeder 1,87 Mark, insgesamt also 47 083 Mark auf. Im Jahr 1878 wurden aus den eingenommen Mitteln 821 Familien unterstützt, im Durchschnitt erhielt jede Familie etwas über 57 Mark, was gerade die halbe Jahresmiete für eine Arbeiterwohnung ausmachte. Da diese Unterstützung für viele nicht ausreichte, wurde eine Suppenküche eingerichtet und aus Privatinitiative ein Armenverein gegründet, der 1879 den Betrag von 6 532 Mark an Spenden einnehmen und damit 1880 insgesamt 206 Familien zusätzlich unterstützen konnte.[12]

So bedrückend die Armut inmitten einer von Reichtum geprägten Stadt auch war, verglichen mit den sozialen Zuständen anderer deutscher Großstädte – vor allem der Industriestädte – waren die Verhältnisse noch erträglich. Es kam deshalb auch nicht zu politischen Unruhen. Wie nervös allerdings die politische Lage von den Regierenden eingeschätzt wurde, zeigt ein Kurzbesuch August Bebels am 29. April 1880 in Wiesbaden, wo er von der Ankunft bis zur Weiterreise sorgfältig beschattet und über jeden Kontakt zu Wiesbadenern genau Protokoll geführt wurde. So wie die Aufhebung der Sozialistengesetze 1890 dem

Abb. 24: Die altkatholische Friedenskirche an der Schwalbacher Straße, 1899–1900 erbaut

Abb. 25: Kaiser Wilhelm II. beim täglichen Ausritt

Abb. 26: Die Nerobergbahn, 1888, gehörte zu den großen technischen Infrastrukturleistungen in Wiesbaden.

gen politischen Rechte mit einem solchen Wahlrecht hätte leben mögen. Man kann allerdings die politischen Verhältnisse nur nach den Erkenntnissen innerhalb der jeweiligen Geschichtsepochen beurteilen und darf heute gewonnene, allgemeingültige Einsichten nicht rückwirkend voraussetzen.

Maßnahmen der Infrastruktur

Beurteilt man unter dieser Prämisse die preußische Ära Wiesbadens zwischen 1866 und 1914, wird man nicht nur wegen der herausragenden Leistungen von Städtebau und Baukunst der Epoche die Achtung nicht versagen, sondern auch die großen Leistungen bei der Schaffung einer Infrastruktur bewundern, von der wir zum Teil heute noch zehren. Für den stark angewachsenen Bahnverkehr wurden die alten Bahnhöfe an der Rheinstraße durch den weit nach außen gerückten, großen und repräsentativen Hauptbahnhof von 1904–06 ersetzt. In der schon damals verbreiteten Erkenntnis, dass der Wohnwert einer Stadt auf den weiträumigen öffentlichen und vielen privaten Grünflächen beruht, verzichtete man im Unterschied zu Frankfurt am Main auf eine Verwandlung der überflüssig gewordenen Gleisanlagen in neue Baugebiete, sondern legte einen großzügigen Grünstreifen, die spätere Reisinger-Anlage, an.

Zur Entlastung des Durchgangsverkehrs wurde viel zu spät und deshalb zum Taunus hin unvollendet der heutige 1. Ring geschaffen. Die Straßen wurden nach und nach alle gepflastert. Dabei erhielt die Wilhelmstraße 1879 auf Kosten der dort ansässigen Geschäftsleute ein 6,60 Meter breites „Trottoir aus Gussasphalt", damals ebenso eine bewunderte Neuheit wie das Linoleum im Staatstheater. Für die Straßenbeleuchtung führte man 1847 das Gaslicht, ab 1898 das elektrische Licht ein. Ab 1875 verkehrte eine zunächst von Pferden, dann mit Dampf betriebene Straßenbahn, die 1896 zur „Elektrischen" umgewandelt wurde. Statt der heutigen Taxen gab es Pferdedroschken, und den Geisberg konnte man auf dem Rücken von Eseln erklimmen. Die 1888 eröffnete Nerobergbahn (Abb. 26) war für die damalige Zeit ein technisches Wunderwerk und fasziniert auch heute noch ihre Fahrgäste.

Die Entwicklung der hygienischen Verhältnisse hielt selbst am Ende des 19. Jahrhunderts in der Altstadt nicht Schritt. Es war einer zur Großstadt werdenden Kurstadt nicht angemessen, wenn man in der Polizeiverordnung von 1887 liest, dass in dem Stadtteil, welcher von

politischen Streit die Schärfe nahm, so trugen die 1883 eingeführte zwangsweise Krankenversicherung, ab 1884 die Unfallversicherung und ab 1889 die Invaliditäts- und Altersversorgung zu einer verbesserten sozialen Absicherung der unteren Einkommensschichten bei.

Bei der kommunalen Mitbestimmung waren sie aber nach wie vor benachteiligt. Zwar wurde das nassauische Gemeindegesetz von 1854 durch die neue Städteordnung von 1891 aufgehoben. Bis dahin hatten nur die in Wiesbaden geborenen und mit Hausbesitz versehenen Einwohner ein Bürgerrecht. Alle neu Hinzugezogenen mussten das Bürgerrecht erst beantragen, dafür auch Hausbesitz nachweisen. Da vielen Hinzugezogenen das Verfahren zu umständlich war, verzichteten sie auf das Wiesbadener Bürgerrecht, so dass 1877 nur 1800 von insgesamt 49000 Bewohnern das Wahlrecht besaßen. Nach der neuen Städteordnung von 1891 wurden die Einwohner nach der Höhe aller zu zahlender Steuern in einem komplizierten Verfahren in drei Klassen geteilt. Dabei bildeten 1909 die erste Klasse 331, die zweite 2745 und die dritte 15838 Einwohner. Da jede Klasse 16 Stadtverordnete wählen durfte und außerdem die Hälfte aller zu wählenden Bürger Hausbesitzer sein mussten, wird deutlich, wie sehr das Geld die Entscheidungen der Stadt diktierte. Wer also von der Sehnsucht nach der „guten alten Zeit" geplagt wird, sollte sich überlegen, ob er in Kenntnis seiner heuti-

der Saalgasse, Rhein- und Wilhelmstraße begrenzt wird, alle Schweineställe binnen Jahresfrist und alle Jauchepumpen innerhalb von 14 Tagen beseitigt werden mussten. Eine Typhusepidemie im Sommer 1885 gab den Anstoß zum Bau der Kanalisation, eine große technische Leistung, die bis in unsere Zeit hineinwirkt und deren finanzielle Anstrengungen und Belästigungen im Alltag wir jetzt einschätzen lernen, wenn nach mehr als einem Jahrhundert eine durchgreifende Erneuerung erforderlich geworden ist.

An neuen Bildungseinrichtungen entstanden 1877–79 die Volksschule in der Bleichstraße, 1882/83 die Schule in der Kastellstraße, 1880/81 die Gewerbeschule in der Wellritzstraße (Abb. 27) und 1882/83 die Höhere Mädchenschule an der Stiftsstraße. Für die Gesundheitspflege war der Bau der Städtischen Krankenanstalten (Abb. 28) 1879/80 an der oberen Schwalbacher Straße auf dem Gelände des einst hier gelegenen römischen Kastells ebenfalls eine so großzügige wie weitsichtige kommunalpolitische Einrichtung, dass sie für ein Jahrhundert ihren Zweck erfüllen konnte.

Abb. 27: Bildung braucht Raum: Die Gewerbeschule in der Wellritzstraße entstand im Rahmen der Förderung der gewerblichen Wirtschaft 1880 bis 1881.

Wiesbaden im 20. Jahrhundert

Der Erste Weltkrieg bedeutete für die Stadt Wiesbaden einen starken wirtschaftlichen Niedergang, denn an die Stelle von Kurgästen und Touristen traten nun verwundete Soldaten, für deren Pflege der Staat nur geringe Beträge zahlte, so dass die Hotels und Pensionen kaum Gewinne machen konnten. Zwar lebten noch viele reiche Pensionäre in der Stadt, hielten aber wegen der unsicheren Zeiten ihr Geld zusammen, weshalb die Geschäftsleute das mangelnde Kaufinteresse beklagten. Wegen des wirtschaftlichen Rückgangs kam es auch zu so großen Steuerausfällen, dass die Stadt 1915/16 eine Steuererhöhung um 25% vornehmen musste. Das einzige erfreuliche Ereignis war 1915 die Einweihung des neuen Museums von Theodor Fischer.

Nach dem Ersten Weltkrieg

Das Kriegsende traf Wiesbaden besonders hart, da die Stadt Hauptquartier der französischen Besatzungsmacht wurde. Der französische General Jean Henry Mordacq residierte im Stadt-

schloss. Schon allein die Abriegelung von den unbesetzten Gebieten Deutschlands, verbunden mit Passzwang und der Erhebung von Zoll, hatte ein vorläufiges Ende des Kurbetriebs und Fremdenverkehrs zur Folge. Die meisten Hotels und viele Wohnhäuser waren ohnehin für die Angehörigen der Besatzungsmacht beschlagnahmt. Im Unterschied zum Zweiten Weltkrieg war die damalige Politik Frankreichs noch ganz von Vergeltung und Abtrennung der Rheinlande geprägt.

So kam es zu Massenausweisungen der Beamten einschließlich des Oberbürgermeisters Glässing. Ausgerechnet Wiesbaden bildete durch den Rechtsanwalt Dr. Dorten das Zentrum der Separatisten, die eine von Deutschland unabhängige Rheinische Republik gründen wollten. Die französische Besatzungsmacht glaubte, diesen Plan durch besondere Härte

Abb. 28: Ehemalige Städtische Krankenanstalten, 1879/80. Ihr Bau war eine weitsichtige kommunalpolitische Entscheidung.

Abb. 29: Mit der Eingemeindung Biebrichs 1926 kam nicht nur das Schloss zu Wiesbaden, sondern vor allem dort ansässige wirtschaftlich wichtige Industriebetriebe. Stich des späten 19. Jahrhunderts

Abb. 30: Das 1926 eingemeindete Schierstein brachte der Stadt einen Hafen und damit die verkehrstechnische Anbindung an den Rhein. Stich vom Ende des 19. Jahrhunderts

Wiesbaden und seine Eingemeindungen

Wenn die Stadt dennoch in den 20er Jahren wieder beachtlich wuchs, so nicht wie vor 1914 durch Zuzug von außerhalb, sondern durch Eingemeindungen. Mit Gesetz vom 3. Oktober 1926 kamen Biebrich mit 21 696 (Abb. 29), Schierstein mit 8 957 und Sonnenberg mit 4 043 Einwohnern dazu, so dass die Gesamtzahl von 102 000 (gegenüber 1914 mit 109 000 also ein Rückschritt) auf 136 696 anstieg. Der größte Vorteil bestand darin, dass Wiesbaden endlich an den Rhein angrenzte. In Schierstein erhielten die Wiesbadener einen Hafen (Abb. 30) und in Biebrich mit namhaften Firmen wie Dyckerhoff, Kalle, Albert, Diedier, Glyko-Metallwerke und Rheinhütte eine leistungsstarke Industrie mit hohen Steuerzahlungen.

Schon zwei Jahre später kam es 1928 im Zusammenhang mit der Vergrößerung Frankfurts und dem veränderten Zuschnitt der Landkreise zwischen beiden Großstädten zu weiteren Eingemeindungen von Dotzheim, Frauenstein, Georgenborn (das 1939 wieder ausgemeindet wurde), Erbenheim, Bierstadt, Kloppenheim, Heßloch, Rambach und Igstadt, wodurch die Einwohnerzahl auf 151 961 und die Gemarkung auf 14 116 Hektar anstieg. Ein wesentlicher Teil dieser Dörfer hat seinen ländlichen Charakter bewahren können. Professor Jansens von der Technischen Hochschule Berlin-Charlottenburg schlug damals vor, die Straßen zwischen der Kernstadt und den neuen Vororten nicht zu bebauen, um die Landschaft als Zäsur zwischen den Siedlungskernen und damit noch stärker deren Eigenständigkeit zu betonen – leider befolgte die Stadt diesen Rat nicht. Zwischen Erbenheim und Bierstadt ist dies mehr durch Zufall als durch systematische Planung gelungen, dagegen spürt man heute nicht mehr, wo Wiesbaden endet und Bierstadt oder

unterstützen zu müssen, vor allem im Höhepunkt des Ruhrkampfes. Damals besetzte die französische Besatzungsmacht die Fabrikanlagen von Kalle und verbot die Lieferung von Farbstoffen nach Belgien und Frankreich. Nach Beendigung des Ruhrkampfes blieb Wiesbaden zwar Hauptquartier der Besatzungsmacht, doch die französische wurde von der britischen abgelöst, die zwar weniger repressiv handelte, jedoch erst 1930 abzog.

Mit dem schwindenden Wohlstand ihrer Bewohner – auch durch Inflation und Währungsreform – verarmte auch die Stadt, die außerdem kaum noch Einnahmen aus der Kur und dem Fremdenverkehr besaß. Erst gegen Ende der 20er Jahre erholten sich diese Wirtschaftszweige und dann erstaunlich rasch, denn zwischen 1926 und 1929 hielten sich im Jahresdurchschnitt bereits wieder 149 550 Fremde in Wiesbaden auf, davon waren nur 29 %, d. h. 43 892 Kurgäste. Bereits in dieser Zeit verstärkte sich der Charakter Wiesbadens als Stadt der Kur und der Kongresse, in der man häufig beides miteinander verband, sich aber nur wenige Tage aufhielt.

Dotzheim beginnen. Jansens zweiter, noch weitsichtigerer Vorschlag betraf den Hauptbahnhof, den er durch einen neuen Durchgangsbahnhof in Biebrich ersetzen wollte. Dadurch wäre es vermieden worden, den bahntechnisch ungünstigen Kopfbahnhof zur heutigen Bedeutungslosigkeit absinken zu lassen.

Bauliche Entwicklung nach 1920

Gebaut wurde in den 1920er Jahren verständlicherweise wenig. Wenn überhaupt, dann entstanden Wohnungen, so an der Ringkirche, im Dichterviertel (Abb. 31), in der Niederwaldstraße, der Klarenthaler Straße und am Elsässer Platz. Fast im Verborgenen, und auch heute nur Kennern bekannt, entstanden die innovativen Wohnhäuser von Karl Lehr 1927 im Herzogsweg 4 (Abb. 32) und der Lanzstraße 23/25 sowie von Marcel Breuer 1932 an der Schönen Aussicht. Das Opelbad von 1934 fällt zwar schon in die Zeit des Dritten Reiches, ist aber als private Stiftung nicht vom Staatsstil, sondern noch ganz vom Internationalen Stil beeinflusst. Das gilt auch für die Reisinger- und die Herbert-Anlage, da der Grünzug zwischen Hauptbahnhof und Stadtzentrum 1937 aus Mitteln privater Stiftungen gestaltet wurde.

Mit Hans Christiansen und Alexej Jawlensky lebten in den 1920er Jahren zwei Maler von überörtlichem Rang in Wiesbaden.

Wiesbaden im Dritten Reich

Die Rolle Wiesbadens im Dritten Reich unterscheidet sich kaum von der anderer deutscher Städte. Das einschneidendste Ereignis war die Verfolgung der jüdischen Bürger, von denen 1933 noch 3580 zur jüdischen Gemeinde gehörten. Bis 1938 hatte bereits die eine Hälfte unter den Diffamierungen und äußeren Zwängen den Weg in die Emigration gewählt,

Abb. 33: Das Lyzeum am Schlossplatz, 1898–1901 erbaut, wurde in der Bombennacht vom 2./3. Februar 1945 völlig zerstört.

Zweiter Weltkrieg und Wiederaufbau

Wiesbaden gilt allgemein als eine vom Zweiten Weltkrieg verschonte Stadt, jedoch leider zu Unrecht. Denn es musste immerhin 66 Luftangriffe über sich ergehen lassen, davon den schwersten in der Nacht vom 2. auf den 3. Februar 1945 mit 1739 Toten, nur wenige Wochen vor dem Einmarsch der Amerikaner am 28. März 1945. Danach waren von 57 000 Wohnungen 19 000, d. h. 30 % unbewohnt, 28 000 Einwohner obdachlos. Von 16 000 Wohngebäuden waren 1 600, d. h. 10 % zerstört, weitere 2 500 schwer beschädigt, darunter 40 Hotels.

Totalverluste an Baudenkmalen waren: Das Hotel und Badhaus „Vier Jahreszeiten", das Paulinenschlösschen, das Lyzeum am Schlossplatz (Abb. 33), der Kavaliersbau des Landtags (hier steht jetzt eine dem Original angenäherte Kopie), das Hotel „Kaiserhof" und das Augusta-Victoria-Bad, Viktoriastraße 2-4, das „Parkhotel" und Hotel „Bristol" in der Wilhelmstraße 34/36, das „Victoria-Hotel und Badhaus" an der östlichen Eingangsseite der Wilhelmstraße, das Hotel und Badhaus „Kölnischer Hof", Kleine Burgstraße 6 und das Hotel „Imperial", Sonnenberger Straße 16.

Schwere, heute zum Teil noch erkennbare Verluste an historischer Bausubstanz erlitten: Das neue Rathaus, die Kochbrunnenkolonnade, das Hotel „Nassauer Hof" und Schloss Biebrich (Ostflügel). Heute nicht mehr am Außenbau sichtbare Schäden erlitten das Staatstheater, die Kolonnaden am Bowling-

die andere Hälfte wurde überwiegend in das Konzentrationslager Theresienstadt deportiert und dort umgebracht.

Die großartige, von Philipp Hoffmann am Michelsberg 1863–69 erbaute Synagoge wurde in der Reichspogromnacht 1938 vernichtet. Doch gab es auch Widerstand gegen den Nationalsozialismus, wenn auch zunächst versteckt und im Fall des Generalobersten Beck wie auch des Studienrats und Hauptmanns Hermann Kaiser erst durch den Opfertod beider nach dem misslungenen Attentat auf Hitler 1944 bekannt geworden.

Abb. 34: Zu den qualitätvollen architektonischen Einzelleistungen beim Wiederaufbau im Stil der 50er Jahre zählt die Deutsche Pfandbriefanstalt, Paulinenstraße.

green, das Kurhaus und das Stadtschloss sowie die Marktkirche.

Viele der 2500 schwer beschädigten Wohnbauten wurden unter Erhaltung der Außenfassaden wieder hergestellt, so dass keine Veränderungen im Stadtbild zu spüren sind. Auch erfolgte der Wiederaufbau mit gerade noch vertretbaren Abweichungen vom historischen Stadtgrundriss und im Allgemeinen auch maßstabsgerecht. Die Neubebauung der Webergasse 1953 durch Rudolf Dörr ist eine qualitätvolle, für die 1950er Jahre typische Leistung. Das gilt leider nicht für das ehemalige Hotel und heutige Apartmenthaus „Vier Jahreszeiten", 1958–64 ebenfalls von Rudolf Dörr errichtet.

Qualitätvolle Einzelleistungen aus den 1950er Jahren

Qualitätvolle Einzelleistungen der Architektur sind vor allem aus den 1950er Jahren, geprägt von Schlichtheit, guten Proportionen und feingliedriger Fassadengestaltung, zu verzeichnen: Das Eckhaus Kaiser-Friedrich-Ring 78 von Klaus Gehrmann 1951, das Bundeskriminalamt am Tränkweg von Herbert Rimpl 1953, das ehemalige Finanzamt Mainzer Straße 35 von Adolf Möreke und Reinhold Hoffmann 1954 (Staatsbauamt Wiesbaden), die Villa Harnischmacher II, Schöne Aussicht 53, von Marcel Breuer 1955, die Deutsche Pfandbriefanstalt in der Paulinenstraße von Alexander von Branca 1955 (Abb. 34), das Verwaltungsgebäude (ehemals: Berlinische Leben) am Schillerplatz von Herbert Rimpl 1956, die Heilig-Geist-Kirche, Am Kupferberg 2, in Biebrich 1960, ebenfalls von Herbert Rimpl, das Finanzministerium, Friedrich Ebert-Allee 8, von Hans Köhler und Rolf Himmelreich 1958–60 sowie die katholische Kirche Mariä Heimsuchung, Helmholtzstraße 54 im Kohlheck, von J. Jackel 1966.

Der allgemeinen Tendenz in der Architektur zum Brutalismus folgend wurden auch in Wiesbaden die meisten Bauten nach 1965 grobschlächtiger, an der Spitze die neue Hauptpost am Bahnhof (Abb. 35), die zum Glück inzwischen wieder abgebrochen worden ist. Für die historische Altstadt bedeuteten der Abbruch des alten Karstadt-Gebäudes mit dem sehr großformigen, besonders an der Rückseite zur Neugasse recht grobschlächtigen Neubau wie auch der Bau des Kaufhauses „Horten" (heute: Karschhaus) eine starke Beeinträchtigung des Stadtbildes. Man kann sich heute gar nicht mehr vorstellen, dass damals noch der Individualverkehr durch die Kirch- und die Langgasse lief, die Reklame ist zum Teil leider auch heute noch in ihrer Größe und Aufdringlichkeit auf den Autofahrer berechnet, der sie schnell im Durchfahren erfassen muss. Für den gemächlich schreitenden Fußgänger kann sie noch stärker reduziert werden.

Stadtplanung von Ernst May

Die stärkste städtebauliche Beeinträchtigung entstand durch den Bau des Raiffeisen-Hochhauses 1968–71 im Blickpunkt der Wilhelmstraße, die nach den Intentionen des 19. Jahrhunderts auf die grünen Hänge des Taunus

Abb. 35: Ein Störfaktor im Städtebild war die Hauptpost am Bahnhof aus den 60er Jahren, die inzwischen wieder abgerissen wurde.

Abb. 36: Zwar ist die Hochstraße am Michelsberg seit 1972 abgerissen. Der Blick auf die Friedenskirche wird aber immer noch durch den Personenübergang beeinträchtigt.

wurde. Dafür war allerdings das Verständnis allgemein in Deutschland noch nicht verbreitet, die Kunstgeschichte hatte noch nicht die wissenschaftlichen Grundlagen erarbeitet und die Denkmalpflege war zum Teil selbst noch mit Vorurteilen belastet.

Wäre es nach den Vorstellungen von Ernst May gegangen, dann wäre die gesamte historische Bebauung des Villengebietes am Bierstadt-Hang, der Südstadt bis zum Kaiser-Friedrich-Ring und des Bergkirchengebietes einer stereotypen Neubebauung aus Hochhäusern, Baublocks und Reihenhäusern zum Opfer gefallen. Die Villen auf der östlichen Seite der Wilhelmstraße zwischen Rheinstraße und Frankfurter Straße – darunter die Villa Clementine – sollten abgebrochen werden, und zwar für den Bau einer U-Bahn!

Dazu kam ein Verkehrskonzept, das den Bau weiterer Hochstraßen – darunter auch eine durch die Kuranlagen – vorsah. Für das von Leibrand entwickelte Verkehrskonzept gab es zwar Beschlüsse, die erst nach 1975 aufgehoben wurden, nicht jedoch für die Ausbildung einer „City Ost", die May anstelle des Villengebietes am Bierstadt-Hang schaffen wollte. Dennoch bestand die große Gefahr, dass hier durch die vom Frankfurter Westend überschwappende Bodenspekulation vollendete Tatsachen geschaffen würden, wie dies mit dem illegalen Abbruch der durch Ortssatzung geschützten Villa Viktoriastraße 25 geschah.

Umdenken seit dem Europäischen Denkmalschutzjahr 1975

Erst das Europäische Denkmalschutzjahr 1975 brachte einen Wandel, vor allem das kommunalpolitische Engagement der Jungsozialisten unter Führung von Jörg Jordan, das der SPD 1972 die absolute Mehrheit im Stadtparlament sicherte, weil sie viele Stimmen aus dem konservativen Lager für sich gewinnen konnte, die sich gegen die Stadtzerstörung wandten. Für die Eckturmvilla am östlichen Ende der Rheinstraße (Abb. 37), wo heute ein schwarzes Hochhaus steht, und die große Henkell-Villa, Beethovenstraße 5, kam die Rettung zu spät, sonst aber blieb Wiesbaden in den 60er und 70er Jahren vor dem Verlust unersetzlicher Bausubstanz weitgehend verschont, ausgenommen das „Neroberghotel" und der Rheinbahnhof (Abb. 38), der einer Erweiterung der Rhein-Main-Halle weichen musste. Mit Hilfe von Bebauungsplänen, die den historischen Bestand festschrieben, dem ab 1975 geltenden neuen Hessischen Denkmalschutzgesetz und einem

ausgerichtet war und nun einen unangemessen starken Akzent erhielt. Das Vorhaben wurde schon während der Entstehung vom Architektenbeirat und der Bevölkerung kritisiert. Leider erfreuen sich derartige Bauten einer besonders langen Lebensdauer. Das war zum Glück bei der zweiten städtebauliche Störung von Sichtbezügen, der im Jahr 2001 wieder abgebrochenen Hochstraße am Michelsberg (Abb. 36) von 1972, nicht der Fall. Der durch sie gestörte Blick auf die altkatholische Kirche ist aber leider nur zum Teil zurück gewonnen worden. Noch behindert die Überbauung der Schwalbacher Straße durch das ehemalige Kaufhaus Hertie den Blick.

Die größte Gefahr für Wiesbaden als herausragendes Stadtdenkmal des Historismus drohte von den Plänen des renommierten Stadtplaners Ernst May, dessen Aversion gegen historische Baukunst allgemein und besonders gegen die des Historismus für die 1920er Jahre zeitbedingt war. Seine Vorstellungen vom „Neuen Wiesbaden" veröffentlichte er 1963 in Buchform. In jener Zeit hatte Wiesbaden zwar immer noch den Ruf einer schönen Stadt, was aber mehr mit der landschaftlichen Lage als mit der Baukunst in Verbindung gebracht

neuen Ortsstatut auf der Grundlage der hessischen Bauordnung gelang es Jordan in seiner Funktion als Stadtentwicklungsdezernent, fachlich sehr gut beraten durch seinen Technischen Referenten Hartmut Steinbach, die Erhaltung des gefährdeten Baubestands ohne Entschädigungsforderungen zu sichern.

Mit der vom Flächenabriss zur erhaltenden Erneuerung gewandelten Städtebauförderung von Bund und Land wurde es möglich, das Bergkirchengebiet zu sanieren, ohne die einkommensschwachen Mieter zu vertreiben. Um Wohnraum für die zur Zeit der Haussanierung unterzubringenden Bewohner zu schaffen, wurden das „Palasthotel" saniert und durch einen gelungenen Anbau erweitert, wofür leider das ehemalige Hotel „Weißes Ross" und das im Krieg stark verstümmelte Römerbad geopfert werden mussten.

Während das enorme Wirtschaftswachstum der 60er und 70er Jahre in anderen Großstädten, besonders in Frankfurt, starke Veränderungen im Stadtbild und den Verlust zahlreicher Baudenkmale bewirkt hatte, ist Wiesbaden noch glimpflich davon gekommen. Lediglich die beiden bereits erwähnten Hochhäuser am nördlichen Ende der Wilhelmstraße und am östlichen Ende der Rheinstraße sind eine Beeinträchtigung. Die anderen am Bahnhof oder am Berliner Platz sind weit genug vom historischen Zentrum entfernt. Zur Entlastung der Innenstadt entstanden neue Bürobauten an der Mainzer und Berliner Straße.

Abb. 37: Für die Eckturmvilla an der östlichen Rheinstraße, einen Bau des romantischen Historismus, kam der Wandel hin zum Erhalt von Bausubstanz des 19. Jahrhunderts zu spät.

Abb. 38: Der Rheinbahnhof musste dem Bau der Rhein-Main-Halle weichen. Heute würde man statt Abriss ein Umnutzungskonzept entwickeln.

Hauptstadt des neuen Bundeslandes Hessen

Zum Wachstum Wiesbadens trugen am Ende des Zweiten Weltkriegs zwei Entscheidungen der amerikanischen Militärregierung bei: Mit der Bestimmung zur Hauptstadt des neu geschaffenen Bundeslandes Hessen und mit der – immer noch vorläufigen – Zuordnung der Mainzer Vororte Amöneburg, Kastel und Kostheim, erhöhte sich die Einwohnerzahl um 18266 auf 188370. Die Gemarkung wuchs um 2262 Hektar. Vor allem gewann die Stadt dadurch ein wertvolles Industriegebiet hinzu, muss aber nach wie vor einen eigenen Haushalt für die kommissarisch verwalteten drei Vororte aufstellen. Im Verhältnis zu Mainz ist dies ein ständiger Zankapfel, während sonst die beiden Städte auf dem Gebiet des öffentlichen Personennahverkehrs und der Energieversorgung eng zusammenarbeiten. Das Industriegelände am Rhein war durch Bomben bis zu 90% zerstört, wurde aber so modern wieder-

aufgebaut, dass die bekannten Firmen um so rationeller und erfolgreicher produzieren konnten.

Im Unterschied zur Nachkriegszeit ab 1918, mit der Funktion eines Hauptquartiers der französischen Besatzungsmacht, bedeutete die Wahl Wiesbadens zum Hauptquartier der amerikanischen Luftstreitkräfte eher einen Vorteil, denn die Angehörigen der als Elitetruppe zu wertenden AirForce brachten Kaufkraft in die Stadt. Für einige Jahre wurde Wiesbaden zum Mekka für Kunstliebhaber, als die Amerikaner im sogenannten „Collecting point" die während des Krieges ausgelagerten Kunstschätze deutscher Museen sammelten, um die Rückgabe zu organisieren. Eine Folge der engen kulturellen Bindung zu Amerika war auch die in Wiesbaden zu beachtlichen Erfolgen gelangte „Fluxus-Bewegung" der Kunst im Alltag.

Als Hauptstadt des 1946 geschaffenen Bundeslandes Hessen mit neuen, künstlichen Grenzen zum ebenfalls künstlich entstandenen

Abb. 39: Die 1841 erbaute Reithalle des Schlosses wurde für den Plenarsaal des Landtags geopfert.

Abb. 40: Das Landeshaus von 1905–07 nahm das Wirtschaftsministerium auf, hier in einem Foto aus den 70er Jahren.

Für die Landesregierung wurden neue Verwaltungsgebäude errichtet, für das Finanzministerium in der Friedrich-Ebert-Allee und dicht am Bahnhof für das Innenministerium. Der Justizminister residierte vorübergehend im Erbprinzenpalais, das nach seinem Umzug in das historische Ministerialgebäude an der Luisenstraße in Gefahr war, abgebrochen zu werden, wenn es nicht die Industrie- und Handelskammer durch die Initiative ihres Hauptgeschäftsführers Artelt gekauft und vorbildlich instand gesetzt hätte. Das alte Pädagogium am Luisenplatz nahm das Kultusministerium auf und das Landeshaus am Kaiser-Friedrich-Ring (Abb. 40) das Wirtschaftsministerium. Die anderen Ministerien wurden auf den Gräselberg ausgelagert, ihre Rückführung in das Stadtzentrum wäre sehr zu wünschen. Dafür könnte das Hochhaus am Kureck genutzt werden, wenn es denn nach dem geplanten Auszug der Raiffeisenverwaltung schon weiter bestehen muss. Die provisorisch an der Frankfurter Straße in mehreren Villen untergebrachte Staatskanzlei ist inzwischen in das ehemalige Hotel „Rose" umgezogen.

Eine positive Folge der Ernennung zur Landeshauptstadt war die Bestimmung des Theaters zu einem der drei Hessischen Staatstheater mit der Übernahme von 51% der Kosten durch das Land. Auch wäre die Ansiedlung des Statistischen Bundesamtes und des Bundeskriminalamtes sonst wohl nicht erfolgt. Mit den Bundes- und Landesbehörden entstanden viele Arbeitsplätze, auch durch die Ansiedlung namhafter Versicherungen. Leider wanderte das zunächst Unter den Eichen angesiedelte Zweite Deutsche Fernsehen nach Mainz ab und das Filmarchiv wurde zum Deutschen Filmmuseum am Frankfurter Mainufer.

Land Rheinland-Pfalz wird seitdem das größte Territorium in der Geschichte Wiesbadens von hier aus regiert. Das Residenzschloss wurde Sitz des Landtags, für dessen Plenarsaal man leider die 1841 von Georg Moller erbaute Reithalle (Abb. 39) opferte. Jedoch erhielt dadurch das Schloss eine sinnvolle Nutzung und wurde von Anfang an saniert und gepflegt. Schloss Biebrich hingegen wurde nur durch die Filminstitute der freiwilligen Selbstkontrolle, der Filmbewertungsstelle und des Deutschen Filmarchivs solange vor dem völligen Verfall bewahrt, bis Ministerpräsident Holger Börner 1980 den Wiederaufbau des Ostflügels und die sorgfältige Restaurierung von Rotunde und Galerien als Repräsentationsstätte der Landesregierung durchführen ließ.

Eingemeindungen

Eine vorläufig letzte Vergrößerung erfuhr das Stadtgebiet 1977 durch die Eingemeindung von Auringen, Breckenheim, Delkenheim, Medenbach, Naurod und Nordenstadt. Die Einwohnerzahl stieg dadurch um etwa 20000 auf rund 268000, die Gemarkung wuchs auf jetzt rund 204 km². Die Flächenvergrößerungen führten dazu, dass die Bevölkerungsdichte mit rund 1300 Einwohnern pro Quadratkilometer für eine Großstadt gering ist. Leider war man angesichts dieser Weiträumigkeit mit der Ausweisung von Bauland für Einfamilienhäuser zu sparsam, so dass viele Beschäftigte in die aus zusammengefassten Dörfern neu entstandene Stadt Taunusstein abwanderten. Die dar-

Abb. 41: Der ab 1964 angelegte neue Stadtteil Klarenthal entstand als Siedlung des Massenwohnbaus, mit dem die Architektur der 70er Jahre der Bevölkerungs- und Bedürfnisentwicklung Rechnung zu tragen versuchte. Es gibt jedoch in der Bundesrepublik nur wenig wirklich musterhafte Beispiele.

aus resultierenden Pendlerströme verursachen bis heute ungelöste Verkehrsprobleme.

Siedlung Klarenthal

Der großzügig bemessenen Gemarkung stehen zu stark verdichtete neue Wohngebiete gegenüber, an der Spitze der neue, ab 1964 angelegte Stadtteil Klarenthal (Abb. 41), der zu einer Mustersiedlung hätte werden können. Denn bei dem Bauland handelte es sich um landeseigenes Gelände der Staatsdomäne Klarenthal, so dass es keine Bodenspekulation gab. Auch hätten die schöne landschaftliche Lage und kurze Anbindung an das Stadtgebiet bei geringerer Verdichtung und einer weniger einfachen Gestaltung der Baukörper zu einer Mustersiedlung für das ganze Bundesgebiet führen können. Dennoch ist das Wohnen dort angenehmer als am Schelmengraben (ab 1969) mit Siedlungen des Massenwohnungsbaus, die zwar im Inneren der Blocks angenehmes Wohnen bieten, durch den Verzicht auf abwechslungsreiche Außengestaltungen aber von den Plattensiedlungen der früheren DDR nicht weit entfernt sind. Erst mit der Gestaltung der Siedlung Sauerland 1995 wurde die erforderliche Qualität im Mietwohnungsbau erreicht.

Kongress-Stadt

Für die Funktion als Kongressstadt war der Bau der Rhein-Mainhalle der entscheidende Impuls, dazu kam die Restaurierung des Kurhauses 1983–87. Der Fremdenverkehr hatte sich zwar von 1950 mit 150000 Gästen auf 280000 im Jahr 1960 erhöht, jedoch waren davon nur noch 3,2 % Kurgäste, aber 79852, d. h. 28,4 %, Ausländer.

Heute spielt die klassische Kur so gut wie gar keine Rolle mehr, Wiesbaden ist jedoch mit seinen Kliniken und Thermalbädern eine Stadt der Gesundheitspflege. Nach dem Rückgang der Beschäftigung in der industriellen Produktion durch Automatisierung und durch den Personalabbau bei Banken und Versicherungen im Rahmen der sogenannten Globalisierung wird sich Wiesbaden stärker um seine Rolle als Altersruhesitz, Kongressstadt und um den Fremdenverkehr bemühen müssen.

Eine Positionierung als Stadt des Historismus vom Rang eines Weltkulturerbes mit intensiver Werbung nach außen ist dafür ebenso nötig, wie eine größere Wertschätzung des baugeschichtlichen Erbes bei den Wiesbadenern selbst, wofür dieses Buch und die CD dienen sollen.

Stadtentwicklung Wiesbadens im Zeitalter des Historismus

Abb. 51: Das von einem Ballon aus gezeichnete Bild von etwa 1866 gibt das Historische Fünfeck im Zustand vor dem Beginn der preußischen Zeit wieder, damit die erste Blütezeit als nassauische Residenz der Romantik mit dem Prospekt strahlend neuer Bauten rings um die bescheidene Altstadt.

2000 Jahre städtebaulicher Entwicklung Wiesbadens sind eng mit den Thermalquellen verbunden. Sie waren die Ursache für die ersten städtischen Ausprägungen in der Römerzeit. Im frühen Mittelalter spielte Wiesbaden eine Rolle als Königshof – bedeutendere städtebauliche Akzente setzte jedoch der Barock im 17. Jahrhundert auch mit der Verlagerung der Residenzfunktion des Hauses Nassau nach Biebrich und Wiesbaden. Das 19. Jahrhundert mit dem Aufstieg Wiesbadens zum Weltbad, einer Vervielfachung der Bevölkerungszahlen und der Funktion als preußischer Regierungssitz schließlich brachte die entscheidenden städtebaulichen Strukturen, die Wiesbaden zu einem in Deutschland herausragenden Beispiel der Stadtentwicklung des Historismus machten.

Die vielen Stadtbrände im 16. Jahrhundert (1547, 1552, 1561, 1563, 1570 und 1586) und die schweren Verwüstungen durch die verschiedenen Parteien im Dreißigjährigen Krieg im 17. Jahrhundert brachten große Einbrüche für die Stadtentwicklung Wiesbadens, beinhalteten aber auch die Chance für Wiederaufbau nach neuen städtebaulichen Maßstäben (vgl. CD). Die barocke Erneuerung[13] ließ zwar vom römisch-mittelalterlichen Ursprung nur wenig übrig, kann aber als Wegbereiter der großartigen Entwicklung im 19. Jahrhundert gesehen werden.

Von 25 Badhäusern waren 1637 zwölf verlassen. 1654 hatte Wiesbaden nur noch 111 steuerpflichtige Einwohner. Der Wiederaufbau setzte bald nach Ende des Krieges unter Graf Johannes von Nassau-Idstein ein, so dass man 1664 schon 151 steuerpflichtige Bürger zählte und nur noch vier Badhäuser unbenutzbar waren. Dennoch verbreitete sich ab dem 16.

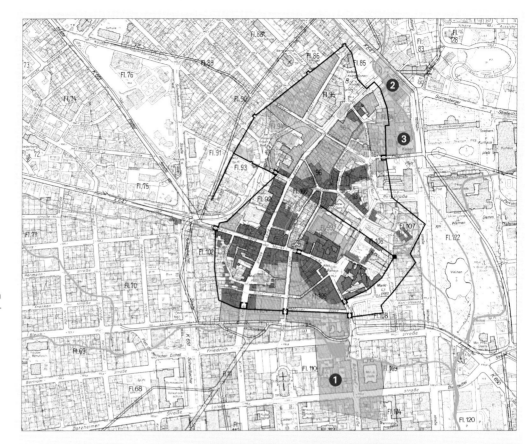

Abb. 52: Stadtausdehnung im Barock im Wiesbadener Stadtplan – Stadtentwicklung zwischen 1690 und 1790. Im Vergleich mit der mittelalterlichen aufgelockerten Bebauung setzte im Barock eine Verdichtung ein.
Schwarz: Bauzustand bis 1690
Rot: Bauliche Verdichtung 1690–1799
❶ Herrengarten vor dem Mainzer Tor
❷ Garten des Waisenhauses
❸ Herrengarten vor dem Sonnenberger Tor

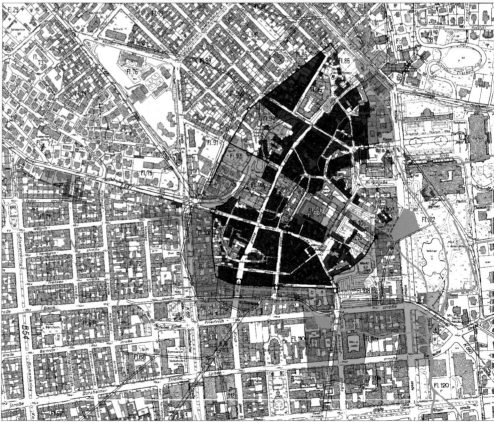

Abb. 53: Stadtentwicklung bis 1799. Schwarz: Zustand des vorhergehenden Plans von 1690
Rot: neu bebaute Flächen

Jahrhundert der Ruf der Stadt als Heilbad, wie die urkundliche Nennung der Badhäuser im Quellenviertel belegt (vgl. S. 15).

Barock – Aufbau mit neuen Maßstäben

Erst unter Fürst Georg August Samuel von Nassau-Idstein kam es zu einer großzügigen Neugestaltung der Stadt, die dazu führte, dass die Einwohnerzahl während seiner Regierungszeit 1690–1721 von 644 auf 1321 anstieg. Zu dieser Neubelebung trugen die fürstlichen Baugnaden vom 18. Oktober 1690 bei, die jedem neu nach Wiesbaden ziehenden und dort bauenden Bürger auf 15 Jahre Steuerfreiheit zusicherten. Wiesbaden war nun größer als Idstein.

Die Stadtmauer wurde gründlich erneuert und jetzt auch um das Sauerland geführt. Gab es bis dahin im Flecken viele Baulücken, Höfe, Gärten und Wiesenstücke, so setzte jetzt mit der Anlage neuer Straßen eine bauliche Verdichtung ein. Das ging nicht ohne Abbrüche und die Umlegung von Grundstücken vonstatten – notfalls durch Enteignung.

Das barocke Straßennetz

Die Innenstadt von Wiesbaden erhielt in dieser Zeit ihren bis 1945 unveränderten Grundriss (Abb. 52). Die neuen barocken Straßen fallen heute noch durch ihre Geradlinigkeit im Vergleich zu den krummen mittelalterlichen Gassen auf, besonders die relativ breite Neugasse, die im Jahre 1691 als erste entstand. Hier sollten nur stattliche Häuser stehen. An ihrem Ende sicherte das Neue Tor den Zugang zur Stadt von Süden her, der bis dahin nur durch das Mainzer Tor möglich war. Dieses brach man ab und mauerte die Lücke 1704 zu. Dies beendete den Durchgangsverkehr aus Lang- und Kirchgasse, dessen Lärm den Gottesdienst in der Mauritiuskirche störte.

Zu den neuen, an ihrer Geradlinigkeit zu erkennenden Straßen gehören im Flecken ferner die Schulgasse und die Grabengasse, heute Mauergasse; im Quellengebiet die Webergasse, die Spiegelgasse, die Saalgasse und die äußere Langgasse mit dem Kranzplatz.

Barocke Gärten

Nachdem die Stadtmauer nun auch den Flecken und das Sauerland sicherte, waren die Wälle, Gräben und Teiche überflüssig. Sie wurden deshalb abgetragen beziehungsweise zugeschüttet. Auf den freigewordenen Flächen legte man folgende Gärten an (Abb. 53):
❶ den **Herrengarten vor dem Mainzer Tor** im Gebiet zwischen dem heutigen

Abb. 54: Der Marktbrunnen von 1753 mit dem vergoldeten nassauischen Löwen befindet sich seit 1767 vor dem Schloss.

Museum, der Friedrich- und der Rheinstraße, an den noch heute die Herrengartenstraße erinnert. Er war der größte der drei Gärten. Als Promenadengarten wurde er bereits 1776 wegen der ungünstigen, von den Badhäusern zu weit entfernten Lage aufgegeben. Reste existierten noch lange Zeit zwischen Friedrich- und Luisenstraße und wurden ab 1804 überbaut.
❷ den **Garten des Waisenhauses** am Ausgang des Neutors, der heutigen Neugasse, wurde 1733 für das Publikum geöffnet und zwischen 1810 und 1820 mit den Häusern an der oberen Friedrichstraße überbaut.
❸ den **Herrengarten vor dem Sonnenberger Tor**, auf dessen Gelände die heutigen Grundstücke des Hotels „Rose" und des „Nassauer Hofes" stehen. Ihn legte man um 1780 als Ersatz für den ersten Herrengarten vor dem Mainzer Tor an, wandelte ihn 1806 zum Promenadengarten um, gab ihn jedoch bald nach 1820 für den Bau des sogenannten Alten Theaters auf.

Mit diesem Kranz von Gärten an der Ost- und Südseite der Stadt schuf man unbeabsichtigt bereits am Beginn des 18. Jahrhunderts die Voraussetzungen für die Anlage des Historischen Fünfecks ein Jahrhundert später. Die von Fürst Georg August Samuel angelegte Allee, die vom Sonnenberger Tor nach Osten zum Wiesenbrunnen führt, bildete die Grundlage für den späteren Bereich zwischen Kurhaus und Kolonnaden. Aus der barocken Phase der Stadtentwicklung sind außer den neuen Straßen im Stadtgrundriss die Häuser Wagemannstraße 5 und 33/35 erhalten geblieben.

Klassizismus: Das Historische Fünfeck

Die Entstehung des Historischen Fünfecks ist eine städtebauliche Leistung für Wiesbaden, die in Deutschland einmalig ist. Nach den Ideen von Johann Christian Zais, niedergelegt in seinem weitblickenden Vorschlag von 1818, legten die Wilhelm-, Taunus-, Röder-, Schwalbacher- und Friedrich-, später Rheinstraße, die Seiten eines Fünfecks fest, das die früher entstandenen Viertel umschloss und heute den eigentlichen Stadtkern bildet. Spätere Stadterweiterungsgebiete konnten sich nur noch daran anschließen und keine derartige Klarheit mehr erreichen.

Die Architekten der Stadterweiterung 1803–1826

Drei Architekten waren an der Entstehung des Historischen Fünfecks beteiligt: Der bewährte Carl Florian Goetz stand dabei für den organisatorischen Teil und war am längsten als herzoglicher Baubeamter tätig und betreute den Ausbau bis 1829. Der kreativere Johann Christian Zais gab 1805–1820 die entscheidenden Impulse, verstarb jedoch bereits zwei Jahre nachdem er den allgemeinen Bauplan vorgestellt hatte. Der zeichnerisch begabte, jedoch nicht teamfähige Helfrich Bernhard Hundeshagen ergänzte die Gruppe von 1814 bis 1817.

Carl Florian Goetz

Als einziger Baumeister stand Carl Florian Goetz bereits vor Beginn der Stadterweiterung in den Diensten des Fürstentums Nassau. Geboren wurde er am 4. Juli 1763 in Ottweiler. Seine Eltern waren der Amtmann Johann Friedrich Goetz und dessen Ehefrau Karoline Dorothea Friederike, geborene Rauch. In seiner Jugend wurde er wohl durch die Bauten von Friedrich Joachim Stengel in Saarbrücken beeindruckt und dort erhielt er wahrscheinlich auch seine erste Ausbildung.

Im September 1789 trat er als Bauinspektor in die nassauische Bauverwaltung in Wiesbaden ein. Seine umfangreiche Aufgabe bestand in der Inspektion aller herrschaftlichen Gebäude im Fürstentum Nassau-Usingen und war daher mit vielen Reisen verbunden. 1794 wurde ihm auch noch die Inspektion über die Chausseen im Amt Wiesbaden übertragen, die

er bis 1803 behielt. Am 9. Januar 1792 hatte er Wilhelme Johannette Hergenhahn, die Tochter eines fürstlichen Kammerdieners von Schloss Biebrich, geheiratet.

Die ersten von ihm geschaffenen Bauten waren die Beamtenhäuser vor dem Mainzer Tor (Abb. 55), am späteren Schillerplatz. Als die Bauaufgaben 1803 nach der Erhebung zum Herzogtum stark anwuchsen, bildete man eine Baukommission, zu deren Mitglied Goetz als einziger Baubeamter ernannt wurde. Außerdem gehörte er zur Polizeideputation, die sich bis zur Gründung einer eigentlichen Baupolizei mit der Überwachung des Baugeschehens beschäftigte. Besondere Verdienste erwarb Goetz bei der Organisation des Bauwesens durch seine Bauordnungs- und Typisierungsvorschläge sowie bei der Ausbildung des Handwerks. Dies alles musste im 1803 neu geschaffenen Herzogtum Nassau erst aufgebaut werden und wurde zur wichtigen Grundlage für das Bauwesen beim Ausbau Wiesbadens zur Hauptstadt.

Als die Arbeitsbelastung für ihn immer größer wurde, stellte man ihm nach vielen Bittgesuchen 1805 Johann Christian Zais als Mitar-

beiter für Entwurfs- und Bauleitungsarbeiten an die Seite. Es kam jetzt zu einer sinnvollen, den Begabungen entsprechenden Arbeitsteilung. Der künstlerisch begabtere Zais übernahm die Entwurfs- und Bauleitungsarbeiten, der organisatorisch und technisch versiertere Goetz die Bauinspektion und schließlich 1812 die Leitung der von ihm initiierten Baupolizei. Er wurde zum Baudirektor und 1817 zum Landesbaumeister ernannt. Somit gehörte er zu den am besten bezahlten herzoglichen Beamten und hatte eine geräumige Amtswohnung in einem der vier von ihm erbauten Häuser vor dem Mainzer Tor.

Zu seinen architektonischen Werken gehörte die 1816–19 erbaute Infanteriekaserne, die bis 1912 an der Schwalbacher Straße in der Achse der Friedrichstraße stand. Trotz großer dienstlicher Belastung fand Goetz noch die Zeit und Kraft, als Architekt beratend für private Bauherren tätig zu sein, vor allem wohl, um seine finanziellen Sorgen um die Zukunft seiner Kinder zu mindern.

Eine vorübergehende Entlastung erhielt er 1812 durch die Berufung des Bibliothekars Helfrich Bernhard Hundeshagen zum dritten Baubeamten, der allerdings bereits Ende 1817 wieder entlassen wurde. Nach dem plötzlichen Tod von Zais 1820 hatte Goetz wieder allein die Leitung aller Bauaufgaben. Am 23. Juni 1829 endete sein arbeitsames Leben.

Johann Christian Zais

Johann Christian Zais wurde am 4. März 1770 in Cannstatt bei Stuttgart als Sohn des Chirurgen Johann Wilhelm Zais geboren. Seine Ausbildung begann schon sehr früh mit einer Lehre bei einem Steinhauermeister, der beim Bau der Stuttgarter Residenz mitwirkte. Im Alter von 17 Jahren nahm er sein Architekturstudium an der Karlsschule in Stuttgart auf und widmete sich zugleich der Wasserbaukunst, die Major Duttenhofer lehrte. Eine solche doppelte Ausbildung war damals wegen der unsicheren wirtschaftlichen Lage keine Seltenheit. Nach Abschluss der Schule unternahm Zais einige Reisen und versuchte dann, sich als Privatarchitekt zu betätigen, erhielt aber wie viele andere Architekten in den unruhigen Zeiten der napoleonischen Ära keine Aufträge. So musste er sich unter anderem mit kartographischen Arbeiten durchschlagen, bis er 1805 durch die Fürsprache seines Landsmanns und Mitschülers, des nassauischen Ministers Ernst Franz Ludwig Freiherr Marschall von Bieberstein (1770 bis 1834), in die Dienste des Fürstentums Nassau-Usingen nach Wiesbaden berufen wurde. Zuvor hatte er Josephine Schalck (1770–1844) aus Scheltingen bei Ulm geheiratet.

Seine Anstellung erhielt er auch wegen seiner Kenntnisse in der Wasserbaukunst, denn als erstes Arbeitsgebiet wies man ihm die Inspektion des Höchster Landdepartments zu. In den dortigen, an Rhein und Main gelegenen Ämtern gab es viele Uferbauten zu betreuen, wozu Zais allerdings kaum noch kam, da er sehr bald für Hochbauarbeiten in Wiesbaden eingesetzt wurde. So erhielt er schon zwei Jahre nach seiner Anstellung die wichtige Aufgabe, das Kurhaus (Abb. 53) zu errichten.

Der stattliche, 1808–10 ausgeführte Bau fand große Anerkennung und führte zu neuen Aufträgen, so die Pfarrkirche in Kelkheim-Münster 1808–11. Er entschloss sich 1810, an dem von ihm neugeschaffenen Platz vor dem Sonnenberger Tor sein eigenes Wohnhaus zu erbauen, dann gegenüber das Badhaus „Nassauer Hof". Diese Aufgaben nahmen ihn so

sehr in Anspruch, dass er die ihm übertragene Inspektionstätigkeit in den Landämtern vernachlässigte, was zu Ermahnungen und der Androhung von Geldstrafen führte.

Dennoch bekam er trotz ständiger Arbeitsüberlastung keine Hilfe, sondern weitere ehrenvolle Aufträge, wie 1813–16 den Bau des sogenannten Schlösschens, heute Sitz der Industrie- und Handelskammer. Als der Bau des auch Prinzenpalais genannten Schlösschens 1816 unterbrochen wurde, widmete er sich seinem Lieblingsplan, dem Bau eines großen Badhauses „Zu den Vierjahreszeiten" an der Ecke Wilhelmstraße/Sonnenberger Torplatz, einem stattlichen Bau, den er auf eigene Rechnung errichtete. Noch während der Arbeiten an diesem privaten Projekt erhielt er 1818 den Auftrag, einen Stadterweiterungsplan aufzustellen. Die Fertigstellung seines eigenen Badhauses konnte Zais noch erleben, dann starb er überraschend am 26. April 1820.

Er war ohne Zweifel die stärkste künstlerische Begabung unter den nassauischen Baubeamten in Wiesbaden und hat mit dem Prinzenpalais und dem Schenkschen Haus in der Friedrichstraße auch die bedeutendsten Bauten des Klassizismus hinterlassen.

Sein Kurhaus musste dem Neubau Friedrich von Thierschs aus den Jahren 1902–07 weichen, und sein „Nassauer Hof" dem Neubau von 1897. Das Badhaus „Zu den Vierjahreszeiten" und sein Wohnhaus fielen den Bomben des Zweiten Weltkriegs zum Opfer.

Helfrich Bernhard Hundeshagen

Helfrich Bernhard Hundeshagen wurde am 18. September 1784 in Hanau als Sohn des hessisch-hanauischen Regierungs- und Hofge-

Abb. 56: Das Alte Kurhaus (1808–1810) mit Säulenportikus im klassizistischen Stil, historische Zeichnung

Abb. 57: Entwurfszeichnung
eines Hauses von Hundeshagen

richtsrates Johann Balthasar Hundeshagen geboren. Nach dem Schulabschluss studierte er
auf den Rat seines Vaters hin zunächst Jura in
Marburg, widmete sich aber bald seinen
eigentlichen Interessen, der Philosophie und
den Naturwissenschaften, dann auch dem
Zeichnen und Malen – wenn auch recht ziel-
los. Schließlich wechselte er 1804 an die Universität Göttingen, die er jedoch bald wegen
der politischen Verhältnisse in seiner engeren
Heimat verlassen musste. In Hanau erlaubten
es seine noch guten Vermögensverhältnisse, das
Leben eines Privatgelehrten zu führen und einige Schriften zu verfassen, so eine kleinere
über die Kapelle in Frankenberg mit eigenen
Zeichnungen und eine größere über die Kai-
serpfalz in Gelnhausen. Letztere konnte er
nicht vollenden, da das Manuskript bei der Be-
schießung Hanaus durch napoleonische Truppen 1813 verbrannte. Hundeshagen verfügte
über große wissenschaftliche und künstlerische
Begabung, war aber ein unsteter Charakter, der
vieles begann, aber weniges ausführte.

Immerhin erwarb er sich durch literarische
und zeichnerische Arbeiten einen über Hanau
hinausreichenden Ruf, durch den Herzog Friedrich August von Nassau auf ihn aufmerksam
wurde und ihn am 28. Februar 1812 in den
Staatsdienst nach Wiesbaden berief. Er sollte ein
topographisches Büro einrichten, bei der Auf-
sicht über die Regierungsbibliothek helfen und
Unterricht an der herzoglichen Militärschule
erteilen. Auch berief man ihn zum Beigeordne-
ten in die Baupolizeibehörde, was verwunderlich ist, da bis dahin nie von einer Ausbildung
oder Tätigkeit als Baumeister berichtet worden
war. Bald wurde er wegen seiner Verdienste um
die herzogliche Bibliothek zum Bibliothekar
ernannt, was seine wirtschaftliche Lage stabili-
sierte. Durch die geschickte Anfertigung von
topographischen Karten bekannt geworden,
wurde er 1813 nach Frankfurt zu Vermessungs-
arbeiten für das deutsche General-Vermes-
sungskommando abbeordert.

Nach seiner Rückkehr 1814 sollte er Carl
Florian Goetz in der Leitung des Wiesbadener
Bauwesens unterstützen. Beim Verfassen von
Gutachten zu verschiedenen Baufragen kam
ihm sein großes Zeichentalent zu Gute. Es sind
Pläne für den Ausbau des Sonnenberger Tor-
platzes, des Kochbrunnens und des Platzes vor
dem Stumpfen Tor erhalten, ferner für die Ausführung einer ganzen Reihe von Wohnhäusern
(Abb. 54). In seinen Gutachten über die Arbeiten der anderen Baubeamten ließ er zu sehr
seine vermeintliche geistige Überlegenheit
durchblicken. Seine unverträgliche Natur
konnte sich anderen Meinungen nicht unter-
ordnen. Er kritisierte die Entwürfe seiner Kollegen ungewöhnlich scharf und machte sich so
viele Feinde, dass es schließlich am 4. Dezember 1817 zu seiner Entlassung kam.

Danach siedelte er 1818 nach Mainz über,
versuchte bis 1824 als Dozent an der neu ge-
gründeten Universität Bonn Fuß zu fassen,
führte schließlich wieder ein unstetes Leben

mit privater Tätigkeit als Baumeister und Altertumsforscher und wurde wegen seines immer stärker hervortretenden Größenwahns in die private Irrenanstalt von Endenich (Bonn) eingewiesen, dem späteren Schumann-Haus. Dort starb er 1856 im Alter von 72 Jahren, hatte also seine beiden Kollegen Goetz und Zais überlebt. Er hinterließ selbst keine Bauwerke in Wiesbaden, aber manche Anregungen, vor allem in Form von Zeichnungen.

Erste Planungen unter Carl Florian Goetz

Bautätigkeit der herzoglichen Regierung

Die Bestimmung als Sitz der Staatsbehörden des 1803 neu geschaffenen Herzogtums Nassau löste die erste große Stadterweiterung Wiesbadens im Zeitalter des Klassizismus aus. Man wählte diese Stadt, weil sie inzwischen mit 2500 Einwohnern die größte in Nassau war. Die Nähe zu Schloss Biebrich, das Fürst Karl von Nassau 1734 von einer Sommerresidenz zur ständigen Residenz gemacht hatte, spielte ebenso eine Rolle. Wahrscheinlich plante man damals schon, Wiesbaden zur Residenzstadt zu erheben, was aber erst nach dem Tod des in Weilburg residierenden Fürsten von Nassau-Weilburg und des Herzogs Friedrich-August von Nassau-Usingen 1816 erfolgte, als beide Landesteile vereinigt wurden.

Für die Stadterweiterung existierte zunächst kein einheitlicher Plan, man traf von Fall zu Fall die erforderlichen Entscheidungen. Auch die Zielsetzung wandelte sich mit der weiteren Entwicklung. Den ersten Schritt bildeten die Bauten am Ende der Marktstraße bei ihrer Einmündung in die neugeschaffene Friedrichstraße. Wichtigster Anlass war der dringende Wohnungsbedarf für die Beamten, die bei ihrer Versetzung nach Wiesbaden vergeblich preiswerte Mietwohnungen suchten und 1802 entsprechende Gesuche an die nassauische Staatsregierung richteten. Den Standort vor dem zunächst weiter bestehenden Unteren oder Mainzer Tor wählte man wegen der Nähe zu den Verwaltungsbauten im alten Schlosskomplex. Außerdem war das relativ ebene Gelände bereits Eigentum des Landesherrn. Die flankierende Anordnung der Häuser beiderseits des Stadttores verweist auf die Funktion, die sonst an solchen Stellen Zollhäuser übernahmen.

Mit dem Bau der vier Beamtenhäuser wurde Baudirektor Carl Florian Goetz beauftragt. Er schuf eine Querachse, zuerst „Neue Straße gegen die Platzmühle", später Friedrichstraße genannt, mit einer platzartigen Erweiterung und gab damit den ersten Anstoß für die Stadterweiterung. Auch für die übrigen Stadtausgänge plante man flankierende Bauten, einen davor liegenden Platz und eine Querstraße, was jedoch später nur vor dem Sonnenberger Tor von Zais ausgeführt wurde.

Goetz präsentierte im Mai 1803 seine Pläne für die vier Wohnhäuser vor dem Mainzer Tor. Von seinen verschiedenen Fassadenentwürfen bestimmte die fürstliche Baukommission einen zur Ausführung für alle vier Häuser. Alles erfolgte in großer Eile; denn noch im selben Jahr 1803 begann man zu bauen. Es entstanden zweigeschossige, fast schmucklose Bauten mit relativ voluminösen Walmdächern (Abb. 58). Sie hatten einen ländlich-kleinstädtischen Charakter. Ihre Freitreppen hat man später entfernt. Jedes Haus umfasste zwei groß angelegte Wohnungen von sechs oder sieben Zimmern,

Abb. 58: Entwurfszeichnung der vier Dicasterialhäuser für Beamte vor dem Mainzer Tor mit einheitlichen Fassaden

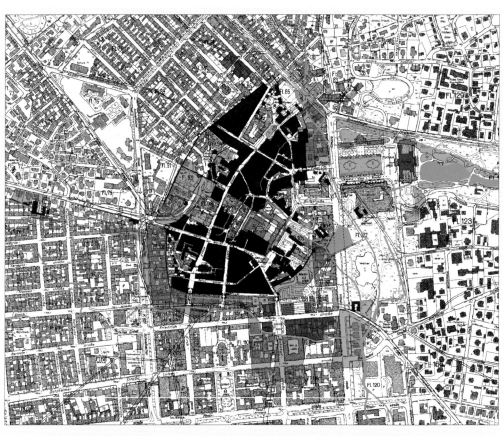

Abb. 59: Stadtentwicklung
bis 1810
Schwarz: Zustand bis 1799
Rot: bis 1810 neu bebaute
Flächen

dazu Küche, Keller, Holzschuppen und Ställe. Dazu kamen verhältnismäßig große Gärten, die allerdings später beim Ausbau der Friedrichstraße bebaut wurden.

Der Kostenüberschlag vom 8. Januar 1805 für die vier sogenannten Dicasterialhäuser ergab für alle zusammen mit Nebenbauten 63 612,32 Gulden, was der Hofkammer zu hoch erschien. Sie beschloss deshalb das vierte, noch nicht begonnene Haus als Gesamtauftrag an einen Unternehmer zu vergeben. Dergleichen geschieht auch heute mit der Absicht, die Kosten in den Griff zu bekommen, was aber meist genau so unbefriedigend ausgeht wie damals. Denn das Angebot des Unternehmers belief sich auf 16 600 Gulden gegenüber der Schätzung von Goetz mit 15 903 Gulden, lag also um 697 Gulden höher. Schließlich wurde der Auftrag an den Steinmetzmeister Stieglitz für 15 500 Gulden erteilt. Das hatte einen sehr langsamen Baufortschritt und eine mangelhafte Ausführung zur Folge.

Ein fünftes Haus war von einem Privatmann, dem Geheimrat Thilenius, begonnen worden, blieb aber durch dessen plötzlichen Tod als Bauruine liegen. Dadurch sah sich die Regierung gezwungen, es zu kaufen und durch Goetz in den gleichen Formen wie die vier anderen vollenden zu lassen. Zur Finan-

zierung probierte man jetzt ein neues Verfahren, indem man das eine Haus verloste, um mit den Einnahmen das nächste Haus bauen zu können. Von den 6000 ausgegebenen Losen zu 2,42 Gulden wurden aber nicht alle verkauft. Dennoch begann man sofort mit einem Bau, der die vierte Ecke am Schillerplatz schloss. Da der Absatz der Lose hier noch schlechter lief, gab man dieses Verfahren auf und beendete die unmittelbare herzogliche Bautätigkeit. An ihre Stelle traten die „herzoglichen Baugnaden", mit denen man private Bauherren anlockte.

Herzogliche Baugnaden und Gestaltungsvorschriften

Erste Baugnaden gab es in Wiesbaden bereits unter Fürst Georg August Samuel von Nassau mit dem Ziel, die im Dreißigjährigen Krieg verödete Altstadt wieder zu beleben. Um 1690 sicherte ein Baugnadenbrief allen, die sich in Wiesbaden ansiedeln wollten, einen unentgeltlichen Bauplatz sowie Steuer-, Abgaben- und Frondienstfreiheit und die freie Lieferung von Baumaterial zu. Diese Methode war von Erfolg gekrönt: Die neu angelegten Straßen erhielten ihre Bebauung, und die Einwohnerzahlen, die 1690 nur 644, 1732 bereits 1329 Seelen ausmachten, verdoppelten sich. Von 1734 an wurde durch Erlasse die Massivbauweise vorgeschrieben, doch erst ab der Mitte des 18. Jahrhunderts ernsthaft befolgt. Gefördert wurde dies durch die kostenlose Anfuhr des Materials wie Steine, Kalk, Sand und Holz. Strohdeckung und Sichtfachwerk waren aus Brandschutzgründen nicht mehr geduldet.

Diese barocken Baugnaden gaben das Vorbild für den Ausbau Wiesbadens zum Regierungssitz. Bereits mit einer Bekanntmachung vom 5. Mai 1803 warb die fürstliche Regierung um Bauwillige aus dem In- oder Ausland für Grundstücke in der Friedrichstraße und stellte günstige Bedingungen in Aussicht, ohne diese zu konkretisieren. Als Goetz schon nach wenigen Wochen berichten konnte, dass sich einige Interessenten gemeldet und um Aufklärung über die zugesicherten Freiheiten gebeten hätten, erfolgte am 6. Juni 1803 ein entsprechender Kammerbeschluss: Danach erhielten alle Bauwilligen die Bauplätze unentgeltlich – verbunden mit der Befreiung von allen Steuern und Abgaben für drei bis vier Jahre. Daran wurde aber die Bedingung geknüpft, dass „die Bauwilligen sich in Rücksicht der Fassade ihrer Häuser nach den ihnen erteilt werden den Vorschriften zu richten hätten."[14]

Als klar wurde, dass man die Altstadt von Wiesbaden nicht zu einer modernen Residenzstadt umbauen konnte und die große Zahl Bauwilliger die Anlage einer Vorstadt sinnvoll machte, wünschte die Hofkammer eine nach einheitlichen Richtlinien geregelte Bebauung, ließ Goetz aber im Unklaren, was damit gemeint sei. Die Hofkammer war selbst aber wohl nicht in der Lage, diese Aufgabe zu erfüllen, weshalb am 27. August desselben Jahres eine „Bau- und Chaussee-Commission" eingesetzt wurde. Diese schlug 1804 zum ersten Mal die Auszahlung einer Bauprämie als Pauschale von 200 Gulden vor, die unter Umständen je nach Grundstücksgröße zu variieren wäre. Der Vorschlag wurde 1805 angenommen und sogleich veröffentlicht. Diese Baugnaden bewirkten bis 1811 den Bau von zwölf Häusern in der unteren Friedrichstraße, von denen noch das Haus Nr. 5 neben dem Prinzenpalais steht (Abb. 60). Da die Pauschale bei der unterschiedlichen Größe der Häuser stets zu Nachverhandlungen führte und sich dadurch nicht bewährt hatte, wurden auf Vorschlag des Geheimen Regierungsrats Ibell im Januar 1812 neue Baugnaden mit folgenden Bestimmungen erlassen:

Jeder, der in der verlängerten Friedrichstraße oder der neuangelegten großen Alleestraße (Wilhelmstraße, Abb. 61) ein zweistöckiges Haus errichtete, das wenigstens 50 Schuh lang und 30 Schuh tief und nach den Bauregeln erbaut war, erhielt (Schuh = Fuß ≈ 30 cm):

1) den Bauplatz auf ganzer Länge samt einer Einfahrt auf 200 Fuß Tiefe unentgeltlich
2) die zehnjährige Grundsteuerfreiheit für diesen Bauplatz
3) für einen jeden laufenden Fuß der Hauslänge eine Bauprämie von 25 Gulden, das waren 1931 etwa 156,25 Mark, für die ganze Länge also rund 780 Mark).

Diese beachtlichen Vergünstigungen waren an detaillierte Gestaltungsvorschriften gebunden, für die Goetz 1810 bei der Eröffnung der Wilhelmstraße Vorschläge gemacht hatte. Sie wurden von der am 13. Juli 1812 eingesetzten Baupolizei übernommen und sahen die folgenden Bestimmungen in den wichtigsten Punkten vor:

1) Der Sockel der an der Straße zu errichtenden neuen Häuser muss sich wenigstens 3 Schuh über der Erde erheben.

Abb. 60: Letztes noch bestehendes Haus in der Friedrichstraße (Nr. 5), das von den Baugnaden von 1805 initiiert wurde.

Abb. 61: Auch in der heutigen Wilhelmstraße bewirkten ab 1812 die Baugnaden einen Bauboom.

Abb. 62: Die Luisenstraße zeigt ein aufgelockertes Straßenbild.

2) Das Erdgeschoss sollte entweder massiv sein oder, wenn aus Fachwerk, dann waren Eckpfosten und Schwellen in Eichenholz auszuführen, die Gefache mit Backsteinen auszumauern.

3) Die Länge der Gebäude sollte 50 Schuh bei 30 Schuh Tiefe betragen.

4) Das Obergeschoss musste mindestens eine Höhe von 11 Fuß haben.

5) Für die Einfahrt wurde eine Breite von 20 Fuß als zu groß und eine Wagenspur als ausreichend angesehen.

6) Als Dachdeckung konnten wahlweise Schiefer oder Ziegel genehmigt werden.

Zu den schriftlich festgelegten Vorschriften kamen noch weitere Wünsche der Baupolizei nach freistehenden Häusern mit einem mittleren Eingang an der Straßenseite mit Freitreppe, allseitig abgewalmten Dächern und schließlich auch das Verbot bündiger Fenster hinzu.

Derartig durch die Bauvorschriften schematisierte Fassaden führten natürlich in der Friedrich- und Wilhelmstraße zu einer gewissen sterilen Einheitlichkeit, die bald auch von den Zeitgenossen als allzu große Nüchternheit kritisiert wurde. Bei den danach angelegten Straßen wie der Luisenstraße (Abb. 62) bemühte man sich, durch eine Gruppierung und Höhenstaffelung der Baukörper das Straßenbild lebendiger zu gestalten. Dies kann man heute noch unterhalb des Ministerialgebäudes nachvollziehen – wenn auch zumeist mit aufgestockten Fassaden und überbauten Torwegen.

Die beklagte Nüchternheit hatte Goetz ausdrücklich verhindern wollen, als er schon 1805 seine Vorschläge für das Bauwesen in der neu anzulegenden Friedrichstadt mit Anregungen für Modellvorschriften versehen hatte. Einerseits sprach er sich dagegen aus, die Gestaltung der vorderen Ansicht der Gebäude dem Eigensinn der Bauherren oder dem oftmals nicht besonders ausgebildeten Geschmack der Handwerker zu überlassen und forderte deshalb für die Baugenehmigung die Vorlage eines zeichnerischen Entwurfs für die Fassade. Andererseits gefiel ihm eine einheitliche Höhe aller Gebäude nicht, weil ihm daran die abwechslungsreiche Gestaltung einer Straße fehlte. Er wünschte, dass man in dieser Hinsicht den Bauherren alle Freiheit ließe und nur verhindern sollte, dass die Stockhöhen nicht zu niedrig werden. Auch merkte er an, dass die Friedrichstraße für Bauherren bestimmt sei, deren Vermögen es nicht erlaube, größere Wohnungen zu bauen. Deshalb sollte man die nach Biebrich führende Hauptstraße, die spätere Bahnhofstraße, für Bauherren vorsehen, die mehr Vermögen hätten und größer bauen wollten.

Hier begann bereits die typische Gliederung der Stadt in Viertel je nach finanzieller Leistungsfähigkeit.

Die herzoglichen Baugnaden wurden in der oben geschilderten, sehr weitgehenden Form nur bis 1818 gewährt. Ihre Aufhebung in diesem Jahr hing mit der 1814 erlassenen landesständigen Verfassung Nassaus zusammen. Der Etat der Regierung stieß bei den Landständen wegen der Kosten für die Baugnaden zunehmend auf Widerstand und wurde bei der im Februar 1818 verspätet einberufenen Ständeversammlung ganz abgelehnt. Dies ist auch dadurch zu erklären, dass die nicht aus Wiesbaden kommenden Vertreter keinerlei Interesse am Ausbau der Stadt hatten, ja sogar bezweifelten, dass diese zur Hauptstadt bestimmt sei. Die zehnjährigen Steuer- und Abgabefreiheiten blieben bis 1830 bestehen, wirkten sich also bis 1840 positiv auf das Baugeschehen aus.

Der Ausbau der Friedrichstraße und die Anlage von Wilhelm- und Schwalbacher Straße

Obwohl zum Jahreswechsel 1811/12 am unteren Ende der **Friedrichstraße** noch einige Plätze frei waren, beantragte C.F. Goetz die Genehmigung zu ihrem Ausbau auch nach Westen zum Neutor hin. Sie wurde im Mai 1812 erteilt und im Wochenblatt veröffentlicht (Abb. 63). Der Abbruch des Neutors war bereits 1808 erfolgt. Die Neugasse wurde nun bis zur Friedrichstraße verlängert, dabei ging die Überwölbung des Druder- und des Wellritzbaches auf Kosten der Regierung. Die Friedrichstraße führte nun bis zur späteren Schwalbacher Straße.

Im Dezember 1812 wurde aus Anlass der Befestigung der Friedrichstraße beschlossen, dass eine Straße mit mittlerer Fahrbahn und zwei selbständigen Trottoirs eine Mindestbreite von 30 Fuß (9 Meter) erhalten müsse, davon die Fahrbahn 20 Fuß, die Bürgersteige je 5 Fuß. Diese Straßenbreite besaßen bereits die Hauptstraßen der Altstadt, die Kirch-, Lang-, Neu- und Webergasse. Jetzt steigerte man die Breite für die Stadterweiterung auf 60 Fuß (18 Meter). Nachdem 1814 der äußere Teil des Mainzer Tores abgebrochen worden war, wurde der davor liegende Platz (der heutige Schillerplatz) gepflastert und mit Gittern und Toren gegen die Landstraße nach Biebrich (die heutige Bahnhofstraße) abgeschlossen. Von den durchweg kleinen Häusern steht heute noch das Haus Nr. 5 neben dem Erbprinzenpalais. Der Ausbau der Friedrichstraße konnte 1818 beendet werden.

Die **Wilhelmstraße** hieß zunächst Alleenstraße und wurde 1810 eröffnet. Ihre Planung erfolgte durch Goetz vom unteren Ende aus und durch Zais vom oberen her. Zuvor hatte man 1805 den Warmen Weiher – so genannt wegen des zufließenden Thermalwassers – trockengelegt und das Gelände in private Gärten

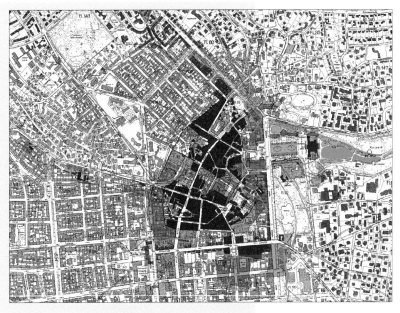

verwandelt. Für die Anlage der Straße ab 1810 mussten nun 59 Grundbesitzer enteignet werden. Daran wird das konzeptlose Handeln der Regierung mit Entscheidungen von Fall zu Fall allzu deutlich. Die Entschädigung war relativ gering. Sie betrug für die 4 Morgen und 76 Ruten pro Quadratrute 6 Gulden und 30 Kreuzer. Dennoch war die Enteignung für die herzogliche Kasse mit beachtlichen Ausgaben verbunden, denn es mussten auch einige kleinere Ziegeleien entschädigt und abgebrochen werden.

Ausgangspunkt für die Planungen am oberen Ende der Wilhelmstraße durch Zais war der Bau seines Kurhauses 1808–10 und die gegenüber liegende Platzanlage vor dem Sonnenberger Tor im Westen. Diese Planung ist für die Zeit ihrer Entstehung ungewöhnlich großräumig, ihre letztendliche Ausführung hat sich bis auf den heutigen Tag als kultureller Mittelpunkt der Stadt bewährt.

Ein erster Entwurf (Abb. 64) für die westliche Anlage (zunächst Sonnenberger Torplatz,

Abb. 63: Stadtentwicklung bis 1817
Schwarz: Bestand bis 1810
Rot: Neubauten 1810–1817

Abb. 64: Sonnenberger Torplatz (später Wilhelmplatz), erster Entwurf von Zais

Abb. 65: Hotel und Badhaus „Zu den Vierjahreszeiten", historische Aufnahme

später Wilhelmplatz genannt) sah eine geschlossene Bauweise mit monumentalen, relativ hohen Baukörpern um einen ungefähr quadratischen Platz herum vor. An der Westseite sollten Bogenöffnungen den Durchgang zur Webergasse ermöglichen. Die wirtschaftliche Lage jener Zeit erlaubte jedoch die Realisierung dieses allzu kühnen Projektes nicht.

Ein zweiter Entwurf ging zunächst nur von zwei einfachen zweistöckigen Häusern aus, die den Modellvorschriften der herzoglichen Baugnaden folgten. Der Baukörper südlich des Tores – Anfang 1810 als Wohnhaus für Zais selbst erbaut – erhielt auf der anderen Seite als Pendant das Badhaus „Nassauer Hof". Beide waren 1811 fertig gestellt, im Jahr danach wurde das Sonnenberger Tor abgebrochen. Schließlich entschloss sich Zais, auf eigene Kosten an der Südostecke das Badhaus „Zu den Vierjahreszeiten" (Abb. 65) zu errichten. Er nahm dafür die herzoglichen Baugnaden mit kostenlosem Bauplatz, Bauprämie und Zuschuss zu den Kosten für die Bachüberwölbung in Anspruch. Der Baubeginn erfolgte 1816, beim Tod von Zais 1820 war das relativ monumentale, die Wilhelmstraße prägende Gebäude fast fertig und wurde 1822 eröffnet.

Ihm gegenüber entstand 1825–27 das alte Theater nach dem Entwurf von Heinrich Jacob Zengerle. Keiner dieser Bauten hat die Zerstörungen des Zweiten Weltkriegs überstanden, nur der Platz ist in seiner Größe noch ungefähr der alte. Quer zu ihm plante Zais eine Straße, die sich mit der von Goetz am unteren Ende quer zur Friedrichstraße vorgesehenen vereinigen sollte. Nach diesen Vorarbeiten von Goetz und Zais wurde mit der Verfügung der herzoglichen Regierung vom 20. März 1811 festgelegt, „dass eine doppelte Allee

von dem sogenannten Herrengarten [vor dem Sonnenberger Tor] über den Warmen Damm angelegt werden solle, welche in gerader Richtung auf die gegen die Pletzmühle [Friedrichstraße] ziehende Straße stoßen solle. Diese doppelte Allee solle nach und nach, so wie sich Bauliebhaber einfinden, mit Gebäuden besetzt und auf diese Art eine Straße daraus gebildet werden, welche indessen nicht eher angefangen werden sollte, bis die gegen die Pletzmühle ziehende Straße [Friedrichstraße] mit Gebäuden besetzt sein werde."

Die **Alleenstraße** (Wilhelmstraße) sollte durch die Anpflanzung zweier Baumreihen von Anfang an den Charakter eines die Stadt umziehenden Promenadenweges erhalten. Dafür wählte man die Breite von 120 Fuß (36 Meter), also das Vierfache der barocken Altstadtstraßen. Die Pflasterung des Fahrdammes erfolgte erst in den Jahren 1820–24. Die 4 Zoll (10 Zentimeter) über der Fahrbahn liegenden Gehsteige erhielten einen 2 Fuß (60 Zentimeter) breiten Streifen aus Sandstein, der Rest ein mittelgroßes Pflaster. Die Trennung zwischen Fahrbahn und Promenadenweg auf der Ostseite erfolgte durch mit Ketten verbundene Prellsteine. Zur Beleuchtung der Straßen wurden zunächst Öllampen mit Spiegeln verwandt. Während sie sonst freistehend auf Holzpfählen oder schwanenhalsähnlichen Kragarmen an den Häusern angebracht waren, ruhten sie in der Wilhelmstraße auf Sandsteinsäulen. Ab 1847 ersetzte Gaslicht in gusseisernen Kandelabern nach dem Entwurf von Karl Friedrich Schinkel die erste Beleuchtung.

Auf Wunsch des Herzogs wurden besonders sorgfältige Modellvorschriften für die einseitig zur Stadt hin vorgesehene Bebauung erlassen. Wegen des Bauplatzes für das Erbprinzenpalais

Abb. 66: Vor dem Ausbau der Wilhelmstraße im späten 19. Jahrhundert hatte die heutige Prachtallee ein eher provinzielles Gepräge.

Abb. 67: Nach 1814 wurde auch bei einfacheren Neubauten Wert auf solide Bauausführung gelegt, hier Nerostraße 24.

und das Badhaus „Vierjahreszeiten" blieb nur Raum für neun bis zehn Privathäuser, für die Zais und Hundeshagen die Entwürfe anfertigten. Es entstanden zweigeschossige Häuser von fünf oder sieben Achsen nach festgelegten Höhenmaßen mit flachgeneigten Walmdächern, Freitreppen und nur wenig Bauornamentik. Dadurch erhielt die Straße trotz ihrer großzügigen Dimensionen ein provinzielles Aussehen (Abb. 66). Es verwundert daher nicht, dass in der prachtliebenden wilhelminische Ära alle Häuser abgebrochen und durch solche mit großstädtischem Maßstab ersetzt wurden.

Am nördlichen Ende der Wilhelmstraße entstand 1818 nach dem Entwurf von Hundeshagen in der Achse ein zweigeschossiges Wohnhaus, der spätere „Berliner Hof", der noch den Modellvorschriften entsprach, aber reicher ausgebildet war.

Der Ausbau der **Nerostraße** begann 1809. Der Name lautete nach dem Neresbach zunächst Neresstraße. Erst später entstand die Verwechslung mit dem Namen des römischen Kaisers. Den Anstoß zur Anlage dieser Straße gaben in diesem Fall nicht die Bestrebungen des Herzogs zur Verschönerung der Stadt, sondern der Mangel an preiswertem Wohnraum für die Wiesbadener Kleinbürger. Nach dem Plan von Goetz wurde eine vom Ende der Saalgasse im stumpfen Winkel abbiegende neue Straße gewählt, „wohin solche einstöckige Wohnhäuschen am schicklichsten ohne den äußeren Anstand zu beleidigen gebaut werden können."[15] Man wollte also die notwendigen Kleinbauten für die unteren Einkommensschichten tunlichst vor den Blicken der Gäste verstecken, was den kleinbürgerlichen Zuschnitt des gesamten Bergkirchengebietes vorbestimmte. In den Jahren 1809–11 wurden sechs bis sieben einstöckige, ganz schmucklose Häuschen aufgeführt. Man nannte sie wegen ihrer geringen Größe „Katzelöcher", ein Begriff, der sich später auch auf die Bewohner übertrug. Auch diese Häuschen erhielten Bauprämien und wurden Teil der Modellbauten. Die mangelhafte Bauausführung und die allmähliche Abwanderung der landwirtschaftlichen Kleinbetriebe führten dazu, dass diese Straße zu einem regelrechten städtischen Armutsquartier zu werden drohte. Deshalb wurde der weitere Ausbau durch einen herzoglichen Beschluss geregelt, der 1814 die Genehmigung für vier weitere Baustellen vorsah. Nun wurde auch bei den einfachsten Häusern Wert auf eine solide Bauweise und Gestaltung gelegt. Aus dieser Phase blieben noch die Häuser Nerostraße 22 und 24 erhalten (Abb. 67).

Planungen zur Stadterweiterung 1817–1835

Auch 1817 fehlte noch ein Generalbebauungsplan, stattdessen erteilte die Regierung am 3. Mai 1817 drei Einzelaufträge an die beim Baupolizeiamt tätigen Architekten:[16]

– An Johann Christian Zais erging der Teilauftrag für die Seite vom Stumpfen Tor zur Nerostraße, ferner für den Plan zur Eröffnung der Webergasse und deren zweckmäßige Verbindung rechts und links mit den neu anzulegenden Straßenvierteln.

– Baudirektor Carl Florian Goetz sollte untersuchen, ob in der Wilhelmstraße die Fortsetzung einer Reihe von Gebäuden bis zum Kurgebäude möglich sei oder welche anderen Baustellen oder Straßen vorzuschlagen seien. Dies wurde dann auch umgesetzt (siehe oben).

– Der Bibliothekar Helfrich Bernhard Hundeshagen erhielt den Teilauftrag für die Planung der Schwalbacher Straße südlich des Stumpfen Tores. Hundeshagen hatte bereits 1815 eine nur einseitig bebaute Alleenstraße von der Friedrichstraße bis zum Stumpfen Tor (vor dem Michelsberg) vorgeschlagen. Damit sollte die besonders unansehnliche Rückseite der Altstadt kaschiert werden. Wegen des schlechten Baugrundes in einer sumpfigen Mulde blieben die Pläne aber bis 1817 liegen. Gegen den Widerstand von Goetz und Zais setzte Hundeshagen die Errichtung einer Stützmauer in ganzer Länge auf der Stadtseite durch, um den Baugrund zu stabilisieren.

Die ab 1817 einsetzende Bebauung wurde durch die Baugnaden gefördert. Diese sahen außer den üblichen Bauprämien und Steuerfreiheiten auch die Bodenschenkung und die unentgeltliche Ausführung der langen Stütz- und Fundamentmauer seitens der Regierung vor. Entsprechend dazu wurden auch die Modellvorschriften angewandt. Doch bereitete die vorgesehene Anlage von Doppelhäusern große Schwierigkeiten, denn die potentiellen Käufer lehnten sie ab. Manchmal errichtete man die Häuser ohne Einfahrt und ohne Bauwich (= Mindestabstand eines Bauwerks zur Grundstücksgrenze).

Hundeshagen verzögerte die Absteckung und Vermessung der Parzellen, was letztendlich im Dezember 1817 zu seiner Entlassung führte. Die Nachfolge in der Planung trat Zais an. Nun ging es zügig voran, so dass Ende 1818 schon neun von elf Stellen überbaut waren. Zugleich wurden die 11 Schuh breiten Bürgersteige und der Fahrdamm planiert, die

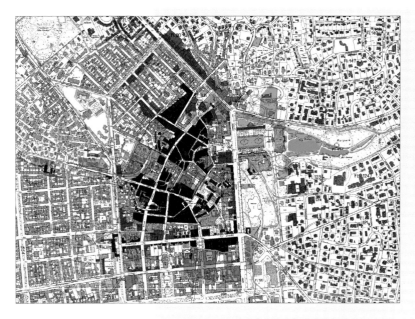

Abb. 68: Stadtentwicklung
bis 1826
Schwarz: Bestand bis 1817
Rot: Neubauten 1817–1826

Höhenunterschiede zum Heidenberg hin
(Abb. 69) und nach Norden durch das ebenfalls
stark ansteigende Gelände des Geisberges sehr
ungünstig für eine Stadterweiterung. Zais legte
am 16. Januar 1818 sein Konzept zur Verbindung der Nerostraße mit der Weberstraße vor.
Leider sind die Pläne selbst verloren, so dass
man sie aus den Beschreibungen rekonstruie-
ren muss. Zais entwickelte darin zum ersten
Mal „eine Allee [die spätere Röderstraße] über
den sogenannten heidnischen Berg, welche
sich im rechten Winkel auf die Nerostraße auf-
setzt und zugleich das Mittel (45 Grad) von der
genehmigten Allee der Schwalbacher Straße
ist"[17], das heißt, zu ihr einen Winkel von
45 Grad bildet. „Diese Allee würde in ihrer
Fortsetzung die ganze Stadt umschließen." Die
Röderstraße sollte eine Breite von 50 Fuß (15
Meter) erhalten.

Bergkirchengebiet

Für die neuen Straßen auf dem Röderberg sah
Zais eine Bebauung nach dem Muster der Nerostraße mit modellmäßigen Reihenhäusern
vor, gedacht für die gewerbetreibenden Bürger.
Die Webergasse knickte in ihrer Fortsetzung
von der Stadtmauer aus drei Gründen ab: Erstens geriet sie dadurch mit den Häusern nicht
in den steilen Abhang, was feuchte, höchst un-
gesunde Wohnungen zur Folge gehabt hätte.
Zweitens setzte die Straße dadurch rechtwink-
lig auf die Röderstraße auf, so dass ein regelmäßiger Plan möglich wurde. Drittens stellte
diese Art Häuser keine wünschenswerte Per-
spektive für die Stadt dar.

Das Gebiet bis zur anzulegenden Röderstraße sei zwar ein steiles, aber preisgünstiges Bau-
gebiet, argumentierte Zais, und biete auch
Platz für einige Parallelstraßen. Er ließ sogleich
die vorgesehenen Straßen durch Pflöcke abste-
cken und sah mehr als 60 Häuser im Bereich
der folgenden Straßen vor: Röderstraße bis
Nerostraße – Steingasse – Verlängerung der
Webergasse (später Römerberg), Hirschgraben
als Straßenzug längs der Stadtmauer – Schachtstraße zwischen Steingasse und Römerberg
mit 20 Fuß (6 Meter) Breite.

Dieser Plan erhielt die Zustimmung der Regierung.

Bis 1826 waren bebaut: Die Taunusstraße –
bei der im März 1818 bereits 15 Baustellen
vergeben waren – an der Bergseite die ganze
Länge bis zur Röderstraße, die Nerostraße und
die Saalgasse vollständig, der Römerberg bis
zur Schachtstraße, die Röderstraße stadtseitig
bis zum Römerberg.

Die Steingasse erscheint erstmals im Plan
von 1834 (Abb. 70), der Heidenberg (später

Pflasterung im Abschnitt von der 1816–18
durch Goetz erbauten Infanteriekaserne bis zu
dem Stumpfen Tor aber erst 1820–22 (Abb. 68)
ausgeführt. Die Verbindung zur Innenstadt war
nur durch einen schmalen Kommunikations-
weg gegeben; erst 1895 kam es zum Durchbruch der Mauritiusstraße. Von der ersten Bebauung der Schwalbacher Straße sind noch
Teile in den später aufgestockten Häusern Nr.
59–61 und 75–79 enthalten, ihre Torwege
wurden wie üblich nachträglich überbaut.

Soweit die Beiträge der drei Architekten bis
Ende 1817. Sie sollten bei ihrer Planung die
Harmonie des Ganzen im Auge behalten –
eine etwas naive Vorstellung von der Entstehung eines Gesamtkonzeptes.

Röderstraße

Abb. 69: Blick von der Kapellenstraße auf das Bergkirchengebiet

Zais hatte den schwierigsten Teil der Aufgabe
erhalten, denn das Gebiet westlich des Quel-
lenviertels war topographisch durch die starken

Adlerstraße) im Plan von 1843, die Lehrstraße und der Hirschgraben folgen 1857. Im Plan von 1868 ist das ganze Bergkirchengebiet mit kleinbürgerlichen Häusern bebaut, ausgenommen die Flächen für die Schule und die Kirche. In der verlängerten Webergasse – dem Römerberg – entstanden 1818 einige Häuser, 1829 waren bereits alle Bauplätze vergeben. Im selben Jahr wurden Hirschgraben und Steingasse abgesteckt; letztere erhielt ihren Namen von den nahegelegenen Steinbrüchen. In der Röderstraße baute man schon seit 1821, doch erst 1825 wurde sie mit einer Breite von 60 Fuß (18 Meter) eröffnet, 1827 erfolgte ihr Durchbruch zur Schwalbacher Straße. 1833 wurde als neue Straße vom Kirchhofgässchen zur Röderstraße die Heidenbergstraße gezogen (später Adlerstraße), 1838–40 die Schachtstraße als Verbindung zwischen Römerberg und Adlerstraße ausgegraben. Diese beiden neuen Straßen wurden wegen des großen Mangels an Baustellen für weniger betuchte Einwohner angelegt, die kleinere Häuser bauen wollten.

Gesamtplan von Zais vom 11. März 1818

Sofort, noch am Tag seines Berichts am 16. Januar 1818, erhielt Zais den Auftrag, allein einen allgemeinen Bauplan zu erarbeiten. Diese Entscheidung hing auch mit der Entlassung von Hundeshagen im Dezember 1817 zusammen.

Schon am 11. März konnte Zais seinen Gesamtplan vorlegen, in dem das spätere Historische Fünfeck bereits voll entwickelt war. Neben der bereits von Goetz vorgesehenen Luisenstraße plante er eine zweite Parallelstraße zur Friedrichstraße, die Adolfstraße, später auf Wunsch des Herzogs in Rheinstraße umbenannt.

Auf Höhe der Röderstraße, die im stumpfen Winkel von der Schwalbacher Straße ausgeht, schlug er ein nicht ausgeführtes Rondell als Ruheplatz vor, „von wo man die schönste Aussicht hat".

Parallel zur Nerostraße beabsichtigte er als nördliche Allee eine Straße am linken Ufer des Niersbaches, die Taunusstraße.

Bezüglich des Abhanges beim Sonnenberger Weg sollte es nach Zais bei dem einen Landhaus für Oberst von Hagen bleiben, wofür er einen Entwurf anzufertigen versprach. Weitere Bauten lehnte er hier mit folgender Begründung ab: „Es würde ganz der Natur und Bestimmung der Anlagen am Gesellschaftshaus entgegen sein, auf diesem mittägigen Abhang, der den Anlagen ihren schönsten Reiz gibt, das Aufbauen gemeiner bürgerlicher Häuser zu

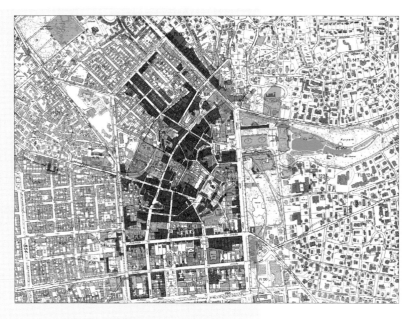

Abb. 70: Stadtentwicklung
bis 1834
Schwarz: Bestand bis 1826
Rot: Neubauten 1826–1834

gestatten, indem diejenigen, welche diese Anlagen besuchen, ein erhöhtes Leben und besseres Daseyn genießen und empfinden und nicht in gemeine Szenen eingeführt seyn wollen, welche ihnen durch solche Niederlassungen überall begegnen würden."

Deshalb führte er auch den Weg nach Sonnenberg in der Verlängerung der Saalgasse über den Geisberg. Das Gelände zwischen Kurpark und Geisberg wollte er zur Erweiterung des Grünzuges verwenden. Sollten sich für die Bauplätze auf dem Geisberg und an der hochgelegten Sonnenberger Straße keine Interessenten für Landhäuser finden, „dürfte die Anhöhe ihre natürliche Bestimmung dadurch am besten erfüllen, dass sie zu den Gartenanlagen des Kurhauses gezogen und durch Baumpartien, Ruheplätze, Wege usw. verschönert werden. Den Neubauenden, die Lust haben im Freien zu wohnen und ihre Häuser mit Gärten zu umgeben, könne die schönste Gelegenheit dazu in der neu projektierten Straße am Niersbach gegeben werden." Damit meinte Zais die Nordseite der Taunusstraße, die aber auf Grund ihrer tiefen Lage keinen Ausblick besaß und gegenüber dem Bergkirchengebiet der „kleinen" Leute verlief. Auch konnten die Gärten nur nach Norden am steilen Hang geschaffen werden. So kam es hier nicht zum Bau von Landhäusern. Diese entstanden später eben doch zur Sonnenberger Straße direkt am Hang nördlich des Kurparks.

Für den Kleeacker vor dem Kurhaus schlug Zais vor, ihn in ein Bowling-Green zu verwandeln (Abb. 71).

Die Ebene zwischen der Wilhelmstraße und dem Bierstadter Hang eignete sich laut Zais als

Abb. 71: Bowling-Green in Gestalt einer rechteckigen Rasenanlage vor den Theaterkolonnaden, dem Kurhaus und den Kurhauskolonnaden

einzige Umgebung der Stadt für die Anlage nützlicher und zugleich schöner Gärten mit dazu gehörenden Garten- oder Landhäusern, falls „keine höhere Bestimmung für diesen herrlichen Platz vorläge, welcher für eine Residenz, in gleicher Flucht mit dem Gesellschaftshaus gesetzt, die schönste Lage darbiete."

Zais erhielt die volle Zustimmung der herzoglichen Regierung zu seinem Generalplan. Dieser könnte „für eine lange Zeitperiode, vielleicht für immer als Begrenzung des hiesigen Bauwesens angesehen werden." Deshalb wurde angeregt, den Plan in verkleinertem Maßstab als Steindruck zu veröffentlichen, um weitere Bauliebhaber anzulocken. Da aber 1818 die herzoglichen Baugnaden beendet wurden und nur noch die Steuerbefreiung verblieb, vollzog sich die Bauentwicklung zunächst langsamer als erwartet.

Zais leitete selbst noch die Anlegung der Taunusstraße, deren Name in einem Schreiben der Regierung vom 11. September 1818 zum ersten Mal auftauchte. Er fertigte Fassadenrisse für die Häuser an. Schon im Dezember 1818 waren 21 Bauplätze besetzt, 1826 entstanden die ersten Häuser auf der Südseite. Doch erst ab 1840 wurde die südliche Straßenseite weiter bebaut; denn erst 1843 konnte der Niersbach in Rohre geleitet werden, wodurch der natürliche Charakter der Taunusstraße verloren ging. Der Niersbach oder auch Neresbach hieß im Plan von 1817 noch Schwarzbach. Etwa an der Stelle der heutigen Jawlenskistraße lag der Faulbrunnen am Schwarzbach, der andere an der Schwalbacher Straße hieß Faulbrunnen am Wellritzbach.

Die Entwicklung nach dem Tod von Zais 1820 bis 1835

Schon Ende 1817 hatte Goetz die Anlage der ersten Parallelstraße zur Friedrichstraße beantragt und nannte sie nach der Gemahlin des Herzogs Wilhelm **Luisenstraße**. Seine Ideen wurden von Zais in den Generalplan von 1818 übernommen und verbessert, indem er einen Platz in der Achse der Kirchgasse vorsah. Das Projekt wurde jedoch zunächst zurückgestellt. Erst 1822 drängte die Regierung auf die Eröffnung der Luisenstraße, wofür Goetz am 6. Mai 1823 einen Riss und ein Gutachten präsentierte, die 1824 offengelegt wurden. Der Plan sah vor, den Luisenplatz nach Osten an seine heutige Stelle zu verschieben. Die Luisenstraße war mit dreistöckigen Häusern vorgesehen, deren verschiedene Fassaden durch einen Wechsel von Formen und Dekor die Monotonie der Friedrichstraße vermeiden sollten. Nach der Genehmigung der Pläne und dem Planieren der Straße 1824 entstanden im oberen Teil bis 1826 etwa zwölf Häuser, im unteren erst 1828 die Häuser Luisenstraße 5–11 (Abb. 72).

Dort erwarb die Regierung nach dem Tod des Ministers von Marschall dessen Garten und ließ von 1838 bis 1842 durch Karl Boos das Ministerialgebäude errichten.

Der **Luisenplatz** wurde 1830 durch Baurat Johann Wolff gestaltet, der auf der Westseite 1829/30 das Pädagogium und zugleich auf der Ostseite die Münze erbaute.

Am 17. Juni 1828 eröffnete man die Adolphstraße, die jedoch auf Wunsch des Herzogs in **Rheinstraße** umbenannt wurde. Sie war zur südlichen Fassade der Stadt bestimmt und im

September 1828 mit einer Breite von 60 Fuß genehmigt worden. Die Schwalbacher Straße und die Kirchgasse verlängerte man bis zur Rheinstraße und legte in diesem Baublock die Artilleriekaserne mit Zeughaus, Remisen, Stallungen sowie dem Bau für das Generalkommando an, die 1828/29 entstanden. In diesem Baublock erhielt später an der Luisenstraße das Residenztheater seinen Platz, dann an der Rheinstraße die Hessische Landesbibliothek und nach 1945 das ESWE-Hochhaus, das nach derzeitigen Plänen in ein Einkaufszentrum einbezogen werden soll.

An der Rheinstraße durften nur solche Häuser gebaut werden, deren äußere Fassade ein gefälliges Aussehen besaßen. Da dies beim Haus des Ratsherren Diez nicht der Fall war, musste er den Riss für sein dreistöckiges Haus ändern lassen.

Im April 1835 legte Wolff seinen Plan für die Abmessung der noch freien 15 Bauplätze vor, die alle eine Breite von 68–74 Fuß mit sieben Fensterachsen erhalten sollten. Zuvor war bereits der westliche Bau an der Ecke zum Luisenplatz von Werkmeister Seibert errichtet worden, an der östlichen folgte 1835 das Haus für den Instrumentenmacher Wolf mit einer Front von 112 Fuß (33,6 Meter) am Luisenplatz und 90 Fuß (27 Meter) an der Rheinstraße. Weiterhin entstanden 1833 die Orthopädische Heilanstalt des Dr. J. Carl Creve und 1846 gegenüber dem Rheinbahnhof das Palais Graf von Walderdorff nach Plänen von Philipp Hoffmann, das 1901 der Hauptpost weichen musste.

1832 war die Wilhelmstraße bis zur Rheinstraße fortgeführt, mit Bauten besetzt und mit 50 Bäumen bestückt. Die Rheinstraße erhielt eine Breite von 108 Fuß (30,24 Meter), davon 52 Fuß (15,6 Meter) Pflaster und 56 Fuß (16,8 Meter) für die Reitbahn und die Allee.

Für die Nordseite der **Kolonnaden am Bowling-Green** (Abb. 73) gab es erste Ideen bereits 1807 – sicher nicht ohne Kommentar von Zais. Nach Plänen Heinrich Zengerles er-

baute man die nördliche Kolonnade mit 46 dorischen Säulen in der Zeit von 1826 bis Mai 1827 zum Preis von 67 490 Gulden. Die südliche Kolonnade errichtete Baurat Carl Faber 1838/39 für 173 207 Gulden. Ihr höherer Preis erklärt sich aus dem abschüssigen Terrain zum Warmen Damm hin.

Das erste **Landhaus** schuf sich der Anwalt Bernbach 1824 nördlich der Wilhelmstraße. Am 10. Dezember 1824 eröffnete man eine neue Baulinie längs der Sonnenberger Straße, die entgegen den Vorschlägen von Zais jetzt zur Chaussee ausgebaut wurde. Im Plan von 1826 erscheint das Landhaus des Oberst von Hagen (Abb. 74). Es besaß zwei Geschosse, eine Freitreppe, einen von Säulen getragenen Balkon und auf dem Dach ein Bellevue, zwei Flügelbauten und einen englischen Park. Man nannte es „Zur schönen Aussicht". Nach dem Konkurs des Herrn von Hagen erwarb Konrad Kalb das Anwesen 1830, von diesem wiederum kaufte es im Januar 1840 das Hofmarschallamt für 50 280 Gulden. Wenige Wochen später wurde es auf Abbruch versteigert, um Platz für das Palais der Herzoginwitwe Pauline zu schaffen.

Die **Altstadt** veränderte sich im Zeitraum 1803–35 nicht sehr viel. Im Bereich des Schlossplatzes neben der späteren Marktkirche erbaute man 1817 die klassizistische Stadtschule. Der Kontrollhof wurde 1826 an den Dachdeckermeister Kalb verkauft, der hier ein Ge-

Abb. 72: Luisenstraße 5-11 von 1828

Abb. 73: Nördliche Kolonnaden am Bowling-Green

Abb. 74: Palais von Hagen

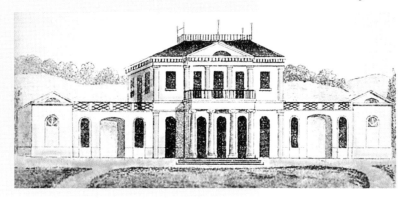

bäude im klassizistischen Stil errichtete, den späteren „Kavaliersbau".

Nachdem 1831 die neue katholische Kirche am **Luisenplatz** eingestürzt war, plante man an ihrer Stelle das herzogliche Schloss mit einer axialen Verbindung zum Biebricher Schloss als Sommerresidenz. Im Herbst 1835 kaufte das Hofmarschallamt für 69 222 Gulden fünf um die Kirche liegende Häuser „zu der vom Herzog projektierten Erbauung eines Hôtels" (mit Hôtel war ein Stadtpalais im Sinne der französischen Architekturgattung gemeint) und im Juni 1835 für 20 000 Gulden den Bauplatz der Kirche. Im März 1838 wurden drei der Häuser bereits wieder verkauft und 1845 ein viertes Haus. Nur das fünfte, das Schencksche Haus in der Friedrichstraße 32 von Zais, blieb im Staatsbesitz. Das Ergebnis dieser schwankenden Planungen war der 1838 eingerichtete Fußweg zwischen Friedrichstraße und Luisenplatz.

Kunsthistorische Würdigung des Historischen Fünfecks

An der Entstehung des Historischen Fünfecks hatte zunächst Carl Florian Goetz einen wesentlichen Anteil durch die von ihm angelegte Friedrich- und untere Wilhelmstraße sowie den ersten Vorschlag für die Luisenstraße. Damit war aber noch nicht die Anlage eines langgestreckten, unregelmäßigen Fünfecks mit den um die ganze Stadt herumgeführten Alleen gegeben. Dieser Hauptgedanke kam von Zais, niedergelegt in seinem Vorschlag von 1818. Es handelt sich bei der geometrisch klaren Form des Fünfecks (Abb. 75) um eine für den Klassizismus typische Schöpfung, die in

Deutschland ihresgleichen sucht. Wie ein einziger großer Kubus erscheint seitdem die von klassizistischen Bauten einseitig umbaute Stadt in der Landschaft, in diese überleitend durch die Baumreihen. Die herzogliche Verwaltung sah in Zais' Plan einen möglichen Endzustand für die Stadt.

Wie sehr man das Konzept und seine Umsetzung schätzte, erkennt man an der Weigerung des Gemeinderats von 1851, das Gelände südlich der Rheinstraße zu bebauen und damit den Anblick von Süden zu verstellen. An die Gestaltung der Häuser in den fünf Straßen stellte man besondere Anforderungen. Das Bergkirchengebiet mit den unansehnlichen Häusern der kleinen Leute wurde so angelegt, dass es weder für den Blick aus der Altstadt noch von den fünf Alleenstraßen aus einsehbar war. Ganz eindeutig bestand von Anfang an der Gedanke, die Bauten nach dem sozialen Stand in jeweils dafür vorgesehenen Quartieren zu ordnen.

Wenn es für die einmalige Schöpfung einer geometrischen Grundform des Stadtrandes keine Vergleichsbeispiele gibt, so erklärt sich das aus der besonderen Situation, dass Wiesbaden keine nennenswerte Stadtbefestigung besaß. Vor allem gab es in Wiesbaden keine weitläufigen Bastionen wie in anderen Städten, wo nach der Schleifung der Befestigung ein unregelmäßiger Kranz von Grünanlagen entstand. Da in Wiesbaden die Teiche, Wälle und Gräben bereits im Barock beseitigt und in Gärten umgestaltet wurden und die neu erbaute Stadtmauer nur für kurze Zeit bestehen blieb, konnte früher als bei anderen Städten das Vorfeld der Stadt zur Erweiterung genutzt werden.

Zwar legte man beispielsweise im sächsischen Görlitz ebenfalls schon ab 1823 die sehr viel größere Stadtbefestigung nieder und erhielt so einen breiten Geländestreifen. Jedoch nutzte man diesen – ähnlich wie in Wiesbaden – nur an der Südseite der Stadt, indem die Elisabethstraße mit ihren Baumreihen eine neue Ansicht der Altstadt und eine deutliche Zäsur zur späteren Stadterweiterung im Historismus bildete. Ansatzweise ist dies noch bei der Straße Grüner Graben der Fall. Im übrigen geht die Altstadt von Görlitz ohne neue Fassadenbildung direkt in die Stadterweiterungsgebiete des Historismus über.

Die meisten deutschen Städte nutzten nach der Schleifung der Stadtbefestigungen das frei werdende Gelände zur Anlage von Grünflächen oder Ringstraßen[18], die dem ehemaligen Verlauf der Bastionen folgten, wie schon sehr früh ab 1802 in Bremen, als man noch keine Verkehrsprobleme kannte. Die Anlage des berühmten Wiener Ringes ab 1858 (Abb. 76) wurde zum

Abb. 75: Historisches Fünfeck, alter Plan

Vorbild für viele Städte, die nun mit breiten, von Grünanlagen begleiteten Ringstraßen den Verkehr um die Innenstädte leiten konnten. Beispiel dafür sind unter anderem Köln, Frankfurt am Main, Dortmund und Leipzig.

Bis heute prägt das Historische Fünfeck ganz wesentlich die Stadtgestalt Wiesbadens, auch wenn von den Bauten des Klassizismus nur wenige erhalten blieben und der Maßstab der Randbebauung in den Formen des Späthistorismus großstädtisch geworden ist. Die für den Klassizismus typische offene Bauweise mit freistehenden, nur durch Torbögen verbundenen Baukörpern wurde in der Gründerzeit zugunsten einer geschlossenen aufgegeben.

Um diesen historischen Kern gruppieren sich alle Stadterweiterungsgebiete, zu denen die breiten Straßen eine deutliche Zäsur bilden. So verdichtet sich die Stadt Wiesbaden stufenweise und angenehm wahrnehmbar von der äußeren Weite über die aufgelockerte Vorstadt rings um Luisen- und Friedrichstraße bis zum mittelalterlichen Kern.

Eine besondere, noch heute beeindruckende Platzgestalt schuf J. C. Zais zwischen Kurhaus und Kaiser-Friedrich-Platz. Die Großzügigkeit dieser Anlage mit den rahmenden Kolonnaden, der Platanen-Allee und dem weitläufigen Bowling-Green mit den Kaskadenbrunnen wagte auch die wilhelminische Ära nicht zu überbieten, ersetzte aber alle Randbauten bis auf die Kolonnaden. Der Luisenplatz (Abb. 77) in seiner relativ weiten Rechteckgestalt mit der ganz horizontal ausgerichteten, verhältnismäßig niedrigen Randbebauung ist bis heute eine charakteristische Leistung des Klassizismus in Deutschland geblieben.

Leider hat man den Vorschlag von Zais, den Kurpark nach Norden bis zur Schönen Aussicht zu erweitern und die Chaussee nach Sonnenberg über den Geisberg zu führen, schon bald nach seinem Tod aufgegeben. Auch das von ihm geplante Rondell auf dem Heidenberg wurde nicht angelegt, sonst hätten wir heute hier einen Kreisverkehr statt der – wegen der im stumpfen Winkel abknickenden Röderstraße – sehr unübersichtlichen Kreuzung. Sein Vorschlag, das Stadtschloss der Herzöge von Nassau im Gebiet zwischen Wilhelmstraße und Bierstadter Hang anzusiedeln, ist noch vom Geist des Absolutismus geprägt, in dem die Landesherren in deutlichem Abstand zu ihren Bürgern residierten. In dieser Tradition verharrte man auch noch 1831–35 bei dem Plan, das Schloss an der nördlichen Platzseite des Luisenplatzes anzuordnen und mit einer von der Mittelachse ausgehenden Allee mit der Sommerresidenz in Biebrich zu

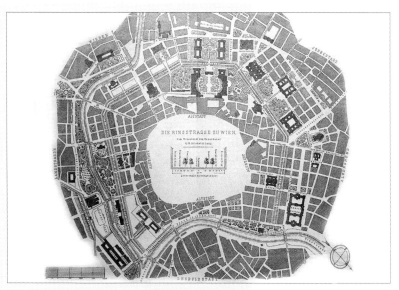

Abb. 76: Die Wiener Ringstraße, ab 1858, war maßgeblich auch für die Verkehrsführung in anderen Städten.

Abb. 77: Luisenplatz, benannt nach Charlotte Luise von Sachsen-Hildburghausen, der ersten Gemahlin des Herzogs Wilhelm von Nassau

verbinden. Doch wenige Jahre später gab man den Plan schon wieder zugunsten des historischen Standorts in der Altstadt auf.

Das Zeitalter des Klassizismus war die erste große Wachstumsperiode Wiesbadens. Aus 2 500 Einwohnern waren 1835 schon 8 802 geworden, eine Steigerung um mehr als das Dreifache. Dieser beachtliche Ausbau der Stadt zur Landeshauptstadt und als Kurort schlägt sich auch in den Häuserzahlen nieder.[19] 1802 wurden 403 Häuser gezählt und in den Folgejahren, auch in Wachstumsraten ausgedrückt:
1822: 539 Häuser 1802–22 33,75 % Steigerung
1831: 779 Häuser 1822–31 44,53 % Steigerung
1840: 877 Häuser 1831–40 12,58 % Steigerung
1803–40 117,61 % Steigerung

Die Stadterweiterung im Zeitalter des romantischen Historismus 1835–66

Die Phase des romantischen Historismus bis zur Auflösung des Herzogtums Nassau stellte mit dem Umbau der Altstadt und der Erweiterung südlich der Rheinstraße die Weichen für die Entwicklungen in der zweiten Jahrhunderthälfte. Die Stadt wuchs nicht nur in der Fläche in neue Dimensionen. Die charakteristischen Villengebiete entstanden, die bis heute hohe Lebensqualität bieten. Das neue Stadtschloss, die Markt- und Bonifatiuskirche, die Griechische Kapelle und bis 1938 die Synagoge veränderten die kleinstädtische Stadtstruktur hin zum großzügigen Gepräge einer Residenzstadt und setzten neue Akzente.

Die Architekten des romantischen Historismus

Während im Zeitalter des Klassizismus Carl Florian Goetz und Johann Christian Zais das Baugeschehen Wiesbadens beherrschten, so verbindet man mit der Zeit des romantischen Historismus die Namen Karl Boos und Philipp Hoffmann.

Karl Boos

Karl Boos wurde am 8. September 1806 als Sohn eines Rechnungsrevisors in Weilburg geboren. Die starke künstlerische Begabung verdankte er wohl seiner Mutter, die aus der berühmten Malerfamilie Tischbein stammte. Nach der Reifeprüfung 1825 studierte Boos in Karlsruhe bei Friedrich Weinbrenner Architektur und ging nach dessen Tod 1826 nach Freiburg im Breisgau, um dort Statik, Hydrostatik und Mechanik zu hören. Der gotische Bau des Freiburger Münsters beeindruckte ihn sehr. Schließlich belegte er noch in Heidelberg Vorlesungen in allgemeiner Bildung. Das nassauische Staatsexamen bestand er 1831 und wurde ab 1835 unter Landbaumeister Eberhard Philipp Wolff im Baubezirk Wiesbaden eingesetzt. Auf Reisen erst in die Rheinlande, dann nach Belgien und in die Niederlande studierte er die Fabrikation von Backsteinen, was sich später beim Bau der Marktkirche in Wiesbaden auswirkte. Sein erster selbständiger Auftrag 1836 betraf das Orangeriehaus im Biebricher Schlosspark (Abb. 78). Als Sieger im Wettbewerb zum Bau des Ministerialgebäudes in der Luisenstraße 1838 stieg er früh zu hohem Ansehen auf. Dadurch wurde er schon 1840 technisches Mitglied für die Bauverwaltung bei der Landesregierung und 1842 Baurat. 1850 entwickelte er Pläne für den Neubau der Schaumburg bei Diez und vollendete diesen Bau bis 1856. Von 1852 bis 1862 errichtete er die Marktkirche in Wiesbaden, renovierte 1856/1857 die Klosterkirche in Lahnstein und entwickelte 1856 Pläne zur Erweiterung des Oldenburger Schlosses, die auch in die Ausführung durch Heinrich Strack (1801–80) in den Jahren 1860–64 einflossen. Nachdem Boos 1867 pensioniert worden war, entwickelte er noch Pläne für die Umgestaltung des Wilhelmsturmes des Oldenburger Schlosses, die jedoch nicht ausgeführt wurden. Er starb am 18. Juli 1873 und wurde auf dem Alten Friedhof an der Platter Straße beerdigt.

Philipp Hoffmann

Der zweite herausragende Baumeister des romantischen Historismus in Wiesbaden war Philipp Hoffmann. Am 23. November 1806 in Geisenheim geboren, gehörte er demselben Jahrgang wie Boos an. Sein Vater war Beamter. Er studierte an der Akademie in München und stand dort unter dem Einfluss des Architekten Friedrich Gärtner. Er unternahm Reisen nach Berlin, Wien und Italien und wurde 1830, also bereits fünf Jahre vor Boos, in den nassauischen Landesdienst übernommen.

Frühe Werke sind das Wohnhaus der Boosenburg in Rüdesheim sowie die Westtürme und westlichen Joche der katholischen Kirche in Geisenheim von 1836–39. Auch betätigte er sich 1846 als Denkmalpfleger bei der Restau-

Abb. 78: Orangeriehaus im Biebricher Schlosspark, 1836 von Karl Boos errichtet

rierung der Michaelskapelle in Kiedrich und erbaute 1844 die neugotische Kapelle der Burg Rheinstein, die zuvor 1825–29 von Johann Claudius von Lassaulx errichtet worden war. Im Jahr 1841 legte Hoffmann Pläne für den Neubau der Bonifatiuskirche am Luisenplatz in Wiesbaden vor. Sie wurden 1844–49 ausgeführt, die Türme erst 1864–66. Die Stadt Wiesbaden verdankt ihm auch zwei ihrer signifikantesten Bauwerke, die Griechische Kapelle von 1847–55 (Russische Kirche Wiesbaden) und unweit davon auf dem Neroberg den Aussichtstempel von 1851. Ein ähnlich romantisch reich verzierter Zentralbau wie die Griechische Kapelle war die Synagoge auf dem Michelsberg (Abb. 79) von 1863–69, die leider in der Reichspogromnacht 1938 vernichtet wurde. 1862/63 leitete Hoffmann den Bau der Schule auf dem Schulberg und 1868–71 den der Wilhelms-Heilanstalt am Schlossplatz. Spätwerke sind das ehemalige Kurhaus von 1873–78 und der Kursaal von 1874–78 in Bad Schwalbach. Hoffmann starb 1878 in San Remo und wurde ebenfalls auf dem Alten Friedhof an der Platter Straße begraben. Von allen Baumeistern des romantischen Historismus hinterließ er das reichhaltigste, vielseitigste und phantasievollste Lebenswerk.

Georg Moller

Das für den Stadtkern sehr wichtige Stadtschloss verdankt Wiesbaden dem Darmstädter Oberbaudirektor Georg Moller. Am 22. Januar 1784 wurde er in Diepholz (Niedersachsen) geboren und starb am 13. März 1852 in Darmstadt. Wie Karl Boos studierte er bei Friedrich Weinbrenner in Karlsruhe. Er gehört zu den größten deutschen Baumeistern des Klassizismus. Sein Wirken reicht weit über seine Tätigkeit als Darmstädtischer Hofbaudirektor und großherzoglicher Oberbaurat hinaus. Hierdurch unterscheidet er sich von den lokal wirkenden Architekten Carl Florian Goetz und Johann Christian Zais, zu deren Generation er mehr gehörte als zu der von Boos und Hoffmann.

Moller ist auch der erste auswärtige Architekt, der für eine große Bauaufgabe in das Herzogtum Nassau berufen wurde. Sein sehr großes Lebenswerk umfasst zahlreiche Bauten vornehmlich im Großherzogtum Darmstadt, dazu kommt sein Eintreten für den Denkmalschutz und seine kunstgeschichtliche Publikation „Die Denkmäler der Deutschen Baukunst". Von unschätzbarem Wert für die Vollendung des Kölner Domes im 19. Jahrhundert ist seine Entdeckung eines Teils der gotischen Originalfassadenrisse vom Dom, die er 1814 in Darmstadt fand.

Johann Eberhard Philipp Wolff

Bisher etwas unterbewertet wurde die Rolle des Landbaumeisters und Baurats Johann Eberhard Philipp Wolff. Er erblickte um 1770 in Hadamar[20] das Licht der Welt und starb am 3. Februar 1843 wahrscheinlich in Wiesbaden. Am Beginn seiner Laufbahn war er überwiegend im Chausseebaufach tätig, erschien mit dieser Aufgabe 1787 als Bauinspektor in Dillenburg, immatrikulierte sich aber am 27. Oktober 1792 an der Universität Marburg im Studienfach Architektur. Von 1794 bis zum Frühjahr 1796 wurde er „mit Unterstützung aus landesherrlichen Kassen" zu seiner weiteren Ausbildung nach Berlin und Dresden geschickt. 1798 wurde er als „Architekt" bezeichnet und stieg am 1. Dezember 1800 zum General-Chaussee-Inspektor der oranischen Regierung in Dillenburg auf. Nach der Entstehung des Herzogtums Nassau 1803 wurde er 1827 nassauischer Landbaumeister mit Sitz in Wiesbaden, wo er 1826/27 das Theater schuf.

Für die Stadtentwicklung wichtig sind auch seine Beiträge bei der Anlegung des Luisenplatzes und der Rheinstraße. Eine Reihe weiterer Bauaufgaben erfüllte er im ländlichen Raum Nassaus mit den evangelischen Kirchen in Eiershausen 1826/27, Oberliederbach 1833 und 1834, Singhofen 1834–40 und Dachsenhausen 1835.

Abb. 79: Ansicht der Synagoge auf dem Michelsberg, maurischer Stil (vor der Zerstörung 1938)

Friedrich Ludwig Schrumpf

Zur älteren Generation gehörte auch Friedrich Ludwig Schrumpf, der bereits 1816 zum Landbaumeister im nassauischen Staatsdienst ernannt wurde, also spätestens im letzten Jahrzehnt des 18. Jahrhunderts geboren sein muss. Sein Hauptwerk im Stadtgebiet von Wiesbaden war die bereits im Jahr der Fertigstellung 1831 eingestürzte erste katholische Kirche am Luisenplatz, außerhalb das 1822–24 erbaute Jagdschloss Platte (Abb. 80). Seine Werke sind als Zentralbauten stark vom Vorbild Palladios geprägt, so auch die evangelischen Kirchen in Oberneisen 1816–19, Marienberg 1818–21 und Driedorf 1821–27. In Frankfurt schuf er 1828 das Eingangsgebäude zum Hauptfriedhof.

Theodor Goetz

Zur jüngeren Generation der ausschließlich im romantischen Historismus bauenden Architekten gehört der 1806 in Wiesbaden geborene Theodor Goetz, Sohn von Carl Florian Goetz. 1828 trat er in den nassauischen Landesdienst ein und erreichte in seiner Laufbahn die Stellung eines Oberbaurats. Sein wichtigstes Werk war das Paulinenschlösschen. Diese Villa, die er 1841–45 oberhalb der Sonnenberger Straße für die Herzogin Pauline als Witwensitz errichtete, wurde leider 1944 im Zweiten Weltkrieg zerstört. Ferner schuf er 1849 das Alte Kurhaus in Bad Soden-Salmünster und 1863–65 die Englische Kirche an der Frankfurter Straße in Wiesbaden. Wir verdanken ihm auch die beiden schönen Kaskadenbrunnen von 1855 im Bowling-Green vor dem Kurhaus (Abb. 81). 1867 trat Theodor Goetz in den Ruhestand und starb 1885.

Abb. 80: Ehem. Jagdschloss Platte, historische Aufnahme. Nach der Beschädigung im Krieg soll die Ruine bis 2005 wieder überdacht sein.

Abb. 81: Einer der beiden Kaskadenbrunnen vor dem Wiesbadener Kurhaus

Richard Görtz

Richard Görtz, 1811 in Bleidenstadt geboren, unternahm nach seiner Ausbildung zum Architekten 1833 eine Bildungsreise nach Griechenland und Italien. 1835 trat er in den nassauischen Landesdienst ein und war ab 1837 unter Georg Moller beim Schlossbau in Wiesbaden als Bauführer tätig. Für seine Verdienste erhielt er 1840 den Titel Hofbaumeister und wurde 1847 Baurat und Regierungsreferent für den Hochbau. In dieser Funktion hatte er alle eingereichten Pläne zu begutachten. Wie zuvor Philipp Hoffmann betätigte sich auch Görtz als Denkmalpfleger, indem er die Renovierung der Michaelskapelle in Kiedrich und der Klosterkirche in Lahnstein fortsetzte.

Zu seinen Werken in Wiesbaden zählen die Nassauische Landesbank in der Rheinstraße an der Ecke zur Adolfsallee von 1860 und das ehemalige Justizgebäude in der Friedrichstraße, erbaut 1863 neben dem östlichen Dicasterialgebäude. Nach dem Ende des Herzogtums Nassau 1866 wurde Görtz in den preußischen Staatsdienst übernommen und 1868 pensioniert. Noch im Ruhestand beschäftigte er sich bis zu seinem Tod im Jahre 1880 intensiv mit der mittelalterlichen Architektur am Rhein und veröffentlichte darüber zahlreiche wissenschaftliche Beiträge.

Alexander Fach

Mit Bauakzessist Alexander Fach (1815–83), der sich als Bauleiter für Karl Boos bei der Marktkirche bewährte, wurde am 27. September 1863 der erste Stadtbaumeister von Wiesbaden angestellt. Zuvor hatte der Bürgermeister am 7. September 1858 bei der Regierung angefragt, „ob die Annahme eines eigenen Baumeisters für den Dienst der Stadt zugelas-

sen wird". Dagegen bestanden keine Bedenken. Der Gemeinderat beauftragte den Stadtbaumeister und die Baukommission am 17. Mai 1865 mit dem Entwurf einer eigenen Bauordnung für die Stadt, die allerdings wegen der Auflösung des Herzogtums Nassau erst in preußischer Zeit am 30. Dezember 1872 erlassen werden konnte.

Karl Thelemann

Die Planung der Parks und durchgrünten Villengebiete ist das Werk von Gartenbaudirektor Karl Friedrich Thelemann (1811–1889). Er war bis 1846 in St. Petersburg am Botanischen Garten tätig und wurde in diesem Jahr in die nassauischen Landesdienste berufen. Nach der Umgestaltung des Kurparks 1855/56 und der Anlage des Parks am Warmen Damm 1859/60 erhielt er 1862 den herzoglichen Auftrag, einen Generalplan der Umgebung Wiesbadens auszuarbeiten.

Schließlich sind der Vollständigkeit wegen noch der Baurat Heinrich Jacob Zengerle als Schöpfer der Brunnenkolonnade 1826 und Baurat Carl Faber als Architekt der Theaterkolonnade von 1838–39 zu erwähnen.

Die Entwicklung südlich der Rheinstraße ab 1851

Am 6. Juni 1851 wurde in dem Feld südlich der Rheinstraße von der Front des 1842 erbauten Taunusbahnhofs an eine Fläche in einer Tiefe von 600 Fuß (180 Meter) für den Bau von Landhäusern abgesteckt (Abb. 82).[21] Als das Kreisamt das Gesuch des Zimmermeisters Ritzel zum Bau von Landhäusern gestatten wollte, erhob der Gemeinderat Einspruch mit der Begründung, dass dadurch der Anblick der Rheinstraße mit ihren schönen und imposanten Gebäuden gestört würde. Zwar wies die Regierung diese Bedenken zurück, schlug aber nur in der Verlängerung der Rheinstraße zwischen dem Schiersteiner und dem Dotzheimer Weg (etwa im Gebiet der heutigen Oranien- und Karlstraße) eine Bebauung vor, wofür sich allerdings keine Interessenten fanden. Man holte deshalb am 8. Februar 1856 ein Gutachten von Philipp Hoffmann ein, der für die Ausweisung neuer Wohngebiete die folgenden fünf Kriterien aufstellte:
- die neuen Teile sollten in möglichst nahe und natürliche Verbindung mit den bestehenden Stadtteilen gebracht werden
- sich arrondierend an die vorhandenen Stadtviertel anschließen
- dort vorgesehen werden, wo ein möglichst lebhafter Verkehr zu erwarten steht
- eine freie, gesunde Lage erhalten
- einen ästhetisch ansprechenden und imposanten Gesamteindruck bewirken.

Die Regierung übernahm diese Kriterien in ihren Bericht an das Ministerium, dort aber holte man wegen einiger Bedenken ein weiteres Gutachten von Karl Boos ein, der in seinem Gutachten vom 22. März 1856 die Grundsätze eines Generalbauplans aus dem dreifachen Charakter der Stadt entwickelte:[22] nach seiner eigensten Erwerbsquelle zunächst als Kurort, beliebter Aufenthalts- und Ansiedlungsort wohlhabender Fremder; dann als Residenz, Sitz der Behörden und öffentlichen Anstalten sowie als Garnisonstadt; in dritter Linie sich auf diese Ertragsquellen stützend als Gewerbestadt.

Für Boos war unter diesen Gesichtspunkten das Gelände südlich der Rheinstraße das einzige, das sich zur Erweiterung eignete. Während Hoffmann nur eine einzige Parallelstraße zur Rheinstraße – also die Adelheidstraße – anlegen wollte, plante Boos sehr viel weitsichtiger so groß, dass 2000–2500 Bewohner anzusiedeln wären. Damit stand er im Gegensatz zu den Plänen des Gartenbaudirektors Karl Thelemann, der den Eingang zur Stadt von Biebrich aus stark begrünen, damit einen ländlichen Charakter geben und zum Bau von Landhäusern nutzen wollte. Der Herzog aber folgte nicht ihm, sondern dem von Boos ausgearbeiteten Generalplan, der auch Vorschläge für eine Verdichtung der Innenstadt mit der Schaffung von Wohnraum für 2000 Menschen vorsah.

Zunächst sollte für Landhäuser das Gelände am Mühlweg, zwischen Bierstadter Weg und Frankfurter Chaussee (das dann tatsächlich zum Villengebiet geworden ist) sowie gegenüber der Schwalbacher Straße erschlossen werden. Dann sollte der vorgeschlagene innere Ausbau der Stadt erfolgen sowie insbesondere die Eröffnung des Quartiers I südlich der Artilleriekaserne vor der Rheinstraße (begrenzt durch Moritz-, Oranien- und Adelheidstraße) stattfinden. Doch für dieses Quartier I fanden sich trotz intensiver Werbung keine Interessenten. Deshalb genehmigte der Herzog am 14. Juni 1856 stattdessen, das Quartier II zwischen der verlängerten Kirchgasse und der Biebricher Chaussee (Abb. 83) zuerst als städtische Baulinie zu eröffnen. Zugleich verlegte man die bis dahin schräg geführte Biebricher Chaussee axial in die Flucht des Luisenplatzes, eine wichtige Voraussetzung für den angestrebten

Stadtentwicklung
Schwarz: Bestand; Rot: Neu
Abb. 82: Neubauten bis 1843
Abb. 83: Neubauten bis 1857
Abb. 84: Neubauten bis 1868

Rastergrundriss des südlichen Stadterweiterungsgebietes. Um die Bebauung dieser Gebiete zu fördern, wurde mit Erlass vom 21. Januar 1858 allen Interessenten eine zehnjährige Be-

freiung von allen Steuern und Abgaben für folgende Baulinien gewährt:

1. zwischen Platter Chaussee, der fortgesetzten Schwalbacher Straße und dem Weg nach dem Totenhof
2. gegenüber der Röderstraße
3. gegenüber der Rheinstraße im Quartier II (begrenzt durch Adolf-, Adelheid- und Moritzstraße). Landhäuser wurden von der Steuerbefreiung ausgenommen.

Im unter 1. genannten Gebiet kam es aber zu keiner Wohnhausbebauung, vielmehr entstand hier 1877–79 das städtische Krankenhaus. Im Quartier II waren es – wie insgesamt südlich der Rheinstraße – keine Landhäuser in offener Bauweise, sondern Geschosswohnungsbauten in geschlossener Bauweise. Als Grundlage dafür dienten genaue Richtlinien vom 29. Juli 1856 für das Quartier II und die Rheinstraße. Danach sollten die Rheinstraße eine Breite von 153 Fuß (45,9 Meter), die in die Achse des Luisenplatzes verlegte Biebricher Chaussee (jetzt Adolfstraße) und die Moritzstraße 60 Fuß (18 Meter) erhalten. Zugleich wurde ein Quartier III zwischen der Rhein-, der Adolf- und der verlängerten Marktstraße (später erst Nikolaus-, dann Bahnhofstraße genannt) eröffnet sowie die Adelheidstraße angelegt. Deren Breite sollte 54 Fuß (16,2 Meter), die der Gärten (Vorgärten) 30 Fuß (9 Meter) betragen. Ferner sah der Erlass der Regierung vom 19. Mai 1862 vor, auf Kosten der Bauenden in 10 Fuß (3 Meter) Entfernung Rosskastanien zu pflanzen. Festgehalten wurde auch, dass in der verlängerten Schwalbacher Straße auch zweistöckige Häuser errichtet werden dürften, sonst aber sei drei- bis mehrstöckig in geschlossener Reihe zu bauen.

Damit war bis auf den heutigen Tag der Charakter der Südstadt mit der Blockstruktur und dem Mietwohnungsbau für gehobene Bewohner festgelegt (Abb. 84). An der Ecke Adolfstraße/Rheinstraße errichtete Richard Görtz 1858–63 als einen der letzten Staatsbauten des Herzogtums Nassau die Nassauische Landesbank (heute Nassauische Sparkasse).

Veränderungen in der Altstadt

Die Veränderungen in der Altstadt betrafen zum einen die Umgestaltung des **Schützenhofgeländes**. An dieser Stelle hatte Boos in seinem Generalplan vom 22. März 1856 einen Marktplatz vorgesehen, für den sich auch Polizeikommissar von Roeßler am 31. Oktober 1856 einsetzte. Er sprach von einem großen

Mangel an sogenannter Geschäftslage, womit er wohl Läden zu günstigen Mietpreisen meinte. Denn er schildert als Begründung eine Situation, wie sie genau so heute noch besteht, nämlich dass die Läden in der Lang- und Webergasse zu extremen Preisen vermietet würden. Der Raum, der an einem Marktplatz im Schützenhofgelände nicht für Läden benötigt werde, sei als Bauplatz zu verwerten, und zwar für Bewohner mit bescheideneren Einkommen. Denn es seien seit mehr als zehn Jahren keine kleineren Häuser mehr gebaut worden. Noch bei Beginn des letzten Quartals (am 1. Oktober 1856), zu dem gewöhnlich die Mietverträge beginnen, seien wohl mehr als ein Dutzend Familien geradezu obdachlos geworden, Polizei und Bürgermeister sei es endlich gelungen, die Leute notdürftig unterzubringen.[23]

Der Plan von Boos wurde trotz der Befürwortung durch Roeßler nicht angenommen, da Görtz auf die Schwierigkeiten mit dem steil ansteigenden Gelände hinwies, das sich besser für den Bau von Villen eigne. Zwar befürworte auch er einen Platz vor dem Schützenhof, für einen Marktplatz sei dieser aber zu klein. Der bestehende Schützenhof war seit 1849 Sitz des Appellationsgerichts. Dieses erhielt nun in der Friedrichstraße durch Baurat Görz einen Neubau neben dem östlichen Dicasterialbau (1959 abgebrochen). Der Schützenhof wurde am 28. Januar 1864 an den Höchstbietenden, den Kaufmann Salomon Marix aus Eltville, verkauft, der den Altbau mit seiner 88 Meter langen Fassade an der Langgasse und 166 Meter Länge zum Schulberg abbrechen ließ. Als Ersatz entstanden die Schützenhofstraße mit dem neuen Badhaus „Schützenhof" (Abb. 85) und weitere Bauplätze an der Langgasse. Das Badhaus „Schützenhof" wurde vor einem Vierteljahrhundert abgebrochen und neu errichtet. Das nordwestlich anschließende, 10 Meter höhere, durch eine Treppe erschlossene Gelände, wurde für den Bau von Villen genutzt. Diese waren durch eine neue Straße, die heutige Coulinstraße, mit dem Michelsberg verbunden. An ihrem Ende errichtete Philipp Hoffmann 1863–69 die neue Synagoge.

Die bis heute am stärksten nachwirkende Veränderung in der Altstadt waren der Bau des **Residenzschlosses** am Markt 1838–41 nach Plänen von Georg Moller und der Marktkirche 1852–62 (Abb. 86) durch Karl Boos. An der nordöstlichen Platzseite stand seit 1817 die klassizistische Marktschule. Dem Bau von Schloss (Abb. 87) und Marktkirche mussten die alten Gebäude des Schlosskomplexes weichen. Das 1826 vom Dachdeckermeister Kalb erbau-

te klassizistische Haus wurde angekauft und in den neuen Schlosskomplex einbezogen. Der bereits genannte Kaufmann Salomon Marix wollte 1863 die südwestliche Häusergruppe zwischen Marktkirche und Marktstraße erwerben und die Fläche neu mit Privathäusern bebauen, was der Gemeinderat jedoch ablehnte. Später erwarb Marix die Gruppe von neun Häusern und ließ 1883–87 durch den Architekten Georg von Hauberisser das Neue Rathaus errichten. Der Schlossplatz aber hatte schon zu Zeiten des romantischen Historismus seine heutige Ausdehnung und Gestalt erhalten. Er hieß in seinem nordöstlichen Teil „Neuer Markt".

Die Entstehung der Villengebiete ab 1840

Das erste Landhaus ließ sich 1824 der Anwalt Bernbach in der nördlichen Achse der Wilhelm-

Historische Aufnahmen:
Abb. 85: Schützenhofstraße
Abb. 86: Marktkirche, 1852–62

Abb. 87: Residenzschloss, 1838 bis 1841

straße nach Plänen von Hundeshagen an der Stelle erbauten, wo heute die Raiffeisenbauten stehen. Den eigentlichen Impuls zum Bau von Villen gab jedoch das Palais des Oberst von Hagen am Hang über der Sonnenberger Straße, genannt „Zur schönen Aussicht", das schon 1840 abgetragen und 1842–45 nach Plänen von Theodor Goetz durch das im Zweiten Weltkrieg zerstörte Paulinenschlösschen, später Kongresshaus, ersetzt wurde. Entgegen den Vorschlägen von Zais hatte man doch die Sonnenberger Straße im Tal als Chaussee ausgebaut und damit die Kuranlagen vom grünen, nördlich anschließenden Hang getrennt. Am 10. Dezember 1824 wurde an der nördlichen Seite der Sonnenberger Straße eine neue Baulinie eröffnet, hier standen 1847 bereits zehn Landhäuser.

Zuvor waren auch oberhalb des **Warmen Dammes** die ersten Villen entstanden. Den Anfang machte der Gastwirt Zimmermann, der das Kurhaus bewirtschaftete. Er erhielt im März 1840 die Genehmigung zum Wiederaufbau des von ihm ersteigerten und abgetragenen „Palais von Hagen" – wahrscheinlich ein verputzter Fachwerkbau – auf einem Bauplatz in der Nähe des Kurhauses. An der zwischen 1834 und 1843 angelegten Paulinenstraße folgten 1840 als Bauherren Freiherr von Dungern und Oberstleutnant von Rettberg am Warmen Damm nahe der Erbenheimer Chaussee (heute Frankfurter Straße 2) mit einem Villenneubau (Abb. 88). Dieser ist im umgebauten Zustand von 1870 noch vorhanden und beherbergte zuletzt Teile der Staatskanzlei bis zu deren Umzug in das Hotel „Rose" im Sommer 2004.

1843 bauten Freiherr von Erath in der späteren Parkstraße und Generalmajor Freiherr

von Nauendorff in der Paulinenstraße ihre Villen. In den Jahren 1840–42 ließen sich mehrere höhere Beamte am Mühlweg (seit 1860 Mainzer Straße genannt) nieder. Vier dieser Villen schuf der Eisenbahnarchitekt Robert Jahn. Während Boos den Zimmererplatz im spitzen Winkel zwischen Bierstadter Straße und Erbenheimer Chaussee (Frankfurter Straße) unbebaut lassen wollte, wurde 1842 die Fläche zur Anlage von Landhäusern versteigert. Dadurch war die Möglichkeit verbaut, die Paulinenstraße in gerader Richtung zur Mainzer Straße zu führen.

Für die weitere Entwicklung der Villengebiete erhielt Gartenbaudirektor Carl Friedrich Thelemann im August 1862 den Auftrag, einen Generalplan zu erstellen. Dieser sollte die bereits bestehenden Landhäuser berücksichtigen, dazu aber Flächen an den Straßen nach Sonnenberg, Erbenheim und Bierstadt ausweisen, die sich besonders zum Bau von Landhäusern und zur Anlage von Gärten eigneten. Dabei sollte ihm der Geometer Kolb zur Hand gehen, der die Situationspläne bereits bis Ende Oktober abzuliefern hatte. Einer der sechs angefertigten Pläne befindet sich im Museum Wiesbaden. Er umfasst die großen Villengebiete an der Sonnenberger Straße und am Bierstadter Hang, kleinere Flächen am Geisberg und im Dreieck zwischen Platter und Schwalbacher Straße. Er besticht durch die stark farbig gehaltenen, detailliert gestalteten öffentlichen und privaten Grünflächen. Einige der Villen tragen schon Namen, andere waren erst im Bau oder wurden geplant.

Wie der Stadtentwicklungsplan für 1868 (Abb. 84) und der Spielmann-Atlas[24] aussagen, waren bis zum Ende des Herzogtums Nassau und des romantischen Historismus nur Teile der Flächen mit Villen bebaut, hauptsächlich an der Sonnenberger Straße, an der Ostseite der Kapellenstraße, an der Paulinen-, Bierstadter-, Frankfurter und Mainzer Straße. An der Emser Straße gab es schon vor 1848 Landhäuser, bis Juli 1860 standen hier schon 20 Häuser und am Faulweidenweg und der Wellritzstraße fünf.

Der Vorschlag Thelemanns zur Erweiterung der Südstadt mit drei weiteren, breiten und von Alleen gesäumten Parallelstraßen zur Adelheidstraße wurde in dieser großzügigen Form später nicht ausgeführt. Man kam bis zum Ende des Herzogtums Nassau 1866 ohnehin nur bis zur Nordseite der Adelheidstraße. Die Wilhelmstraße endete damals an der Rheinstraße, nur der schmale Gartenfeldweg führte weiter. Zwischen ihm und der Nikolausstraße (die nach Süden verlängerte Bahnhofstraße) lagen der Rhein- und der Taunus-Bahnhof.

Abb. 88: Villa Frankfurter Straße 2

Die „Maria Hilf-Siedlung"

Das letzte Jahrzehnt des Herzogtums Nassau (1856–66) hatte zwar die wichtigsten repräsentativen, stadtbildprägenden Bauten und vornehme Villen für die Wohlhabenden sowie großzügige Mietwohnungen für den Mittelstand hervorgebracht, es fehlte aber an billigen Bauplätzen für die weniger bemittelten Bevölkerungsschichten. Dafür stellten drei Schreiner und ein Fuhrmann ein Gesuch, das zu einem Beschluss des Gemeinderates vom 13. Mai 1861 führte, dafür das Dreieck zwischen Platter und der Emser Straße in der Flur „Auf dem Leimen" zu nutzen. Der Bürgerausschuss berief eine Kommission – auch damals schon ein Mittel, sich vor einer eigenen Entscheidung zu drücken. Die Kommission verwarf den Plan mit der Argumentation, dass sich der Bau von Arbeiterwohnungen durch Baugesellschaften in England, Frankreich und verschiedenen großen Städten Deutschlands nicht bewährt habe. Es seien Gefahren für Sitte und Ordnung zu erwarten. Besser sei eine soziale Mischung. „Wenn indessen der Rentier, der Handelsmann, der Handwerker und der Handarbeiter zusammenwohnen, der eine oben, der andere unten, der dritte im Hinterhaus, so übt sich (...) vernünftige Wohltätigkeit von der einen, neidlose Resignation von der anderen und Sitte von beiden Seiten, sichern wir unsern Arbeitern diese großen Vorteile."[25] Im Prinzip hatten aus heutiger Sicht die Gutachterkommission und der Bürgerausschuss Recht. Sie übersahen jedoch, dass die oberen Schichten keineswegs bereit waren, mit den unteren in der empfohlenen Mischung zusammen zu leben.

Nach dieser abschlägigen Entscheidung entwarf Philipp Hoffmann für die Baugesellschaft Pläne nördlich der abgelehnten Fläche links der Platter Straße in der Flur „Überried". Doch wurde der Antrag auf Bewilligung der Baulinien, also die Erschließung durch den Straßenbau, am 5. Februar 1862 gegen die Meinung des Bürgermeisters mit 7:4 Stimmen wegen der hohen Erschließungskosten des Geländes abgelehnt. Dennoch kauften Kleinbürger dort 1862 Grundstücke und begannen 1863 an der Hochstraße (Abb 89) und an der Sommerstraße (heute Hartingstraße) sowie 1864 an der Ludwigstraße zu bauen. Initiator war das Gemeinderatsmitglied Heinrich Ludwig Freytag, nach dem später die Ludwigstraße benannt wurde. Bald kam für diese Siedlung die Bezeichnung „Maria Hilf" auf. Unter dem Druck der geschaffenen Fakten sah sich der Gemeinderat im Juni 1864 nun doch zur Her-

Abb. 89: Hochstraße

stellung von Fahrbahnen und Trottoirs gegen eine Kostenbeteiligung der Hausbesitzer gezwungen. Dass gerade die ärmere Bevölkerung für die Erschließung finanziell herangezogen wurde, wirft ein bezeichnendes Licht auf die wenig soziale Einstellung des Gemeinderats. Für die nordwestliche Gegenseite der Röderstraße plante Philipp Hofmann die Baulinien (Erschließung durch Anlage der Straßen). Sie wurden für die Stifts- und die Kellerstraße 1863 angenommen. Im Mai 1863 eröffnete man das Enteignungsverfahren für die Weil- und die Feldstraße, an der bis 1866 auch die ersten Häuser entstanden.

Zusammenfassende Würdigung der Stadtentwicklung im Zeitalter des romantischen Historismus 1835–66

In dieser Entwicklungsphase begann der Umbau der Altstadt mit dem Neubau des Stadtschlosses und der Marktkirche, wodurch der Schlossplatz seine heutigen Dimensionen erhielt. Bestimmten bis dahin Mauritiuskirche und Uhrturm auf kleinstädtische Weise die Silhouette der Stadt, wurde sie von nun an großartig und ganz im Sinne der Romantik vielteilig durch die Türme der Bonifatius- und besonders der Marktkirche (Abb. 90) geprägt. Als Stadtkrone erhebt sich seitdem auf dem Neroberg die Griechische Kapelle (Abb. 91) hell vor dem dunklen Hintergrund der Fichten, auf dem Michelsberg bis zu ihrer Vernichtung 1938 die exotisch-orientalisch wirkende Synagoge. Die Schöpfer dieser herausragenden Bauten sind Georg Moller, Karl Boos und Philipp Hoffmann.

Boos und Hoffmann entwarfen auch Stadtentwicklungspläne. Dazu gehörte auch die Erweiterung des schon von Goetz mit Friedrich-, Luisen- und Bahnhofstraße angelegten

Abb. 90: Silhouette Wiesbadens mit Marktkirche. Alte Ansicht vor dem Bau der Türme der Bonifatiuskirche 1864–66

Abb. 91: Griechische Kapelle auf dem Neroberg in Wiesbaden, 1847–55

Abb. 92: Obere Nerostraße

Blocksystems südlich der Rheinstraße – eine wichtige Voraussetzung für die Entwicklung der Südstadt nach 1866. Der romantische Historismus entwickelte auch nach den Plänen des Gartenbaudirektors Thelemann bereits die weitläufigen, stark durchgrünten Villengebiete, die für Wiesbaden heute noch eine hohe Lebensqualität bieten. Vorbild dafür waren noch vor der Annexion durch Preußen die Villengebiete am Tiergarten von Berlin. Die wachsende Eigenständigkeit der Residenzstadt Wiesbaden äußerte sich in der Berufung eines eigenen Stadtbaumeisters und der Erarbeitung einer eigenen Bauordnung, die allerdings erst 1872 unter der preußischen Regierung erlassen werden konnte.

Die schon im Klassizismus deutlich ablesbare Ausweisung der einzelnen Stadtquartiere nach dem sozialen Stand der Bewohner wurde im Zeitalter des romantischen Historismus noch durch die Villengebiete für die ganz Reichen verschärft. Im Tagblatt Nr. 95 vom 24. April 1865 drückt dies Dr. A. Müller wie folgt aus: „Das neu gegründete Dorf – Städtlein Mariahilf – beherrbergt [sic] die Arbeiter. Denn die früher von ihnen bewohnten Röder- und Nerostraße haben sich schon emanzipiert, den Geschmack des Niedrigen verloren, ihre ein- bis zweistöckigen Häuser in drei- und vierstöckige umgewandelt (Abb. 92). Sie werden nun von den Kräften des Theaters und kleinen Rentiers bewohnt. Der bessere Gewerbe und Handel treibende Bevölkerungsteil baut seine Wohnungen im Zentrum der Stadt zu Läden und Logis aus. Der Beamtenstand bewohnt zerstreut alle Stadtteile, je nachdem sein Geldbeutel voll oder leer ist. Die Fremden [das heißt die reichen, von außen zugezogenen Villenbesitzer] wohnen vor allem in Häusern der Wilhelmstraße, Sonnenberger Straße und Taunusstraße."[26]

Von der Residenzstadt zur gründerzeitlichen Großstadt 1866–88

Der politische Wandel hatte keine Stagnation zur Folge, sondern eine beachtliche Fortführung der Stadtentwicklung. Es ist die Zeit Wilhelms I. von Preußen, die Wiesbaden einen weiteren Aufschwung als Kurstadt und Verwaltungssitz brachte. Dieser ließ die Bevölkerungszahlen weiter ansteigen, was weitere neue Straßen und Bauplätze erforderlich machte. Dabei lag der Schwerpunkt der Bautätigkeit in der Südstadt und den Villengebieten, im Westend, dem Bergkirchengebiet und der Siedlung Maria Hilf für untere Einkommensgruppen. Die Rasterstruktur in den Erweiterungsgebieten wurde fortgeführt. Stadtbildprägend für die Altstadt war die Errichtung des Neuen Rathauses und die großzügigere Gestaltung des Kochbrunnens und des Kranzplatzes, womit dem Aufstieg Wiesbadens zur Kurstadt von europäischem Rang Rechnung getragen wurde.

Die Architekten des Hochhistorismus 1866–88

Waren für den Klassizismus Goetz und Zais die herausragenden Architekten und für den romantischen Historismus Karl Boos und Philipp Hoffmann, so kann man für die Hochphase des Historismus keine vergleichbar bedeutenden Architekten benennen. Auch lag die Planung für die Stadterweiterung 1863–72 in den Händen des Stadtbaumeisters Alexander Fach. Ihm folgten im Amt 1872–74 Ulrich Hane, 1874 bis 1876 Wilhelm Schultz, 1877–83 Johann Lemcke und 1883–93 Louis Israel. Von den größeren Bauaufgaben, die zwischen 1866 und 1888 zu lösen waren, schuf Philipp Hoffmann noch die Wilhelms-Heilanstalt am Schlossplatz.

Wilhelm Bogler

Von der jüngeren Generation der Wiesbadener Architekten ist nur Wilhelm Bogler (1825-1906) hervorzuheben, doch auch er hat längst nicht den Bekanntheitsgrad erlangt wie die vier zuvor behandelten Baumeister. Der heute kaum noch bekannte Bogler geriet schon zu Lebzeiten in Vergessenheit, denn bei seinem Tod am 24. April 1906 gab es keinen Nachruf. Und doch lebte und arbeitete er 55 Jahre lang in Wiesbaden, erbaute 1872–74 das Casino in

der Friedrichstraße und 1887/88 die Kochbrunnenkolonnade. Wenn Albert Herrmann[27] ihn als Erbauer schöner Villen bezeichnet, so findet sich doch sein Name nicht unter den im Villenband der Denkmaltopographie[28] genannten Architekten. Sein Nachlass wird im

Abb. 93: Neues Rathaus am Schlossplatz, Neo-Renaissance, 1883–87

Museum Wiesbaden in der Sammlung Nassauischer Altertümer aufbewahrt, enthält aber keine schriftlichen Dokumente.[29]

Die bedeutendsten Bauwerke der Epoche unter Wilhelm I. von Preußen, die Bergkirche (1876–79) und das Neue Rathaus (1883–87) (Abb. 93), waren das Werk von Architekten, die von weit her kamen, nämlich von Johannes Otzen und Georg von Hauberisser. Ihr Lebenswerk zeigt, wie sehr sich ein Architekt im letzten Viertel des 19. Jahrhunderts auf eine bestimmte Bauaufgabe spezialisierte.

Johannes Otzen

So baute Johannes Otzen, geboren in Sieseby (bei Eckernförde) am 8. Oktober 1839 und gestorben am 8. Juni 1911 in Berlin, fast ausschließlich Kirchen. Er war in Altona und hauptsächlich in Berlin tätig, wo er auch an der Technischen Hochschule und an der Bauakademie lehrte. Zu seinen Kirchenbauten zählen: 1876–79 die Bergkirche in Wiesbaden, um 1880 die Kreuzkirche in Berlin, 1884 die Petrikirche und 1894 die Jacobikirche in Hamburg-Altona, 1890–94 die Lutherkirche in Apolda und 1892–94 die Ringkirche in Wiesbaden. Gemeinsam mit Pastor Emil Veesenmeyer verfasste er 1891 das Wiesbadener Programm zum evangelischen Kirchenbau. Dieses erteilt starren Stilvorschriften eine Absage. Der Kirchenraum wurde als Versammlungsraum verstanden, ohne architektonische Trennungselemente zwischen Pfarrer und Gemeinde.

Georg Joseph Ritter von Hauberisser

Von Hauberisser, geboren am 19. März 1841 in Graz und gestorben am 17. Mai 1922 in

München, baute hauptsächlich Rathäuser. Er besuchte die Münchner und Berliner Bauakademien und war danach Schüler von Friedrich von Schmitt, dem Erbauer des Rathauses in Wien (1872–83). Zu seinen Werken zählen das in drei Phasen 1867–74, 1888–93 und 1899–1903 erbaute Rathaus von München, 1883–87 die Rathäuser von Kaufbeuren und von Wiesbaden sowie 1897–1900 das Rathaus von Saarbrücken-St. Johann. Dazu kamen die beiden Kirchenbauten der Herz-Jesu-Kirche in Graz 1881–91 und der Paulskirche in München 1892–1906.

Abb. 94: Stadtentwicklung
Schwarz: Bestand bis 1868
Rot: Neubauten 1868–1879

Abb. 95: Stadtentwicklung
Schwarz: Bestand bis 1879
Rot: Neubauten 1879–1888

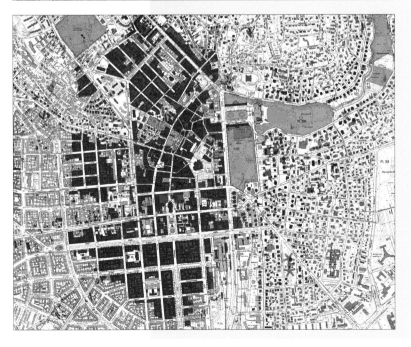

Die Entwicklung in der Südstadt 1866–88

Das von Goetz mit der Anlage von Rhein- und Luisenstraße begonnene und unter Boos fortgesetzte Rastersystem aus Parallelstraßen in Ost-Westrichtung sowie in Nord-Südrichtung behielt Alexander Fach bei. Entsprechend dem Bevölkerungswachstum von 26 000 Einwohnern im Jahre 1866 auf über 52 000 Bewohner im Jahre 1880, also einer Verdoppelung, gab es eine beachtliche Vergrößerung der Südstadt. Es wurden folgende Straßen bebaut (Abb. 94):

Parallel zu Rhein- und Adelheidstraße:
Albrechtstraße 1869, das dortige Kreisgefängnis 1875
Herrngartenstraße 1873
Goethestraße 1873
Alexandrastraße 1874 begonnen

Senkrecht dazu in Nord-Südrichtung:
Nikolausstraße (später auch im unteren Teil Bahnhofstraße genannt) 1869
Adolfsallee seit 1869
Moritzstraße
Oranienstraße
Karlstraße 1869
Rheinbahnstraße 1871
Wörthstraße 1873 auf der Ostseite angefangen
Jahnstraße 1874 begonnen

In den Jahren von 1879 bis 1888 stagnierte der Ausbau, wie auch der geringere Anstieg der Einwohnerzahlen von 52 000 im Jahr 1879 auf 59 854 im Jahr 1888 aussagt. So wurde in der Südstadt lediglich die Moritzstraße auf der Westseite zwischen Albrecht- und Goethestraße bebaut und die Adolfsallee auf der Westseite über die Goethestraße hinaus verlängert. Seit 1878 entstanden vereinzelte Häuser an der Biebricher Allee, 1887 wurde die Fischerstraße begonnen.

Die Entwicklung im Westend

Im Westend wuchsen die Bleichstraße und die Wellritzstraße weiter nach Westen, 1877–79 erhielt das Viertel die Volksschule in der Bleichstraße. 1869 wurde die Hellmundstraße begonnen, seit 1871 die Frankenstraße, Hermannstraße und Walramstraße geplant und bald auch angefangen. Die Emser Straße war 1879 bis zur Walkmühlenstraße bebaut. Die Rheinstraße war 1888 schon bis an den 1871 geplanten Ring herangeführt, um die Ecke herum bereits mit einer Zeile von sieben Häusern bis zur

Dotzheimer Straße besetzt. Zur Vollendung des Westends fehlte 1888 nur noch die weitere Bebauung des Bismarckringes (Abb. 95). Auf der Westseite der Walramstraße an der Ecke zur Wellritzstraße erbaute Ulrich Hane 1880/81 die Gewerbeschule.

Städtebauliche Neuordnung in der Altstadt

Der Schlossplatz rückte im Zeitraum zwischen 1866 und 1888 wesentlich seiner heutigen Gestalt näher. Dazu trug an der Ecke zur Mühlgasse der Bau der Wilhelms-Heilanstalt von Philipp Hoffmann 1868–71 bei, mehr aber noch der des Neuen Rathauses gegenüber dem Stadtschloss. Dafür waren ab Oktober 1881 alle neun Häuser der sogenannten Insel zwischen Marktkirche und Marktstraße aufgekauft worden, wofür die Stadt zusammen mit dem schon früher erworbenen Dernschen Besitz den beachtlichen Betrag von 906 000 Mark aufwenden musste.[30]

Der markanteste Eckpfeiler der Häuserinsel war der ehemals Koppensteinsche Hof, den die Stadt 1868 vom damaligen Oberforstrat Dr. Dern angekauft und als Rathaus genutzt hatte, da das alte nicht mehr ausreichend war. Zu dem Anwesen gehörten die sogenannten Dernschen Gärten, der heute noch als Dernsches Gelände bezeichnete Platz südlich des Neuen Rathauses. Bei dem ganzen Gebiet handelte es sich um den Kern der Wiesbadener Altstadt, um ein aus Richtung Michelsberg leicht abfallendes Gelände, dessen Niveauunterschied bei der Neugestaltung mit dem Neuen Rathaus des Architekten von Hauberisser 1883–87 und später südlich anschließend durch Felix Genzmer eine besondere Berücksichtigung erforderte. Der heutige Marktplatz auf dem Dernschen Gelände mit der darunter liegenden Marktkelleranlage (Abb. 96) lässt den Höhenunterschied noch deutlich in Erscheinung treten.

Eine wesentliche Änderung für das Erscheinungsbild der Altstadt brachte 1873 der Abbruch des Uhrturms und des Gasthauses „Zum roten Mann" mit sich. Man betrachtete das letzte Stadttor als Verkehrshindernis und noch nicht als Bau mit Denkmalwert. Zugleich wurde die Grabenstraße zur Marktstraße hin geöffnet und ausgebaut.

Gleichzeitig mit den Planungen für das Neue Rathaus begann der Streit um den Standort für das neu zu bauende Theater. Nachdem der Königliche Hoftheaterleiter Hofrat Adelon im November 1872 den unzu-

Abb. 96: Marktsäule, im Hintergrund die Marktkirche

länglichen Zustand des alten Theaters am Kaiser-Wilhelm-Platz dargestellt hatte, sollte eine Kommission die Theaterbaufrage lösen, der auch die beiden Bürgermeister angehörten. Die Theaterdirektion bevorzugte einen Neubau an der neuen (südlichen) Kolonnade des Kurbezirks. Im Oktober 1873 wurde schon ein Wettbewerb vorbereitet, außerdem fragte man Anfang 1874 bei der Regierung an, ob Bedenken gegen einen Theateranbau an die Neue Kolonnade bestünden, was nicht der Fall war. Dennoch kam die Angelegenheit bis Oktober 1879 ins Stocken.

Dann wählte man auf einer großen Versammlung den Präsidenten a. D. Wilhelm Heemskerck zum Vorsitzenden einer Theaterkommission, womit ein jahrelanger, heftiger Streit um den Standort des neuen Theaters einsetzte. Stadtbaurat Lemcke nahm in seinem Gutachten vom Oktober 1880 eine Abwägung zwischen den verschiedenen möglichen Standorten für ein neues Theater vor, schied den bisherigen und den nördlich der Brunnenkolonnade gelegenen wegen zu geringer Größe aus und erwog einen Bau im östlichen Teil des Warmen Dammes nahe der Paulinenstraße. Doch betonte er, dass sich das Gros der Theaterbesucher nicht aus fremden Kurgästen, sondern aus den Einheimischen zusammensetze, deren Wohnungen sich nicht um das Kurhaus herum, sondern um den Mittelpunkt der Stadt konzentrieren würden. Deshalb untersuchte er Schlossplatz und Dernsche Gärten, wobei zu diesem Zeitpunkt der Standort des Neuen Rathauses noch nicht festgelegt war.

Für den Rathausbau sah er das Gelände der Schule am nördlichen Ende des Schlossplatzes vor, für das neue Theater den Bereich, in dem zu diesem Zeitpunkt die Häuserinsel und wenig später das Neue Rathaus standen. Als besonders geeignet betrachtete Johann Lemcke das Gelände der alten Artilleriekaserne an der Rheinstraße, doch war unbekannt, wann dies zur Verfügung stehen könnte.

Im Gegensatz zu Lemckes Gutachten beantragte die Theaterbaukommission, den Platz südlich der Neuen Kolonnade, also den heutigen, zu wählen. Doch konnte sich der Gemeinderat in seiner Sitzung von Ende Februar nicht entscheiden, wurde aber von nun an mit Petitionen für und gegen diesen Standort bedrängt.

Das ständige Hin und Her in wichtigen Fragen der Platzgestaltung ist bis heute eine Eigenart Wiesbadens geblieben, und man darf gespannt sein, ob es eines Tages gelingen wird, aus dem Dernschen Gelände (Abb. 97) einen wirklichen Platz zu machen. Dies wäre gar nicht so schwierig, wenn man sich endlich dazu durchringen würde, den Platzrand an der Nordseite der Friedrichstraße und um die Ecke an der Ostseite der Marktstraße wieder mit dreigeschossigen Bauten zu fassen, wie es bis zur Kriegszerstörung 1945 der Fall war.

Nachdem 1884 endlich der Rathausbau in Angriff genommen worden und damit ein Standort bestimmt war, stellte sich die Frage nach einem neuen oder zweiten Kursaal, wodurch ein weiteres Mal die Diskussion um den Platz für das neue Theater einsetzte. Es wurden Denkschriften verfasst, die zwischen den einzelnen Befürwortern und Gegnern des Standorts südlich der Neuen Kolonnade zu Streitschriften eskalierten. Nach der Stellungnahme einer 1885 eingesetzten Unterkommission kamen vier Bauplätze für das neue Theater ernsthaft in Betracht:

– der von der Theaterbaukommission befürwortete Standort südlich der Neuen Kolonnade, gegen den jedoch die Mehrheit der Einwohner eingenommen zu sein schien;
– der Platz gegenüber dem Museum (das sich damals im ehemaligen Erbprinzenpalais befand, heute Industrie- und Handelskammer);
– das nördlich der Alten (nördlichen) Kolonnade liegende Gelände;
– der Platz auf dem Dernschen Gelände.

Außerdem sprach man sich für eine Prüfung des Projekts von Bogler für ein neues Kurgebäude an der Neuen Kolonnade aus. Der Streit um den richtigen Bauplatz für das neue Theater wurde erst 1890 beendet, nachdem sich Kaiser Wilhelm II. für die jetzige Stelle südlich der Neuen Kolonnade ausgesprochen hatte, da auf diese Weise von den Parkanlagen am wenigsten verloren gehe und die Kolonnaden (Abb. 98) im Sommer eine angenehme Wandelhalle bildeten. Damit hatte der Kaiser tatsächlich Recht und wir profitieren heute noch davon.

Die städtebauliche Entwicklung an Kranzplatz und Kochbrunnen bis 1888

Beim Ausheben der Fundamente 1815 für den Neubau des Badhauses „Weißer Löwe" (danach „Römerbad") und 1903 beim Neubau des „Palasthotels" stieß man auf die baulichen Reste römischer Badeanlagen. Sie beweisen, dass das Gelände um den Kochbrunnen schon zur Römerzeit für die Kureinrichtungen sehr begehrt war. Im Mittelalter als „Sauerland" bezeichnet, hat es lange Zeit hindurch einen ständigen Wandel durchgemacht. Dies hing mit der großen wirtschaftlichen Bedeutung der Thermalquellen, mit den wechselnden Anfor-

Abb. 97: Blick von der Bahnhofstraße auf das Dernsche Gelände mit Neuem Rathaus und Marktkirche im Hintergrund

Abb. 98: Klassizistische Theaterkolonnade von 1839, mit Eingangsportikus von 1892–94

derungen der Badegäste an die Badhäuser und Hotels sowie mit der Aggressivität des Wassers gegen Mauern und Fachwerk zusammen.

Dadurch hatte dieses Gebiet stets eine eigene Dynamik der Entwicklung und wird nicht in Kapitel 3 „Stilformen des Historismus" besprochen, sondern folgt hier im historischen Zusammenhang.

Bis zur Regierungszeit von Fürst Georg August Samuel (1690–1721) war das Quellengebiet nicht in die Stadtbefestigung einbezogen und deshalb besonders von den Verwüstungen des Dreißigjährigen Krieges betroffen. Im Zuge der Neugestaltung der Stadt ließ Georg August Samuel das Gebiet durch eine neue Mauer in die Stadtbefestigung einbeziehen und seinen Stadtgrundriss durch die Anlage der neuen, geradlinigen Straßen Äußere Langgasse, Weber-, Spiegel- und Saalgasse neu gestalten. Bis zum Ende des 19. Jahrhunderts war damit der städtebauliche Charakter vorgegeben. Die Bebauung war durch die festgelegten Parzellen bestimmt, im aufgehenden Bauwerk aber dem raschen Wechsel ausgesetzt.

Die Lange Straße, die ab 1826 Langgasse hieß, erhielt von der Einmündung der Goldgasse die gleiche Breite und geradlinige Führung, die auch die Neugasse am südlichen Ende der Altstadt erhalten hatte. Sie war noch ein Stück nach Norden über die Kreuzung mit der Webergasse hinaus weitergeführt und mündete in den Kranzplatz, der ursprünglich Rindsfußplatz nach dem gleichnamigen Badhaus hieß. Später wurde er wohl nach dem Kranz der Bäume (Abb. 99) in seiner Mitte in Kranzplatz umbenannt. Sein Grundriss hatte die Form eines nach Nordosten ausgerichteten Rechtecks, dessen südöstliche Ecke heute noch durch das Hotel „Schwarzer Bock"

Abb. 99: Kranzplatz/Kochbrunnen. Der ursprüngliche Rindsfußplatz wurde wahrscheinlich nach dem Kranz der gepflanzten Bäume umbenannt.
F. Cöntgen, Kupferstich, 1800

Abb. 100: Das Hotel „Schwarzer Bock" besitzt immer noch ein eigenes Thermalbad. Es ist das älteste Hotel Deutschlands, hier seit 1486.

Abb. 101: Grundriss Kranzplatz:
1 Hospitalbad
2 Hospital
3 bis 1817 „Weißer Löwe", ab 1826 „Römerbad"
4 bis 1900 „Weißes Roß"*
5 bis 1900 „Weißer Schwan"*
6 bis 1900 „Engel"*
7 ab 1900 „Kranz"
8 Trinkhalle, zwischen 1834 und 1843 abgebrochen
9 bis 1826 „Blume", danach „Europäischer Hof"
10 „Rose"
11 „Spiegel"
12 „Rindsfuß", ab 1826 „Englischer Hof"
13 „Schwarzer Bock"
14 „Goldene Kette"
15 „Goldene Krone"
16 „Goldener Brunnen"
17 „Adler"
18 „Schwarzer Bär"
A Adlerquelle
K Kochbrunnen

* danach wegen des Baus des „Palasthotel" abgebrochen

(Abb. 100) gekennzeichnet wird. Die nordöstliche Schmalseite schloss bis 1912/13 das Hotel „Rose" ab, die Gegenseite und vor allem die Nordwestecke des Platzes sind beim Neubau des „Palasthotels" 1905 verändert worden (Abb. 101).

Durch das Vorrücken der Bebauung in die Flucht der nördlichen Straßenfront der Webergasse wurde der Kranzplatz wesentlich schmaler und büßte seine bisherige Bedeutung ein. Den Kranz der Bäume hatte er schon zwischen 1843 und 1857 verloren, an seine Stelle trat

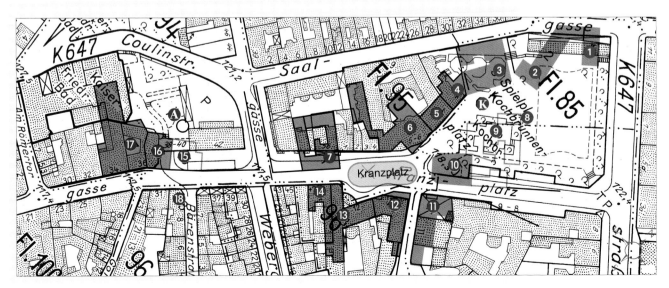

Abb. 102: Kochbrunnen, Ausschnitt aus Seb. Münsters
„Cosmographia", Holzschnitt,
1544

Abb. 103: Kochbrunnen, Nicolaus Person, Stich, 1690/1700

Abb. 104: Ausschnitt aus
dem Stich „Wißbaden",
M. Merian d. Ä., 1646, vgl. S. 9

Abb. 105: Modell Kranzplatz,
um 1820

eine Rabatte. An das Badhaus „Engel" in der
Nordwestecke des Kranzplatzes schlossen sich
das Badhaus „Weißer Schwan" (beide 1905 zugunsten des „Palasthotels" abgebrochen) sowie
die Badhäuser „Weißes Ross" und „Weißer
Löwe" (ab 1826 „Römerbad" genannt) an. Sie
mussten 1976 der Erweiterung des „Palasthotels" und dem nördlich anschließenden Kin-
derspielplatz weichen. Zwischen dem Badhaus
„Engel" und dem die nordöstliche Platzfront
bildenden Badhaus „Rose" führte die Badgasse
in nördlicher Richtung auf den Kochbrunnen
zu, dessen ungefährer Standort heute durch den
Pavillon bestimmt wird.

Der Kochbrunnen stand als Mittelpunkt auf
einer unregelmäßig-rechteckigen Platzfläche.
Um ihn herum bildeten die Badhäuser „Weißes Ross", „Weißer Löwe" nach Nordosten,
„Blume" (an seiner Stelle ab 1842 der „Europäische Hof") nach Südosten und das Hospital
nach Norden die Platzwände. Auch wenn
damit ein Platz bestand, der wohl schon im
Mittelalter seine zufällig gewachsene Gestalt
erhalten hatte, taucht doch nie die Bezeichnung Kochbrunnenplatz, sondern immer nur
die des Brunnens auf. An das bis 1879 bestehende Hospital war noch das „Hospitalbad"
angebaut, das in etwa den Platz der heutigen
Kochbrunnenkolonnade einnahm.

Von der südöstlichen Seite des Kranzplatzes
an schwenkte die Bebauung ursprünglich stärker nach Osten ab und bildete die Front einer
platzartigen Erweiterung. Erst mit dem Neubau der „Rose" um 1900 wurde die Front be-
gradigt, wodurch die heutige Straße recht-
winklig auf die Taunusstraße geführt werden
konnte.

Badhäuser

Um den Kochbrunnen und am Kranzplatz
lagen die ältesten Badhäuser des eigentlichen
Quellgebietes. Der heute noch existierende
„Schwarze Bock" war 1486–1514 im Besitz
des Philipp zum Bocke, bis zum 17. Jahrhundert nach ihm kurz „Bock", danach „Schwarzer Bock" genannt.[31] Im Nordosten grenzte das
ehemalige Badhaus „Zum Rindsfuß" an. Seit
dem Dreißigjährigen Krieg eine Ruine und
erst 1715 wiederaufgebaut, wurde es nach 1810
und vor 1826 in „Englischer Hof" umbenannt.
Ihm gegenüber lag an der Einmündung der
Spiegelgasse das Badhaus „Zum Spiegel". Dieses wurde bereits 1532 genannt und 1543
durch den Erwerb des abgebrannten Badhauses
„Linde" im vorderen Teil neu gebaut und direkt an den Kranzplatz herangerückt.

Historische Stadtansichten geben ein anschauliches Bild von der sich wandelnden

Gestalt des Kranzplatzes, des Kochbrunnens und der umgebenden Bebauung. Die älteste bisher bekannte Darstellung des Kochbrunnens stammt von 1544 aus Sebastian Münsters „Cosmographia" (Abb. 102) und zeigt ein rundes Badebecken, in dessen Mitte sich ein pokalartiger Brunnen befindet.

Ein Kupferstich von Nicolaus Person von 1690/1700 (Abb. 103) gibt ein rechteckiges Becken wieder, desgleichen Matthäus Merians d. Ä. Stich „Wißbaden" von 1646 (Abb 104). Das Haus links mit der Nummer 10 heißt in der Legende „Herberg und bad zur Blumen". Das anschließende besonders hohe Gebäude dürfte die Rose sein, das hinter dem Kochbrunnen mit Nummer 12 „Zur Glocken" (später „Weißes Ross" genannt), Nummer 13 „Zum roten Löwen" (später „Zum weißen Löwen", ab 1826 „Römerbad") und Nummer 14 „Zum Salmen" (1690 abgebrochen). Es handelt sich durchweg um einfache Bauten, nur das Badhaus „Zur Glocken" zeichnet sich durch einen Schweifgiebel aus der Zeit um 1600 aus.

Zu den ältesten Ansichten des Kranzplatzes zählt ein Kupferstich von F. Cöntgen, veröffentlicht im Jahr 1800[32] (Abb. 99, S. 71), bei dem die Bäume noch klein und kugelförmig sind. Das Gasthaus „Zum Engel" links hat nur einen Flügel mit einer stattliche Säulenloggia, links davon ist die Ruine des zweiten Flügels mit einem barocken Torbogen und zwei Fenstern zu erkennen. In der Badgasse schließen an den Engel die Badhäuser „Weißer Schwan", „Weißes Ross" und „Weißer Löwe" (Römerbad) an. Der dampfende Kochbrunnen in der Mittelachse besaß wohl noch das rechteckige Becken. Auf der rechten Seite erkennt man das Gemeindebadhaus, das Badhaus „Blume" und im Vordergrund die „Rose", beide in der für das 18. Jahrhundert typischen Schlichtheit der Formen. Besondere Aufmerksamkeit beansprucht nur die interessante Form des mittleren Dachaufbaues.

In die Zeit um 1820 ist wohl das Modell des Kranzplatzes (Abb. 105, S. 72) zu datieren, bei dem die Bäume im Vergleich zum vorigen Bild schon deutlich gewachsen sind. Der „Engel" wurde inzwischen als Winkelbau neu aufgeführt, dahinter erheben sich die Badhäuser „Weißer Schwan", „Weißes Ross", „Weißer Löwe" (ab 1826 „Römerbad") und das Hospital. Der Kochbrunnen scheint noch sein rechteckiges Becken zu haben, rechts von ihm liegen das Badhaus „Blume", weiter rechts die „Rose" und im Vordergrund das Badhaus „Rindsfuß" (ab 1826 „Englischer Hof"). Im Vergleich mit dem Kupferstich von F. Cöntgen

(Abb. 99) zeigen sich 20 Jahre später die Gebäude in den sachlichen Formen des frühen 19. Jahrhunderts.

Das Gebiet um den Kochbrunnen

Der Kupferstich von Carl Deucker aus der Zeit vor 1823[33] (Abb. 106) gibt einen Entwurf von C. F. Faber für die Neugestaltung des Kochbrunnens wieder. Diese war notwendig geworden, nachdem 1822 die Doktoren Peez und Rullmann die Trinkkur empfohlen hatten. Bis dahin benutzte man die Wiesbadener Heilquellen nur zum Baden und ließ sich für eine Trinkkur das Wasser aus Bad Schwalbach kommen. Jetzt schuf man für die Kurgäste eine mit Akazien bepflanzte Trinkpromenade von der Taunusstraße zum Kochbrunnen. Der Entwurf für eine neue Fassung der 15 Einzelquellen des Kochbrunnens wurde so nicht ausgeführt. Links im Bild erkennt man das Badhaus „Blume", rechts daneben ein Stück vom „Weißen Schwan", im Mittelfeld das „Weiße Ross", rechts davon das „Römerbad" und ganz am rechten Bildrand die Ecke des „Hospitalbads". In der ausgeführten Gestalt zeigt ein Kupfer-

Abb. 106: Entwurf für die Neugestaltung des Kochbrunnens, C. F. Faber, Kupferstich, 1823

Abb. 107: Der Kupferstich aus der Zeit um 1823 zeigt den Kochbrunnen in seiner ausgeführten Gestalt.

Abb. 108: Kranzplatz mit Kochbrunnen und Kochbrunnenkolonnade, Kupferstich, 1823

Abb. 109: Kranzplatz mit Hotel „Zur Blume", die Kolonnaden sind abgerissen, Ansicht entstanden zwischen 1842 und 1850

stich[34] aus der Zeit um 1823 (Abb. 107) den Kochbrunnen. Er hat jetzt nach dem Entwurf von Baudirektor C. F. Goetz ein achteckiges Becken und zur Taunusstraße hin eine kleine Schaufassade. Dahinter wird das achteckige Zelt sichtbar, das 1823 als Wetterschutz für die Kurgäste aufgestellt wurde, um dort das Kochbrunnenwasser auszuschenken. Hinter dem Zelt ragt das 1785 erbaute und 1879 abgebrochene Hospital auf, rechts davon sieht man die zwischen 1817 und 1826 entstandenen Häuser an der Taunusstraße.

Kochbrunnenkolonnade

Das vielfach verspottete Zelt genügte den Anforderungen nicht mehr, es fehlte eine Wandelhalle, die noch im selben Jahr 1823 nach dem Entwurf von Goetz geschaffen wurde. Sogleich wird sie in mehreren Kupferstichen abgebildet, der hier wiedergegebene (Abb. 108) ist noch 1823 entstanden.

Die Kochbrunnenkolonnade ähnelt in ihrer Gestalt der alten Kolonnade am Bowling-Green, die erst 1826/27 von Baurat Heinrich Jacob Zengerle ausgeführt wurde. Die Planung von 1807 könnte auf Goetz zurückgehen, was die Verwandtschaft zur Trinkhalle am Kochbrunnen erklären würde. Man setzte diese in den Garten des Badhauses „Zur Blume" und schuf damit für die Kurgäste die Möglichkeit, auch bei schlechtem Wetter während des Promenierens das Kochbrunnenwasser zu trinken

und – was eigentlich noch wichtiger war – Bekanntschaften zu machen.

Neben der Kolonnade erscheint im Bild das alte Badhaus und Hotel „Zur Blume", rechts davon ein Stück des „Weißen Schwans", in der Mitte das „Weiße Ross" und rechts das „Römerbad", der vorherige „Weiße Löwe". Als es 1815 durch Valentin Kiehm als dreigeschossiger, verputzter Fachwerkbau neu aufgebaut wurde, stieß man in 2,5 Meter Tiefe auf die Reste einer römischen Badeanlage und taufte es deshalb in „Römerbad". Es enthielt 51 Wohnräume und 32 Bäder. Mit dem relativ hohen Walmdach, den einfachen Rechteckfenstern mit dem einzigen Schmuck in den Klappläden und dem Gesimsband zwischen Erdgeschoss und erstem Obergeschoss steht es noch in spätbarocker Tradition, von der sich Zais mit seinem Kurhaus und dem Erbprinzenpalais deutlich abgesetzt hatte.

Die trotz ihrer beschränkten Größe recht stattlich wirkende Kolonnade wurde schon 19 Jahre später wieder abgebrochen, was ein deutliches Licht auf die hektische Entwicklung in dieser Zeit wirft. Grund dafür war die sprunghaft ansteigende Zahl der Kurgäste, von denen man 1865 etwa 35 000, 1871 bereits 60 000 und 1890 rund 100 000 zählte, also mehr als Einwohner. Doch hat man an Hand der für 1864–65 verabreichten 104 193 Bäder errechnet, dass von den 35 000 Gästen nur etwa 7 000 die Bäder genutzt haben, die anderen 28 000 waren „ausgesprochene Vergnügungsfremde", die die Kuranlagen ebenfalls zum Flanieren – mit oder ohne Kochbrunnenwasser – nutzten.[35]

Dass die schöne Säulenkolonnade schon bald wieder abgebrochen wurde, hängt wohl mit dem Neubau des Hotels „Zur Blume" 1842 unter dem neuen Namen „Europäischer Hof" zusammen. Denn wahrscheinlich stand sie auf privatem Gelände, das jetzt benötigt wurde, um anstelle dreier verwinkelter Altbauten den stattlichen dreigeschossigen Neubau zu errichten (Abb. 109). Er glich weitgehend dem gegenüber liegenden „Römerbad" von 1815, nur ziert die Mitte seines ersten Obergeschosses jetzt ein Balkon mit einem zu jener Zeit so beliebten schmiedeeisernen Gitter. Diese beiden stattlichen Neubauten werteten den Platz um den Kochbrunnen sehr auf, nachdem er durch die von Zais 1810–20 am Sonnenberger Torplatz errichteten Gebäude in den Schatten gestellt worden war. Deshalb schlossen die Wirte um Kranzplatz und Kochbrunnen bald die Zaisschen Badhäuser vom Kochbrunnenwasser aus. Für die Trinkkur errichtete man am Kochbrunnen erneut ein Zelt, zum Lustwandeln legte man eine Akazienallee zur Taunusstraße an.

die Stadt Wiesbaden tragen, die sich zunächst wehrte, da sie weder den Auftrag erteilt hatte noch überhaupt gefragt worden war. Das darauf folgende längere Tauziehen charakterisiert den noch immer absolutistischen Befehlsanspruch der Regierung, dem sich die wirtschaftlich und damit in ihrem Selbstbewusstsein erstarkte Stadt zum Zeitpunkt der gescheiterten bürgerlichen Revolution von 1848 nicht beugen wollte. Schließlich kam es aber zu dem Kompromiss, dass der Betrag aus der Konzessionssumme für das Wiesbadener Wochenblatt in jährlichen Raten von 1000 Gulden aufgebracht werden durfte.

Aus Verärgerung darüber bewilligte die Stadt für die zum Geburtstag von Herzog Adolf am 24. Juli 1850 geplante feierliche Einweihung nur 100 statt der vom Hof gewünschten 400 Gulden. Deshalb nahmen weder der Herzog noch seine Regierung an der auf den 8. August 1850 verschobenen Aufstellung der Statue neben dem Kochbrunnen teil. Dort stand sie auch nur drei Jahre lang, denn schon 1853 ordnete die Regierung die Versetzung auf den Kranzplatz an. Die Stadt deutete dies als Schikane wegen der geplatzten Feier am Geburtstag des Herzogs, doch soll der eigentliche Grund die Befürchtung gewesen sein, die Dämpfe des Kochbrunnens könnten dem Marmor der Figurengruppe schaden. Auf dem bald nach der Aufstellung 1850 entstandenen Kupferstich (Abb. 110) steht die Hygieia-Gruppe vor dem achteckigen Zelt über dem Kochbrunnen. Ganz links im Bild sieht man ein weiteres kleines Zelt, in dem das Quartett der Kurkapelle spielt. Auf einer Lithographie von 1853/55 (Abb. 111) ist die Figurengruppe von den wichtigsten Badhäusern der Stadt umrahmt, die alle noch die schlichte Gestalt der Stilepoche vom späten 18. bis mittleren 19. Jahrhunderts aufweisen.[36] In der zweiten Hälfte des 19. Jahrhunderts wurden die meisten in anspruchsvollerer Form neu errichtet.

Abb. 110: Hygieia-Gruppe vor dem Kochbrunnen, Kupferstich, 1850

Abb. 111: Hygieia-Gruppe mit Badhäusern, Lithographie, 1853/55

Abb. 112: Gusseiserne Wandelhalle von 1855/57, zeitgenössischer Kupferstich

Die Hygieia-Statue am Kochbrunnen

Der so aufgewertete Platz um den Kochbrunnen sollte auf Wunsch des Regierungspräsidenten Möller durch eine Statue der Heilgöttin Hygieia künstlerisch bereichert werden. Sie ist nach griechischer Mythologie die Göttin der Gesundheit und Tochter des Asklepios, dem Gott der Heilkunde. Dafür beauftragte die Regierung den Sohn des Wirtes aus dem „Europäischen Hof", Karl Hoffmann, der damals als Bildhauer in Rom lebte.

Erst nachdem dieser ein Gipsmodell nach Wiesbaden gesandt hatte, das von Experten für gut befunden worden war, erhielt er den mit 3000 Gulden dotierten Auftrag, die Göttin in Carrara-Marmor zu gestalten. Die schließlich auf 6600 Gulden angewachsenen Kosten sollte

Abb. 113: Eine frühe Fotografie der Wandelhalle am Kochbrunnen

Da die Trinkkur sich immer größerer Beliebtheit bei den an Zahl ständig wachsenden Gästen erfreute, musste eine neue Wandelhalle geschaffen werden, um einen Wetterschutz für das beliebte Flanieren zu schaffen. Nach Plänen von Theodor Goetz wurde 1855–57 eine hohe Wandelhalle aus einer eleganten Gusseisenkonstruktion (Abb. 112) geschaffen. Sie ersetzte die Akazienallee von 1842 und ging von jenem achteckigen Becken des Kochbrunnens aus, das der Vater Carl Florian Goetz 1823 errichtet hatte. Die Wandelhalle fand in der Taunusstraße eine Fortsetzung, die sich vom Kureck bis zur Einmündung der Saalgasse erstreckte.

Einige Jahre später, zwischen 1864 und 1888, entstand eine der frühen Fotografien (Abb. 113) der Wandelhalle mit dem Blick in die Gegenrichtung, in der man rechts außen das „Römerbad" erkennt, das 1864 ein neues Hintergebäude zur Saalgasse und am Kochbrunnen ein viertes Geschoss erhielt. Rechts neben dem Kopfbau ist das Badhaus „Zum Weißen Ross" von

1864 zu sehen. Die Fassade zeigt die für das dritte Viertel des 19. Jahrhunderts typischen Formen, wie sie heute noch am Haus Wilhelmstraße 20 (Abb. 114) zu sehen sind. Erkennbar sind sie bereits auf der Fotografie aus der Zeit um 1870.[37] Das lässt darauf schließen, dass sie aus der selben Zeit und wohl auch vom selben Baumeister stammen. Um diese Zeit müssen auch das Badhaus „Schwarzer Bock" (Abb. 115) und der „Engel" (Abb. 116) in den charakteristischen Formen des Neoklassizismus neu erbaut worden sein. Dagegen weist das rechts im Bild sichtbare, 1872/73 neu aufgeführte Hotel „Rose" schon die plastischeren, aber immer noch disziplinierten Formen der italienischen Hochrenaissance auf. An den genannten Neubauten rings um Kochbrunnen und Kranzplatz wird deutlich, dass der Aufschwung der Kur auch nach dem Ende des Herzogtums Nassau nicht aufhörte, sondern im Gegenteil noch eine Steigerung erfuhr, der sich die Wirte sogleich mit gesteigertem Aufwand im Äußeren wie Inneren ihrer Hotels anpassten.

Die Entwicklung der Villengebiete 1866–88

Mit der Zugehörigkeit Wiesbadens zum Königreich Preußen ab 1866 verstärkte sich noch der Zuzug wohlhabender Pensionäre und Rentiers. Wiesbaden wurde neben Görlitz, Naumburg und Bonn zur bedeutendsten der insgesamt vier Städte Preußens, die damals den Spitznamen Pensionopolis trugen.

Der jährliche Sommeraufenthalt Kaiser Wilhelms I. lockte besonders reiche Bauherren an. Sie ließen sich bevorzugt im Gebiet zwischen dem Warmen Damm und dem Bierstadter Hang nieder, in einer Gegend, die schon Zais als dafür besonders bevorzugt erkannt hatte. Bis 1888 war die südliche Seite der Wilhelmstraße bis zur Einmündung in die Frankfurter Straße ganz mit stattlichen Villen bebaut. Darunter ist die 1878–82 erbaute Villa Clementine die architektonisch reichste und wegen des Wiesbadener Prinzenhauses auch die berühmteste. Wenn selbst die Königin von Serbien, die darin wohnte, für ihr Exil Wiesbaden wählte, wird die Attraktivität der Stadt für die höchsten Kreise deutlich.

Im Stadtentwicklungsplan für 1888 (Abb. 95) reicht die Villenbebauung östlich des Warmen Dammes schon bis an die Bodenstedtstraße, auf der anderen Seite die Bierstadter Straße bis an den Felsenkeller, an der Frankfurter Straße, der Viktoriastraße und der Mainzer Straße bis an die Augustastraße. Die Sonnenberger

Abb. 114: Fenstergestaltung in der Wilhelmstraße 20

Straße war auf ihrer Bergseite schon 1868 weitgehend bebaut. Bis 1888 erweiterte man die Kuranlagen am Rambach bis zur Dietenmühle und besetzte auch die Talseite der Straße mit einer dichten Reihe von Villen. Ihr Reiz besteht außerdem in ihren schönen, nach Süden ausgerichteten Gärten mit Blick auf die Kuranlagen. An der Bergseite standen 1888 auch in der zweiten Reihe schon viele Villen, die Straße „Schöne Aussicht" existierte aber noch nicht. Der Park im Nerotal wurde erst nach 1888 angelegt. Allerdings erscheint auf dem Plan von 1888 im nördlichen Nerotal an der Bergseite bereits eine fast vollständige Reihe von Villen und auch in der Nerobergstraße reichte die Bebauung damals schon dicht an die Griechische Kapelle heran.

Zusammenfassung und Würdigung der Entwicklung von 1866 bis 1888

Die erzwungene Eingliederung in das Königreich Preußen brachte keineswegs einen wirtschaftlichen Rückschritt und damit eine Stagnation der Stadtentwicklung in Wiesbaden. Vielmehr bewirkte sie eine stärkere Öffnung für Kurgäste und auswärtige Bauherren. Die Zahl der Kurgäste stieg von 52000 im Jahr 1867 auf 100000 im Jahr 1890. Damit gelang es erstmals, Baden-Baden (75000 Gäste) in seiner führenden Stellung unter den deutschen Kurstädten abzulösen.

Die Einwohnerzahlen entwickelten sich nicht gleichmäßig. Von 26177 im Jahr 1866 verdoppelten sie sich auf 52000 im Jahr 1879, im jährlichen Durchschnitt gewann Wiesbaden also 2000 Neubürger. Dann gab es bis 1888 ein langsameres Wachstum auf 59854 Einwohner. Das heißt, es zogen im Durchschnitt nur noch 900 Personen pro Jahr in die Stadt. Dies

wirkte sich natürlich auch auf die Bautätigkeit aus, wobei jetzt die Baumeister nicht mehr allein einheimische, im nassauischen Staatsdienst herangewachsene Kräfte waren, sondern verstärkt von auswärts als bereits arrivierte Architekten berufen wurden.

Die Schwerpunkte der Bautätigkeit lagen zwischen 1866 und 1888 in der Südstadt und den Villengebieten für die Bauherren mit gehobenem oder hohem Einkommen, im Westend sowie im Bergkirchengebiet und der Siedlung Maria Hilf für den unteren Mittelstand und die sogenannten kleinen Leute. Zum ersten Mal setzte auch eine Diskussion über die Frage ein, ob die Trennung der sozialen Stände in räumlich abgegrenzte Baugebiete richtig sei. Jedoch blieb dieser Ansatz ohne Folgen, wie die Sozialstruktur bis heute ausweist.

Im Stadterweiterungsgebiet südlich der Rheinstraße wandte man die bereits von Goetz zwischen Friedrich- und Luisenstraße eingeleitete Blockstruktur auf einem gleichmäßigen Raster weiterhin an, bis stellenweise der bereits von Stadtbaumeister Alexander Fach 1871 geplante, aber erst zwischen 1888 und 1900 ausgeführte Ring erreicht war.

Abb. 115: Badhaus „Schwarzer Bock", historische Aufnahme

Abb. 116: Badhaus „Engel", links, und Hotel „Rose", rechts, historische Aufnahme

Abb. 117: Plan von Milet

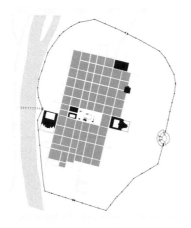

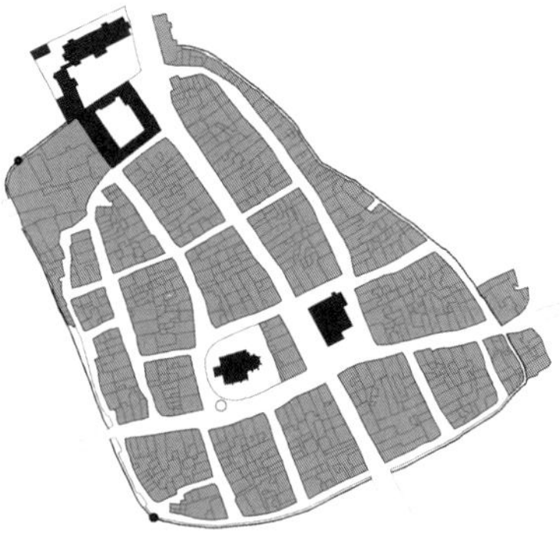

Abb. 118: Plan von Trier

Abb. 119: Plan von Melsungen

Abb. 120: Plan von Greifswald

Abb. 121: Plan von Mannheim

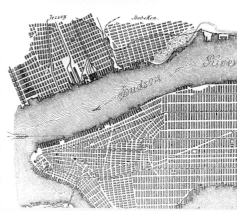

Abb. 122: Plan von Darmstadt

Abb. 123: Plan von New York

Historische Vorläufer des Schachbrettgrundrisses

Der Rastergrundriss aus einem gleichmäßigen Netz von Längs- und Querstraßen ist das älteste Konzept zur Anlage oder Erweiterung von Städten. Dieses Prinzip ist mit dem Namen von Hippodamos von Milet verbunden, der die 494 v. Chr. in den Perserkriegen zerstörte Stadt Milet (Abb. 117) auf einem Schachbrettgrundriss neu erbaute. Zwar gab es diese Struktur schon früher, das Wissen darüber geriet jedoch in Vergessenheit. Daher kam Hippodamos zu der Ehre, als Erfinder des Schachbrettgrundris-

ses zu gelten, weil er auch die Pläne für die antiken Städte Piräus, Rhodos und Olynth geliefert haben soll.

Von den Griechen übernahmen die Römer den Schachbrettgrundriss, der ihrem Ordnungssinn sehr entgegenkam und der sich, wie das Beispiel Triers (Abb. 118) zeigt, bei Stadterweiterungen auch problemlos fortsetzen ließ. Bei planmäßigen Neugründungen von Städten im 12. bis 14. Jahrhundert griff man – wohl nach dem Vorbild römischer Städte in Germanien – auf den Rastergrundriss zurück. Man verwandte ihn aber nicht geometrisch exakt, wie das Beispiel von Melsungen (Abb. 119) zeigt, sondern variierte mit Straßenkrümmungen und gegen einander versetzten Straßeneinmündungen. Erst die Kolonisationsstädte des 14. Jahrhunderts in den slawischen Gebieten Pommerns, z. B. Greifswald (Abb. 120) oder Elbing in Ostpreußen besitzen einen Stadtgrundriss mit geometrisch einigermaßen gleichmäßigem Raster, ohne jedoch die Perfektion des Barock zu erreichen. Derartige barocke Planstädte waren zum Beispiel Mannheim (Abb. 121), zunächst 1606, verstärkt dann ab 1698 beim Wiederaufbau nach den Zerstörungen des Pfälzischen Erbfolgekrieges, oder Erlangen nach dem Zustrom von Hugenotten ab 1685.

Kreuzberg (Abb. 124) von 1865. An die Stelle der scharfkantigen Ecke, wie sie der Klassizismus liebte und wie es in Wiesbaden die Beispiele des Erbprinzenpalais (Abb. 125) oder des Ministerialgebäudes in der Luisenstraße (Abb. 126) lehren, tritt in Kreuzberg ein polygonaler Eckturm. Dieser ragt mit einem halben Geschoss über das Traufgesims des Hauses hinaus und signalisiert dem Ortsfremden schon frühzeitig, dass er sich einer Straßenkreuzung nähert.

Solche Eckbetonungen wurden erst im romantischen Historismus möglich, als das extrem kubische Denken des Klassizismus (vgl.

Abb. 124: Berlin-Kreuzberg, frühe Ecklösung an einer Straßenkreuzung

Abb. 125: Wiesbaden, Prinzenpalais, scharfkantige klassizistische Ecklösung

Abb. 126: Wiesbaden, Ministerialgebäude. Auch hier entsteht durch die kubische Form eine rechtwinklige Ecke.

Der Schachbrettgrundriss blieb auch im frühen 19. Jahrhundert das wichtigste Gliederungsprinzip für die Anlage neuer Städte und für Stadterweiterungen, so auch bei Georg Mollers Plan von 1810 zur Anlage der Darmstädter Neustadt (Abb. 122). Die größte, durch einen Rastergrundriss geordnete Fläche einer Stadt besitzt New York (Abb. 123), wo das Schematische außerdem in der Nummerierung der Straßen zum Ausdruck kommt. Dem Vorteil der Einfachheit dieses Planungsinstruments, das eigentlich auch jeder Laie einsetzen könnte, steht der Nachteil einer drohenden Monotonie im Stadtbild gegenüber.

Dies erkannte man zuerst in Berlin bei der Anlage des Stadtteils Kreuzberg und schuf daher mit der Heraushebung von Eckbauten an Straßenkreuzungen eine gewisse Akzentuierung. Ein frühes Beispiel hierfür ist das Eckhaus Gneisenau-/Nostizstraße in Berlin-

Kapitel III, Seite 195) von einer etwas stärkeren Belebung der Baukörper abgelöst wurde. Dies geschah in Wiesbaden zum ersten Mal an Georg Mollers Schlossbau (Abb. 127), der an der stumpfwinkligen Ecke einen Rundbau besitzt. Darin liegt auch noch der Haupteingang, der den Bau in der Diagonalachse erschließt.

Dem Vorbild des Landesherrn folgte der Eigentümer des gegenüber liegenden Eckhauses am Schlossplatz an der Einmündung der Ellenbogengasse (Abb. 128), das zwischen 1843 und 1857 errichtet wurde. Im Unterschied zum Beispiel von Berlin-Kreuzberg durchbricht der runde Eckturm nicht das Traufgesims, doch wird die Ecke durch eine Art Turmhelm betont. In der Wiesbadener Südstadt machte man mit einem Eckhaus in der Adelheidstraße/Ecke Oranienstraße (Abb. 129) den Anfang, den zur Monotonie neigen-

Abb. 127: Wiesbaden, Stadtschloss. Die Rundung akzentuiert die Hinwendung zum Platzraum.

Abb. 128: Wiesbaden, Wohnhaus Schlossplatz. Die Rundung der Ecke schafft eine größere Räumlichkeit und markiert die Straßenkreuzung.

Abb. 129: Wiesbaden, Oranienstraße. Säulen akzentuieren die abgerundete Hausecke.

Abb. 130: Görlitz, Weberstraße, starke Eckbetonung, um 1870

Abb. 131: Görlitz, Demianiplatz, starke Eckbetonung, um 1870

Abb. 132: Wiesbaden, Stiftstraße, spätes Beispiel einer Eckbetonung, um 1880

Abb. 133: Wiesbaden, Plan von 1871

Abb. 134: Köln nahm das Ringkonzept von Wien Ende des 19. Jahrhunderts auf.

den Rastergrundriss zu beleben. Das Haus muss zwischen 1868 und 1879 entstanden sein und hebt seine polygonale, erkerartige Ecke zusätzlich durch Säulen hervor. Die städtebauliche Wirkung ist dennoch nicht so groß wie in Berlin-Kreuzberg. Dazu kommt diese Bauweise in Wiesbaden meist erst im letzten Jahrzehnt des 19. Jahrhunderts auf. Das vom Vorbild Berlin ebenfalls beeinflusste sächsische Görlitz gelangte schon in der Zeit um 1870 in der Weberstraße (Abb. 130) oder am Demianiplatz (Abb. 131) zu einer gleich starken Eckbetonung. In Wiesbaden gibt es ein ähnliches Beispiel, das gleichfalls eindeutig auf Berlin-Kreuzberg zurückgeht, erst gegen 1880, überraschenderweise beim Eckhaus Stiftstraße/Kellerstraße (Abb. 132), also in einem der bescheideneren Stadtviertel.

Stadtbaumeister Alexander Fach erkannte 1871, dass man den rasterförmigen Grundriss nicht unbegrenzt nach Süden und Westen zur Stadterweiterung einsetzen konnte und dass auch eine Umgehung der Innenstadt für den wachsenden Verkehr notwendig wurde. In seinem am 23. August 1871 genehmigten Bebauungsplan (Abb. 133) tauchte deshalb erstmals das Projekt auf, über eine Ringstraße das bisher bebaute Stadtgebiet zusammen zu fassen und verkehrstechnisch zu erschließen. Der Plan griff der tatsächlichen Entwicklung weit voraus, denn Fach setzte mit seiner Ringstraße bereits an der Bierstadter Straße an, etwas oberhalb des Felsenkellers, ungefähr dort, wo erst nach dem Zweiten Weltkrieg die Ostumgehung durch den Moltkering geschaffen wurde. Im großen Bogen wurde der Ring an der Stelle des späteren Hauptbahnhofs vorbei über den zukünftigen Kaiser-Friedrich-Ring und den Bismarckring bis zur Emser Straße fortgesetzt. Die Ausführung dieser Planung erfolgte erst nach 1888. Im Stadtentwicklungsplan für 1900 (Abb. 138) sind der Kaiser-Friedrich-Ring und der Bismarckring von der Adolfsallee bis zur Emser Straße dargestellt.

Vorbild für die meisten Ringstraßen war Wien. Dort gab es nach der Belagerung durch

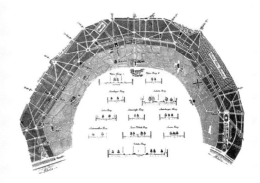

die Türken umfangreiche barocke Bastionen mit einem breiten, vorgelagerten Schussfeld. Ab 1852 wurden die Festungsanlagen geschleift und 1858–88 der Wiener Ring angelegt (Abb. 76, S. 57. Mit ihm wurde die Stadt von einem breiten Grüngürtel umgeben, in dem wichtige öffentliche Bauten wie Theater, Museen, das Parlament, das Rathaus und die Votivkirche angesiedelt wurden. Dazu gehörte eine 57 Meter breite Umgehungsstraße für die Altstadt in Form einer polygonal gebrochenen, vierreihigen Alleenstraße. Sie reichte bis an den Donaukanal, war also am Franz-Joseph-Kai nicht ganz geschlossen. In Köln (Abb. 134) nahm man 1881 das Konzept von Wien auf, konnte es aber wegen des Rheins als natürlicher Begrenzung nur als halbes Polygon verwirklichen. In Frankfurt am Main umschließt der Anlagenring wie in Köln an drei Seiten die Altstadt, die vierte nimmt das Main-Ufer ein. In Wiesbaden konnte eine völlige Umfahrung der Innenstadt über eine Ringstraße wegen der Ausläufer der Taunusberge im Norden und der 1871 bereits bestehenden Bebauung an der Taunusstraße, im Osten wegen des Kurparks und der Villenbebauung bis heute nicht angelegt werden.

In anderen Städten wie Göttingen, Braunschweig, Stade und Bremen nutzte man die geschleiften Wallanlagen zur Schaffung eines Grüngürtels. Die Straßen kamen – wenn überhaupt – erst viel später dazu, als der Verkehr dies erforderte. Dass man zum Beispiel in Bremen das städtebauliche Gewicht auf die Grünanlagen und nicht auf die Straßen legte, hängt damit zusammen, dass die Planung in den Händen von Hofgärtner Christian Ludwig Bosse lag. Andererseits erfolgte die Schleifung der Bastionen bereits 1802 in einer Zeit, als noch keine Probleme mit dem Verkehrsaufkommen bestanden. So schließt auch in Görlitz die Stadterweiterung des 19. Jahrhunderts direkt an die Altstadt an, weil der Abbruch der Stadtbefestigung durch den rabiaten Oberbürgermeister Demiani schon ab 1823 vorgenommen worden war. Erst seit der Jahrhundertwende wuchs das Bewusstsein um den kulturhistorischen Wert von Stadtmauern und Stadttürmen, deren Erhaltung man nun in die Planung integrierte. Für die notwendige ringförmige Umfahrung der Altstädte bot sich dann das Gelände des zugeschütteten Stadtgrabens an. Das großartigste Beispiel dafür ist Neubrandenburg.

Das Wiesbadener Westend wurde zwischen 1866 und 1888 zum großen Teil bis an den geplanten Ring herangeführt. Die Villengebiete im Norden entwickelten sich bevorzugt an der Kapellenstraße, auf der Nordseite des Nerotals, an der Sonnenberger- und der Parkstraße, im Osten an der Paulinenstraße und der Bierstadter Straße bis zum Felsenkeller, an der Viktoriastraße und der Frankfurter Straße bis zur Einmündung der Augustastraße. Der Zuzug besonders wohlhabender Neubürger war in den

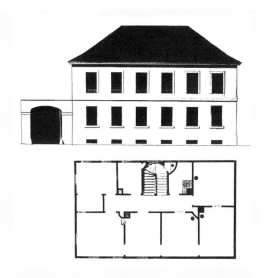

Abb. 135: Wiesbaden, Modellhaus-Plan der herzoglichen Baugnaden, nun als zu schlicht verworfen

Jahren zwischen 1866 und 1888 so groß, dass die für Villen attraktiven Flächen bald weitgehend bebaut waren. In der Zeit danach kam es nur noch zu kleineren Arrondierungen, aber auch zu Verdichtungen, indem man in die zunächst recht großen Gärten weitere Villen einfügte.

In der Altstadt entstanden mit der Wilhelms-Heilanstalt und dem Neuen Rathaus am Schlossplatz zwei signifikante Bauwerke, die das Zentrum der Stadt bis heute entscheidend prägen.

Für die Entwicklung der Trinkkur und die Gestaltung von Kranzplatz und Kochbrunnen war die Errichtung der gusseisernen Kolonnade vom Kochbrunnen zur Taunusstraße ein wichtiger Schritt zu einer großzügigeren Gestaltung, die auch von den Hotels „Europäischer Hof", „Weißes Ross" und „Rose" mit Neubauten in den aufwendigeren Formen des Neoklassizismus oder der italienischen Renaissance aufgegriffen wurde. Dasselbe geschah an der Wilhelmstraße, wo die schlichten, auf die Modellbauten der herzoglichen Baugnaden zurückgehenden Häuser (Abb. 135) durch stattliche Neubauten ersetzt wurden. Hiervon zeugt noch das Haus Wilhelmstraße 20, heute Sitz der Deutschen Bank.

Verdichtung in Späthistorismus und Jugendstil 1888–1914

Die relativ kurze Zeit des Späthistorismus verwandelte Wiesbaden von einer mittelgroßen Residenzstadt in der ersten Hälfte des 19. Jahrhunderts zur gründerzeitlichen Großstadt. Neubarocke Prachtbauten gaben nun den Ton an, die dem „Wilhelminischen" Zeitalter, benannt nach dem prachtliebenden deutschen Kaiser Wilhelm II., entsprachen. Die Flächenerweiterung war vorher weitgehend beendet. Das Bevölkerungswachstum führte nun zu einer deutlichen Verdichtung, wie sie auch für Berlin kennzeichnend ist. Auch wenn der Jugendstil in Wiesbaden nur eine untergeordnete Rolle spielte, trug er zur außerordentlichen Formenvielfalt des 19. Jahrhunderts bei, die Wiesbaden heute zu einem der hervorragendsten Beispiele des Historismus in Deutschland macht.

Die Architekten des Späthistorismus und Jugendstil

Auf der neuen Bühne Wiesbadens als Weltbad, auf der sich die internationale Prominenz ein Stelldichein gab, überließ man die großen Bauaufgaben oft auswärtigen Architekten. Zugleich wuchs die Bedeutung des Stadtbaumeisters und die Zahl der in Wiesbaden ansässigen

Abb. 136: Neroberghotel, vor der Zerstörung durch Brandstiftung 1987

Architekten und Baumeister auf rund 120, von denen einige zugleich Bauunternehmer waren.

Nachdem man sich für das Königliche **Theater**, das heutige Staatstheater, endgültig auf den Standort zwischen Theaterkolonnade und Warmem Damm geeinigt hatte, wurde ein Wettbewerb ausgelobt, aus dem die Wiener Architekten Hermann Gottlieb Helmer (1849–1919) und Ferdinand Fellner (1847–1916) als Sieger hervorgingen. Sie unterhielten seit 1873 in Wien ein gemeinsames Architekturbüro, das sich bald auf den Theaterbau spezialisiert hatte. Insgesamt 40 Theaterbauten in ganz Europa sind in den 34 Jahren gemeinsamer Arbeit bis zu Fellners Tod daraus hervor gegangen. Es spricht für Wiesbaden als Weltbad, dass man ein international renommiertes Büro mit dem Theaterbau beauftragte. Auch für die zweite große Bauaufgabe, den Neubau des Kurhauses, führte man zunächst einen Architektenwettbewerb durch. Als dieser kein allgemein akzeptiertes Ergebnis hervorbrachte, beauftragte man Friedrich von Thiersch (1852–1921) aus München, der durch den Bau des dortigen Justizpalastes 1890–97 berühmt geworden war.

Auch für den neuen **Hauptbahnhof** wurde ein Wettbewerb ausgelobt, den Professor Fritz Klingholz aus Aachen gewann und den Bau 1904–06 ausführte. Ein Wettbewerb zum Neubau des Museums blieb ohne Ergebnis. Daraufhin beauftragte man Theodor Fischer (1862 bis 1938) aus München mit dem Bau, den er 1913 begann und mitten im Ersten Weltkrieg 1915 vollendete. Seinen Ruf als einer der führenden deutschen Baumeister hatte er sich unter anderem mit dem Hessischen Landesmuseum in Kassel 1909–12 erworben. Der Auftrag für den Bau der Sektkellerei Henkell 1907–09 ging an Paul Bonatz (1877–1956), einen der bedeutendsten Architekten des Neoklassizismus in den Jahren vor und nach dem Ersten Weltkrieg, bekannt vor allem durch den Hauptbahnhof in Stuttgart und die Stadthalle in Hannover.

Mit dem Bau des **Solmsschlösschen** in der Solmsstraße beauftragte Prinz Albrecht 1890 Ferdinand Schorbach aus Hannover. Bruno Paul (1874–1968) aus Berlin ist der Schöpfer der Villa Rosselstraße 35. Auswärtige Architekten schufen auch die beiden bedeutenden Kirchenbauten des Späthistorismus in Wiesbaden: Die Ringkirche 1892–94 von Johannes Otzen aus Altona und Berlin, der sich in Wiesbaden schon durch den Bau der Bergkirche 1876–79 einen Namen gemacht hatte, und die Lutherkirche 1908–11 durch Friedrich Pützer aus Darmstadt, der als Katholik in seinem Lebenswerk 14 evangelische Kirchen – überwiegend lutherische – aufzuweisen hat.

Von den in Wiesbaden ansässigen oder niedergelassenen Architekten sind zunächst die Stadtbaumeister zu nennen. Auf die Amtsperiode von Louis Israel 1883–93 folgte Felix Genzmer (1881–1903)[38], der wohl bedeutendste von allen, die Wiesbaden je hatte. Aus Hagen, wo er von 1890–1894 Stadtbaumeister war, wurde er 1894 nach Wiesbaden berufen und übte das Amt bis zu seinem Ruf an die Technische Hochschule Berlin-Charlottenburg 1903 aus. Mit seinen Bauten hat er das Stadtbild ähnlich entscheidend wie Philipp Hoffmann geprägt, jedoch sind leider zwei wesentliche Werke untergegangen: Die 1898–1901 erbaute Höhere Mädchenschule am Schlossplatz wurde 1945 durch Bomben zerstört und das 1897–1902 erweiterte und umgebaute Neroberghotel (Abb. 136) 1987 durch Brandstiftung vernichtet. Geblieben sind – abgesehen von mehreren Kleinbauten – die Blücherschule von 1896/97, der Erweiterungsbau der Oranienschule von 1896–98, der Um- und Erweiterungsbau der Schule an der Lehrstraße, die Marktanlage mit dem Marktkeller neben dem Rathaus, die Gutenbergschule von 1901–05, das Römertor von 1901–03, das Theaterfoyer von 1901/02 und die Oberrealschule am Zietenring von 1903–05. Von der Bauverwaltung der Stadt Wiesbaden wurden 1913 nach dem Weggang von Genzmer das Kaiser-Friedrich-Bad durch Stadtbaumeister August O. Pauly und den Innenarchitekten Hans Völker sowie die Nassauische (heute Hessische) Landesbibliothek von den Stadtbauinspektoren Grün und Berlim errichtet.

Unter den rund 120 in Wiesbaden ansässigen Architekten ragt Wilhelm Bogler[39] (1825–1906) mit dem Bau der Kochbrunnenkolonnade von 1887/88 hervor, ferner Paul Jacobi, der zusammen mit Fritz Hatzmann und Theobald Schöll aus Wiesbaden 1903–05 das Palasthotel erbaute und auch die Villen Thomaestraße 1, 3 und 5 entwarf. Aus der Vielzahl der anderen freien Architekten, die vor allem auch im Villenbau ihre Spuren hinterlassen haben, sind hervorzuheben: Alfred Schellenberg mit dem Neubau des Nassauer Hofes 1897–98, Joseph Kreizner (1837–1902) und Friedrich Carl Johann Hatzmann (1847–1929)[40] mit Bauten in der Rheinstraße und Adolfsallee sowie Villen in der Fischer- und der Kapellenstraße, Stanislaus Wojotowski mit Villen im nördlichen Nerotal und der Kapellenstraße sowie Theodor Wiederspahn (1878–1952) mit den Villen Lessingstraße 13 und Lortzingstraße 7. Ein Bauwerk Wiederspahns habe ich in Porto Allegre (Brasilien) entdeckt – ein Wiesbadener Architekt also, der weit über die Grenzen seiner Stadt hinaus wirkte.

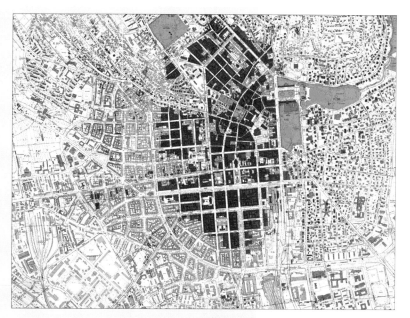

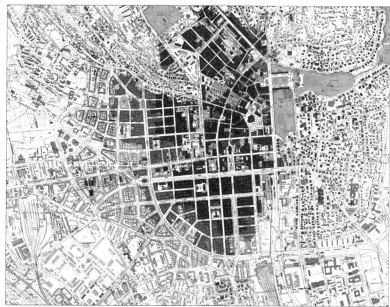

Die beachtliche Zahl berühmter Architekten aus dem deutschen Sprachraum, die in Wiesbaden signifikante Bauwerke schufen und die große Zahl einheimischer Baumeister – darunter einige von beachtlicher Qualität – zeugen davon, dass in der Epoche des Späthistorismus Wiesbaden eine Weltstadt war und die größte bauliche Entwicklung in seiner Geschichte entfaltete.

Abb. 137: Stadtentwicklung
Schwarz: Bestand bis 1879
Rot: Neubauten 1879–1888

Abb. 138: Stadtentwicklung
Schwarz: Bestand bis 1888
Rot: Neubauten 1888–1900

Die Entwicklung innerhalb des Ringes 1888–1900

Bereits 1871 hatte Stadtbaumeister Alexander Fach den Plan für die Ringstraße verfasst, je-

Abb. 139: An der Ringkirche, Rheingauviertel

Abb. 140: Luisenstraße 5–11

Abb. 141: Wilhelmstraße, Foto aus der Jahrhundertwende

doch war er im Jahre 1888 noch nicht ausgeführt, wie der Plan dieses Jahres zeigt (Abb. 137). Der Grund war die wirtschaftliche Stagnation in der Zeit von 1879 bis 1888, die sich in dem relativ langsamen Anstieg der Einwohnerzahlen von 52 000 im Jahr 1879 auf 59 854 im Jahr 1888 wiederspiegelt. Von da an ging es aber wieder in Riesenschritten voran, denn 1890 waren es schon 64 670, im Jahre 1895 74 133 und 1900 sogar 86 111 Einwohner. In zwölf Jahren gab es also eine Zunahme von 26 257 Einwohnern, das sind rund 70 %. So erscheint denn auch im Plan der Stadtentwicklung von 1900 (Abb. 138) der Ring voll ausgebildet und mit seiner Schachbrettbebauung ausgefüllt. Diese hatte sogar im Feldherrengebiet den Ring bereits nach Westen überschritten und in ersten Ansätzen auch südöstlich der Schiersteiner Straße.

Für diese beachtliche Flächenerweiterung benötigte man einen neuen Bebauungsplan, mit dem 1894 Professor Reinhard Baumeister (1833–1917) aus Karlsruhe beauftragt wurde. Er hatte weniger den ästhetischen Städtebau im Sinn, wie er von dem Städtebautheoretiker des 19. Jahrhunderts, Camillo Sitte (1843 bis 1904) besonders nachdrücklich gefordert wurde, sondern bevorzugte die technischen, funktionalen und wirtschaftlichen Aspekte.[41] Dennoch stimmte er mit Camillo Sittes kompromissloser Kritik an dem bisher verwandten Rastergrundriss überein.

Baumeister lehnte das gleichförmige Erscheinungsbild aller Straßen ohne natürliche Abstufung in Haupt- und Nebenstraßen ab und forderte Diagonalstraßen, auch in gefächerter Form, ringförmige Verbindungen, gekurvte Wege, platzartige Erweiterungen von Kreuzungen und auflockernde Grünflächen. Die von ihm konzipierten Straßen haben alle Vorgärten und Baumreihen. Im übrigen lag ihm aber sehr daran, eine nach Funktion und Baudichte abgestufte Einteilung in feste Baubezirke vorzunehmen.

Dazu schlug er vier bauliche Typen vor:[42] zunächst die engräumige geschlossene Bauweise für das historische Fünfeck, ferner die weiträumige geschlossene Bauweise im Westen bis teilweise zum projektierten zweiten Ring und im Süden bis zum Inneren Ring, außerdem die engräumige offene Bauweise in den übrigen Gebieten zwischen erstem und zweitem Ring und im Bereich der heutigen Mainzer Straße sowie die weiträumige offene Bauweise in den Landhausgebieten im Osten und Norden.

Nicht ausgeführt wurde die engräumige offene Bauweise zwischen erstem und zweitem Ring. Hier wählte man die engräumige geschlossene Bauweise. Bis heute gehören das Feldherrenviertel und das Rheingauviertel (Abb. 139) mit je 200 Wohneinheiten pro Hektar zu den besonders dicht bebauten Stadtvierteln Deutschlands und gleichen darin der Spandauer Vorstadt in Berlin-Mitte, was nicht ausschließt, dass sie zugleich nach wie vor beliebte Wohngebiete sind.

Bei der Fortschreibung des Stadterweiterungsplanes 1905 schlug Reinhard Baumeister

sogar die Einteilung in acht Bautypen vor, hielt einerseits in den zentralen Geschäftslagen eine verdichtete Bebauung für möglich, wünschte sich andererseits, die offene Bauweise so dicht wie möglich an den Stadtkern heranzubringen. Eine Verdichtung erfolgte jedoch wegen der steigenden Bodenpreise bei nicht nachlassendem Zuzug sowohl innerhalb des Historischen Fünfecks als auch in den Villengebieten. Sie wirkte sich nicht nur in den günstigen Geschäftslagen von Wilhelmstraße, Kirch- und Langgasse sowie im Quellengebiet aus, sondern auch in der Luisenstraße (Abb. 140) und sogar im Bergkirchengebiet. Die zweigeschossigen, in offener Bauweise mit verbindendem Torbogen errichteten Häuser nach den Modellbauten der Baugnaden aus der Zeit von 1803–18 wurden aufgestockt, die Torbögen überbaut und so eine geschlossene Bauweise geschaffen. In der Wilhelmstraße (Abb. 141) ersetzten viergeschossige Neubauten nahezu die gesamte klassizistische zweigeschossige Erstbebauung. Davon waren auch Friedrich-, Taunus-, Schwalbacher- und Rheinstraße betroffen. Die wenigen aus der ersten Bauphase stammenden zweigeschossigen Häuser wurden entweder aufgestockt oder stehen wie das Haus Friedrichstraße 5 vereinsamt neben hohen Nachbarbauten. Die neuen Straßen nach dem Plan von Reinhard Baumeister am ersten Ring und westlich davon wurden durchweg viergeschossig in geschlossener Bauweise aufgeführt.

Dennoch hält sich diese Verdichtung im Vergleich zu gründerzeitlichen Wohngebieten anderer deutscher Städte in erträglichen Grenzen, Missstände wie in Berlin-Kreuzberg wurden vermieden. Man war sich sehr wohl bewusst, dass Wiesbaden seine Attraktivität nur mit einem harmonischen, möglichst stark durchgrünten Stadtgebiet bewahren konnte. Elendsquartiere passten nicht zu dem Image eines Weltbades. Deshalb erneuerte man jetzt auch die bereits von einer Kommission des Bürgerausschusses 1861 gewünschte soziale Mischung der unterschiedlichen Einkommensschichten. Dass eine soziale Mischung besser wäre als die nach Wohngegenden getrennte, kastenartige Absonderung, erkannte man damals als ein Ziel. Es gilt bis heute, ist freilich kaum zu erreichen. In den repräsentativen Vorderhäusern an den Straßen sollten die Wohlhabenderen, in den bescheideneren Hinterhäusern die ärmeren Bewohner leben; dort sollten auch kleinere Gewerbebetriebe Platz finden.

In Berlin-Kreuzberg sind die Grundstücke sehr tief und mit bis zu drei nach hinten immer enger werdenden Höfen bebaut, bei

Abb. 142: Hinterhaus, Seerobenstraße 16

denen durch die Ansiedlung von lärmendem und stinkendem Gewerbe unerträgliche Lebensverhältnisse für die ärmsten Bewohner entstanden, von Zille eindrücklich wiedergegeben. Zugleich hat die sich entwickelnde Sozialdemokratie in diesen Quartieren ihren Nährboden gefunden.

In Wiesbaden aber strebte die Bauverwaltung auf Grund des Gutachtens von Professor Baumeister an, die Straßen nicht zu schmal und begrünt, Gebäude nicht zu hoch, die Höfe nicht zu eng, die Fenster möglichst groß, die Wohnungen nicht zu klein und zu niedrig zu halten sowie Keller- und Dachgeschosswohnungen ganz zu vermeiden. Letzteres hat sich gerade in unserer Zeit nicht durchsetzen können, zumal Dachgeschosswohnungen besonders bei jungen Bewohnern wegen der relativ geringen Miete und des besonderen Flairs beliebt sind. Auch sind derzeit Wohnungen in den bescheideneren Hinterhäusern häufig begehrter als in den stattlichen Vorderhäuser, weil sie durch diese vom Verkehrslärm abgeschirmt sind (Abb. 142). Der Vorschlag Baumeisters, auch in Gebieten mit offener Bauweise die erstrebte soziale Mischung durch vornehme Villen, großzügige Doppelhäuser und kleinräumige Reihenhäuser herzustellen, erwies sich freilich als Utopie. Die Reichen wollten auf jeden Fall unter sich bleiben. Und es gab 1905 in Wiesbaden 208 Millionäre, das waren Personen, die über ein Vermögen von mehr als einer Million Mark verfügten. Von den Einkommen her stellt sich die Sozialstruktur 1907 wie folgt dar:[43]

8 843 Personen = 8,5 % hatten ein Einkommen unter 900 Mark, das steuerfrei blieb

74 163 Personen = 71 % hatten ein Einkommen zwischen 900 und 3 000 Mark, hierbei handelt es sich um Arbeiter und Kleinbürger

11 549 Personen = 12 % hatten ein Einkommen zwischen 3 000 und 6 000 Mark, sie bildeten den Mittelstand, bei Beamten reicht dieser

vom Inspektor bis zum Oberregierungsrat, beim Militär vom Hauptmann bis zum Oberstleutnant

3545 Personen = 3,4 % hatten ein Einkommen zwischen 6000 und 9500 Mark und bildeten den oberen Mittelstand

4980 Personen = 5 % hatten ein Einkommen zwischen 9500 und 30500 Mark, sie gehörten der Oberschicht an, wurden aber noch überboten von

und ist auch rein äußerlich am architektonischen Aufwand der Fassaden abzulesen. Dabei ist aber im Vergleich zu den meisten anderen Großstädten das Niveau der Wohnqualität in Wiesbaden insgesamt erfreulich hoch, was die Attraktivität der Stadt früher wie auch heute ausmacht. Und so sind selbst die Lebensbedingungen in den Vierteln für die vom Sozialprestige her schwächeren Bürger nach der Sanierung des Bergkirchengebietes durchaus angenehm.

Abb. 143: Blücherplatz 4
Abb. 144: Nerostraße

1257 Personen = 1,2 % mit einem Einkommen zwischen 30500 und 100000 Mark und

185 Personen = 0,18 % mit einem Einkommen von mehr als 100000 Mark.

Im Vergleich zu anderen deutschen Städten waren Mittelstand, oberer Mittelstand und Oberschicht relativ stark vertreten, was sich schließlich auch im Stadtbild spiegelt. Dabei stammten von den Einkommen über 3000 Mark gut 52 % aus Kapital- und weitere 15 % aus Grundvermögen. Der überdurchschnittliche Wohlstand war also nicht allein in Wiesbaden entstanden, sondern die Pensionäre brachten ihn in die Stadt. Schließlich gab es als Erwerbsquellen für Wohlhabende nur den Handel, die Kur, die Gastronomie und das Übernachtungsgewerbe, denn die Ansiedlung von Industrie wurde strikt abgelehnt.

Betrachtet man die Sozialstrukturen, die sich in den Zahlen spiegeln, kommt man zu dem Schluss, dass doch eine gewisse Mischung der Einkommensschichten existiert haben muss: Es konnten nicht fast 80 % der Bürger mit weniger als 3000 Mark Einkommen im Bergkirchengebiet oder Westend wohnen und Südstadt, Rheingau- und Feldherrenviertel (Abb. 143) konnten nicht allein von den 12 % des Mittelstandes gefüllt worden sein. Hier gab es wohl wie heute eine gewisse Mischung innerhalb der Baublocks. Dennoch besteht die Gliederung der Stadtgebiete nach Einkommen auch heute noch

Einwohnergruppen mit noch stärkeren Familienbindungen, vor allem aus Süd- und Südosteuropa, fühlen sich in den kleineren Häusern wohl, leben gern unter sich, wie auch das Westend (Abb. 144) bestätigt. Ghettobildungen werden zwar immer beklagt, sind aber Realität. Wenn die baulichen Verhältnisse keine Missstände aufweisen, ist die Absonderung der einzelnen ethnischen Gruppen nicht so bedenklich. Zwar wird die Integration dadurch erschwert, aber auch die kulturelle Identität der Zuwanderer erhalten. Wie freuen wir uns doch, in Südbrasilien noch intakte Dörfer mit überwiegend deutschen Bewohnern (Abb. 145) anzutreffen, deren Vorfahren schon 1825 auswanderten und heute noch ihr altmodisches Deutsch, ihre Lieder, das deutsche Vereinswesen und den sprichwörtlichen deutschen Fleiß in sonst für Brasilien untypischen mittelständi-

Abb. 145: Blumenau/Brasilien, Fachwerkhaus

schen Gewerbebetrieben bewahrt haben. Von den bei uns lebenden Minderheiten verlangen manche jedoch, in unserer Gesellschaft ohne ihre kulturelle oder religiöse Besonderheit aufzugehen.

Soziale Brennpunkte – also Wohngebiete mit Missständen – liegen in Wiesbaden viel mehr in den stark verdichteten Mietwohnungsblocks am Stadtrand als in den historischen Quartieren.

ungeheurer Bautätigkeit an keiner Stelle Monotonie entstanden ist. Kaum findet man zwei gleichaussehende Häuser in einer Straße, überall bemühte man sich um Individualität in der Fassadengestaltung. Zur Belebung der Straßenansichten setzte man außerdem die schon behandelten Eckbetonungen von Häusern an Straßenkreuzungen oder in Blickachsen ein.

Auch wurde die Anregung von Camillo Sitte, in die Sichtachsen der großen, gerade ge-

Abb. 146:
Rheinstraße/Ringkirche

Abb. 147:
Oranienstraße /
Griechische Kapelle

Abb. 148:
Oranienstraße /
Lutherkirche

Insgesamt aber waren in Wiesbaden die Mieten und die Grundstückspreise schon immer zu hoch und sind es auch heute noch, weshalb viele in das Umland flüchten. Andererseits sind auch die Verdienstmöglichkeiten besser als in Dörfern und Kleinstädten, weshalb der Zuzug von Einwanderern weiter anhält und sich der allgemeine Rückgang der Bevölkerung im Bundesgebiet hier nicht im Leerstand von Wohnungen auswirken wird, wenn die städtischen Körperschaften sich bemühen, die Qualität der Wohnstadt nicht zugunsten vordergründiger Spekulationsprojekte zu opfern.

Gerade die oft so verteufelte Stilmischung im Späthistorismus hat dazu geführt, dass trotz

führten Straßen signifikante öffentliche Gebäude zu setzen, jetzt verstärkt umgesetzt. Blickt man in der Rheinstraße nach Westen, erscheinen dort die markanten Türme der Ringkirche (Abb. 146), die deshalb ungewöhnlicherweise im Osten angeordnet sind. Steht man in der Oranienstraße, erscheint nach Norden hoch über der Stadt die Griechische Kapelle (Abb. 147), nach Süden der Turm der Lutherkirche (Abb. 148). Die Schwalbacher Straße ist nach Norden auf die Altkatholische Kirche orientiert. Dies ist nach dem Abbruch der unseligen Hochstraße im Jahr 2001 (Abb. 149) wieder ablesbar, aber noch immer durch den Übergang zum Parkhaus (Abb. 150) beeinträchtigt. Die

Abb. 149: Schwalbacher Straße mit Hochbrücke

Abb. 150: Schwalbacher Straße mit Übergang zum ehemaligen Hertie-Parkhaus

Abb. 151: Wilhelmstraße mit Hochhaus

Wilhelmstraße sollte auf die grünen Hänge des Taunus ausgerichtet sein. An ihrem unteren Ende setzte ein Gebäude nach Plänen von Hundeshagen einen zusätzlichen Akzent (1945 kriegszerstört), dominierte jedoch nicht so stark wie das jetzige Hochhaus (Abb. 151).

Die Stadterweiterungsgebiete von 1900–1914 westlich und südlich des 1. Ringes

Abb. 152: Stadtentwicklung
Schwarz: Bestand bis 1900
Rot: Neubauten 1900–1910

Abb. 153: Bonn, Südstadt 1856

Abb. 154: Bonn, Südstadt 1875

Was nach den Vorstellungen Reinhard Baumeisters westlich des ersten Ringes nur ansatzweise umgesetzt werden konnte, wurde ab 1900 (Abb. 152) im Feldherren- und Rhein-

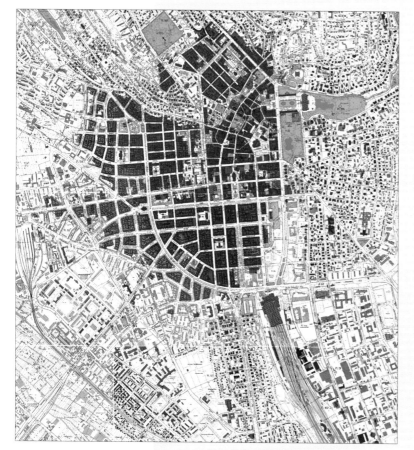

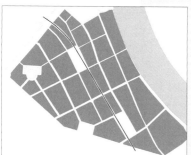

gauviertel verwirklicht: die Vermeidung eines stereotypen Rastergrundrisses durch diagonale oder gebogene Straßenführungen. Diese Änderungen im Städtebau hatte auch Camillo Sitte gefordert, der alte Wegebeziehungen in ihrem eher zufälligen Verlauf als Grundlage für die Planung neuer Straßen vorschlug. Man kann den Erfolg seiner Ideen sowohl in der Bonner Südstadt als auch in Görlitz und sicher noch am Beispiel anderer Städte feststellen. In Bonn sah der Entwurf eines Bebauungsplans des Stadtbaumeisters Thomann von 1856 für die geplante Südstadt noch ein gleichmäßiges Raster für das unregelmäßig umgrenzte und von einer Bahnlinie durchschnittene Gelände vor (Abb. 153). Bei der Ausführung nach dem Fluchtliniengesetz von 1875 hingegen (Abb. 154), ging man nach den Wünschen der Bauherren zu einem unregelmäßigen Netz aus zum Teil gebogenen oder schräg geführten Straßen über.

Sehr ähnlich verlief der Wandel in der Bauleitplanung von Görlitz. Hier wollte man 1847 nach der Eröffnung der Bahnstrecke nach Dresden das Gelände zwischen dem weit außerhalb liegenden Bahnhof und der Altstadt zunächst mit einem starren Rasternetz von Straßen überziehen, nahm dann aber schon bald alte Wegebeziehungen auf, legte gekrümmte und diagonal geführte Straßen an und gelangte so zu dem ausgeführten Stadtgrundriss mit abwechslungsreichen Straßen- und Platzräumen.

Die Städte Wiesbaden, Bonn und Görlitz haben zusammen mit Naumburg eines gemeinsam: Sie waren die beliebtesten Pensionärsstädte im Königreich Preußen und orientierten sich in Bezug auf Architektur und Städtebau stark an der Hauptstadt, so dass ihre Ähnlichkeit auf der Beziehung zur gemeinsamen Mutter Berlin beruht.

Wiesbaden überschritt 1905 mit 100 953 Einwohnern die Grenze zur Großstadt. Doch gleich danach verringerte sich das Wachstum und erreichte 1910 nicht die erwartete Zahl von 115 000–120 000 Bewohnern, sondern lediglich 109 002. So entwickelte sich auch die Südstadt entsprechend langsamer. Ab 1902 wurden die Riehl-, Arndt- und Luxemburgstraße bis zum Ring ausgebaut. Gleichzeitig dehnte sich das Südend mit der Wieland-, Scheffel-, Schenkendorf-, Niederwald- und Kleiststraße über den Ring nach Südwesten aus. Um 1900 entstand der Gutenbergplatz, die Gutenbergschule wurde 1901–03, das Landeshaus 1904 bis 1906 und die Lutherkirche 1908–11 erbaut. Der Ausbruch des Ersten Weltkriegs ließ die bis dahin stetig voranschreitende bauliche Entwicklung Wiesbadens zum Stillstand kommen.

Stadtbildprägende Bauten in der Innenstadt

In den Jahren zwischen 1888 und 1914 entwickelte sich Wiesbaden nicht nur nach der Einwohnerzahl zur Großstadt, sondern nahm auch architektonisch großstädtische Formen an. Dafür eignete sich der wilhelminische Prachtstil des Späthistorismus hervorragend, die Anerkennung des Barock nach Jahrzehnten der Verdammung trug dazu wesentlich bei. Die öffentlichen Großbauten Theater, Kurhaus, Bahnhof, Landeshaus und Kaiser-Friedrich-Bad trugen zum großstädtischen Flair ebenso bei wie die Hotels „Imperial" (Abb. 155), „Nassauer Hof", das „Palasthotel" oder die „Rose", ferner auch Geschäftshäuser wie das an der Kirchgasse/Ecke Friedrichstraße (Abb. 156) oder das Café Kunder in der Wilhelmstraße. Das zwischen 1866 und 1888 eher zaghaft angewandte Motiv der Eckbetonungen nach den Vorbildern in Berlin-Kreuzberg vor 1870 wurde jetzt mit prächtigen Kuppeln wie am Eckbau Grunewald-/Akazienstraße von 1892 (Abb. 157) nachgeahmt. In die Formen des Jugendstils überführt war der Eckbau Kurfürstendamm/Leibnizstraße von 1908 stilbildend für ähnliche Wiesbadener Lösungen am Michelsberg und an der Schenkendorfstraße.

Der großstädtische Charakter der viergeschossigen Prachtbauten in der Wilhelm-, Taunus- und Rheinstraße beherrschte bald auch die wichtigsten Wohn- und Geschäftsstraßen der Altstadt, so die Marktstraße, die De-Laspee-Straße, die Kirch- und die Langgasse. Nur die Nebenstraßen behielten ihren Altstadtcharakter.

Kranzplatz und Kochbrunnen

Zwischen 1888 und 1914 erfolgten die einschneidendsten Veränderungen im Quellengebiet um den Kochbrunnen. Dazu trug 1887/88 zunächst der Bau der Kochbrunnenkolonnade (Abb. 159) durch Wilhelm Bogler bei, der in seiner raumgreifenden Form mit z-förmigem Grundriss den gesamten Platz einschließlich des Geländes des früheren Hospitals einnahm. Erhalten ist davon heute nur noch ein – im Äußeren an der Platzseite durch einen Vorbau entstellter – Flügel und der Brunnentempel, der einst das südliche Ende bildete.

Den zweiten entscheidenden Eingriff in die historisch gewachsenen Strukturen bildete der Bau des „Palasthotels" 1903–05 (Abb. 160) nach den Plänen Jacobis, dem die alten Hotelbauten „Weißer Schwan" und „Engel" (Abb. 161) zum Opfer fielen. Entscheidend aber war,

dass das an ihrer Stelle errichtete neue „Palasthotel" jetzt deutlich in den Platzraum vorgerückt wurde. Schon dadurch büßte der Kranzplatz seinen Charakter als eigenständiger Raum ein, besiegelt wurde dies 1912 mit dem Abbruch des alten, quer den Platz nach Norden abgrenzenden Hotels „Rose" (Abb. 162) und des schräg dahinter liegenden Hotels „Europäischer Hof". Der alte Kranzplatz besaß danach nur noch den Charakter einer breiten Fortsetzung der Langgasse und eines Entrées zum Kochbrunnenplatz, den man heutzutage manchmal fälschlich Kranzplatz nennt.

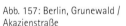

Abb. 155: Hotel „Imperial"

Abb. 156: Eckhaus Kirchgasse/Friedrichstraße

Abb. 157: Berlin, Grunewald / Akazienstraße

Abb. 159: Kochbrunnenkolonnade, 1887/88, Ansicht von ca. 1890

Abb. 160: „Palasthotel", um 1903–1905

Abb. 161: „Hotel Engel", um 1860, Ansicht um 1900

Abb. 162: „Hotel Rose"

Abb. 163: „Weißes Ross"

Abb. 164: „Römerbad"

Abb. 165: Villa Lessingstraße 5, 1898

Abb. 166: Solmsschlösschen, Solmsstraße 1, 1890

Das neue Hotel „Rose" (heute Hessische Staatskanzlei) bildet seit 1900 die östliche Begrenzung für den in neuen Dimensionen entstandenen Kochbrunnenplatz. Der Abbruch von zwei Flügeln der Kochbrunnenkolonnade nach 1945 sowie der Badhotels „Weißes Ross" (Abb. 163) und „Römerbad" (Abb. 164) 1977 verwandelten den einstigen Platzraum endgültig in eine Grünanlage mit Bolzplatz. Durch die Umwandlung der „Rose" in die Staatskanzlei wird dieser historisch so wichtige Ort der Thermalquellen und ihrer einstigen Badhäuser hoffentlich die angemessene Aufwertung erfahren.

Die Villengebiete

Die Villenviertel dehnten sich zwischen 1888 und 1914 nach Norden entlang der Idsteiner- und Kapellenstraße, nach Nordwesten an Lanz- und Nerobergstraße sowie auf beiden Seiten des Nerotals aus. Im Osten am Bierstadter Hang ging die Ausdehnung bis zur Alwinenstraße, im Südosten bis an den später geschaffenen Gustav-Stresemann-Ring. Ferner erstreckte sich bis 1914 die Villenbebauung beiderseits der Biebricher Allee bis zum Landesdenkmal.

Parallel zu dieser Flächenerweiterung für den Bau anspruchsvoller Villen erfolgte in den schon früher erschlossenen Villengebieten eine bauliche Verdichtung, indem man von den einst sehr großen Gärten jeweils ein Grundstück abteilte und mit einer weiteren Villa bebaute. Der architektonische Aufwand wurde analog zu den Gebieten mit geschlossener Bauweise immer aufwendiger. Üppige Fassadengestaltungen der Neugotik, Neorenaissance und des Neubarock lösten die vornehmschlichten Formen des Klassizismus ab. An den Straßenkreuzungen kam es – ähnlich wie im übrigen Stadtgebiet – zu Eckbetonungen, zum Beispiel an der Beethovenstraße 21 (von Maurermeister Friedrich Stamm 1901), Martinstraße 14 (von Schellenberg 1901), Martinstraße 16 (von Theodor Wiederspahn 1905), Uhlandstraße 4 (von Christian Dähne 1903) oder an der Lessingstraße 5 (von Christian Dähne 1898) (Abb. 165). Eine Sonderstellung nimmt das Solmsschlösschen von 1890 an der Ecke Alwinen-, Solms- und Gustav-Freytag-Straße ein (Abb. 166). Es beeindruckt allein schon durch seine Dimensionen, aber auch durch den ungewöhnlichen Fachwerkstil mit sehr bewegter Silhouette, schließlich auch durch seinen fürstlichen Bauherren Prinz Albrecht von Solms-Braunfels.

Zusammenfassung und Würdigung

Das Zeitalter des prachtliebenden deutschen Kaisers Wilhelm II. prägte das Wiesbaden des Späthistorismus entscheidend. Zwar blieben auch die Strukturen des Klassizismus im Historischen Fünfeck und auch die signifikanten Bauwerke des romantischen Historismus erhalten. Sie wurden jedoch übertönt vom Pathos neubarocker Prachtbauten. Das größte Wachstum an Einwohnerzahlen in der relativ kurzen Zeit von 1888 bis 1914, also in 26 Jahren, von rund 60 000 auf rund 110 000 Personen wirkte sich weniger in einer großen Flächenerweiterung, sondern vor allem in einer Verdichtung und Höherzonung auf bis zu vier Geschosse aus.

Die mittelgroße Residenzstadt der Romantik wandelte sich zur gründerzeitlichen Großstadt, die deutlich die Züge der Reichshauptstadt Berlin annahm. Dabei gelang es, durch die Vielfalt der Stilformen im Späthistorismus eine erstaunlich große Individualität der Fassadengestaltung zu schaffen. Bei aller baulichen Verdichtung um die Ringstraße (Seerobenstraße Abb. 167) herum entstanden dennoch keine Missstände. Die Wohngebiete sind heute noch beliebt, leiden nur am Mangel an Parkplätzen. Dieses Problem teilen sie aber mit der Spandauer Vorstadt von Berlin-Mitte, beide sind mit 200 Wohneinheiten pro Hektar die am stärksten verdichteten Wohngebiete Deutschlands.

Der Jugendstil hat in Wiesbaden nur eine untergeordnete Rolle gespielt, er lieferte meist lediglich neue Dekorationsformen, ohne einen neuen Mietshaus- oder Villentyp zu entwickeln. Immerhin ist der Jugendstil in einigen qualitätvollen Beispielen vertreten, so dass in Wiesbaden alle Stilphasen des Historismus vom Klassizismus an in typischen Ausprägungen zu finden sind. Dies war einst auch in Berlin und München der Fall, jedoch sind hier die architektonischen Bestände des 19. Jahrhunderts durch den Bombenkrieg stark dezimiert worden. Außerdem liegen sie in den sehr viel größeren Innenstadtgebieten verstreut.

So ist Wiesbaden heute die bedeutendste Schöpfung des Historismus in Deutschland und zählt mit Wien, Barcelona und Paris zu den wichtigsten in Europa. Das Erbe des Historismus ist ein kostbarer Schatz, den es für die Zukunft zu hüten gilt, denn in ihm liegen auch die Chancen der Zukunft.

Abb. 167: Bauliche Verdichtung in der Seerobenstraße

1939 wieder ausgemeindet wurde), Erbenheim, Bierstadt, Kloppenheim, Heßloch, Rambach und Igstadt 1928, keineswegs aber weiterem Zuzug zu verdanken.

Die beiden städtebaulich wichtigsten Verschönerungen fielen bereits in die Zeit des sog. „Dritten Reiches". Sie gingen aber wegen der Verarmung der Stadt auf private Stiftungen zurück: Die Reisinger-Anlage am Hauptbahnhof, die nach Norden anschließende Herbert-Anlage 1937 sowie das Opelbad am Neroberg 1934.

Mietwohnungsbau

Dennoch gab es auch zwischen 1926 und 1930 mit 373 Wohnbauten eine – wenn auch im Vergleich zur Gründerzeit bescheidene – Bautätigkeit. Einerseits handelte es sich um den

Die Stadtentwicklung zwischen den beiden Weltkriegen

Mit dem Ersten Weltkrieg und der anschließenden Besatzungszeit erfuhr der Wohlstand ein jähes Ende. Damit waren einer weiteren Entwicklung der Stadt die Grundlagen entzogen. Wenn dennoch die Bevölkerungszahl bis 1928 auf 151 961 Personen anstieg, so war dies allein den Eingemeindungen der Vororte Biebrich, Schierstein und Sonnenberg 1926 und Dotzheim, Frauenstein, Georgenborn (das

Abb. 168: Im Bebauungsplan von 1930 sind nur geringe Änderungen gegenüber dem Stadtentwicklungsplan für 1910 ausgewiesen.

aus den Mitteln der Hauszinssteuer finanzierten Mietwohnungsbau für Personen, die nicht die ortsüblichen, immer noch beträchtlichen Mieten zahlen konnten, andererseits um Eigenheimsiedlungen in Selbsthilfe. Der Bebauungsplan von 1930 (Abb. 168) gibt im Vergleich zum Stadtentwicklungsplan für 1910 (Abb. 152) an, wo die neuen Baugebiete ausgewiesen wurden. Es handelt sich im Grunde nur um eine geringe Arrondierung der Pläne von Baumeister. Sie betreffen das Gebiet zwischen Platter Straße und Philippsbergstraße, am Elsässer Platz, an der Klarenthaler und der Niederwaldstraße, an der Ringkirche, um den Germania-Platz (heute Karlsbader Platz) an der Kauber Straße und im Südend das Karree Hebbel-, Raabe- und Wolfram-von-Eschenbach-Straße. Am System der Blockrandbebauung auf unregelmäßig angelegtem Straßennetz änderte sich nichts, nur wurde die Bauzier immer spärlicher, bis sie ganz aufhörte.

Eigenheime für den Mittelstand

Für den unteren Mittelstand, der sich nach Eigenheimen sehnte, legte man 1924–28 in schönster landschaftlicher Lage entlang der Lahnstraße die Siedlung „Eigene Scholle" an, außerdem 1927 südwestlich der Innenstadt bereits auf dem Gelände Biebrichs die Siedlungen „An der Waldstraße" und „Rosenfeld" zwischen Bahnlinie und Hagenauer Straße. In diesen Zusammenhang gehört auch die Siedlung „Talheim" in Dotzheim an der Erich-Ollenhauer-Straße. Innerhalb der bereits bis 1914 bebauten Stadtgebiete veränderte sich rein äußerlich wenig, jedoch wandelte man die aufwendigen Villen häufig vom vornehmen Sitz einer Familie zu Mietwohnungen um. Neu entstanden vier durch ihre prominenten Architekten nennenswerten Villen: Solmsstraße 9 von Professor Georg Metzendorf aus Essen 1921, Herzogweg 4 (Abb. 169) und Lanzstraße 23/25 von Karl Lehr sowie Schöne Aussicht 55 im Jahr 1932 (1945 zerstört) des Bauhaus-Architekten Marcel Breuer.

Frankfurt, Magdeburg, Berlin und andere Großstädte Deutschlands haben für die Baukunst der 20er Jahre mehr und beispielhaftere Siedlungen hinterlassen, weil dort die sozialen Probleme in den Innenbereichen weitaus größer waren als in Wiesbaden. In der Kurstadt hatten die Planer selbst während der Hochkonjunktur des Bauens 1888–1914 darauf geachtet, keine Elendsquartiere in zu hoch verdichteten Blockstrukturen entstehen zu lassen.

Die Stadtentwicklung von 1945 bis zur Gegenwart

Beim Neuanfang nach dem Kriegsende standen die Planer in Wiesbaden – wie in vielen westdeutschen Städten – vor der Entscheidung zwischen der Anknüpfung an bestehende Stadtstrukturen oder der vollständigen Neuordnung in weiträumigeren Maßstäben, vor der Entscheidung zwischen Abriss oder Wiederaufbau der Kriegsruinen und damit verbunden der Einordnung und Umsetzung neuer Architekturformen im Stadtbild. Die radikale Stadtplanung von Ernst May (1886 bis 1970) wurde zwar nicht verabschiedet, sie verursachte jedoch in den sechziger Jahren wesentliche Verluste im Stadtbild sowie die Entstehung schwerwiegender Störbauten, die dem Maßstab der historistischen Bauten in Wiesbaden in keiner Weise entsprachen. Mit seiner Siedlung Klarenthal baute er noch eine Hochhaussiedlung, deren Grundsätze architekturtheoretisch bereits überholt waren.

Erst mit dem Europäischen Denkmaljahr 1975 setzte eine Umorientierung ein, die Wiesbadens städtebauliche Qualität als Stadtdenkmal des Historismus erkannte und auf erhaltende Erneuerung umschwenkte. Auch wenn nur wenige „Bausünden" rückgängig gemacht werden konnten und Wunden im Stadtbild bis heute ungelöste Probleme bereiten, auch wenn die Zersiedlung des Umlandes von Wiesbaden unaufhebbar ist und bisher nicht bewältigte Verkehrsströme hervorruft, vollzieht sich die Stadtentwicklung heute in gemäßigteren, die historische Bausubstanz wertschätzenden Bahnen. Dennoch bedrohen weiterhin – gerade aufgrund der Verdichtung im Innenstadtbereich – Investitions- und Spekulationsprojekte den historischen Bestand. Es

Abb. 169: Villa Herzogweg 4, erbaut 1927 von Karl Lehr

bleibt späteren Generationen vorbehalten, die städtebaulichen Aktivitäten der Zeit um die Jahrtausendwende zu beurteilen.

Der Wiederaufbau nach den Kriegszerstörungen 1945

Die für das Stadtbild größten Schäden durch den Bombenangriff vom 2. Februar 1945 lagen im Bereich Webergasse, An den Quellen, Schlossplatz, Burgstraße und Kaiser-Friedrich-Platz (Abb. 170, 171). Als man wenige Jahre nach Kriegsende mit dem Wiederaufbau begann, sah man deshalb hier die günstige Gelegenheit, historische Strukturen durch eine radikale Neugestaltung zu ersetzen.

Stadtgrundriss

In ganz Deutschland tendierte der Städtebau zur Neugestaltung, da man die Kriegszerstörungen in erster Linie als Chance zum Neubeginn begriff. So ersetzte man im Stadtzentrum von Frankfurt am Main rund um den Römer, aber auch in den Neustädten von Hannover (Abb. 172), Braunschweig, Offenbach, Emden und Dresden den historischen Stadtgrundriss durch eine deutlich weiträumigere Neuanlage. Städte wie Münster (Abb. 173), Hildesheim und Freudenstadt, die auf den alten Parzellen aufbauten, konnten im Gegensatz dazu ihren Altstadtcharakter bewahren, auch wenn sie bis zu 80 % ihrer historischen Bausubstanz durch den Krieg eingebüßt hatten. In Freiburg im Breisgau wollte man zunächst den historischen Stadtgrundriss verlassen, bis Stadtbaurat Josef Schlippe bald nach seinem Amtsantritt das Steuer herumwarf und den Wiederaufbau entlang der alten Straßen- und Platzkanten vollzog. Dies setzte Klaus Humpert als Direktor des Planungsamtes dann konsequent mit einer modernen, aber kleinteiligen Bebauung fort, so dass man heute den Altstadtkern von Freiburg durchaus als historische Stadt empfindet, ohne sofort zu bemerken, dass nur noch wenige Bauten aus der Zeit vor 1945 existieren.

Die daraus zu ziehende Lehre besteht in der Einsicht, dass große Abweichungen vom historischen Stadtgrundriss mit dem Verlust von Raumqualität verbunden sind und weiträumige Neuplanungen mit mangelnder Wohn- und Aufenthaltsqualität bezahlt werden müssen. Im allgemeinen waren nicht diese Erkenntnisse, sondern meist die Eigentumsverhältnisse der wirksamste Schutz vor radikalen Neuplanungen und halfen, die alte Parzellenstruktur zu erhalten. Um eine völlige Umstrukturierung

Abb. 170: Denkmal von Kaiser Friedrich III. vor dem zerstörten Hotel „Vierjahreszeiten"

Abb. 171: Kriegszerstörungen am Schlossplatz

Abb. 172: Kriegszerstörungen boten die Gelegenheit zu weiträumiger Neuanlage, hier in Hannover, Hohes Ufer

Abb. 173: Städte wie Münster, hier der Prinzipalmarkt, konnten ihren Altstadtcharakter bewahren.

durchzusetzen, musste man durch Enteignungen und Umlegungsverfahren eine völlig neue Bodenordnung mit neuen Eigentumsverhältnissen schaffen, so wie dies Rudolf Hillebrecht in der ehemaligen Neustadt von Hannover gelang. Dort konnte auf diese Weise die vierspurige Schnellstraße am Hohen Ufer (Abb. 172) mit breiten Grünstreifen die einstige Neustadt ersetzen, an die seither nichts mehr erinnert.

In Wiesbaden kehrte man leider auch nicht zum historischen Grundriss zurück, hat aber wenigstens die radikalsten Pläne aus den späten 40er Jahren stufenweise zurückgenommen.

Erste Nachkriegspläne

Der mit der Unterschrift von Stadtbaurat Eberhard Finsterwalder versehene Plan[44] (Abb. 174) sah nicht nur den Abbruch der Ruinen des von Johann Christian Zais erbauten eigenen Wohnhauses am Kaiser-Friedrich-Platz vor, sondern auch des gesamten Hotels „Nassauer Hof" und der gründerzeitlichen Bauten rings um das Kureck vor. Die Fassade des Hotels „Vierjahreszeiten" wollte man aber zumindest in Teilen erhalten, ordnete dahinter einen langgestreckten Baukörper um zwei Innenhöfe bis zur Kleinen Burgstraße an und ließ dieser wie auch der Großen Burgstraße die historische Enge. Dafür sollte aber die Webergasse um das Mehrfache ihrer ursprünglichen Breite ausgeweitet werden.

Für das Erscheinungsbild der Wilhelmstraße und des Kaiser-Friedrich-Platzes hätte die Ausführung dieses Planes gegenüber dem heutigen Zustand eine Verbesserung bedeutet. Zum einen wäre die Fassade des Hotels „Vierjahres-

zeiten" geblieben, zum anderen hätte der Kaiser-Friedrich-Platz, der zur Webergasse eine wenn auch niedrige Raumkante erhalten sollte, eine wesentlich bessere Raumbildung. Anstelle des gründerzeitlichen Hotels „Nassauer Hof" erschien in der Planung ein fünfgeschossiger Neubau mit einer turmartigen Eckbetonung, wie sie der historische Bau an der hinteren Ecke einst besaß.

Der Entwurf des Stadtplanungsamtes war wohl 1949 der Anstoß zur Auslobung eines offenen „Ideenwettbewerbs zur Erlangung von Entwürfen für die städtebauliche Gestaltung des Quellengebietes der Innenstadt von Wiesbaden". In der Ausschreibung wurde als Ziel die Auflockerung der historischen Strukturen angegeben: „Es erscheint deshalb zweckmäßig, den Zugang der kühlen Luftmassen aus den Tälern durch geeignete Straßenräume zu begünstigen." Das im Krieg unbeschädigte sogenannte „Schiffchen" in der Altstadt zwischen Graben- und Wagemannstraße war zum Abriss und zur Anlage eines Parkplatzes vorgesehen. Das Preisgericht mit Oberbürgermeister Hans Heinrich Redlhammer und Stadtbaurat Eberhard Finsterwalder sprach dem Wiesbadener Architekten Rudolf Dörr den ersten Preis zu (Abb. 175), weil er mit einer „Folge von großzügigen Straßen und Plätzen die in der Wettbewerbsausschreibung geforderte, eindrucksvolle Verbindung zwischen dem Geschäftsviertel an der Langgasse und den Geschäften in der Wilhelmstraße" vorgeschlagen hatte. Es ging also mehr um Frischluft und Kommerz als um Ästhetik im Städtebau. So wurde vor allem das neue Appartmenthaus „Vierjahreszeiten" zur

Abb. 174: Erste Planung zum Wiederaufbau

Abb. 175: Ausgeführte Planung von Rudolf Dörr

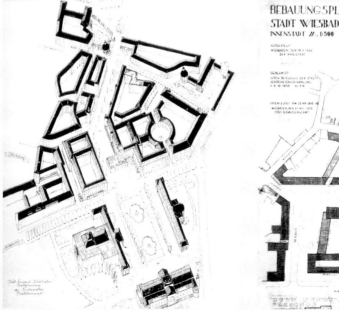

Beeinträchtigung des Stadtbildes, weil es als großer Solitär allseitig viel zu frei in dem historisch von der geschlossenen Bauweise geprägten Stadtraum steht und auch noch ganz falsch hinter die Flucht der bestehenden Bauten der Wilhelmstraße zurücktritt. Auch ist es zu hoch und in seiner kompromisslos nüchternen Gestalt ein Fremdkörper gerade in der Nachbarschaft zur Prachtfassade des „Nassauer Hofes" und den nördlich anschließenden Resten der alten Bebauung.

Die Burgstraße war von Dörr noch viel breiter geplant als schließlich ausgeführt. Sie hat durch diese Breite den Charakter einer großen Verkehrsader mit Parkplätzen anstelle einer Altstadtstraße erhalten (Abb. 176). Sie verlockt ebenso wenig wie der Kaiser-Friedrich-Platz zum längeren Aufenthalt. Auch die jüngsten Versuche, ihn durch eine Erneuerung des Brunnens und des Plattenbelages anziehender zu gestalten, werden wohl kaum zum Erfolg führen. Am besten ist vom preisgekrönten Entwurf Dörrs noch die Gestaltung der Webergasse von 1953 ausgefallen. Sie ist – weniger als ursprünglich vorgesehen – aufgeweitet und besticht durch ihre einheitlich schlichten, sensibel gestalteten Fassaden als typische Leistung der 50er Jahre. Städtebaulich falsch war es dagegen, die Langgasse an ihrem nördlichen Ende zu einem Platz auszuweiten, für dessen räumliche Abgrenzung nach Westen die Ladenzeile viel zu niedrig ausgefallen ist und wie eines jener zahlreichen Provisorien beim Wiederaufbau nach den Kriegszerstörungen wirkt.

Völlig unverständlich ist der Abbruch der Kochbrunnenkolonnade, die in der Planung des Stadtplanungsamtes von etwa 1949 noch als Bestand eingetragen ist. Sie war nach der Beseitigung von Kriegsschäden am 29. Juni 1948 wieder für die Trinkkur eröffnet worden, in der Wandelhalle fanden die Kurkonzerte statt.

Am sogenannten Dernschen Gelände (Abb. 177) wurde die im Bombenkrieg zerstörte nördliche Begrenzung der Friedrichstraße nicht ersetzt, sondern der bis heute viel zu große Platzraum geschaffen, der historisch so nie bestanden hat und auch nie geplant war. Stadtbaurat Felix Genzmer plante 1894, ihn bis dicht an das Rathaus heran zu bebauen. Der eigentliche Marktplatz sollte sich nur südlich der Marktkirche und östlich des Rathauses erstrecken.

Auf die neu entstandene Platzgröße und den damaligen Fortschrittsglauben bezog sich der Bau der Berlinischen Lebensversicherungs-Gesellschaft (Abb. 178), den Herbert Rimpl 1956

Abb. 176: Die Burgstraße erhielt den Charakter einer breiten Verkehrsstraße.

mit einer feingliedrigen Rasterfassade und dem interessanten Wellendach, jedoch im Vergleich zur umgebenden Bebauung um vier Geschosse zu hoch ausführte. Als mächtiger, quergelagerten Riegel bildet er wie auch der im gleichen Jahr von Rolf A. E. Ziffzer geschaffene Erweiterungsbau des Polizeipräsidiums einen Fremdkörper im bisherigen Stadtgefüge. Doch kommt beiden Bauten inzwischen wegen ihrer unstrittigen Qualität Denkmalschutz zu. Sie sind wegen ihrer nach heutigem Baurecht unzulässig hohen Ausnutzung der Grundstücke ohnehin kaum von einem Abbruch zugunsten eines Neubaus gefährdet.

Abb. 177: Am Dernschen Gelände entstand nach dem Krieg ein großer Platz, der vorher so nie bestanden hat oder geplant war.

Abb. 178: Obwohl das Gebäude der Berlinischen Lebensversicherungsgesellschaft einen Fremdkörper im Stadtgefüge darstellt, steht es wegen seiner hohen baulichen Qualität unter Denkmalschutz.

Städtebauliche Entwürfe und ihre Umsetzung seit 1960 unter Ernst May

Die ersten Nachkriegsjahre mit der Beseitigung von Kriegsschäden führten zwar auch zu übereiltem Abbruch von Ruinen erhaltenswerter Bauten wie dem Hotel „Vierjahreszeiten", sie waren im übrigen aber noch nicht so zerstörerisch wie die 60er Jahre, als ganz allgemein in Folge des rasanten wirtschaftlichen Aufschwungs die materiellen Interessen immer stärker und die kulturellen immer weniger das Handeln der Gesellschaft bestimmten. Dies schlägt sich in den Planungen von Ernst May nieder, der 1961 von der Stadt Wiesbaden zum Planungsbeauftragten ernannt wurde.

Abb. 179: Hellerhofsiedlung, Frankfurt am Main, von Ernst May

May war ein sehr verdienstvoller Städteplaner, der als Stadtbaurat von Frankfurt 1925–29 großartige Leistungen im Siedlungsbau – wie zum Beispiel mit der Hellerhofsiedlung (Abb. 179) an der Frankenallee – vollbracht hat. In Wiesbaden ließ man sich von dem großen Namen beeindrucken und bedachte nicht, dass der 75jährige Planer nach einem langen, sehr abwechslungsreichen Leben in der Sowjetunion, Afrika und Bremen immer noch an Vorstellungen festhielt, die auf den Idealen des Städtebaus der 20er Jahre beruhten.

Damals wollte man den Menschen von gesellschaftlicher Bevormundung befreien, indem man ihn gegen die Sozialkontrolle abschirmte, das heißt aber, dass man ihn de facto isolierte. Vom gleichen Ansatz ging auch die Charta von Athen aus, die 1933 unter starkem Einfluss Le Corbusiers (1887–1965) beschlossen worden war, aber erst nach dem Zweiten Weltkrieg ihre vielfache Verwirklichung fand. Sie ging von der Entmischung der Stadtfunktionen aus. Man wollte die Bereiche des Arbeitens, Verwaltens, der Kultur, des Einkaufens und des Wohnens voneinander trennen, auch um die Geräusch- und Geruchsbelästigungen von Gewerbebetrieben in Wohngebieten zu verhindern. Letztere entstanden nun überall in Stadtrandgebieten als stark verdichtete Trabantensiedlungen. Hatte sich zuvor die bauliche Entwicklung hauptsächlich in Eigenheimgebieten für die höheren Einkommensschichten vollzogen, so setzte man jetzt der damit verbundenen Zersiedlung der Landschaft die These von der notwendigen Verdichtung zur Schaffung von Wohnraum für Millionen von Flüchtlingen und Ausgebombten entgegen.

Bezüglich des Eigenheimbaus hatte Wiesbaden versäumt, ausreichend Baugebiete auszuweisen. So verfügt die Stadt dank der Eingemeindungen von 1926 und 1928 und dann erneut von 1977 über eine sehr weitläufige Gemarkung, wie sie kaum eine andere Großstadt in der Bundesrepublik besitzt. Man hätte ohne Störung der Landschaft hier alle nötigen Bauplätze ausweisen können. Dies unterblieb – aus welchen Gründen auch immer. Bauland wurde in Wiesbaden immer knapper und damit teurer. Die Bauwilligen wichen in die Umlandgemeinden aus, wo zum Beispiel im Bereich der heutigen Stadt Taunusstein preiswertes Bauland angeboten wurde. Das führte zur planlosen Ausweitung der Dörfer und Gemeinden bei gleichzeitig starker Beeinträchtigung der Landschaft und außerdem zur Entstehung von Verkehrsströmen. Dieser Pendlerverkehr wird bis heute nicht bewältigt, Entlastungsplanungen sind derzeit nicht in Sicht.

Im Prinzip war es richtig, einer solchen dezentralen Stadtentwicklung Alternative mit einer stadtnahen, stärker verdichteten Bebauung in einer Mischung von Mietwohnungsblöcken, Reihenhäusern und freistehenden Eigenheimen entgegenzusetzen. Nur schlug das Pendel in die andere Richtung eines Massenwohnungsbaus mit Hochhäusern und dicht nebeneinander stehender Wohnblocks. Ernst May knüpfte bei seinen Planungen an sein veraltetes, aus dem Jahre 1957 stammendes Konzept für die Neue Vahr in Bremen an, während andere, jüngere Städtebauer wie Hans Bernhard Reichow bereits 1954–56 mit der Sennestadt, einem Stadtteil von Bielefeld, innovativere Planungen entwickelt hatten. Wurden in Bremen 1957–62 auf einer Gesamtfläche von 200 Hektar Wohnungen für 10 000 Einwohner gebaut, so standen in der Sennestadt etwa für die gleiche Einwohnerzahl 300 Hektar Bauland, dazu aber 1800 Hektar Freifläche für die Naherholung zur Verfügung.

Massenwohnbau:
Die Siedlung Klarenthal

Eine so mustergültige Trabantensiedlung wie die Bielefelder Sennestadt hätte auch im Wiesbadener Stadtteil Klarenthal entstehen können, denn die Voraussetzungen waren hier sehr gün-

stig: Ein stadtnahes Gelände in wunderschöner landschaftlicher Lage; dazu als Teil der ehemaligen Domäne des Klosters Klarenthal im Eigentum des Landes Hessen (Abb. 180). Es lag hier also nicht an der häufig beklagten Bodenspekulation mit stark überhöhten Bodenpreisen – die immer lauter den Ruf nach einem neuen Bodenrecht zur Enteignung erklingen ließen – sondern es war der Wille aller politisch Handelnden, vor allem der großen halböffentlichen Baugesellschaften, wenn es zu einer so starken Verdichtung gekommen ist. May selbst betrachtete das Ganze wohl wie eine Großplastik (Abb. 181), wenn er auf dem grauen Anstrich der Wohnblocks bestand, über denen sich in Weiß die Hochhäuser wie eine Stadtkrone erheben sollten.

Unten am Fuß des Hanges durften sich vorwiegend Bedienstete des Landes und der Stadt Einfamilienhäuser bauen. Eine soziale Mischung war damit aber keineswegs erreicht, eher eine Quelle für Konflikte. Die Anordnung von 30 und mehr Wohnungen in einem Hochhaus hat zwangsläufig die Isolation der Bewohner untereinander zur Folge, da man schwerlich alle kennen kann, wodurch zum Beispiel jugendlicher Vandalismus gefördert wird.

Die Ausrichtung der Wohnungen nach der Sonne im Osten, Süden oder Westen sowie die Anbringung von Sichtblenden zwischen den Balkonen erschwert die Kontaktpflege zum Nachbarn. Das Ziel der progressiven Städteplaner der 20er Jahre, den Bewohner durch die Isolation der gesellschaftlichen Kontrolle zu entziehen, wurde zu einer Zeit verwirklicht, in der dieser Ansatz längst überholt war. Denn der Bürger war mit dem Ende der Monarchie längst für die Einführung der Demokratie mündig geworden, Standesvorurteile und damit Sozialkontrolle gehörten weitgehend der Vergangenheit an. Wohnisolation

Abb. 180: Kloster Klarenthal

Abb. 181: Satellitenstadt Klarenthal

aber hat – bei mangelndem Ausgleich durch ein soziales Netz – Kontaktarmut und Vereinsamung zur Folge. Klarenthal ist durch seine landschaftliche Lage dennoch eher zu akzeptieren als etwa die ebenfalls auf May zurückgehende Siedlung Schelmengraben oder der später bebaute Gräselberg. Dagegen bieten das Parkfeld in Biebrich (Abb. 182) und das Wolfsfeld in Bierstadt ein durchaus akzeptables Wohnumfeld, in Biebrich begünstigt durch den unmittelbar anschließenden Schlosspark.

Abb. 182: Parkfeld in Biebrich

Abb. 183: Berlin, Märkisches Viertel

Abb. 184: Bierstadter Hang, Planung Ernst May

Altstadtsanierung

Die Planung von großen Satellitenstädten nach dem Schlagwort der Verdichtung im Städtebau fanden 1963 mit dem Märkischen Viertel in Berlin (Abb. 183) ihren Höhepunkt und zugleich auch Abschluss. Auf diese übermäßige Verdichtung im Massenwohnungsbau richtete sich besonders die zunehmende Kritik von Städtebauern, Architekten und Soziologen. Publikationen wie die von Wolf Jobst Siedler „Die gemordete Stadt" von 1964[45] oder von Alexander Mitscherlich „Die Unwirtlichkeit der Städte" von 1965[46] bewirkten ein Umdenken im Städtebau, das sich allerdings so richtig erst im Europäischen Denk-

malschutzjahr 1975 auszuwirken begann. Zunächst setzte unter dem Schlagwort der Altstadtsanierung ein Prozess der Stadtzerstörung im Inneren ein. Auf der Suche nach neuen Arbeitsfeldern für ihre gewaltig aufgeblähte Bürokratie entdeckten die großen halbstaatlichen Baugesellschaften, an der Spitz die „Gewos", die gemeinnützigen Wohnungsgesellschaften, und die „Neue Heimat" die heruntergekommenen Innenstädte als Objekt für ihre Flächensanierungen. Diese wollten sie mit Hilfe eines neuen Planungsrechts verwirklichen, das man zunächst durch Modellvorhaben erprobte und später im Rahmen des 1971 verabschiedeten Städtebauförderungsgesetzes umsetzte.

Und so stürzte sich auch Ernst May in seinem Gutachten mit Begeisterung auf das gründerzeitliche Wiesbaden, dessen bauliches Erbe er so weit wie möglich beseitigen wollte. Denn er hatte zur historischen Architektur kein Verhältnis, er hätte schon in den 20er Jahren am liebsten die Altstadt von Frankfurt durch „Sanierung" in eine moderne Wohnsiedlung verwandelt. In Frankfurt gab es damals in der Tat große Missstände, vor denen er kapitulierte, weshalb er die Stadtentwicklung in die Außenbezirke lenkte.

Seine Planungen für die Innenstadt von Wiesbaden wurden in seinem Buch „Das Neue Wiesbaden" 1963 veröffentlicht und ließen an Radikalität nichts zu wünschen übrig. Die gesamte historische Bebauung im Villengebiet am Bierstadter Hang (Abb. 184), in der Südstadt innerhalb des 1. Ringes und im Bergkirchengebiet sollte abgebrochen und durch

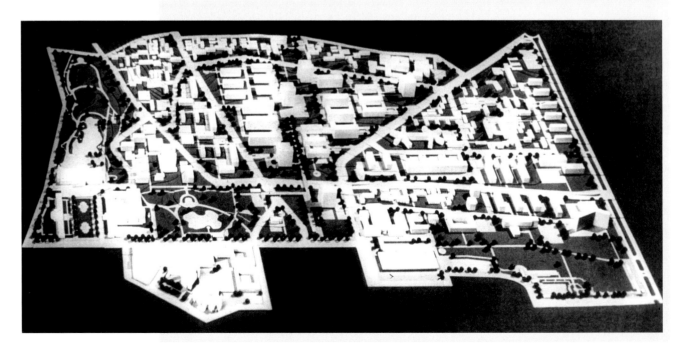

eine Vorstadtarchitektur im Stil von Klarenthal neu bebaut werden. Es ist heute schwer nachzuvollziehen, wie sehr die Mehrheit der verantwortlichen Kommunalpolitiker die Vorstellungen begrüßten und wie wenig öffentliche Kritik zu vernehmen war. Als ich 1966 mein Amt als Landeskonservator übernahm und meinen Antrittsbesuch beim damaligen Oberbürgermeister Georg Buch machte, übereichte mir dieser das Buch von May – eine an sich freundliche Geste, jedoch gegenüber einem Denkmalpfleger eine merkwürdige Auswahl aus den sonst vorhandenen Büchern über Wiesbaden, die man üblicherweise als Gastgeschenke vergibt.

Abrisswunden und Störbauten

Mays radikale Pläne sind nie von den städtischen Körperschaften förmlich verabschiedet worden. Dennoch hatten sie für einige Jahre eine verheerende Wirkung in einem Klima, in dem die Baukunst des Historismus immer noch mit Geringschätzung oder gar Verachtung behandelt wurde. In dieser Zeit muss es wohl zum Abbruch der Kochbrunnenkolonnade gekommen sein. An der Grabenstraße im rückwärtigen Teil des Stadtschlosses stand bis 1962 der von Georg Moller 1841 erbaute Reitstall (Abb. 185), der im selben Jahr dem Neubau des Plenarsaals für den Landtag weichen musste. Dies bedeutete zugleich einen starken Einbruch in die altstädtische Struktur des „Schiffchens", das ohnehin nach den Plänen von May einem Parkplatz weichen sollte.

1966 kam es dann zur Beseitigung der Feuerwache (Abb. 186), des Akziseamtes und des Leihhauses in der Neugasse. Es handelte sich um einen wertvollen Baukomplex, den Stadtbaumeister Felix Genzmer 1899–1901 erbaut hatte und der jetzt dem Neubau des Warenhauses „Karstadt" weichen musste. Vergleicht man die alten Aufnahmen vor dem Abbruch und den 1968 entstandenen Bau (Abb. 187) mit seiner brutalen Architektursprache, erkennt man die Schwere des Einbruchs in den Kern des historischen Wiesbaden. Es folgten in der Kirchgasse das maßstabsstörende Warenhaus „Horten" mit seiner an allen Standorten einheitlich auftauchenden Vorhangfassade, das etwas weniger aufdringliche „Hertie"-Gebäude und das ESWE-Hochhaus, von denen inzwischen zwei ihre ursprüngliche Funktion verloren haben und umgenutzt wurden, das dritte eigentlich überflüssig ist, denn zwei „Karstadt"-Filialen braucht eine Stadt nicht in so geringer Entfernung.

Das ESWE-Hochhaus setzt einen falschen vertikalen Akzent in die horizontal ausgerich-

Abb. 185: Schloss, ehem. Reithalle
Abb. 186: Feuerwache
Abb. 187: Karstadt, Rückseite

tete Rheinstraße als südlicher Prospekt des Historischen Fünfecks, ebenso die beiden die Bahnhofstraße flankierenden Neubauten. Aus dem Geist der Planung Mays ging auch die 1968 beschlossene und bis 1972 errichtete Hochstraße über den Michelsberg hervor, desgleichen das Hochhaus für das Innenministerium am Bahnhof 1968 und sein Gegenstück am Ende der Wilhelmstraße (Abb. 151) für die Hauptverwaltung der R+V-Versicherung. Einst hatten Goetz und Zais die Wilhelmstraße auf die grünen Hänge des Taunus ausgerichtet. Seit 1971 schiebt sich in die Hauptachse unserer Prachtstraße der trotz seiner 19 Geschosse stumpf wirkende Koloss, auf dessen Beseitigung leider auch keine Aussichten bestehen, während das Stadtbild inzwischen von der Hochstraße am Michelsberg und von der Hauptpost am Bahnhof befreit worden ist.

Abb. 190: Abgebrochene Villa Rheinstraße 6

Bierstadter Hang

Besonders nachteilig wirkten sich Ernst Mays Pläne im Villengebiet am Bierstadter Hang aus, denn sie leiteten sofort eine Bodenspekulation ein, obwohl es noch keine rechtskräftige Planung gab. Die Folge war ein starker Anstieg der Bodenpreise und der Abbruch der ersten Villen in der Rhein- und der Viktoriastraße, die nach dem Ortsstatut unter Denkmalschutz standen. Die Villa Viktoriastraße 25 wurde sogar ohne Genehmigung an einem Wochenende durch einen Frankfurter Immobilienhändler abgebrochen, ohne dass dafür ein Bußgeld verhängt wurde. An die Stelle der sehr wertvollen Villa des Eckturmtyps Rheinstraße 6 (Abb. 190) trat 1975 das wuchtige, schwarze Hochhaus der Berufsgenossenschaft Druck und Papierverarbeitung. Bei ihm handelt es sich um einen Spätschaden der vom Frankfurter Westend aus überschwappenden Welle der Bodenspekulation, denn zum Glück

war inzwischen eine Wende im Städtebau eingetreten. Sie brachte, gestärkt durch das Europäische Denkmalschutzjahr 1975 eine Rückbesinnung auf die alten Städte mit ihrer historischen Bebauung.

1975: Umdenken im Städtebau – Zurück zur Erhaltung

In Wiesbaden wurde dies relativ früh durch die Jungsozialisten unter Führung von Jörg Jordan bewirkt, der als Stadtentwicklungsdezernent von 1973–79 den durch Mays Pläne ausgelösten Zerstörungsprozess durch geschickte Planungen und Festlegungen im Rahmen der Bauleitplanung beendete. Dadurch blieb Wiesbaden das schlimme Schicksal anderer deutscher Städte erspart. Hilfreich für dieses Rettungswerk erwies sich das am 23. September 1974 verabschiedete neue Hessische Denkmalschutzgesetz, das in Verbindung mit Bebauungsplänen und dem Instrument des Ortsstatutes nach der hessischen Bauordnung bereits geschaffene Bodenspekulationen mit der Gefahr für wichtige Denkmalbereiche ins Leere laufen ließ. Zu nennen ist hier der Distrikt Grub im Bereich von Lanz- und Nerobergstraße und die innere Viktoriastraße, bei der mit Hilfe der Ersatzvornahme sogar noch die bereits bewusst zum Verfall gebrachten Villen Nr. 3 und 5 gerettet werden konnten.

Rückblickend staunt man heute noch, wie es in kurzer Zeit gelang, den negativen Trend der rücksichtslosen Umstrukturierung im Städtebau in einen positiven der erhaltenden Erneuerung umzukehren. Für die erforderliche Schaffung von Büroflächen leitete man die Neuentwicklung entlang der Berliner und der Mainzer Straße ein. Besonders entlang der Abraham-Lincoln-Allee entstand eine stadtnahe und zugleich die Innenstadt entlastende Bürostadt, in der interessante Leistungen zeitgenössischer Architektur anzutreffen sind, z. B. das Büro- und Produktionsgebäude Berliner Straße 161 nach dem Entwurf von Günter Christ 1986. Interessante architektonische Lösungen sind auch mit der Erweiterung des Staatstheaters, dem Bau der Theatergarage und der Erweiterung des „Palasthotels" im Stadtzentrum entstanden. In den 90er Jahren wurden unter Leitung von Stadtentwicklungsdezernent Thomas Dilger neue Wege im Siedlungsbau beschritten. Vorbildlich ist die Umwandlung ehemaliger Kasernenanlagen zu Wohnungs- und Verwaltungsbauten im Camp Lindsey an der Schiersteiner Straße und im Camp Pieri in Freudenberg.

Das Wohngebiet Sauerland

Eine herausragende Leistung stellt das Wohngebiet Sauerland dar. Auf einer Fläche von 40 Hektar wurden ab 1993 im öffentlich geförderten Geschosswohnungsbau 1100 Wohnungen und rund 200 Eigenheime gebaut. Für das städtebauliche Gesamtkonzept wie auch für die einzelnen Bauabschnitte wurden Wettbewerbe ausgelobt. In halboffenen Blockstrukturen mit einer auf 1,2 begrenzten Geschossflächenzahl entstand eine sowohl bezüglich des Wohnumfelds als auch der architektonischen Qualität beispielhafte Großsiedlung, wie sie im sozialen Wohnungsbau bis dahin nicht vorhanden war.

Das Dernsche Gelände

Leider wurde der für das Dernsche Gelände vorgesehene Bau der Musikschule nach den Plänen von Schweger & Partner aus Hamburg ein Opfer des Kommunalwahlkampfes 1993, in dem sich eine Partei gegen die Finanzierung aus städtischen Mitteln wandte. Der Versuch, durch eine kommerzielle Ausweitung des Bauprogramms das Projekt zu retten, scheiterte an den jetzt größer gewordenen Baumassen. Diese verhalfen einer Bürgerinitiative zu einem erfolgreichen Bürgerentscheid, der das Projekt kippen ließ. Der provisorisch hergerichtete Platz ist nach wie vor unbelebt, denn er ist für einen längeren Aufenthalt viel zu groß. Es fehlt ihm mindestens die einstige Randbebauung an der Friedrich- und Marktstraße. Doch hat die kleine, immer noch existierende Bürgerinitiative mit ihren Einwänden gegen alles Neuzeitliche bewirkt, dass sich niemand mehr traut, eine Gestaltung dieser Fläche und der anderen Plätze voranzutreiben.

Spekulationsterrain?

Während sich dadurch am Mauritiusplatz und am Platz der Deutschen Einheit bisher nichts tut, wurden plötzlich von außen Pläne für eine Zerstörung der Altstadt im Bereich der Hochstättenstraße durch eine massive Neubebauung, genannt die „Neue Mitte", entwickelt, die an die Zeiten von Ernst May erinnern, inzwischen aber nicht mehr weiter verfolgt werden.

Auch wird mit der Schaffung eines zu großen Einkaufsmarktes am Bahnhof für den Einzelhandel in der Fußgängerzone eine gefährliche Konkurrenz entstehen, während die Einrichtung des Luisenhofes am Eingang der Kirchgasse befruchtend wirken könnte.

So ist vieles wieder im Fluss, wobei man sich zum Glück Zeit nimmt. Dies führt hoffentlich zu guten Lösungen, die dazu beitragen können, dass Altes und Neues auf qualitätvolle Weise miteinander verbunden werden. Was man sich für die Zukunft nicht leisten kann, ist der weitere Verlust wertvoller denkmalgeschützter Bausubstanz. Deren hohe Bedeutung herauszustellen, ist das Ziel des folgenden Kapitels.

Baukunst des Historismus in Wiesbaden

Abb. 205: Rückwärtige Schaufassade des Staatstheaters in Wiesbaden

Für die Kunst des 19. Jahrhunderts hat sich allgemein der Begriff Historismus durchgesetzt. Hermann Beenken hat ihn erstmals in seinem Aufsatz von 1938 „Der Historismus in der Baukunst"[47] für die Wiederaufnahmen historischer Stile in Neugotik, Neuromanik, Neurenaissance und Neubarock – also für die Baukunst des 19. Jahrhunderts – angewandt. Während Hans Georg Evers 1965 objektiv definierte: „Der Historismus ist eine Form, die wiederholt, was es als Form schon einmal gegeben hat", bringt Nikolaus Pevsner schon eine wertende Tendenz: „Historismus ist die Haltung, in der die Betrachtung und Benutzung der Geschichte wesentlicher ist, als die Entdeckung und Entwicklung neuer Systeme, neuer Formen der eigenen Zeit."[48] An anderer Stelle definiert er noch negativer: „Historismus ist die Tendenz, an die Macht der Geschichte in einem solchen Maße zu glauben, daß ursprüngliches Handeln erstickt und durch ein Tun ersetzt wird, das von einem Präzedenzfall einer bestimmten Zeit inspiriert ist." Damit wird Historismus gleichgesetzt mit Stileklektizismus.

Das Vorurteil des Unschöpferischen gewann gerade in einer Zeit an Gewicht, in der sich die Kunst besonders radikal von allen Bindungen an vorausgegangene Stilepochen löste. Dies erfolgte bereits ab dem Ende des 19. Jahrhunderts im sogenannten Jugendstil, verstärkt aber in der Neuen Sachlichkeit der 20er Jahre. Um sich mit ihrem neuen, ganz anderen Stil gegen die alten „Kathederpäpste des Historismus" an den Technischen Hochschulen durchzusetzen, mussten die jungen Architekten den Historismus in Grund und Boden verdammen.

Zu allen Zeiten wurden Stilbegriffe negativ besetzt, weil der neue Stil den alten verachtete. Die Bezeichnung Gotik wurde in Renaissance und Barock gewählt, weil man die Goten mit den Vandalen verwechselte, die angeblich Rom zerstört hatten, also Barbaren waren. Der Begriff Barock ist ebenfalls abwertend entstanden. Er leitet sich aus dem portugiesischen Wort „barroco" für eine unregelmäßige, schiefrunde Perle, französisch „perle baroque", ab und wurde im französischen Klassizismus im Sinne von absonderlich und schwülstig für den vorausgegangenen Barockstil des Absolutismus verwandt.

So sprach sich der sächsische Baumeister und Architekturtheoretiker Friedrich August Krubsacius (1718–89) in seinem Aufsatz von 1747 „Betrachtungen über den wahren Geschmack der Alten in der Baukunst" gegen geschwungene Giebel, Risalite, gebrochene Dachformen, also gegen den ganzen Formenapparat des Barock, aus. Obwohl er doch selbst in diesem Stil groß geworden war, glaubte er den Klassizismus als den neuen Stil nur mit einer vernichtenden Kritik am alten durchsetzen zu können. Es ist der alte Generationenkonflikt, bei dem die Kinder und die Enkel gegen die Welt der Väter und Großväter opponieren, um sich ihre eigene zu schaffen. Erst wenn sich auch der neue Stil seinem Ende zuneigt und wieder etwas Neues am Horizont auftaucht, wird der davor liegende anerkannt. Beim Historismus hat dies bis in die 70er Jahre des 20. Jahrhunderts gedauert und fiel zusammen mit den Tendenzen in der Baukunst zur „Postmoderne", die historische Zitate in ihre zeitgenössischen Schöpfungen aufnahm.

Bis in diese Zeit hinein war man sich in Wiesbaden der Bedeutung des Historismus für das außergewöhnliche Stadtbild nicht bewusst. Unter Kommunalpolitikern wie auch Architekten lebten die Vorurteile gegenüber dem „unschöpferischen Stil" weiter und so gingen leider einige wertvolle Bauwerke durch Abriss verloren. Dabei war Wiesbaden schon immer als eine besonders schöne Stadt bekannt, nur verband man dies nicht mit der Baukunst des Historismus. Inzwischen hat sich der Historismus als selbständiger, durchaus schöpferischer Stil sowohl in der Kunstwissenschaft als auch im allgemeinen Bewusstsein durchgesetzt.

Historisierende Phasen in der Kunstgeschichte

Blickt man in der Kunstgeschichte zurück, so findet man mehrere Phasen, in denen man bewusst auf ältere Stile zurückgriff, in denen man also bereits eine historistische Haltung kannte.

Abb. 206: Baptisterium in Florenz, toskanische Protorenaissance des Mittelalters, entstand zwischen 1059 und 1150

So bedeutet der augusteische Klassizismus in der Regierungszeit von Kaiser Augustus (27 v. Chr.–14 n. Chr.) für die römische Baukunst eine Wiederaufnahme der griechischen Klassik. In der toskanischen Protorenaissance von etwa 1050–1150, zum Beispiel beim Baptisterium in Florenz (Abb. 206), kam nach den Karolingern die erste Anlehnung an antike Baukunst. In der eigentlichen Renaissance folgte dann die Wiedergeburt der Antike. Die Neugotik im 16. Jahrhundert erwuchs aus der Gegenreformation, indem man – zum Beispiel bei der Jesuitenkirche in Molsheim (1614–18, Abb. 207) – an die Frömmigkeit des Mittelalters anknüpfen wollte.

Im Unterschied zu diesen vorausgehenden historisierenden Phasen in der Baukunst, die – abgesehen von der Renaissance – stets neben der Hauptströmung existierten, kennt die Kunst des 19. Jahrhunderts nur den Historismus. Sie nahm nach und nach alle vorausgegangenen Stilrichtungen etwa in der Reihenfolge ihres Entstehens und schließlich alle gemeinsam zum Vorbild ihres eigenen Schaffens.

Im Gegensatz zu früheren Kunstepochen reflektierten die Architekten des 19. Jahrhunderts über ihre Kunst. Je stärker sie sich aus der Abhängigkeit ihrer Auftraggeber befreien konnten, desto mehr emanzipierten sie sich vom fürstlichen Baumeister zum freien Architekten. George Gilbert Scott (1811–78) schrieb 1858 in seinem Buch „Remarks on secular and domes-

tic Architecture, present and future": „Das besondere Charakteristikum der Gegenwart ist, daß wir mit der Kunstgeschichte vertraut sind. Wir wissen besser als sie selbst, was die Griechen den Ägyptern, die Römer den Griechen, der romanische Stil Rom verdankt haben. Es bleibt unsere Aufgabe, uns allein von allen Generationen überlassen, unsere eigene Lage zu kennen und auf die ganze vorhergegangene Geschichte zurückzusehen. ... Wir können nicht die Bedingungen ändern, unter denen wir arbeiten. Sehen wir zu, daß wir sie uns unterwerfen können. Es wäre töricht, sich einzubilden, daß unsere Kunst ohne Einfluß auf das bleiben sollte, was wir selbst hervorbringen."

Historismus und Klassizismus

Bisher hat man den Klassizismus als einen eigenen Stil angesehen und vom Historismus getrennt. Doch handelt es sich nicht um einen eigenen Stil, sondern um eine Stilhaltung, die nicht allein in der Zeit zwischen 1780 und 1830 vorkommt. Bereits 1922 hat Siegfried Gideon daraufhin gewiesen, dass Klassizismus kein Stil, sondern eine „Färbung" sei. „Kaum ein Geschlecht, durch das nicht – stärker oder schwächer – klassizistische Zuckungen gingen. Wer zieht die Grenze, wer entscheidet, daß eine Zeit vor allen anderen das Recht habe, Klassizismus genannt zu werden?" schreibt er.[49]

In der Tat gibt es nicht nur einen Klassizismus zwischen 1780 und 1835, sondern auch den Neoklassizismus um 1870, den um den Ersten Weltkrieg herum, den im sogenannten Dritten Reich und unter Stalin. Nach meiner Auffassung ist der Klassizismus kein eigener Stil, sondern die erste Stilstufe des Historismus. Da sich die Architekten in dieser Zeit überwiegend die griechische und römische Antike zum Vorbild für ihr eigenes Kunstschaffen nahmen, könnte man die Entwicklungsphase zwischen 1780 und 1835 als antikisierenden Historismus bezeichnen. Wegen des allgemein gebräuchlichen Begriffes wird man aber weiter vom Klassizismus sprechen.

Zeitliche Gliederung

In ihrem Buch über die Wiener Architektur im 19. Jahrhundert gliederte Renate Wagner-Rieger den Historismus in folgende Entwicklungsstufen:[50]
etwa 1770–1830: Klassizismus und Biedermeier
etwa 1830–1860: romantischer Historismus
etwa 1850–1880: strenger Historismus
etwa 1880–1914: Späthistorismus und
                  Secession
Analog dazu schlage ich für den Historismus in Wiesbaden folgende Stilphasen vor:
1803–1835:   Klassizismus
               (antikisierender Historismus)
1835–1866:   romantischer Historismus
1866–1888:   strenger Historismus
1888–1914:   Späthistorismus und
               Jugendstil

Der Klassizismus und seine Wurzeln

Das Zeitalter des Klassizismus war geprägt von umwälzenden politischen Veränderungen in Europa, ausgelöst durch die Französische Revolution 1789, als Folge 1792–1805 die ersten drei Koalitionskriege der europäischen Fürsten gegen Frankreich mit dem Sieg Frankreichs, die napoleonischen Kriege gegen Preußen, Russland, Spanien, Portugal und Österreich von 1806–09 ebenfalls mit dem Sieg Frankreichs. Schließlich führten die Befreiungskriege 1813 bis 1815 mit der Niederlage Napoleons und seiner Absetzung sowie dem Wiener Kongress 1815 zu einer Neuordnung Europas. In dieser unruhigen Zeit wurde verständlicherweise wenig gebaut, wenn überhaupt, dann in den Residenzstädten, die nach der Vergrößerung der verbleibenden Fürstentümer ausgebaut wurden.

Abb. 207: Molsheim, Elsaß, Jesuitenkirche, 1614–18, neugotische Bauformen der Gegenreformation

Das Herzogtum Nassau und mit ihm seine Hauptstadt Wiesbaden nahmen dabei eine Sonderstellung ein. Nassau zählte zum Rheinbund und damit zu den Verbündeten Napoleons, dem sie auch die Vereinigung der beiden Fürstentümer Nassau-Usingen und Nassau-Weilburg zu einem Herzogtum 1806 verdankten. So lebte Wiesbaden weitgehend im Schatten der Kriege, wurde zunächst Sitz der Regierungsbehörden und dann Landeshauptstadt, wofür umfangreiche Maßnahmen zum Ausbau erforderlich waren. Während in den meisten Fürstentümern Deutschlands die verstärkte Bautätigkeit erst nach dem Wiener Kongress 1815 begann, konnte sie in Wiesbaden bereits ab 1803 einsetzen.

Wie zuvor in keiner anderen Epoche wurde die Entstehung des Klassizismus literarisch vorbereitet. Auf die Schrift von Friedrich August Krubsacius „Betrachtungen über den wahren Geschmack der Alten in der Baukunst" von 1747 wurde bereits hingewiesen. Zum wichtigsten Wegbereiter des Klassizismus wurde Johann Joachim Winckelmann (1717–68), dessen Erstlingswerk „Gedanken über die Nachahmung der griechischen Werke" 1755 erschien. Seine Begeisterung für die Kunst der Antike war bahnbrechend für die weitere Entwicklung. James Stuart und Nicholas Revett gaben ihr Werk „The antiquities of Athens" 1762 heraus, zu einer Zeit, als die Stadt noch von den Türken besetzt und für Europäer kaum zugänglich war.

Die ab 1734 unter König Karl III. von Neapel einsetzenden Ausgrabungen in Pompeji förderten das allgemeine Interesse an der Antike. Besondere Verehrung galt der griechischen Kunst, in der man die Ideale vollkommenen Menschentums sah. Von der Willkür des Abso-lutismus und den üppigen Formen eines sinnenfrohen Barocks strebte man fort zu den schlichten reinen Formen der Hellenen, in deren demokratisch regierten Städten man auch politisch das Vorbild sah. „Stille Einfalt und edle Größe" war die Devise der Zeit, und so strebte auch die Baukunst von der Formenvielfalt hin zur strengeren Gestaltung kubischer Baukörper.

Frankreich

Der Klassizismus als Proteststil gegen den Barock als Kunst der Gegenreformation und vor allem des Absolutismus wird häufig mit der Französischen Revolution in Verbindung gebracht, was generell auch zutrifft. Jedoch entstanden die Grundlagen und ersten Ansätze bereits deutlich vor 1789. Auch stammen die Werke der sogenannten Revolutionsarchitekten bereits aus der Zeit vor der Revolution, so der Kenotaph für Isaak Newton von Etienne Louis Boullée von 1784 oder die Kette von 60 Wach- und Zollhäusern, die Claude-Nicolas Ledoux von 1784–87 am Stadtrand von Paris aufführte. Bis auf vier wurden sie in den Revolutionswirren nach 1789 zerstört. Die erhaltene „Barrière de la Villette", (1784–89, Abb. 208) und die Zollhäuser an der Place Denfert-Rochereau (Abb. 209) sind charakteristische Zeugnisse für die neuartige Konzentration auf die große kubische Form unter weitgehendem Verzicht auf Gliederung und Ornamentik.

England

Früher noch als in Frankreich begann der Klassizismus in England, das zum Barock südeuropäischer Prägung nie ein Verhältnis hatte. Vielmehr herrschte hier der Palladianismus

Abb. 208: Rotonde de la Villette, Paris, revolutionäre Architektur als Gegenbewegung zum absolutistischen Barock, 1784–89

Abb. 209: Zollhäuser an der Place Denfert-Rocherau, Paris, 1784–87

vor, eine Stilrichtung, die auf den Schriften und Bauwerken des italienischen Architekten Andrea Palladio (1508–80) fußte. Seine Bücher „L'antichità di Roma" von 1554 und „Quattro Libri dell'architettura" von 1570 sowie seine berühmten Bauten in Vicenza, die Villa Rotonda (ab 1567), die Basilika (ab 1549), das Teatro Olimpico (ab 1580), sowie in Venedig San Giorgio Maggiore (1566–1610) und SS. Redentore (1577–92) fanden in England große Bewunderung und Nachahmung.

Der erste Vertreter des Palladianismus war Inigo Jones (1573–1652). 1603 besuchte er erstmals Italien und erneut 1613, diesmal für 19 Monate. Seitdem bewunderte er Palladio über alle Maßen. Nach seiner Ernennung zum Inspektor der königlichen Bauten Englands 1615 brach er radikal mit dem damals herrschenden Jacobean Style – auch „Good King James's Gothic" genannt – ähnlich der deutschen Renaissance in der Mischung mit gotischen Elementen. Hauptbeispiele für den neuen, an Palladio orientierten Stil von Inigo Jones sind das leider zerstörte Prince's Lodging in Newmarket (1619–22), das Banqueting House in Whitehall, London (1619–22) und vor allem das Queen's House in Greenwich (1616–18 und 1629–35,

Abb. 210). Vergleicht man diesen Bau mit der Westfassade der ungefähr gleichzeitig entstandenen Stadtkirche in Bückeburg von 1611–15 (Abb. 211), erkennt man den eklatanten Unterschied im Vorgriff auf den Klassizismus auf der einen und den typischen deutschen Manierismus auf der anderen Seite.

Auch Chiswick House in London (Abb. 212), erbaut um 1720 von Richard Boyle, 3rd Earl of Burlington, und das Mansion im Prior Park in Bath (Abb. 213), von John Wood d. Ä. 1735–45 errichtet, sind charakteristische Zeugnisse des Palladianismus in England, die zum Vorbild für den frühen Klassizismus in Deutschland wurden. Dies zeigt der Vergleich der genannten Bauten mit Schloss Wörlitz

Abb. 210: Greenwich, Queen's House, im Stil des englischen Palladianismus 1616–18/1629–35 erbaut

Abb. 211: Bückeburg, Niedersachsen, Stadtkirche von 1611–15, noch ganz dem Manierismus verhaftet

Abb. 212: London, Chiswick House, um 1720

Abb. 213: Bath, Mansion im Prior Park, 1735–45

Abb. 214: Wörlitz, Sachsen-Anhalt, Schloss, von Erdmannsdorff nach einer Englandreise 1763 entworfen

Abb. 215: Kassel, Mittelbau von Schloss Wilhelmshöhe, 1791–98 in Kenntnis des englischen Palladianismus erbaut

Abb. 216: Leer, Ostfriesland, Alte Waage, 1714

Abb. 217: Krummhörn-Greetsiel, Ostfriesland, Haus Nr. 43, 1794 in ähnlichen Formen

Abb. 218: Norden, Friesland, Mennonitenkirche. Der Mittelteil von 1662 und die beiden Flügel von 1796 und 1835 zeigen die lange Gültigkeit der schlichten barocken Bauformen, die zum Klassizismus überleiteten.

(Abb. 214), das Friedrich Wilhelm von Erdmannsdorff (1736–1800) nach den Eindrücken seiner Englandreise 1763 entwarf und 1769–73 errichten ließ. Auch Heinrich Christoph Jussow (1754–1825) hatte auf einer Englandreise den Palladianismus studiert, bevor er 1791–98 den Mittelbau des Schlosses Wilhelmshöhe in Kassel (Abb. 215) schuf.

Niederländisch-norddeutscher Barock

Eine dritte Wurzel des Klassizismus sind der niederländische und der norddeutsche Barock, die bereits im 18. Jahrhundert in ihrer Einfachheit klassizistische Züge besaßen. Beispiele aus Ostfriesland verdeutlichen dies: Vergleicht man die ehemalige Waage in Leer (Abb. 216) von 1714 mit dem Haus Nr. 43 in Greetsiel von 1794 (Abb. 217), so fällt es schwer, einen nennenswerten Unterschied festzustellen. Den kontinuierlichen Übergang eines schlichten Barock zum Klassizismus dokumentiert die Mennonitenkirche in Norden (Abb. 218). Der Mittelteil entstand 1662 als Patrizierhaus, das den Mennoniten gestiftet und zweimal erweitert wurde, mit dem linken Seitenflügel 1796, mit dem rechten 1835. Über einen Zeitraum von 173 Jahren wurden die Bauformen beibehalten, weil sie weiterhin Gültigkeit hatten.

Die Gestaltungsformen des Klassizismus

Den Klassizismus zeichnet im Rückgriff auf antike Formen eine klare, kubische Gestaltung aus. Die Bauteile und Gestaltungselemente spielen nicht mehr wie im Barock eine dem vielfältigen Erscheinungsbild dekorativ untergeordnete Rolle in der Gesamtkomposition. Vielmehr führt die Reduzierung im Klassizismus zur Vereinzelung der Gestaltungselemente und weist somit den Teilen eine hervorgehobene Stellung zu. Das Dach ist nicht mehr ein als eigene Form gestalteter Teil des Baukörpers, sondern wird möglichst hinter einer Attika „versteckt". Abstraktion vermittelt sich auch durch die scheinbare Eingeschossigkeit – die am antiken Tempel orientierte eingeschossig wirkende Fassade klassizistischer Bauten verbirgt die innere Geschossaufteilung. Dort, wo sie sichtbar ist, sind die Geschosse gleichwertig behandelt. Die Säule erhält neben ihrer tragenden Funktion eine bildhafte Rolle, der Klassizismus behandelt sie als Individuum genauso wie den Baukörper, der als Solitär platziert wird. Damit leitet der Klassizismus – auch im Städtebau – eine Abwendung von den bisherigen Gestaltungsgewohnheiten ein.

Vom Mansarddach zum flach geneigten Dach

Zum Wesen des Klassizismus gehört die Unterdrückung des Daches, das im Barock – zum Beispiel beim Schloss Weißenstein im oberfränkischen Pommersfelden (Abb. 219) – noch eine beherrschende Rolle spielte, jedoch von Simon Louis du Ry (1726–96) bereits beim 1787–92 erbauten Nordflügel des Schlosses in Kassel-Wilhelmshöhe (Abb. 220) hinter einer hohen Attika versteckt wurde. Diese aus rein ästhetischen Überlegungen gewählte Dachgestaltung erklärt Alois Hirt 1809 folgendermaßen: „Die Konstruktion eines hohen Daches ist unsolider und braucht mehr Holz. Ein flaches Dach schützt besser vor Wind und Kälte, da es geringere Angriffsflächen bietet. Regen fällt im Süden sogar mehr, weil er sich bloß auf einige Monate verteilt, klimatische Gründe für die Anwendung des hohen Daches sind damit hinfällig. Der Grund der durchaus unnötigen Anwendung im Norden war nur die konstruktiv ungeschickte Idee gewesen, ein Raumreservoir zu schaffen, was aber der Grundidee des Daches widerstrebt. Vor allem sind Mansarddächer verwerflich, da sie nicht nur hässlich sind, sondern außerdem andauernd schwierige Reparaturen erfordern. Ein aufgesetztes Geschoss erfüllt den Zweck besser."[51]

Man möchte fast annehmen, dass Karl Friedrich Schinkel (1781–1841) die Ausführungen Hirts kannte, als er 1832 beim Umbau des zunächst zweigeschossigen Palais Redern in Berlin (Abb. 221), das 1905 dem Bau des Hotel Adlon weichen musste, das Mansarddach beseitigte und ihm ein drittes Stockwerk aufsetzte. Dessen flach geneigtes Dach verbarg sich hinter der hohen Attika. Aus unserer heutigen Sicht ist es amüsant, dass Hirt ausgerechnet technische Gründe als Vorteil des flachen vor dem steilen Dach anführt. In Wirklichkeit verrät sein Hass auf das Mansarddach, dass es ihm um Gestaltung und nicht um Zweckmäßigkeit ging. Beim Bau der Universität München (Abb. 222) wurde „auf des Königs Befehl eine durchbrochene Galerie aus Kalkstein um das Dach gelegt, um die durch die Ziegelbedachung bedingte Höhe des Dachstuhls für das Auge zu mindern".[52]

Die Bevorzugung des flachen Daches aus ästhetischen Gründen darf nicht darüber hinwegtäuschen, dass sich der Klassizismus im Sinne des Rationalismus der Zweckmäßigkeit, der Nützlichkeit verschrieben hatte. Heute verwenden wir dafür den Begriff Funktion und definieren den Funktionalismus im Sinne von Louis Sullivans Forderung von 1896 „form follows function", dass die Form der Funktion folgt. Im Zeitalter des Historismus verstand man darunter mehr die symbolische Spiegelung der Zweckbestimmung eines Gebäudes durch die entsprechende äußere Form.

So entwickelte Gottfried Semper (1803 bis 1879) für die Architektur seiner Generation eine eigene Ästhetik, die allerdings nicht mehr die des hellenistischen Klassizismus, sondern der nächsten Generation, des romantischen Historismus, ist. In seiner Schrift „Vorläufige Bemerkungen über bemalte Architektur und Plastik bei den Alten" schrieb Semper 1834: „Nur einen Herrn kennt die Kunst, das Bedürfnis. Sie artet aus, wo sie der Laune des Künstlers, mehr noch, wo sie mächtigen Kunstbeschützern gehorcht. Ihr stolzer Wille kann wohl ein Babylon, ein Persepolis, ein Palmyra aus der Sandwüste erheben, wo regelmäßige Straßen, meilenweite Plätze, prunkhafte Hallen und Paläste in trauriger Leere auf die Bevölkerung harren, die der Gewaltige nicht aus der Erde zu stampfen vermag, das organische Leben griechischer Kunst ist nicht ihr Werk, es gedeiht nur auf dem Boden der Bedürfnisse und unter der Sonne der Freiheit." Seine Abneigung gegen die mächtigen Kunstbeschützer und seine Betonung der Freiheit kennzeichnen in seiner politischen Haltung die Nachwirkungen der Französischen Revolution, die ihn zum aktiven Beitrag an der Revolution von 1848 führten, weswegen er Sachsen verlassen musste.

Der äußere Schein der Eingeschossigkeit

Zu den vom Klassizismus angestrebten ästhetischen Zielen gehörte die Eingeschossigkeit, die den griechischen Tempel, der keine Geschosseinteilung kennt, zum Vorbild nimmt. Da in der Zeit um 1800 wegen der Kriege und allgemeinen politischen Lage kaum gebaut werden konnte, war dies eine Ära der Projekte. Nahezu alle Arbeiten, die mit dem „Grand Prix d'Architecture" der französischen Akademie ausgezeichnet wurden, zeigen für öffentliche Ge-

Abb. 219: Schloss Weißenstein, Pommersfelden, Bayern, mit einem barocken Mansarddach

Abb. 220: Nordflügel von Schloss Kassel-Wilhelmshöhe. Eine hohe Attika verbirgt das flache Dach.

Abb. 221: Umbauplan Schinkels für das Palais Redern, Berlin. Ein drittes Stockwerk ersetzt das Mansarddach.

Abb. 222: München, Universität. Eine Galerie aus Kalkstein verschleiert die tatsächliche Höhe des Dachstuhls.

Linke Bildspalte:

Abb. 223: München, Glyptothek, 1816–1830, eingeschossig wirkende Fassade mit flächigen Wänden und zentraler Säulenstellung

Abb. 224: Berlin, Altes Museum, 1825–28. Durch die Säulenstellung tritt die Zweigeschossigkeit außen nicht in Erscheinung.

Rechte Bildspalte:

Abb. 225: Schwerin, Neuer Markt, 1783–85, hinter der Säulenfront zurückgesetzte Wand mit den Fenstern der beiden Geschosse

Abb. 227: Heiligendamm, Mecklenburg-Vorpommern, Kurhaus von 1814–16. Auch hier ist die Mehrgeschossigkeit geschickt hinter der eingeschossig wirkenden Fassade verborgen.

bäude durchweg die Eingeschossigkeit und abwechselnd flächenhafte und fensterlose Wände mit reichlichen Säulenstellungen.

Diese Stiltendenzen verfolgten auch Leo von Klenze (1784–1864) bei seiner Glyptothek am Königsplatz in München (Abb. 223) von 1816–30 und Karl Friedrich Schinkel (1781 bis 1841) beim Bau des Alten Museums in Berlin (Abb. 224) von 1825–28. Er stellte die Säulen in die Front ein, unterdrückte optisch die Wand dahinter und auch die Fenster, so dass die innere Zweigeschossigkeit nicht in Erscheinung tritt und die Bindungen zwischen innen und außen geschmälert werden. Schinkel wandte damit einen Kunstgriff an, um innen die vom Nützlichen geforderten Ausstellungsflächen in zwei Geschossen unterzubringen, außen aber die vom Schönen her notwendige Illusion der Eingeschossigkeit zu schaffen.

Mit ähnlichen Mitteln gelang dies Johann Joachim Busch (1720–1802) schon 1783–85 mit seinem Neuen Gebäude am Markt in Schwerin – im Volksmund auch Krambudengebäude genannt – (Abb. 225), das in zwei Geschossen Läden enthält, mit der breitgelagerten Reihe aus 14 dorischen Säulen an seiner Fassade jedoch den Eindruck der Eingeschossigkeit vermittelt. Nach dem Vorbild des antiken Antentempels springt die Längswand einer Fassade gegenüber den Seitenwänden zurück, die Lücke wird mit einem Schleier von Säulen verhängt. Wie Schinkel bei seinem Alten Mu-

seum, wandte auch Carl Theodor Severin (1763–1836), Schüler von David Gilly, dieses Motiv bei seinem Palais am Kamp in Bad Doberan (1806–09), dem Kurhaus von Heiligendamm (1814–16, Abb. 227), dem Kurhaus von Bad Sülze von 1828 und der im gleichen Jahr entstandenen Gruft auf dem Friedhof von Buchholz in Mecklenburg-Vorpommern an.

Gleichwertige Geschosse

Wo mehrere Geschosse unvermeidbar waren, bemühte sich der Klassizismus, sie als gleichwertig darzustellen. Im Barock gab es eine klare Hierarchie der Geschosse, so beim Residenzschloss in Würzburg, 1720–44 von Balthasar Neumann erbaut (Abb. 229). Das Hauptgeschoss – die Beletage – wird hier als Wohnung des Fürsten, Ort großer Festlichkeiten und des Hofzeremoniells in der Höhe und der architektonischen Ausgestaltung deutlich hervorgehoben.

Bei Karl Friedrich Schinkels Feilnerhaus von 1829 in Berlin (Abb. 230) dagegen werden alle drei Geschosse gleich behandelt. Vergleichbares findet sich beim Schloss in Neuhardenberg (Abb. 231), das 1763 eingeschossig mit hohem Mansarddach entstanden war und von Schinkel in den Jahren 1820–22 mit einem zweiten Geschoss und flach geneigtem Dach anstelle des hohen Mansarddaches ausgestattet wurde. Mit dem Verzicht, ein bestimmtes Stockwerk herauszuheben, erhielten die einzelnen Geschosse

eine größere Unabhängigkeit voneinander, sie wurden gleichmäßig horizontal übereinander geschichtet. Verbindende vertikale Gliederungselemente, wie sie im Barock zum Beispiel bei der sogenannten Villa Concordia in Bamberg, 1716–22 wahrscheinlich von Johann Dientzenhofer (1663–1726) erbaut (Abb. 232), üblich waren, werden nicht eingesetzt.

Bei der Reihung gleichwertiger Geschosse orientierte sich der Klassizismus an den Renaissancepalästen wie dem Palazzo Antinori in Florenz (Abb. 233), der Stadt, die als Wiege der Demokratie angesehen wurde. „Diese demokratischen Paläste mit gleichwertigen Stockwerkreihen mussten wenigstens nach der Straße zu verleugnen, daß ihr Inneres ein Herrschergeschoss birgt." (Gideon). Parallel zur gleichmäßigen Reihung der Geschosse wurde die Isolierung der einzelnen Gestaltungselemente betrieben. Während im Barock alle Teile in die Gesamtkomposition einbezogen und aus dieser nicht herauszulösen waren, wie man am Treppenhaus in Schloss Augustusburg in Brühl, 1743–48 von Balthasar Neumann (1687–1753, Abb. 234), erkennen kann, stehen im Klassizismus alle Teile selbständig im Raum oder scheinen beziehungslos in der Fläche zu schwimmen. Dies ergibt deutlich der Vergleich mit dem Weißen Saal im Schloss von Weimar, 1800–03 von Heinrich Gentz (1766 bis 1811) unter Mitwirkung Goethes errichtet (Abb. 235).

Abb. 229 (oben links): Würzburg, Residenz, 1720–44, klare Hierarchie der Geschosse mit Betonung des fürstlichen Hauptgeschosses

Abb. 230 (Mitte links): Berlin, Feilnerhaus, 1829. In der klassizistischen Fassade werden die drei Geschosse gleichwertig behandelt.

Abb. 231 (oben rechts): Neuhardenberg, Brandenburg, Schloss, 1820–22 Umbau der barocken zur klassizistischen Fassade

Abb. 232 (Mitte): Bamberg, Villa Concordia, 1716–22, barocke Vertikalverbindungen

Abb. 233: (Mitte rechts) Florenz, Palazzo Antinori, Renaissance-Horizontalbetonung als Vorbild für den Klassizismus

Abb. 234: Barockes Treppenhaus in Schloss Augustusburg, Brühl bei Köln. Alle Gestaltungselemente ordnen sich der Gesamtkomposition unter.

Abb. 235: Weimar, Weißer Saal, 1800–03. Die einzelnen Bauformen wirken für sich.

Abb. 236: Potsdam, Schloss Sanssouci, Marmorsaal von 1745–47 mit barocken, gekuppelten Säulen

Abb. 236a: Weimar, Thüringen, Weißer Saal, klassizistische Säulen, 1800–1803

Die folgenden drei Beispiele zeigen die Betonung des Kubus durch die Schrägsicht:

Abb. 239 (links): Berlin, Gillys Entwurf für einen Gartensalon, 1799

Abb. 238 (Mitte): Berlin, Friedrichswerdersche Kirche, Schinkels Entwurf von 1821

Abb. 240 (rechts): Berlin, Altes Museum, Schinkels Entwurf für das Treppenhaus, 1823

Die Säule

Während im Barock die gekuppelte Doppelsäule sehr beliebt war, wie zum Beispiel im Marmorsaal von Schloss Sanssouci in Potsdam, von Georg Wenzeslaus Knobelsdorff (1699 bis 1753) in den Jahren 1745–47 errichtet (Abb. 236), wird sie im Klassizismus strikt abgelehnt. Bei seinen Vorarbeiten zu dem unvollendeten „Lehrbuch über die Theorie architektonischer Constructions- und Kunstformen" schrieb Schinkel dazu: „Damit jeder Studierende sieht, daß kein Fall vergessen ist, müssen die fehlerhaften Anordnungen mit aufgeführt und figürlich dargestellt werden... Gekuppelte Säulen: eine Säule an dieser Stelle tut dasselbe, als Verschwendung."[53] Quatremère de Quincy zitierte Schinkel wie folgt: „Wir gestehen, daß das Kuppeln von Säulen im allgemeinen ein Missbrauch ist, dessen Hauptübel darin besteht, daß es dem Effekte der Säulen selbst schadet, die, indem sie sich mit anderen gruppieren, je nach dem Standpunkt, von wo aus man sie betrachtet, ihre individuelle Kraft verlieren."[54] Die Säule ist für die klassizistischen Architekten ein Individuum, als solches wird sie auch in Schinkels Saal im Alten Museum in Berlin behandelt.

Der Bau als freistehender Kubus

Barock und Klassizismus haben unterschiedliche Sehweisen. Barockbauten wie das Residenzschloss in Würzburg wollen frontal und axial gesehen werden, desgleichen barocke Raumfluchten wie zum Beispiel die in der Amalienburg in München, 1734–39 von François de Cuvilliés (1695–1768) errichtet. Dafür wurden die Türen zwischen den einzelnen Räumen axial in der sogenannten Enfilade aufgereiht (Abb. 237, vgl. CD). Der Klassizismus sieht weniger den Raum, sondern mehr den Körper. Er hat deshalb seine architektonischen Gebilde so dargestellt, dass deren plastische Seiten zur Geltung kommen.

Ob bei Schinkels Entwurf von 1821 für die Friedrichswerdersche Kirche in Berlin (Abb. 238), bei Friedrich Gillys (1772–1800) Entwurf für einen Gartensalon von 1799 (Abb. 239) oder bei Schinkels Plan von 1823 für das Treppenhaus des Alten Museums in Berlin (Abb. 240), stets wird der Kubus durch die Schrägansicht besonders betont. Bei der Villa im Schlosspark von Berlin-Charlottenburg, 1824 von Schinkel erbaut (Abb. 241), wird die klare kubische Form unter weitgehendem Ver-

zicht auf schmückende Details so stark hervorgehoben, dass man sich bereits fast an die Bauten der Neuen Sachlichkeit des 20. Jahrhunderts erinnert fühlt.

Folgen für den Städtebau

Dieses neue Gestalten in freistehenden Kuben hatte auch seine Auswirkungen im Städtebau, der im Mittelalter wie im Absolutismus von geschlossenen Platz- und Straßenwänden geprägt war, wie dies an der Place Vendôme in Paris, (1685/86, Abb. 242), am Moray Place in Edinburgh (ca. 1780, Abb. 243) und am Belle-Alliance-Platz in Berlin, (1735, Abb. 245) zu erkennen ist. Dagegen wurden beim sogenannten Circus in Putbus auf Rügen, 1828–45 von dem Berliner Architekten Johann Gottfried Steinmeyer (1780 bis 1851, Abb. 244a+b) erbaut, freistehende Einzelbauten um den kreisförmigen Platz errichtet. Der Hohlraum des Zylinders wird damit nicht mehr betont, sondern der selbständige Kubus jedes einzelnen Hauses. Dieses neue städtebauliche Konzept beherrschte auch die klassizistischen Stadterweiterungsgebiete von Wiesbaden beim Ausbau des Historischen Fünfecks. In den sogenannten herzoglichen Baugnaden von 1812 wurden finanzielle Anreize für Bauherren geschaffen, mit ihnen aber auch Gestaltungsvorschriften erlassen. Dazu gehörte, dass die Häuser nicht aneinander gebaut, sondern nur durch Torbögen miteinander verbunden werden durften. Die zweigeschossigen, fünfachsigen Häuser erscheinen wie auf einer Perlenkette aufgereiht.

Das ist noch stärker bei Georg Mollers Konzept für die westliche Neustadt von Darmstadt (Abb. 246) der Fall, da hier die Abstände der Häuser größer sind und Torbögen fehlen. In Mollers Beschreibung seiner Stadt von 1849 heißt es: „In den beiden [Anmerkung: Rhein-

und Neckarstraße] sowie mehr oder minder auch in den übrigen Straßen der Neustadt, ist zwischen den einzelnen Häusern ein Raum, oft groß genug für ein anderes Haus, oder mehrere andere gelassen, der von niedrigen Mauern, oder Staketenwänden umschlossen und als Garten angelegt, namentlich im Sommer durch sein überhängendes Grün einen freundlichen Eindruck macht, indem die Starrheit der langen

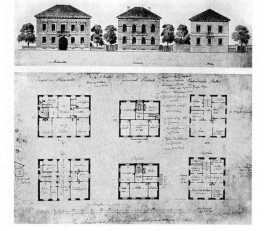

Abb. 241: Berlin, Villa im Park von Schloss Charlottenburg, 1824, klare kubische Form

Abb. 242: Paris, geschlossene barocke Bebauung an der Place Vendôme, 1685/86

Abb. 243 (Mitte): Edinburgh, Moray-Place, geschlossene Platzbebauung, ca. 1780

Abb. 244 und 245 siehe folgende Seite.

Abb. 246: Darmstadt, Entwurf für die Neustadt, 1849. Vorgesehen sind frei stehende kubische Einzelhäuser.

Abb. 244a (oben links):
Putbus auf Rügen, Circus,
1828–45. Rund um die kreis-
förmige Platzanlage sind freistehende Häuser als Solitäre
platziert.

Abb. 244b (rechts): Klassizistisches Einzelhaus am Circus in
Putbus

Abb. 245 (oben rechts): Berlin-
Kreuzberg, Belle-Alliance-Platz,
1735. Geschlossene Fassaden
umfassen den Platz.

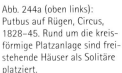

Abb. 247: Braunschweig, Vieweg-Haus am Burgplatz. Der
horizontal gelagerte, qualitätvolle klassizistische Kubus stört
dennoch die Maßstäblichkeit
der vertikal strukturierten
Fachwerkbauten am Platz.

Es könnte sich bei dieser Charakterisierung
genauso gut um eine Beschreibung einer
Wohnanlage des 20. Jahrhunderts handeln.
Sowohl in den städtebaulichen wie auch in
den architektonischen Gemeinsamkeiten
schwinden die häufig herausgestellten Gegen-
sätzlichkeiten zwischen dem frühen 19. und
dem 20. Jahrhundert, die man heute aus
einem größeren zeitlichen Abstand als gemeinsame Kunstepoche betrachten wird, so-
bald sich ein neuer Stil entwickelt hat.

Eine Folge des Gestaltens im Klassizismus
mit freistehenden, schmucklosen Kuben war
auch, dass es nach 1800 erstmals in der Ge-

Häuserzeile durch die beweglichen Blumen-
und Baumgruppen dazwischen angenehm
unterbrochen wird. Diese schöne altsächsische
Eigenthümlichkeit verleiht der Neustadt einen
wahren Vorzug vor anderen Städten, da sie die
Annehmlichkeit des Stadt- und Landlebens
vermittelt. Freilich haben dadurch die Bewohner einige Schritte weiter zu einander, sie sind
dafür aber auch der ‚Straßen quetschender
Enge‘ überhoben und athmen in den von vier
Seiten erhellten Häusern, in geräumigem Hof
und Garten eine gesündere Luft ein.“

schichte des Städtebaus zu empfindlichen Störungen kam. So großartig das vermutlich von David Gilly 1802–05 entworfene Vieweg-Haus am Burgplatz in Braunschweig (Abb. 247) als Einzelbau auch ist, für die bis dahin aus vertikal strukturierten Fachwerkbauten bestehenden Platzwände bedeutet der völlig horizontal gelagerte mächtige Kubus einen rücksichtslosen Bruch mit den seit dem Mittelalter angewandten Gestaltungsgewohnheiten. Auch in Farbgebung und Baumaterial wandten sich die Bauten des Klassizismus von den zuvor ortsüblichen Baugewohnheiten ab, wie man in Lübeck in der Großen Petersgrube (Abb. 248) erkennen kann. An die Stelle der schmalen, hochrechteckigen Giebelfassaden traten seit dem frühen 19. Jahrhundert breitgelagerte, strahlend weiß gestrichene Putzbauten, deren Attiken mit ihrer harten Horizontale im Kontrast zu den bewegten Umrißlinien der geschweiften oder gestuften Giebel der Nachbarhäuser stehen.

Karl Friedrich Schinkel hat diesen städtebaulichen Bruch gespürt, wie man seinem Bericht 1834 nach einer Reise durch die preußi-

schen Provinzen entnehmen kann. Bei der Betrachtung des von ihm selbst in der Baudeputation genehmigten neuen Postgebäudes in Danzig bemerkte er am 20. August 1834: „… ist der Herrn Regierungsrat Petersen von Stadtbaurat Zernecki nach einem in der Oberbaudeputation festgestellten Entwurfe recht gut ausgeführt … Im allgemeinen erzeugt die äußere Architektur in einfachem antikem Stil eine etwas fremdartige Wirkung unter den altertümlichen Giebelhäusern, deren Architektur

teilweise aus den letzten reichen Zeiten des Mittelalters datiert. Um den ehrwürdigen Charakter der alten Stadt nicht zu zerstören, dürfen nicht zuviel neue Gebäude dieser Art dazwischen treten, das eine lässt man sich wohl gefallen." Der schöpferische Architekt Schinkel weist sich hier zugleich als sensibler Denkmalpfleger aus, während einige Modearchitekten unserer Zeit meinen, dies sei nicht miteinander zu verbinden.

Gestaltungsziele des Klassizismus

Zusammenfassend ist festzustellen, dass das Streben der Architekten im Klassizismus 1803–35 weniger dem Nützlichen und mehr dem Schönen galt. Man hielt am ästhetischen Ideal des griechischen Tempels als Zeugnis edlen Menschentums fest, obwohl sich damit schwer die immer differenzierter werdenden Bauaufgaben des Industriezeitalters gestalten ließen. Daher ging die Generation Schinkels bald zur römischen Antike, dann zum frühchristlichen und schließlich zum altdeutschen Stil über.

Die Intentionen des Klassizismus lassen sich in folgenden Aspekten zusammenfassen. Sie sollen dazu dienen, die Bauten des Klassizismus in Wiesbaden zu beurteilen:

1. das Streben nach der Freiheit der Kunst, wie man sie schon einmal im griechischen Altertum verwirklicht sah;
2. zum ersten Mal eine genaue Kenntnis der Kunstgeschichte als Voraussetzung für das Schaffen der eigenen Zeit;
3. die Nützlichkeit eines Bauwerks, die sich auch in den Formen ausdrücken soll;
4. die Bevorzugung der Eingeschossigkeit und deren Vortäuschung da, wo zwei Geschosse erforderlich waren;
5. die Gleichwertigkeit der Geschosse;
6. die Vermeidung vertikaler Gliederungselemente;
7. die Darstellung als freistehender Kubus durch die Betonung der Ecken;
8. die Unterdrückung des Daches, das man als flachgeneigtes versteckte.

Abb. 248: Lübeck, Große Petersgrube, die vorgeblendete klassizistische Fassade steht im Spannungsverhältnis zu den vertikal gegliederten Giebelhäusern daneben.

Portikus des Erbprinzenpalais,
des zweiten klassizistischen
Großbaus in Wiesbaden

Klassizismus in Wiesbaden 1803–1835

In der Zeit, in der Wiesbaden als Regierungssitz des Herzogtums Nassau ausgebaut wurde, erhielt die Stadt klassizistische Züge, wie ein Stadtplan aus dem Jahr 1843[55] zeigt. Die Stadt ist gerahmt von einem Kranz klassizistischer Bauwerke, meist Badhäuser und Hotels. Alle wichtigen öffentlichen Bauten und die Wohnbauten im äußeren Stadtprospekt trafen in ihrer Schlichtheit ebenso wie in ihrer Einheitlichkeit genau den Zeitgeschmack des antikisierenden Historismus. Jedoch genügten sie den steigenden Ansprüchen eines wachsenden Kurortes und einer Residenzstadt bald nicht mehr, so dass sich das Bild Wiesbadens schon ab 1830 bereits wieder zu wandeln begann.

Die klassizistischen Anfänge

Der älteste klassizistische Bau steht in Wiesbaden–Mainz-Kastel, jenem Vorort, der erst seit 1946 kommunalpolitisch zu Wiesbaden, kulturgeschichtlich jedoch zu Mainz gehört. Es handelt sich um die sogenannte Rasella-Kaserne, Frankfurter Straße 15 (Abb. 249). Hier hatte der Kaufmann, Geldverleiher und Heereslieferant Rasella Gärten aufgekauft, auf denen um 1800 oder am Ende des 18. Jahrhunderts Wohnkasernen entstanden.[56] Als Baumeister wird Emanuel Joseph d'Herigoyen aus Mainz vermutet. Die vertikale Betonung durch die Ausbildung von fünf Risaliten in der Form flach vorspringender Wandfelder erinnert noch an barocke Gestaltungselemente und sollte wohl die Monotonie einer Wohnkaserne mildern. Dem Wesen des Klassizismus entsprechen die zurückliegenden, die Laibung betonenden Fenster und das relativ flach geneigte Walmdach. Der Bau steht in der Tradition des auf Französisch Louis-Seize genannten Frühklassizismus.

In der Kernstadt Wiesbadens beginnt der Klassizismus mit dem Bau der vier sogenann-

Abb. 249: Mainz-Kastel (heute Stadtteil von Wiesbaden), Rasella-Kaserne, ältester klassizistischer Bau in Wiesbaden, um 1800

ten Dicasterialhäuser (Abb. 250) vor dem Mainzer Tor am heutigen Schillerplatz. Dafür legte Carl Florian Goetz im Mai 1803 die Pläne vor, 1805 waren die Häuser fertiggestellt. Soweit sie nicht vorher abgerissen worden waren, fielen sie dem Zweiten Weltkrieg zum Opfer. Sie sind aber durch Fotografien und Zeichnungen überliefert. Durch die relativ hohen Walmdächer ihrer Eckbauten und die bündig sitzenden Fenster mit den Klappläden stehen sie noch in der Tradition der schlichten Barockbauten in Nassau, wie sie seit 1768 in Dillenburg an der Wilhelmstraße durch Johann Friedrich Sckell auch hier als Typenbauten für Regierungsbeamte[57] errichtet worden waren. Eine Zeichnung von Helfrich Bernhard Hundeshagen[58] (Abb. 251) stellt die Mainzer Dicasterialhäuser zusammen mit dem zunächst noch stehen gebliebenen Mainzer Tor dar, mit dem sie – abgesehen vom Mansarddach – fast eine Einheit zu bilden scheinen, zumal Hundeshagen die Risalitbildung der Fronten an der Marktstraße betonte und barock geschwungene Treppengeländer zeichnete.

Das Gesellschaftshaus – Wiesbadens erster klassizistischer Großbau

Als erster Großbau des Klassizismus in Wiesbaden wurde 1808–10 das Kur- und Gesellschaftshaus am Wiesenbrunnen errichtet, das allerdings 1904–07 dem heutigen Kurhaus von Friedrich von Thiersch weichen musste. Es war die erste große Chance für Christian Zais, der 1807 zur Gründung der Aktiengesellschaft einen ersten Plan (Abb. 252) als Kupferstich

Abb. 250: Heute nicht mehr existierende Dicasterialhäuser von 1803 vor dem ehemaligen Mainzer Tor, heute Schillerplatz

Abb. 251: Zeichnung von H. B. Hundeshagen, noch fast barock wirkende Platzanlage vor dem Mainzer Tor mit Dicasterialbauten

Abb. 252: Kur- und Gesell-schaftshaus am Wiesenbrun-nen. Zais' erster Plan, als Kup-ferstich von 1807 vorgelegt, verrät noch barockes Empfin-den.

Abb. 253: Kur- und Gesell-schaftshaus am Wiesenbrunnen. Die Fotografie zeigt den klassizistischen Portikus mit Säulen.

Abb. 254 a und b: Kur- und Ge-sellschaftshaus am Wiesenbrun-nen. Der Kursaal hinter dem Por-tikus mit Säulenreihen, die Goe-the an den Weimarer Schloss-Saal (rechts) erinnerten.

zweite, 1808–10 dann ausgeführte Entwurf (Abb. 253) von Zais baute auf dem ersten auf, indem er beim mittleren Portikus, den seit-lichen Pavillons und den verbindenden Kolon-naden blieb, das ganze allerdings nicht mehr ge-schwungen, sondern auf einer geraden Achse aufreihte. Während der große Kursaal zwei übereinander liegende Fensterreihen aufweist, suggeriert der weit vor die Flucht gezogene Säulenportikus die Eingeschossigkeit griechi-scher Tempel. Die drei Säulenordnungen des griechischen Altertums wurden angewandt: die dorische in den verbindenden Kolonnaden, die ionische im mittleren Portikus und die korin-thische innen im Kursaal. Die hinter einer Atti-ka versteckten und damit unterdrückten Dä-cher des ersten Entwurfs konnte Zais nicht durchsetzen. Sie waren zu modern; relativ flach

vorlegte. Er sah in der Mitte einen hohen Por-tikus mit sechs ionischen Kolossalsäulen sowie zwei Eckpavillons vor, die durch kreisförmig geschwungene Kolonnaden mit dem Mittelbau verbunden werden sollten. Man spürt bei die-sem Entwurf in der noch barocken Form des Verbindens der Baukörper die Schulung durch seinen Lehrer Friedrich Weinbrenner aus Karls-ruhe, der stärker als andere Architekten der Zeit um 1800 an barocken Gestaltungselementen festhielt. Mit der Unterdrückung des Daches und dem Eingeschossigkeit suggerierenden, je-doch wohl zweigeschossig geplanten Mittelbau erweist sich sein Schüler Zais als viel progressi-ver im Sinne des Hochklassizismus.

Für das damals noch kleinstädtische, erst vor-sichtig zu neuen Größen erwachende Wiesba-den war der Entwurf zu anspruchsvoll. Der

geneigte Sattel- und Walmdächer traten an ihre Stelle. Auf den erhalten Fotografien wirken sie flacher als auf den zahlreichen zeitgenössischen Stichen, woraus auf den konservativen Ge-schmack im damaligen Wiesbaden zu schließen ist.

Der große, direkt an den offenen Portikus anschließende Kursaal (Abb. 254a) besaß als wichtigsten Schmuck an jeder Langseite eine Säulenreihe in etwa halber Raumhöhe, darüber eine recht hohe Voutendecke. Das schmücken-de Beiwerk beschränkte sich auf die vergolde-ten korinthischen Kapitelle der Säulen, die Kassettierung der Voute und die Ornamente in der Flachdecke.

Es besteht eine gewisse Verwandtschaft zum Weißen Saal im Schloss zu Weimar (Abb. 254b), 1800–03 von Heinrich Gentz unter

Mitwirkung Goethes erbaut. Daraus erklärt sich Goethes Begeisterung, als er während seines Kuraufenthaltes in Wiesbaden 1814 schrieb: „Hier ist ein Saal erbaut, welcher den Weimarer Schloß- und Schießhaussaal vereint darstellt und größer ist als jene zusammen." In einem Aufsatz für das erste Heft seiner Zeitschrift „Kunst und Altertum in den Rhein- und Mayngegenden" steigerte sich die Begeisterung noch: „Dem Freund der Baukunst wird der große Cursaal Vergnügen und Muster gewähren. Dieser durch ansehnliche Befreyungen und Zuschüsse, von höchsten Behörden entschieden begünstigten Anlagen zeugen von des Herrn Baudirektor Götz und des Herrn Bauinspektor Zais Talenten und Thätigkeit."[59]

Das Erbprinzenpalais

Zais fand also mit dem Gesellschaftshaus, seinem Erstlingswerk, sogleich sehr viel Anerkennung, auch, weil es sich um den ersten Großbau des Klassizismus in Wiesbaden handelte. So ließ denn auch die nächste Aufgabe nicht lange auf sich warten. Das herzogliche Ministerium erteilte ihm 1813 den Auftrag, an der nördlichen Ecke der Friedrich- zur Wilhelmstraße ein Palais zu errichten, in dem der herzogliche Hof repräsentieren oder hochrangige Gäste unterbringen konnte. Schließlich fand aber Erbprinz Friedrich Wilhelm von Nassau-Usingen Gefallen an dem Bauwerk. Es blieb jedoch 1816 im Rohbau liegen, da sowohl Friedrich Wilhelm als auch Herzog Friedrich August von Nassau-Weilburg starben und der junge Erbprinz Wilhelm den Herzogsthron bestieg und in Biebrich residierte. Wir können also nur den Rohbau beurteilen, dazu das ursprünglich als Durchfahrt gedachte Vestibül im Erdgeschoss.

Das Erbprinzenpalais – heute Sitz der Industrie- und Handelskammer (Abb. 255) – wurde als großer, dreigeschossiger Baukörper freistehend mit der Hauptfront an der Wilhelmstraße erbaut. Kompromisslos wird der scharfkantige Kubus präsentiert und soll bewusst auch über Eck gesehen werden (Abb. 125). Vor die mittleren drei der insgesamt 17 Achsen setzte Zais über einem Sockelgeschoss mit dem Bogen der Einfahrt einen die beiden oberen Geschosse umfassenden Portikus mit ionischen kannelierten Säulen. Sie tragen das Gebälk und einen flachen Dreiecksgiebel. Die Wand zieht sich gleichmäßig hinter den Säulen durch; es gibt keinen Mauerrücksprung, die drei Fensterachsen werden zu den anderen lediglich durch Pilaster abgegrenzt.

Eine Gruppe klassizistischer Bauten stellte die Säulen in die Flucht der Seitenwände und ließ die Wand dahinter in einer Nische zurück-

Abb. 255: Das Erbprinzenpalais, der zweite klassizistische Großbau Wiesbadens. Der vor die Wand gestellte Portikus vermittelt hochklassizistisches Formempfinden.

Abb. 125: Erbprinzenpalais, ab 1813 als scharfkantiger Kubus an der Ecke Friedrich-/Wilhelmstraße erbaut

weichen. Darin folgte sie dem Vorbild des griechischen Antentempels, der ältesten Form mit einem rechteckigen Raum und Vorhalle. Zu dieser Gruppe gehören die Seitenflügel des Schlosses von Kassel-Wilhelmshöhe, 1786 von Simon Louis du Ry, das Große Palais am Kamp in Bad Doberan, 1806 von Carl Theodor Severin, das Kurhaus in Heiligendamm, 1814–16 ebenfalls von Severin, und das Alte Museum, 1825–28 von Karl Friedrich Schinkel erbaut.

Eine zweite Gruppe stellte den Portikus frei vor die hinter ihm durchlaufende Fassade und folgte damit dem griechischen Peripteros (Tempel mit Säulenumgang). Vorbild für diese Gruppe sind die Bauten des englischen Palladianismus: das Chiswick House in London, um 1720 von Richard Boyle, und Ralph Allen's House im Prior Park bei Bath, 1735–45 von John Wood d. Ä. Auf diese beiden greifen jene Architekten zurück, die auf Grund ihrer Stu-

Abb. 259: Erbprinzenpalais. Ionische Säulen im Vestibül, das ursprünglich als Durchfahrt geplant war

dien des englischen Palladianismus den Klassizismus nach Deutschland brachten: Friedrich Wilhelm von Erdmannsdorff mit seinem Wörlitzer Schloss von 1769–71 und Heinrich Christoph Jussow mit seinem Mittelbau des Schlosses Wilhelmshöhe in Kassel von 1791 bis 1798.

Christian Zais orientierte sich bei der Gestaltung seines Portikus am Erbprinzenpalais an den Bauten seines Lehrers Friedrich Weinbrenner: der evangelischen Kirche in Karlsruhe von 1807–16 und dem Kurhaus in Baden-Baden von 1822. Dieses trägt jedoch wegen der Verwendung des relativ steilen Walmdaches, der schlanken Säulen und der Pilastergliederung der Wand noch barocke Züge ähnlich wie seine Stadtplanung in Karlsruhe, was schon die Zeitgenossen empfanden und kritisierten. Zais lag 1791–98 also mit der Demonstration des kubischen Baukörpers und des frei davor gestellten Portikus ganz im Trend des Hochklassizismus. Das trifft auch für die Unterdrückung des Daches zu, das sich – flach geneigt – weitgehend hinter Kranzgesims und Attika verbirgt.

Im Erdgeschoss sind die Fenster (Abb. 256) besonders einfach gestaltet, nämlich lediglich aus der gebänderten Fläche heraus geschnitten, ohne dass eine Laibung sie betont. Eine Laibung gibt es zwar an den beiden Obergeschossen (Abb. 257, 258), jedoch nur schwach vor die Mauerfläche tretend. Stattdessen betont das deutlich zurückgesetzte Holzfenster die Stärke der Wand. Eine sehr einfach gehaltene Verdachung tragen nur die Fenster des ersten Obergeschosses. Als rückständig gegenüber dem Hochklassizismus empfindet man die ungleiche Behandlung der Geschosse, ein Relikt des Barock. Gegenüber dem durch die Bänderung des Putzes als tragender Sockel wirkenden Erdgeschoss und dem niedriger wie ein Mezzaningeschoss ausgebildeten zweiten Obergeschoss wird das erste Obergeschoss immer noch im Sinne einer barocken Beletage hervorgehoben.

Abgesehen von den zurückhaltend gestalteten Fenstern und den Säulen des Portikus ist der Bau dekorlos. Säulen sind auch der einzige Schmuck in der als Vestibül dienenden Durchfahrt (Abb. 259). Zwischen 1800 und 1820 – also während des Hochklassizismus in Deutschland – wurde die Säule zum Hauptmotiv, zu einem individuellen Wesen von besonderer Schönheit, weshalb sie im Unterschied zum Barock nie gekuppelt, also paarweise, auftritt. Sie symbolisiert den plastischen Trieb der Zeit. In ihrer häufigen Verwendung folgt der Hochklassizismus nicht nur dem Vorbild des griechischen Tempels, sondern dem eigenen stilistischen Wollen.

Der klassizistische Kaiser-Friedrich-Platz

Wie sehr Christian Zais als Schüler Friedrich Weinbrenners städtebaulich noch barocken Gewohnheiten verhaftet war, zeigt sein erster Entwurf (Abb. 260) für die Bebauung vor dem ehemaligen Sonnenberger Tor von 1807/08. Dort plante Zais auf eigene Rechnung ein neues Kurzentrum, da die herzogliche Verwaltung bei so hochfliegenden Plänen zögerte.

Der heutige Kaiser-Friedrich-Platz wird an drei Seiten durch monumentale, dreigeschossige Bauten mit Mezzaningeschossen eingefasst, die Baukörper schließen direkt aneinander an: Es ist eine noch barocke Platzgestaltung. Auch die Differenzierung der Geschosse in ein tragendes Sockelgeschoss mit offenen Laubengängen, eine Beletage, ein niedrigeres zweites Obergeschoss und ein Mezzaningeschoss mit Fenstern, die in das Gebälk eingefügt sind, entspricht barocker Fassadengestaltung und nicht der vom Klassizismus angestrebten Gleichbehandlung der Geschosse. Dem Stil der Zeit um 1790–1820 folgte Zais dagegen in seinem Plan mit der Unterdrückung der flach erscheinenden Dächer, dem Durchlaufen der Wand hinter den frei davor gestellten Portiken und dem Verzicht auf Vertikalgliederungen wie auch der Bauornamentik.

Für eine private Kuranlage war dieser Plan nicht nur zu kostspielig, sondern wegen der nur herzoglichen Bauten zukommenden Monumentalität zu anspruchsvoll. Als Gegenstück zum Gesellschaftshaus hätte sich allerdings ein architektonischer Gesamtraum von ungewöhnlichen Dimensionen ergeben. Architektonisch war der weite Raum mit den vier zwar bescheideneren, aber im Sinne des Klassizismus moderneren Bauten (Abb. 261) immer noch angemessen eingefasst. Dabei war der größte

Abb. 261

ne Kolonnade, eine zweite führte vom Hotel „Nassauer Hof" zum alten Theater. Erstaunlicherweise hat Zais sein eigenes Haus (Abb. 264) durch einen mittleren, eingeschossigen Portikus mit darüber liegendem Balkon am stärksten akzentuiert. Der gleichwertige, ebenfalls harmonisch pro-

Abb. 262

Bau das Bad- und Kurhaus „Vier Jahreszeiten" (Abb. 262), das mit seiner Hauptfassade von 23 Fensterachsen an der Wilhelmstraße (Abb. 263) lag. Der sehr langgestreckte, ganz schlicht gehaltene Bau wurde lediglich durch einen in den drei mittleren Achsen befindlichen Balkon akzentuiert. Die Seite zum Platz zählte immerhin noch neun Fensterachsen, ein gewaltiges Bauvolumen von bis dahin nie dagewesenen Ausmaßen mit rund 200 Zimmern. Der voreilige Abbruch der durchaus aufbaufähigen Ruine nach dem Zweiten Weltkrieg hat der oberen Wilhelmstraße ihren wichtigsten baulichen Akzent geraubt.

Mit der Differenzierung der Geschosse folgt der Bau dem Erbprinzenpalais, nur dass im Erdgeschoss erstmals bei Zais Rundbogenfenster verwandt wurden, wohl als Reduktion der Laubengänge des ersten Entwurfs. Der Verzicht auf jegliche Vertikalgliederung und die dadurch betonte kubische Geschlossenheit des Eckbaus sind ganz im Sinne des Hochklassizismus. Die gewollte Einfachheit hat man später nicht mehr geschätzt. Nachträglich wurden in die Mitte der Lang- wie auch der Schmalseite je ein eingeschossiger Säulenportikus gesetzt, ferner auch Balkone vor die drei äußeren Fensterachsen des ersten Obergeschosses.

Die Verbindung zu Zais' Wohnhaus in der Südwestecke des Platzes übernahm eine steiner-

portionierte Baukörper des Hotels „Nassauer Hof" war nach dem Entwurf von Zais (Abb. 265) zunächst ganz sachlich und erhielt bei der Ausführung lediglich einen Balkon vor den beiden südlichen Fenstern des ersten Obergeschosses. Im übrigen glich die Gestaltung beider Bauten weitgehend dem Bad- und Kurhaus „Vier Jahreszeiten".Vom „Nassauer Hof" stellten ebenfalls Kolonnaden die Verbindung zum Alten Theater her. Zais hielt es also noch für richtig, die Baukörper im Sinne reduzierter Platzwände im Erdgeschoss miteinander zu verbinden, so wie dies im Barock bei der Place Stanislas in Nancy erfolgt war.

Das Theater an der vierten Platzecke konnte Zais nicht mehr erbauen. Eberhard Friedrich Wolff führte es erst 1825–27 aus. Zais hatte sich mit seinem eigenen Projekt trotz der Zu-

Abb. 263

Abb. 264

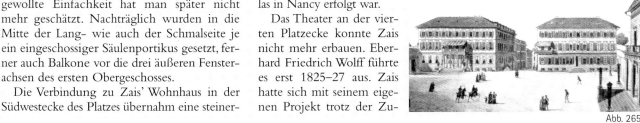

Abb. 265

Abb. 266: Der siebenachsige Modellbau Friedrichstraße 32 von Zais, ab 1813 erbaut, vereint die Stilformen des Hochklassizismus.

schüsse im Rahmen der herzoglichen Baugnaden finanziell übernommen. Dazu kam der Ärger mit den Wirten am Kochbrunnen, die ihm als ernstzunehmende Konkurrenz den Zufluss der Thermalquellen verweigerten. So starb er in Folge von Stress bereits 1820 im Alter von 50 Jahren an einem Herzinfarkt.

Die Neubauten der herzoglichen Baugnaden

Der Haustyp mit sieben Achsen – Friedrichstraße 32

Von Christian Zais' Schöpfungen steht heute außer dem Erbprinzenpalais nur noch das Haus Friedrichstraße 32 (Abb. 266). Im Zuge der Erstbebauung dieser Straße mit Modellhäusern nach den herzoglichen Baugnaden begann Zais 1813 das Haus für den Apotheker Otto, der es jedoch 1816 unvollendet an den Regierungsbeamten Carl Friedrich Schenk verkaufte, dem es bis heute seinen Namen ver-

dankt. Im Vergleich zu dem anderen noch erhaltenen Haus Friedrichstraße 5, aus der ersten von Carl Florian Goetz gestalteten Bebauung der Straße, ist der Bau von Zais ungleich eindrucks- und anspruchsvoller. Dazu tragen die sehr harmonischen Proportionen des noblen, breitgelagerten Baukörpers von sieben Achsen bei. Es war an der westlichen Ecke freistehend, an der östlichen ursprünglich nur durch einen – später überbauten – Torbogen mit dem Nachbarhaus verbunden. Das Gleichmaß beider Geschosse, die sparsam eingesetzten Details, lediglich mit einem schmalen Säulenportikus die Mitte betonend, und das flach geneigte Walmdach heben bei diesem spätesten Werk von Zais am stärksten die Stiltendenzen des Hochklassizismus hervor.

Der Haustyp mit fünf Achsen – Friedrichstraße 5

War Christian Zais eher Künstler und Unternehmer, so oblag dem stärker dem Beamtentum verhafteten Carl Florian Goetz die Organisation der privaten, durch die herzoglichen Baugnaden geförderten Bautätigkeit. Sie zielte auf die Gestaltung kleiner, unscheinbarer, zweigeschossiger Wohnhäuser, deren wichtigster Zweck es war, finanziell erschwinglichen Wohnraum zu schaffen und zugleich die als unansehnlich empfundene Altstadt mit einem Prospekt von Neubauten zu kaschieren.

Im Anschluss an die vier Dicasterialbauten entstanden bis 1811 zwölf Häuser im Sinne der Modellbauten, die von Goetz und Hundeshagen im Auftrag der herzoglichen Verwaltung entworfen worden waren. Erhalten blieb das Haus Friedrichstraße 5, ein zweigeschossiger Putzbau von fünf Achsen auf hohem Sockel (Abb. 275, S. 125). Der zurückliegende Eingang in der Mittelachse führt daher über eine Treppe mit acht Stufen. Das relativ steile Satteldach mit Aufschiebling (geringe Neigung im Traufbereich) folgt wie die Dicasterialbauten noch barocker Bautradition.

Die Aufteilung der Grundstücke an der unteren Friedrichstraße hatte Baudirektor Goetz bereits mit seinem ersten Entwurf zur Stadterweiterung von 1803 (Abb. 267) geplant. Dabei hatte er auch schon die Haustypen in einer sehr kleinen Abwicklung der Straßenfront vorgegeben. Ergänzend dazu empfahl er in seinem Bericht vom März 1805: „Die vorzügliche Zierde erhält eine Strasse durch schöne Privat- und öffentliche Gebäude. Sachdienlich ist es daher, weder dem Eigensinn der Bauherrn noch dem meistens ungebildeten Geschmack der Handwerker die vordere Ansicht der Gebäude zu überlassen, sondern zum unumstöß-

Abb. 267 (vgl. Abb. 271): Die Grundstücksaufteilung von Baudirektor Goetz, 1803, führt auch die Modellhaustypen auf.

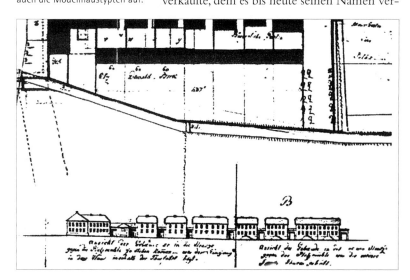

lichen Gedinge zu machen, daß keines von außen decoriert werden darf, ehe und bevor der fürstlichen Polizei eine Zeichnung vorgelegt und deren Genehmigung eingeholt worden ist." Durch dieses Mittel würden nach und nach die älteren Gebäude der Stadt (auch die sollten also klassizistisch umgeformt werden!) wenigstens von außen ein erträgliches Aussehen gewinnen, bei neuen Gebäuden aber der Vorteil gewonnen werden, dass in den Straßen selbst mehr Abwechslung entstünde. „Allen Gebäuden einerlei Höhe zu geben finde ich nicht schön und gegen das Gesetz der Abwechslung der Form, die eine Straße angenehm macht. Ich wünsche daher, daß man in dieser Hinsicht den Neubauenden alle Freiheit ließe und nur bestimmte, daß die Stockhöhen nicht zu niedrig gemacht werden und der erste Stock nicht unter 10 Schuh [etwa 3,16 Meter], der zweite nicht unter 11 Schuh [ca. 3,48 Meter] stehen dürfte, so wie man nicht zugeben sollte, daß die Sockel der Gedrungenheit unter 3 Schuh [0,95 Meter] stünden. Zugleich empfehle ich fürstlicher Baudeputation, daß die Straße nach der Pletzmühle [so hieß die Friedrichstraße damals noch] vor Bauende bestimmt ist, deren Vermögen nicht erlaubt, größere Wohnungen zu bauen, – alle diejenigen aber, so mehr Vermögen haben und größer bauen wollen in der Hauptstraße nach Biebrich [spätere Bahnhofstraße] angewiesen werden sollen."[60]

Die Modellbauten

Für die, durch die herzoglichen Baugnaden geförderten Neubauten wurden sogenannte Modellhäuser in drei Typen entwickelt:

1. Aufwendigere Häuser mit sieben Achsen und einem mittleren Eingang, eventuell davor mit kleinem Portikus, ausgeführt von Zais im Haus Friedrichstraße 32 (Abb. 266)
2. Schlichtere fünfachsige Häuser, z. B. Friedrichstraße 5 (Abb. 275) und Nerostraße 22 und 24 (Abb. 274)
3. Ganz bescheidene Häuser mit drei Achsen, im Bergkirchengebiet bei den „Katzelöcher" sogar eingeschossig, erhalten im „Bobbeschänkelche" Röderstraße 39 (Abb. 268) und bis vor kurzem auch im Haus Römerberg 31 (Abb. 269). Diese wegen ihrer Kleinheit „Katzelöcher" genannten Häuschen waren für den untersten Stand des dienenden Personals erbaut und beherrschten zunächst auch den östlichen Teil der Nerostraße. Da sie aber vom Kochbrunnen aus zu sehen waren und man sich vor den Kurgästen schämte, wurden sie durch größere Häuser ersetzt.

Abb. 268 und 269: Von den bescheidensten der Modellhäuser stehen noch die dreiachsigen Häuser Röderstraße 39 (oben) und Römerberg 31 (unten).

Der am meisten verbreitete Typ war der zweigeschossige Putzbau mit fünf Achsen und dem Eingang in der Mitte. Sehr ähnlich sind die Entwürfe von Georg Moller von 1818 für das Haus Rheinstraße 53 in Darmstadt (Abb. 270)[61], bereichert um eine Rustika im Erdgeschoss und einen Balkon über dem Mittelportal. Sein Grundriss entspricht den am meisten verbreiteten Modellhäusern in Wiesbaden. Dort betritt man das Erdgeschoss durch das Mittelportal an der Straßenseite, gelangt in einen mittleren Korridor, an den sich rechts und links die Wohnräume und die Küche anschließen. Die Treppe zum Obergeschoss mit einem Geländer aus kantigen Holzstäben liegt häufig an der Rückseite, die dafür durch einen Risalit mehr Tiefe erhielt. Die Aborte lagen auf halber Treppe. Die ersten mit Wasserspülung besaß das Jagdschloss Platte, 1822–24 nach englischen Vorbildern erbaut. Wann sie in den Wohnungsbau Eingang fanden, ist schwer zu ermitteln.

Für die Modellbauten lieferten Goetz und Hundeshagen Entwürfe (Abb. 271). Wegen des schlechten Baugrunds an den Stellen, an denen früher Weiher oder versumpfte Wiesen lagen,

Abb. 270: Entwurf Georg Mollers für das Haus Rheinstraße 37 in Darmstadt

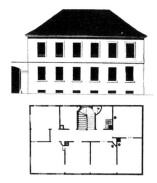

Abb. 271: Entwurf von Hundeshagen und Goetz für einen Modellbau in Wiesbaden

Abb. 272: Stich von Anton Radl, um 1830, mit einheitlicher Bebauung an Friedrich- und Wilhelmstraße und Erbprinzenpalais rechts im Bild.

Abb. 273 (Mitte): Stadtansicht und Blick in die Wilhelmstraße, 1840/50

Abb. 273a (vgl. S. 84): Die Torwege in der Luisenstraße 3, 5, 7 wurden 1866 überbaut.

Die Wohnräume hatten meist einen 25–30 Zentimeter hohen profilierten Holzsockel, der Wandputz war geschliffen und schlicht tapeziert, dabei in den damals üblichen leuchtenden Farben Indigo, Kauber Gelb, lichter Ocker oder Bremer Grün gehalten. Die Wandkehlen wurden durch ein flaches Stuckprofil von den Flachdecken abgesetzt. Die Fassaden wurden am stärksten von der Baupolizei reglementiert. So verbot ein Erlass des Ministeriums vom 3. März 1813, die Fenster in der Tradition des Barock bündig zu den Wandflächen zu setzen. Durch ihr Zurücksetzen sollte in den Laibungen die Stärke der Wand spürbar werden. Ein weiterer Erlass vom 23. Oktober 1812 schrieb Walmdächer anstelle der bis dahin üblichen Satteldächer vor, deren Giebel bei den schmalen Häusern kümmerlich aussahen. Besonderen Wert legte man darauf, dass die Häuser auf keinen Fall aneinander gebaut, sondern jeweils durch einen Torbogen für die Einfahrt der Wagen in den Hof voneinander getrennt wurden. Auf eine sorgfältige Gestaltung der Torbogen wurde geachtet, sie durften nicht überbaut werden, was dann in preußischer Zeit nach 1866 im Zuge des starken Wachstums der Einwohnerzahlen vielfach geschah. Zum lichten blaugrauen Anstrich der Fassaden hatte man das Holzwerk silbergrau zu fassen.

Bei seinem Kuraufenthalt in Wiesbaden lobte Goethe 1814 nicht nur den neuen Kursaal, sondern auch die neu angelegten Straßen. Dabei muss die gleichmäßige Reihung der zweigeschossigen Häuser auf der Nordseite der Friedrichstraße und der Ostseite der Wilhelmstraße recht monoton gewirkt haben, wie ein kolorierter Stich von Anton Radl aus der Zeit um 1830 (Abb. 272) erkennen lässt.[63] Das damals als „Schlösschen" bezeichnete Erbprinzenpalais ragt gewaltig über die kleinen Häuser hinaus. So wurde man bald der einförmigen Haustypen überdrüssig und gestaltete zum Beispiel die zwischen 1826 und 1834 entstandenen Häuser Luisenstraße 9 und 11 schon anspruchsvoller, was auch für die weitere Bebauung zutrifft. Gegen 1840/50 zeigt die Stadtansicht Wiesbadens (Abb. 273) bereits eine Umgestaltung mehrerer Häuser in der Wilhelmstraße – die alten waren nach dem ungeahnten Aufschwung der Kur zu klein und zu unscheinbar geworden.

Nach 1866 hatte man am unteren Ende der Luisenstraße die Häuser 3, 5 und 7 (Abb. 273 a/ vgl. S. 84) aufgestockt und die Torwege überbaut. Das kann man auch an anderen Modellhäusern der ersten klassizistischen Bauphase beobachten. Noch lange nach Auslaufen der Baugnaden 1818 und der Steuervergünstigun-

legte man besonderen Wert auf solide Fundamente. Beim Erbprinzenpalais hatte Zais dies versäumt, weshalb der Bau schon von Friedrich Luthmer 1914 als gefährdet angesehen wurde.[62] Die von 1812 bis 1818 geltenden weit gehenden Baugnaden sahen auch eine Förderung der Fundamentierung der Häuser vor. Steine hatte man am Hang des Taunus genug, und so wurden die Keller mit 1,50 Meter starken Wänden und Gewölben als steinerne Flachtonnen gemauert. Die Treppenstufen wie auch die Tür- und Fenstergewände führte man in Sandstein aus. Die Wände des Obergeschosses bestanden häufig aus Fachwerk, die Gefache waren mit kleinformatigen Ziegeln ausgemauert. Im Eingangsflur und den Gängen lagen Sandsteinplatten, die man noch in barocker Tradition diagonal verlegte oder bereits im Sinne des Klassizismus axial mit versetzten Stoßfugen.

Abb. 274, bis 1810: Nerostraße 22 und 24

Abb. 275, bis 1817: Friedrichstraße 5

Abb. 276: Saalgasse 2

Abb. 277: Nerostraße 32

Abb. 278, bis 1834: Röderstraße 5

Abb. 279: Röderstraße 14

Abb. 280: Steingasse 18

Abb. 281: Steingasse 28

Abb. 282, bis 1834: Luisenplatz 6

Abb. 283: Schwalbacher Straße 61 und

Abb. 284: Schwalbacher Straße 75, 77, 79

Beispiele für Neubauten unter der Ägide der herzoglichen Baugnaden

Abb. 285 und 286, bis 1843: Dambachtal 3 und 5

Abb. 287, 288 und 289, bis 1857: Kapellenstraße Nr. 17, Nr. 21 und Nr. 25

Abb. 290: Hochstraße 5

Abb. 291: Hochstraße 8-10

Abb. 292: Ludwigstraße 13

Die spätesten Beispiele für Häuser nach dem Vorbild drei- oder fünfachsiger Modellbauten finden sich 1863/64 im Bereich der Maria-Hilf-Siedlung in der Hochstraße 5 (Abb. 290) und 8-10 (Abb. 291) sowie in der Ludwigstraße 13 (Abb. 292).

Oben: Abb. 293, 294, 295
Nebenstehend: Abb. 298, 299
(Weitere Beispiele siehe ergän-
zende CD, Abb. 296 und 297)

gen 1840 wurde der Bautyp eines zweigeschossigen, fünfachsigen schlichten Traufenhauses
verwandt. Trotz vieler Verluste durch höhere
Neubauten finden sich beim aufmerksamen
Betrachten noch die oben stehenden, hier zeit-
lich nach den Plänen von Spielmann geordneten Häuser aus der ersten, der klassizistischen
Bauphase.

Ein interessantes Detail sind die Brüstungs-
gitter in den Fenstern, die sich bei den Häusern Luisenstraße 5 (Abb. 293), Nerostraße 22
(Abb. 294) und 24 (Abb. 295) und Saalgasse 2
so stark gleichen, dass man von einem Guss
nach dem selben Model ausgehen kann. Sie
alle entstanden zwischen 1810 und 1817, mit

Ausnahme des Hauses Luisenstraße 5, das zwi-
schen 1826 und 1834 entstanden sein muss.
Die Häuser Saalgasse 38 (Ecke Nerostraße/Ka-
pellenstraße 17) (Abb. 298) und Saalgasse 5
(Abb. 299) haben etwas anders gestaltete, im
Prinzip aber ähnliche Gitter.

Die Alte Infanteriekaserne – Anlehnung an den Barock

Der einzige Großbau, den Carl Florian Goetz
entworfen hat, war die Alte Infanteriekaserne
an der Schwalbacher Straße (Abb. 300), mit
dem Mittelrisalit in die Achse der Luisenstraße
gerückt. Die Kaserne wurde 1911/12 abgebrochen. Stehen blieb nur das einstige Offizierska-

Abb. 300-301: Alte Infanteriekaserne. Der Entwurf von Goetz
greift noch das barocke Motiv
des Ehrenhofes sogar mit verbundenen Baukörpern auf, wie
z. B. bei Schloss Charlottenburg,
Berlin, Abb. 301.

Abb. 302: Bei Schloss Wilhelmsthal in Calden bei Kassel zeigt
dagegen die Lösung der Seitenbauten vom Hauptbau klassizistische Tendenzen im Spätbarock.

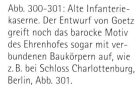

sino in der Dotzheimer Straße 3, bis vor kurzem von der Volkshochschule genutzt und durch Graffiti-Sprayer bis zur Unkenntlichkeit verunstaltet.

Vergleicht man die Schöpfungen von Zais mit diesem Großbau von Goetz, so ist festzustellen, dass letzterer noch stärker barocker Tradition verpflichtet ist. Die weitgespannte Dreiflügelanlage umschließt einen Ehrenhof ganz im Sinne des barocken Schlossbaus, vergleichbar dem Schloss in Berlin-Charlottenburg (1695–99 und 1701–13, Abb. 301).

Von einer kubischen Freistellung der Baukörper kann keine Rede sein. Die diagonal gestellten Flügel in den Hofecken leiten schwungvoll zu den Seitenflügeln über und vermeiden so jene kristalline Härte, die den Klassizismus kennzeichnet. Die Ausbildung eines um eine Fensterachse vortretenden Mittelrisalits und dessen eingetiefter Wandfelder betonen noch ganz die barocke Ordnung der Gliederung, während das flach geneigte Dach und das Gleichmaß der Geschosse – vorgegeben wohl durch die Funktion als Kaserne – uns lehren, dass es sich doch um ein Werk des Klassizismus und nicht des Barock handelt. Merkwürdig, dass Goetz bei den privaten Wohnhäusern auf eine Freistellung der Baukörper bestand, während er hier darauf verzichtete, die Seitenbauten freizustellen, obwohl dies gelegentlich schon im Spätbarock vorkam, zum Beispiel beim Schloss Wilhelmsthal in Calden, 1747–55 nach Plänen von François de Cuvilliés erbaut (Abb. 302).

Der Palladianismus Friedrich Ludwig Schrumpfs

Zu den für das Herzogtum Nassau bedeutenden Architekten gehört auch Friedrich Ludwig Schrumpf, der in Wiesbaden nur noch mit dem – leider nur als Ruine überkommenen – Jagdschloss Platte vertreten ist, nachdem die

von ihm entworfene erste katholische Kirche auf dem Luisenplatz schon im Jahr der Fertigstellung einstürzte und ihre Reste beseitigt wurden.

Mit dem Entwurf zu dieser Kirche und dem Bau des Jagdschlosses Platte (Abb. 303), erbaut 1823–26, gab sich Schrumpf unter den Wiesbadener Architekten als der stärkste Anhänger des Palladianismus zu erkennen. Der würfelförmige Baukörper mit dem flachen Dach in Form eines Pyramidenstumpfes hat nach drei Seiten die gleiche Betonung der Mitte durch einen von einem Dreiecksgiebel abgeschlossenen Risalit. Nur die zur Stadt zugewandte Fassade wird durch zwei Säulen

anstelle der Pilaster hervorgehoben. Die Beziehungen zur Villa Rotonda in Vicenza (Abb. 304), begonnen 1567 von Andrea Palladio (1508–80), sind so deutlich, dass man das Gefühl hat, Schrumpf habe sein Vorbild direkt und nicht auf dem Umweg über den englischen Palladianismus studiert. Daher rührt die im Vergleich zu Zais' Erbprinzenpalais stärkere Betonung der Vertikalen durch die Gliederung mit Pilastern auch an den Gebäudekanten, denen so die typische klassizistische Schärfe genommen wurde.

Dass Schrumpf offensichtlich die Renaissance selbst studiert hatte, erkennt man an der

Abb. 303 (ganz oben): Palladianismus in Wiesbaden – das Jagdschloss Platte, 1823–26

Abb. 304: Palladios Villa Rotonda, Vicenza, ab 1567

Abb. 305: Entwurf zum Palais von Hagen, vermutlich von F. L. Schrumpf, Sonnenberger Straße, erbaut vor 1824–27

Abb. 306 (links): Entwurf der katholischen Kirche auf dem Luisenplatz, die im Jahr der Fertigstellung 1831 einstürzte.

Abb. 307: Brunnenkolonnade – Alte Kolonnade – 1826/27, mit 46 dorischen Säulen, ein hervorragendes Beispiel des Wiesbadener Klassizismus

Abb. 308: Griechischer Tempel von Segesta, Sizilien, mit dorischen Säulen, um 420 v. Chr.

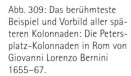

Abb. 309: Das berühmteste Beispiel und Vorbild aller späteren Kolonnaden: Die Petersplatz-Kolonnaden in Rom von Giovanni Lorenzo Bernini 1655–67.

Treppe im Inneren des kuppelbekrönten Zentralbaues. Sie windet sich in zwei Spiralen empor, die so schraubenförmig ineinander gedreht sind, dass zwei Emporschreitende gleichzeitig das Obergeschoss erreichen, ohne einander zu begegnen. Die Erfindung dieser originellen Treppenform geht auf Leonardo da Vinci zurück, von dem einige entsprechende Entwurfszeichnungen überliefert sind. Ausgeführt wurde die Doppelspiraltreppe erstmals im Schloss Chambord an der Loire, möglicherweise auf Anregung von Leonardo da Vinci, der seine letzten Lebensjahre 1517–19 in der Nähe von Amboise an der Loire verbrachte.

Auffallend ist die Verwandtschaft des vor 1824–27 für Oberst von Hagen errichteten, bereits 1840 abgebrochenen Palais oberhalb der Sonnenberger Straße (Abb. 305) zum Jagdschloss Platte, so dass man in dem Planverfasser Schrumpf vermuten möchte.

Die erste katholische Kirche auf dem Luisenplatz (Abb. 306) erbaute Schrumpf in den Jahren 1829–31. Ursache für ihren Einsturz 1831 war die mangelhafte Gründung auf der einst von Teichen eingenommenen Fläche vor der Stadtbefestigung. Ähnliche, wenn auch nicht so folgenschwere Mängel an den Fundamenten hatte es auch am Erbprinzenpalais gegeben. Denkt man sich die beiden ohnehin wie aufgesetzt wirkenden Glockentürme weg, kann man sich ebenfalls eine Villa nach dem Vorbild der Villa Rotonda von Palladio (Abb. 304) vorstellen. Die Eingangsseite wird hier durch einen Säulenportikus betont.

Die Alte Kolonnade

Die Brunnenkolonnade (Abb. 307) – auch Alte Kolonnade genannt – führt von der Wilhelmstraße zum Kurpark. Sie war wohl schon von Zais bei der Planung für sein Kurhaus vorgesehen. Da sich jedoch der Bau des Hoftheaters als Gegenstück an der Wilhelmstraße verzögerte, kam sie erst 1826/27 durch Baurat Heinrich Jakob Zengerle zur Ausführung. Zwischen zwei Eckpavillons sind 46 glatte dorische Säulen eingespannt. Dorische Säulen – ohne die

sonst üblichen Kanneluren – kommen bereits in der Antike vor, zum Beispiel bei dem griechischen Tempel von Segesta auf Sizilien um 420 v. Chr. (Abb. 308). Das Motiv der Säulenkolonnade entstammt ebenfalls der griechischen Baukunst, in der es vornehmlich zur Abgrenzung der Agora, des Marktplatzes, verwandt wurde. Bereits die Baukunst des Barock griff das Motiv wieder auf. Das berühmteste und zugleich großartigste Beispiel sind die Kolonnaden des Petersplatzes in Rom aus den Jahren 1655–67 von Gian Lorenzo Bernini (1598–1680, Abb. 309).

In Berlin markierten einst die sogenannten Königskolonnaden, 1777–80 nach Plänen von Carl von Gontard durch Georg Friedrich Boumann d. J. ausgeführt, den Abschluss der vom Alexanderplatz ausgehenden Königsstraße. Sie mussten 1910 dem wachsenden Verkehr weichen und säumen seitdem den Zugang zum Heinrich-von-Kleist-Platz (Abb. 310). Das sehr viel aufwendiger gestaltete Gebälk mit reichem, bewegtem Schmuck aus Statuen und Putten sowie der rhythmische Wechsel gekuppelter mit einfachen ionischen Säulen weist sie noch als Werk des Rokoko aus.

Dagegen atmet die Wiesbadener Kolonnade (Abb. 311) durch die straffe Reihung der einzeln stehenden Säulen, das schlichte Gebälk und die flachgeneigten Satteldächer ganz den Geist des Klassizismus. Charakteristisch ist, dass am vorspringenden Mittelpavillon der gegenüberliegenden Neuen Kolonnade – erbaut erst 1839 von Baurat Karl Friedrich Faber – Doppelsäulen auftreten. Dieser Teil wurde aber erst 1894 hinzugefügt, um den Eingang zum damals vollendeten Staatstheater hervorzuheben, zu einer Zeit, als der wilhelminische Neubarock längst seine Triumphe in Wiesbaden feierte. Es war dies der prunkvolle Ersatz für das relativ bescheidene Alte Hoftheater (Abb. 312), das bis zum Ersatz des heutigen Eckbaues des Hotels „Nassauer Hof" 1898 den Kaiser-Friedrich-Platz an seiner Nordostecke fasste.

Der Grundidee nach gehörte der durch Kolonnaden mit dem „Nassauer Hof" verbundene Bau noch zur Planung von Zais, der wegen seines frühen Todes 1820 seine Gesamtkonzeption nicht mehr ausführen konnte. Dies blieb dem Landbaumeister Eberhard Friedrich Wolff vorbehalten. Die schlichte, zweigeschossige Südfassade ist zur Betonung des Eingangs mit einem Portikus aus vier Säulen mit darüber liegendem Balkon ausgestattet. Beim Vergleich mit Haus Schenk, Friedrichstraße 32 (Abb. 266), oder dem Zaisschen Wohnhaus schräg gegenüber am Kaiser-Friedrich-Platz (Abb. 265) spürt man noch den Stil von Zais. Neu ist das flachbogige Thermenfenster im abschließenden Dreiecksgiebel. Die langgestreckte Fassade an der Wilhelmstraße erhielt durch den flachen, im Obergeschoss durch Pilaster gegliederten Mittelrisalit den erforderlichen Akzent.

Von der großartigen klassizistischen Raumschöpfung des Kaiser-Friedrich-Platzes durch Zais haben die Neubauten der wilhelmini-

Abb. 310: Die Königskolonnaden in Berlin, 1770–80, früher Königstraße, heute am Heinrich-von-Kleist-Platz, sind mit ihrem bewegten Schmuck und den gekuppelten Säulen dem Rokoko verhaftet.

Abb. 311: Die in Wiesbaden gegenüber den Alten Kolonnaden 1839 errichteten Neuen Kolonnaden erhielten 1894 im Zuge des Wilhelminischen Neubarock am Mittelpavillon Doppelsäulen als Eingang für das dahinter liegende Theater.

Abb. 312: Altes Hoftheater von 1825–27 an der Nordostecke des Kaiser-Friedrich-Platzes in Zais' klassizistischer Formensprache erbaut.

Abb. 313: Der wilhelminische Nachfolgebau des „Nassauer Hofs" steht anstelle des klassizistischen Hoftheaters. Die größeren Bauvolumen des Wilhelminismus lassen von der ursprünglichen klassizistischen Platzgestaltung wenig spüren.

Abb. 314: Der Luisenplatz: Beispiel für eine großartige klassizistische Platzgestaltung

Der Luisenplatz – eine klassizistische Platzgestaltung

Die am besten erhaltene Platzschöpfung des Klassizismus in Wiesbaden ist der von Landbaumeister Eberhard Friedrich Wolff 1830 angelegte Luisenplatz (Abb. 314), dessen Südseite noch ganz, die Nordseite zur Hälfte von klassizistischen Bauten gebildet wird.

Das Gebäude Luisenplatz 5 (Abb. 315) wurde 1829/30 als Münzprägeanstalt erbaut, das gegenüber liegende Pädagogium errichtete Bauinspektor Faber 1831. Vielleicht war dieser auch der Architekt der Alten Münze, denn beide glichen sich anfangs sehr stark, bis man um 1870 das Pädagogium, das heutige Kultusministerium (Abb. 316), mit einem dritten Geschoss versah und dadurch, wie auch mit der dichten Gaubenreihe im Dach, stark veränderte (Abb. 317).

Die Alte Münze dagegen hat ihre klassizistische Gestalt als langgestreckter, zweigeschossiger Bau mit sehr flachem Walmdach gut bewahrt. Die Lagerhaftigkeit der gleich hohen Geschosse wird nur in der jeweiligen Fassadenmitte zum Platz und zur Straße durch einen flachen, im Obergeschoss durch Pilaster gegliederten und von einem Dreiecksgiebel bekrönten Risalit unterbrochen. Die Rundbogenfen-

schen Ära und die Zerstörungen des Zweiten Weltkrieges mit den darauf folgenden maßstabslosen Neubauten nichts übrig gelassen. Die einzige Spur ist der Winkel zwischen dem nordwestlichen Flügel des „Nassauer Hofs" (Abb. 313), der an der Stelle des von Zais erbauten Vorgängers steht, und dem Hauptteil, der seit 1898 die Fläche des Alten Hoftheaters und der nach Westen anschließenden Kolonnade einnimmt.

Abb. 315: Die Alte Münze am Luisenplatz, 1829/30 in klassizistischer Formensprache erbaut, zeigt einen Bautyp, der in Wiesbaden vielfach verbreitet war.

Abb. 316: Ebenfalls am Luisenplatz stand das im Aussehen der Alten Münze sehr ähnelnde Pädagogium von 1831.

Abb. 317: 1870 um ein drittes Geschoss erhöht, ging die klassizistische Proportion verloren.

Abb. 318: Dem gleichen Bautyp folgte ursprünglich der Kavaliersbau des Schlosses, 1826 erbaut, nach Kriegszerstörung viergeschossig wieder aufgebaut.

ster im Erdgeschoss kommen als Motiv schon bei den Bauten von Zais am ehemaligen Theaterplatz, dem späteren Kaiser-Friedrich-Platz, vor.

Der klassizistische Bautyp der Alten Münze war in Wiesbaden mehrfach verbreitet, so auch am Kavaliersbau des Schlosses, der 1826 für den Dachdeckermeister Konrad Kalb erbaut, dann von der herzoglichen Verwaltung zur Arrondierung des Residenzschlosses gekauft worden war. Nach der schweren Beschädigung im Zweiten Weltkrieg wurde er abgetragen und – mit einem vierten Geschoss versehen – neu erbaut (Abb. 318), so dass er keine Aussagen über die originalen Proportionen mehr machen kann.

Zu dieser Zeit war Wiesbaden als Regierungssitz des Herzogtums Nassau eine Stadt des Klassizismus. Die Stadt war gerahmt von einem Kranz klassizistischer Bauwerke, meist Badhäuser und Hotels. Alle wichtigen öffentlichen Bauten und die Wohnbauten im äußeren Stadtprospekt trafen in ihrer Schlichtheit ebenso wie in ihrer Einheitlichkeit genau den Zeitgeschmack des antikisierenden Historismus. Jedoch genügten sie den steigenden Ansprüchen eines wachsenden Kurortes und einer Residenzstadt bald nicht mehr, so dass sich das Bild der Stadt im romantischen Historismus von 1830–66 zu wandeln begann.

Die Marktkirche in Wiesbaden gehört zusammen mit Schinkels Friedrichswerderscher Kirche in Berlin zu den bedeutendsten Backsteinkirchen des romantischen Historismus.

Romantischer Historismus 1835–66

Im Jahrzehnt zwischen 1830 und 1840 bemerkt man in der Baukunst des Historismus einen allmählichen Wandel in der Verwendung der Stilformen. Das Formengut der griechischen Architektur war gewissermaßen verbraucht, zumal die wenigen bekannten Säulentempel keine sehr große Variationsbreite boten. So wandte man sich zunächst der römischen Antike, dann frühchristlichen, schließlich gotischen Vorbildern und zugleich der italienischen Renaissance zu. Der von Renate Wagner-Rieger verwandte Begriff „romantischer Historismus"

folgt der entsprechenden Bezeichnung in der Geschichte von Malerei, Musik und Literatur.

Die Zentren der Entwicklung vom antikisierenden zum romantischen Historismus waren Wien, München und Berlin. Unter ihrem Einfluss machte sich auch in Wiesbaden der Wandel erstaunlich früh bemerkbar, wenn man bedenkt, dass die führenden Architekten alle noch aus dem Herzogtum stammten und ihre Tätigkeit fast ausschließlich innerhalb der Landesgrenzen lag. Karl Boos und Philipp Hoffmann gewannen den Anschluss an den Stilwandel durch ihr Studium in Freiburg und München sowie durch Reisen. In dieser Zeit konnte man sich über Neuerungen auch sehr schnell in Architekturzeitschriften, zum Beispiel der des Architekten- und Ingenieursvereins, informieren.

Der Rundbogenstil – Vorbild war die italienische Renaissance

Der Wandel in der Verwendung architektonischer Details tritt in Wiesbaden zum ersten Mal am Luisenplatz auf. Während die Alte Münze (Abb. 315) und das Haus Luisenplatz 3 (Abb. 319) noch ganz von den für Wiesbaden typischen Formen des Klassizismus beherrscht wer-

den, nimmt das Haus Luisenplatz 1 (Abb. 320) an der Südostecke zur Rheinstraße erstmals Elemente der italienischen Renaissance auf.

Haus Luisenplatz 1

Das Haus Luisenplatz 1 (Abb. 320) wurde 1835 für den Instrumentenmacher Wolf mit einer Front am Luisenplatz von 112 Fuß (33,6 Meter) und 90 Fuß (27 Meter) an der Rheinstraße erbaut. Von den elf Fensterachsen am Luisenplatz sind die drei mittleren zu einem Risalit zusammengefasst. Dessen Ecken sind durch Pilaster abgesetzt, im zweiten Obergeschoss durch Doppelpilaster, einem an sich im Klassizismus verpönten Motiv. Auch die Gebäudeecken zieren jetzt Pilaster, wie sie weder am Erbprinzenpalais, an der Alten Münze noch am Pädagogium vorkommen. Der scharfkanti-

Abb. 315 und 319: Die Alte Münze am Luisenplatz 5 (links) und das Haus Luisenplatz 3, sind noch in klassizistischen Formen gehalten (vgl. CD: Abb. 316–318)

ge Kubus des Klassizismus sollte jetzt gemildert werden. Zugleich wandte sich der Architekt von der allzu großen Schmucklosigkeit ab, indem er breite Gesimsbänder zwischen den Geschossen anordnete. Dazu erhielt jedes Stockwerk eine eigene Fensterform, wobei zwei völlig neue Motive eingeführt wurden. Zwar gab es bei den Zaisschen Bauten am Kaiser-Friedrich-Platz, bei der Alten Münze und dem Pädagogium bereits Rundbogenfenster. Während diese aber einfach in den gebänderten Putz eingeschnitten worden waren (Abb.

Abb. 320: Das Haus am Luisenplatz 1 nimmt Elemente der italienischen Renaissance auf.

Abb. 321–323: Entwicklung der Rundbogenfenster

Abb. 321 links: EG des Pädagogiums. Nach klassizistischer Art ist die Laibung eingeschnitten.

Abb. 322: Haus Luisenplatz 1 von 1835. Die Fenster im EG haben eine profilierte Laibung, Voluten-Konsolen und Fensterbänke.

Abb. 323: Haus Luisenplatz 1. Die Rundbogenfenster im 1. OG erhielten erstmals in Wiesbaden eine rechteckige Rahmung.

Abb. 324 (rechts): Der Palazzo della Cancelleria in Rom, um 1500, zeigt ebensolche profilierte Fensterlaibungen.

Abb. 325a und b: Die italienischen Renaissance-Motive der Gitter im 1. OG Luisenplatz 1 und Kapellenstraße 5 (Abb. 326, rechts) weisen auf den selben Architekten.

321), erhielten sie jetzt eine profilierte Laibung und Voluten-Konsolen unter den Fensterbänken (Abb. 322).

Sie sind ein Hauptmotiv der italienischen Renaissance. Ihnen gleichen die rechteckig gerahmten Rundbogenfenster im ersten Obergeschoss (Abb. 323) des Pädagogiums, die sehr ähnlich am Palazzo della Cancelleria in Rom (Abb. 324) vorkommen. Dabei handelt es sich um einen Bau aus der Zeit um 1500, den man früher mit Bramante (1444–1514) in Verbindung brachte. Ein interessantes Detail sind die gusseisernen Fenstergitter in den Obergeschossen (Abb. 325a), die sehr ähnlich am Haus Kapellenstraße 5 (zwischen 1834–1843, Abb. 325b) zu finden sind, allerdings nicht nach demselben Model gegossen wurden. Die Ableitung zweier Motive aus der italienischen Renaissance lässt vermuten, dass Karl Boos der Architekt des Hauses Luisenplatz 1 gewesen ist, denn er führte mit seinem Ministerialgebäude in der Luisenstraße (Abb. 343) erstmals diesen historischen Baustil in Wiesbaden ein.

Das herzogliche Stadtschloss

Das vom großherzoglichen Oberbaudirektor Moller aus Darmstadt 1835 entworfene Stadtschloss von Wiesbaden (Abb. 127) entstand inmitten der Altstadt, an beiden Seiten direkt angebaut an Bürgerhäuser. Dabei gehörte das nördlich anschließende Grundstück ursprünglich dem Herzog. Er schenkte es der katholischen Gemeinde, die es an den Dachdeckermeister Konrad Kalb verkaufte, der wiederum hier 1826 sein Wohn- und Geschäftshaus errichtete. Damals bestand keine Absicht, an der alten Stelle der nassauischen Burg ein neues Residenzschloss zu bauen, sonst hätte man die an zentraler Stelle liegende Parzelle nicht abgegeben. Vielmehr war geplant, das neue Residenzschloss an der Luisenstraße in der verlängerten Achse der Adolfsallee zu errichten. Da letztere in die Biebricher Allee mündet, hätte sie ganz im Sinne des Barock die Haupt- mit der Sommerresidenz verbunden. Auch die isolierte Anordnung des herzoglichen Schlosses am Stadtrand mit einem weiträumigen Platz für die Schlosswache und Paraden davor hätte der Tradition des Absolutismus entsprochen.

Als Herzog Wilhelm 1835 den Auftrag zur Planung seiner Stadtresidenz an Moller erteilte, hatte er beschlossen, an den historischen Ort seiner Familie zurückzukehren, um auf diese Weise seinen Herrschaftsanspruch geschichtlich zu untermauern. Eine Parallele dazu ist Schwerin, wohin die Großherzöge von Mecklenburg den Neubau ihres Schlosses auf der seit dem frühen Mittelalter mit einer Burg besetzten Insel zurück verlegten. Von 1754 an hatten sie in Ludwigslust in einem bequemen Barockschloss statt in der feuchtkalten Burg im Schweriner See residiert.

Abb. 326: Stadtschloss Wiesbaden, heute Sitz des Hessischen Landtags, ab 1835 in Anpassung an das Grundstück mit einer Eck-Erschließung erbaut (vgl. S. 79)

Abb. 327: Berlin, barockes Bürgerpalais Ephraim, 1762–66, mit abgerundeter Ecklösung

Abb. 328: Darmstadt, Casino Rheinstraße 36, die Ecke erhielt einen zylindrischen Baukörper.

Abb. 330: Das Erbprinzenpalais ist ganz von kubischer Bauauffassung geprägt.

Herzog Wilhelm von Nassau hatte als aufgeklärter Herrscher außerdem den Wunsch, inmitten seiner Bürger zu wohnen. So musste Moller auf einem sehr beengten, unglücklich zugeschnittenen Grundstück bauen, dazu an beiden Seiten an bestehende Bürgerbauten anschließen. Aus diesen Zwängen heraus, vielleicht aber auch gewollt, entstand für den Landesherren das Schloss, von dem alle zum ersten Mal vor ihm stehenden Besucher zunächst annehmen, ein stattliches Adelspalais vor sich zu haben. Es ist allerdings nicht mehr ein Residenzschloss im Sinne des Barock, das auch die gesamte Landesverwaltung beinhaltete, sondern ein reiner Wohnbau für den Herzog, seine Familie und die Dienerschaft. Denn für die in jener Zeit stark angewachsene Beamtenschaft wurde etwa gleichzeitig das Ministerialgebäude an der Luisenstraße errichtet.

Auf dem unregelmäßig zugeschnittenen Grundstück etwa in der Gestalt eines Trapezes war eine axialsymmetrische Eingangslösung nicht möglich. So wagte Moller erstmals beim Residenzschloss eines Landesherrn eine Eckerschließung (Abb. 127), wie sie bei einem Bürgerhaus bereits beim Berliner Palais Ephraim (Abb. 327), 1762–66 von Friedrich Wilhelm Diterichs für den jüdischen Hofjuwelier und Münzpächter Veitel Ephraim erbaut, gewählt worden war. Das in einer Rekonstruktion auf verschobenem Bauplatz erhaltene Palais beweist, wie geschickt es der Barock verstand, mit einer schwierigen Ecklage fertig zu werden.

Es ist nicht festzustellen, ob Moller das Palais Ephraim gekannt hat. Auf jeden Fall hat ihn die Idee einer Diagonalerschließung über Eck fasziniert, denn er verwandte sie bereits bald nach 1815 für das Casino Rheinstraße 36 in Darmstadt (Abb. 328). Während beim Palais Ephraim die stumpfwinklige Ecke einfach abgerundet und im Erdgeschoss ein Portikus mit gekuppelten Säulen davor gelegt ist, wählte Moller eine Lösung, die eindeutig der Isolierung kubischer Gebäudeteile im Sinne des Klassizismus dient. Er setzte in die eingeklinkte Ecke einen zylindrischen Körper. Diese Idee griff er 20 Jahre später beim Wiesbadener Schloss wieder auf, lagerte aber dem Erdgeschoss einen Portikus vor, weil hier der Haupteingang liegt, während das Casino in Darmstadt von der Rückseite her erschlossen wurde, allerdings ebenfalls diagonal (Abb. 329, vgl. CD).

Hatte das rund 20 Jahre früher von Christian Zais geschaffene Erbprinzenpalais (Abb. 330) noch die scharfen Ecken des Kubus betont, kann man beim Schloss eher von einem weichen Übergang von einer Platzseite in die andere sprechen, begünstigt durch den stumpfen Winkel. Im Vergleich fällt auch die Bereicherung an Gliederungs- und Schmuckformen auf. Beim Erbprinzenpalais sind die Fenster des Erdgeschosses (Abb. 331) hart in den gebänderten Putz eingeschnitten. Es gibt zwar aus

Abb. 331   Abb. 333

Abb. 335

Abb. 332: Wiesbadener Schloss, Fenster 1. und 2. OG mit profilierten Laibungen und reich geschmücktem Kranzgesims

Abb. 331, 333, 335: Fenster Erbprinzenpalais, EG, 1. OG und 2. OG mit einfachem Kranzgesims

Abb. 334: Am Wiesbadener Schloss erhalten die Fenster im 1. OG eine dekorative Rahmung mit Profilen und Voluten unter dem Sturz.

Abb. 340: Neuer Pavillon von Schinkel, Berlin, 1824, ein kompromissloser Kubus

Abb. 341: Schloss Charlottenhof, Potsdam, 1824. Schinkel tendiert hier zu einer malerischeren Auffassung.

Abb. 342: Stülers Eckgebäude an der Schlossstraße in Charlottenburg löst sich von der streng kubischen Auffassung zugunsten gebrochener Formen.

Abb. 334

technischen Gründen Gewände aus Sandstein, sie werden aber – anders als beim Schloss – nicht gezeigt, bei diesem aber auch im Geschoss darüber feinteilig profiliert (Abb. 332), während beim ersten und zweiten Obergeschoss des Erbprinzenpalais (Abb. 333 und 335) die Gewändesteine kahl blieben. Das entsprechende Fenster des Schlosses (Abb. 334) bekam zur Verzierung Voluten unter dem Sturz der Bekrönung und einen zarten Eierstabfries. Das Bild zeigt auch, wie dekorativ das Gesims zwischen Erdgeschoss und erstem Obergeschoss im Unterschied zum Erbprinzenpalais (Abb. 335) gestaltet ist, das gleiche gilt für das Kranzgesims beider Bauten.

Dass es sich bei den Veränderungen nach 1835 um keine auf Wiesbaden beschränkte Entwicklung handelt, erkennt man beim Vergleich zwischen früheren und etwas späteren Werken von Schinkel. Der 1824 für Friedrich Wilhelm IV. als Sommerhaus im neben dem Schloss Charlottenburg in Berlin erbaute Neue Pavillon (Abb. 340) ist ein kompromisslos einfacher Kubus mit einfachsten, sparsam eingesetzten Formen. Dagegen bemerkt man schon am 1826–29 für Kronprinz Friedrich Wilhelm IV. geschaffenen Schloss Charlottenhof im Park von Schloss Sanssouci in Potsdam (Abb. 341) stärker malerische Züge, indem der Baukörper geschickt der topographischen Situation angepasst und die Pergola und die Vorhalle bereichert wurden, wobei man auch Mut zur Asymmetrie aufbrachte.

Abb. 339: Tanzsaal im Schloss Wiesbaden mit formenreicher kostbarer Innenausstattung des romantischen Historismus im Gegensatz zu Abb. 336 und 337

Abb. 338: Pompeji, Wandmalerei mit Tänzerinnen in der Villa der Mysterien, Vorbild für historistische Wandgestaltungen

Abb. 336 (Mitte): Weißensteinflügel von Schloss Wilhelmshöhe in Kassel

Abb. 337 (unten): Saal des Alten Kurhauses in Wiesbaden

Berlin hielt unter dem Einfluss der Schinkel-Schule länger als andere deutsche Städte am Klassizismus als Grundhaltung fest, die preußischer Vorliebe zu Strenge und Sparsamkeit entsprach. Doch auch der Berliner Klassizismus nahm nach 1835 ganz andere Züge an, wenn man die beiden von August Stüler 1845–55 nach Angaben von König Friedrich Wilhelm IV. errichteten Eckgebäude an der Schlossstraße in Charlottenburg (Abb. 342) betrachtet. Am unweit gelegenen Neuen Pavillon von Schinkel werden die kantigen Ecken durch Pilasterstellungen gemildert. Die Mittelrisalite mit ihren Kolossalpilastern setzen einen stark vertikalen Akzent, ihre schmuckreichen Kapitelle, der darüber liegende Fries, die in eine Balustrade aufgelöste Attika und der bekrönende Tempietto wecken Erinnerungen an spätbarocke Bauten des englischen Palladianismus.

Dem gesteigerten Formenreichtum am Außenbau entspricht auch der des Inneren. Zwar haben sich in Wiesbaden nur wenige Innenräume des Klassizismus erhalten, doch reicht der Vergleich mit Innenräumen im Weißensteinflügel des Schlosses Wilhelmshöhe in Kassel (Abb. 336), dem Saal des alten Kurhauses von 1808–10 (Abb. 337) und dem Weißen Saal des Schlosses in Weimar aus (1800–03, Abb. 235, S. 111), um festzustellen, dass die noch um 1800 betonte Einfachheit nach 1835 zugunsten kostbarer Innenausstattungen aufgegeben wurde. Hier scheute man keine Kosten, um durch wertvolle Intarsien in Türen und Fußböden, elegante Möbel aus seltenen Hölzern und mit reichen farbigen Wanddekorationen malerische Interieurs zu schaffen. Dabei dienten den Malern Ludwig und Wilhelm Pose aus Düsseldorf unter anderem Wandmalereien aus den seit 1738 ausgegrabenen Ruinen von Pompeji in der Villa der Mysterien als Vorbild (Abb. 338), zum Beispiel für die Tänzerinnen im ehemaligen Tanzsaal des Schlosses (Abb. 339).

Das Ministerialgebäude von Karl Boos

Klassizistische Proportionen und kubisches Denken beherrschten noch die ersten Jahrzehnte des romantischen Historismus auch da, wo bereits nicht mehr antike Detailformen, sondern die der Gotik oder der italienischen Renaissance angewandt wurden. Das geschah in Wiesbaden am stärksten und nach dem Haus Luisenplatz 1 zum zweiten Mal beim Ministerialgebäude

Abb. 343: Orientierung an der italienischen Renaissance: Das Ministerialgebäude in der Luisenstraße, 1838–42

Abb. 344: Palazzo Medici-Riccardi, Florenz, 1444–52

Abb. 345–347: Mögliche Vorbilder für das Ministerialgebäude

Abb. 345 (unten links): München, Königsbau der Residenz, 1826–35

Abb. 346 (Mitte rechts): München, ehem. Kriegsministerium, 1828

Abb. 347 (unten rechts): München, Bayerische Staatsbibliothek, 1832–43

in der Luisenstraße (Abb. 343), 1838 von Karl Boos begonnen und durch den vorrangigen Schlossbau erst 1842 vollendet. Während der 22 Jahre ältere Moller (1784–1852) bei aller romantischen Bereicherung der Bauformen einer klassizistischen Grundstimmung verhaftet blieb, löste sich der jüngere Boos ganz davon und präsentierte einen Bau in den Formen eines italienischen Renaissance-Palazzo. Dazu gehört die gleichmäßige Höhe der drei Geschosse, das weit auskragende, kräftige Traufgesims, der nach oben schwächer werdende Fugenschnitt des Putzes und die Verwendung von Rundbogenfenstern in allen Geschossen.

Alle diese Elemente finden sich in der Florentiner Renaissance, zum Beispiel beim Palazzo Medici-Riccardi (1444–52, Michelozzo zugeschrieben, Abb. 344). Ob Karl Boos direkt auf dieses Vorbild zurückgriff, das er vielleicht von den Vorlesungen an der Universität in Heidelberg oder aus Büchern kannte, oder ob er die italienische Renaissance auf dem Umweg über die Münchener Bauten in der Ludwigstraße nach Wiesbaden brachte, lässt sich zur Zeit nicht eindeutig feststellen. Sein Ministerialgebäude entstand jedenfalls nahezu gleichzeitig mit dem Königsbau der Residenz, 1826–35 von Leo von Klenze (Abb. 345) gebaut, dem Kriegsministerium, 1828 ebenfalls von Leo von Klenze (Abb. 346) und der Bayerischen Staatsbibliothek, 1832–43 von Friedrich Gärtner (Abb. 347) an der Ludwigstraße in München errichtet.

Hier, wie wenige Jahre später, zeigt sich die große künstlerische Begabung von Boos, der die neue, auch „Rundbogenstil" genannte Architekturströmung mit einem nur kleinen zeitlichen Abstand nach Wiesbaden brachte. Deshalb liegt die Vermutung nahe, dass er auch der Schöpfer des Hauses Luisenplatz 1 gewesen ist, traten hier doch bereits 1835 Motive der italienischen Renaissance auf. Das Innere des Ministerialgebäudes brannte 1854 aus und wurde anschließend nach Entwürfen von Philipp Hoffmann neu gestaltet. Er hatte auf seiner Italienreise 1834 die seit dem 18. Jahrhundert ausgegrabenen Städte Herculaneum, Stabiae und Pompeji besucht und dort die antiken De-

Abb. 348: Wiesbadener Schloss, ehemaliger Konzertsaal mit überbordendem Schmuck im Stil des romantischen Historismus

korationsmalereien zeichnerisch festgehalten. Den ehemaligen Konzertsaal ließ er in freier Zusammenstellung von Motiven des sogenannten pompejianischen Stils ausmalen. Er setzte damit die beim Stadtschloss begonnene Bereicherung der Innenräume (Abb. 348) fort, wie sie 1858 beim Thronsaal des Residenzschlosses in Schwerin eine nochmalige Steigerung erfuhr.

Der Taunusbahnhof

Der aus der italienischen Renaissance abgeleitete Rundbogenstil beherrschte seit der Errichtung des Ministeriums in der Luisenstraße 1838–42 fast alle öffentlichen Bauvorhaben, so den Taunusbahnhof (Abb. 349), der 1839/40 an der Ecke der Rheinstraße zur späteren Friedrich-Ebert-Allee entstand. Hier erstreckt sich heute die Rhein-Main-Halle. Ein fünfachsiger,

zweigeschossiger Mittelteil mit flachem Pyramidendach und spitzem Uhrtürmchen wurde symmetrisch flankiert von zwei fünfachsigen Seitenflügeln. Deren Rundbogenfenster haben die gleiche Form und Größe wie die offenen Arkaden des Mittelteils. Nach Süden zu den heutigen Herbert-Anlagen hin schloss sich mit einem gewissen Abstand die offene Bahnhofshalle an. Das Empfangsgebäude für die 1856 eröffnete Rheinbahn (Abb. 350) wurde erst 1868 erbaut, überdauerte aber die anderen beiden Bahnhöfe, bis es 1967 der Erweiterung der Rhein-Main-Halle weichen mussten.

Die neue Elementarschule

Das als Residenz- und Kurstadt wachsende Wiesbaden benötigte unter anderem eine weitere Elementarschule, für die zunächst ein Wettbewerb veranstaltet wurde. Da er jedoch

Abb. 349: Taunusbahnhof von 1839/40 im von der italienischen Renaissance abgeleiteten Rundbogenstil, Ausschnitt

Abb. 350: Auch das Empfangsgebäude der Rheinbahn, erst 1868 erbaut, greift den Rundbogenstil auf.

kein befriedigendes Ergebnis brachte, beauftragte man 1861 Philipp Hoffmann mit der Planung. Als Bauplatz wurde das Gelände am Hang des Michelsberges vorgesehen. Von der Lage und der architektonischen Gestalt (Abb. 351) her wirkt der später zur Werkkunstschule umfunktionierte Bau wie ein Adelspalais, zumal von der Stadt her eine Allee axial darauf zuführte. Das war wohl die Quelle für das Ge-

heute noch der Nassauischen Sparkasse dienenden Ostflügel an der Rheinstraße (Abb. 352) als einen qualitätvollen Vertreter des Rundbogenstils, der immer noch den Einfluss der Bauten an der Ludwigstraße in München erkennen lässt. Die breiten Eckpilaster mit ihren eingetieften Feldern erinnern an die Schule auf dem Schulberg, nur sind sie noch mit Medaillons verziert, die mit ähnlichen zwischen den Fenstern des ersten Obergeschosses korrespondieren, gefüllt mit Laubrosetten. Der verstärkte Hang zum Dekorativen wird in der Bereicherung mit Schmuckformen sichtbar. Die von Pilastern gerahmten Felder unter den Fensterbänken (Abb. 353) sind im eingetieften Rechteckfeld mit einem quadratischen, über Eck gestellten Feld mit einer Laubwerkrosette bestückt. Winzige Voluten begleiten die Rundbögen der Fenster. Sie haben als Bekrönung je eine Palmette über zwei Voluten und prägen das Bauwerk auf besondere Weise. Unter dem auf Voluten kräftig auskragenden Kranzgesims (Abb. 354) liegt ein mit Muscheln gefüllter Bogenfries. Durch die umfangreichen Erweiterungsbauten von 1916 – ein um eine Fensterachse vortretender Mittelbau mit offenem Laubengang und einem symmetrisch zum Ostflügel ergänzten Westflügel (Abb. 355) – ist der Gründungsbau in seinen Proportionen beeinträchtigt worden, gehört aber dennoch zu den wichtigsten Zeugnissen des romantischen Historismus in Wiesbaden.

Die Rheinkaserne

Zu den letzten baulichen Zeugnissen des Herzogtums Nassau vor dessen Eingliederung nach Preußen 1866 gehört die Rheinkaserne in

Abb. 351: Die neue Elementarschule im Stil des romantischen Historismus, ab 1861 erbaut

Abb. 352: Die Nassauische Landesbank gehört zu den wichtigsten Zeugnissen des romantischen Historismus in Wiesbaden.

Abb. 353: Brüstungen unter den Fenstern der Nassauischen Landesbank: Die Palmetten über den Fenstern setzen besondere Akzente.

Abb. 354 (rechts): Betontes Kranzgesims an der Nassauer Landesbank

Abb. 355 (rechts unten): Spätere Erweiterungsbauten haben den Architekturcharakter stark verändert

rückt, der Entwurf sei ursprünglich für ein Palais gedacht, das der Herzog einer Geliebten bauen wollte. Von den elf Fensterachsen der zum Tal ausgerichteten Hauptfassade sind die drei mittleren zu einem flach vortretenden Risalit mit abschließendem Dreiecksgiebel zusammengefasst. Im Erdgeschoss liegt eine offene Vorhalle. Man könnte von einem Einfluss des Ministerialgebäudes in der Luisenstraße von Boos ausgehen, muss aber bedenken, dass Hoffmann ein Schüler von Friedrich Gärtner in München war und somit auch direkt von den dortigen Bauten der Ludwigstraße beeinflusst war.

Die Nassauische Landesbank

Bereits 1840 hatte Herzog Adolf im Zuge des Aufbaus seines Herzogtums zu einem modernen Staat die Nassauische Landesbank gegründet. Richard Görz errichtete 1863–65 den

Abb. 356: Die Rheinkaserne in Wiesbaden-Biebrich gehört mit ihren spitzbogigen Fenstern und Portalen zu den späten Beispielen des romantischen Historismus in Wiesbaden.

Biebrich (Abb. 356). Der Backsteinbau besteht aus einem erhöhten, fünfgeschossigen Mittelteil und zwei symmetrisch angeordneten Eckpavillons, die durch etwas niedrigere, viergeschossige Flügel von jeweils fünf Achsen miteinander verbunden sind. Die Portale und gekuppelten Fenster sind leicht spitzbogig. Wie die polygonalen Ecktürmchen wecken sie Erinnerungen an oberitalienische Schlossbauten, wie zum Beispiel in Mailand.

Vom Modellhaus zur Stadtvilla

In der Ära des romantischen Historismus schritt die südliche Stadterweiterung bis an die Nordseite der Adelheidstraße fort. Bei den Bauten auf der Nordseite der Rheinstraße wurde im Vergleich zur ersten Stadterweiterung 1803–35 ein neuer Maßstab angeschlagen. An die Stelle der kleinen Modellbauten traten palaisartige Bauten, wie das Haus Luisenplatz 1 von 1835. Zwei Jahre später ließ sich der nassauische Staatsminister Graf Walderdorff von Hoffmann ein stattliches Palais (Abb. 357) an der Stelle errichten, an der früher die neue Hauptpost stand, später das Hessische Ministerium für Wissenschaft und Kunst.

Der dreigeschossige, breitgelagerte Bau führte als neues Motiv in den dreiachsigen Seitenrisaliten über den Tordurchfahrten offene Loggien ein, deren jeweils zwei Säulen im ersten Obergeschoss ionische, im zweiten korinthische Kapitelle besaßen. Vier toskanische Säulen des dreiachsigen Portikus trugen einen Balkon. Auf der durchbrochenen Attika verliehen Vasen und eine mittlere Wappenkartusche dem Bau einen

malerischen Akzent. Die Attika verbarg das flache Dach. Philipp Hoffmann erreichte die für den romantischen Historismus typische Bereicherung der Gliederungs- und Schmuckformen ohne Rückgriff auf die italienische Renaissance, sondern blieb bei diesem frühen Werk noch im Formenvokabular des Klassizismus.

Alte Stadtansichten zeigen im Zusammenhang mit dem 1839/40 erbauten Taunusbahnhof, dass es am östlichen Ende der Rheinstraße auf der Nordseite drei weitere palaisartige, dreigeschossige Gebäude von acht und mehr Fensterachsen gegeben hat (Abb. 358). Ihre Tordurchfahrten waren zum Teil bereits überbaut, woraus zu schließen ist, dass man im Begriff war, wie beim Palais Graf Walderdorffs zur geschlossenen Bauweise überzugehen.

Die Rheinstraße war gemäß Spielmann-Plan von 1857 auf der Nordseite bereits bis zur Schwalbacher Straße bebaut. Am oberen Ende

Abb. 357: 1837 entstand das Palais Walderdorff in einer Verbindung aus Klassizismus und malerischen Details.

Abb. 358: Dreigeschossiges klassizistisches Palais in der Rheinstraße gegenüber dem Taunusbahnhof

Abb. 359: Grevesches Palais, Rheinstraße 37 (Nordseite), im Formenkanon des Klassizismus

Abb. 360: Südseite der Rheinstraße zwischen 1857–1868, bebaut mit einem spätklassizistischen plastischen Bautyp mit markanten Loggien

Abb. 361: Rheinstraße 82, (Nordseite), noch flächige Fassade von ca. 1860

Abb. 362: Nachträglich aufgestocktes Haus Rheinstraße 20 mit Resten der spätklassizistischen Fassade mit Ädikulamotiv, vor 1870

der Rheinstraße zum Luisenplatz hin hat sich als einziges Zeugnis aus der ersten Phase der Bebauung das Grevesche Palais mit der Hausnummer 37 (Abb. 359) erhalten. Der langgestreckte Bau von zwölf Achsen mit drei gleich hohen Geschossen wird ähnlich wie das ehemalige Palais Walderdorff durch zwei Eckrisalite geprägt, die hier nicht durch offene Loggien, sondern durch ein viertes Geschoss betont werden. Auch hier verblieb man im Formenkanon des Klassizismus und strebte die Wirkung eines Flachdachs an.

Die Südseite der Rheinstraße wurde zwischen 1857 und 1868 in geschlossener Bauweise bis über die Schwalbacher Straße hinaus vollendet. Die hier noch teilweise erhaltene Ursprungsbebauung (Abb. 360) vertritt den neuen, häufig vorkommenden Typ eines viergeschossigen Baues in spätklassizistischen Formen, der durch die mittleren, stark vortretenden Loggien eine starke Plastizität in den Straßenraum bringt. Durch eine gewisse Verwandtschaft zum Palais Walderdorff könnte man auf Philipp Hoffmann als Planverfasser schließen. Das Haus Rheinstraße 82 (Abb. 361) auf der gegenüberliegenden Nordseite wirkt mit sei-

nem reich gegliederten Mittelrisalit noch weniger plastisch und vertritt einen etwas älteren, ebenfalls im Gebiet der Stadterweiterung über die Rheinstraße hinaus mehrfach auftretenden Haustyp.

Zu dieser Zeit wurde die bereits bis 1834 bestehende Erstbebauung verdichtet und auf drei bis vier Geschosse höhergezont. Davon haben sich noch Fassadenteile von Haus 20 (Abb. 362), die vor 1870 entstanden sein müssen, als Teil der Deutschen Bank erhalten. Man erkennt daran, dass klassizistische Formen noch bis zum Ende des Herzogtums Nassau Verwendung fanden, jedoch in variierter Form mit dem Ädikulamotiv im Mittelrisalit, in dem sozusagen eine Fassade in der Fassade wiedergegeben worden ist. Das Durchbrechen des Dachgesimses in Giebelform gehörte zu den ungewöhnlichen Neuerungen des romantischen gegenüber dem antikisierenden Historismus.

Die vertieften Rechteckfelder unter den Fensterbrüstungen (Abb. 363) mit den Blattrosetten erinnern an die Nassauische Landesbank, wodurch sich die zeitliche Einordnung unmittelbar vor 1866 bestätigen würde. Die äl-

tere Fotografie eines Hauses in der Friedrichstraße (Abb. 364) zeigt, dass auch dort noch im romantischen Historismus bis 1866 an die Stelle der ersten kleinen Modellbauten einige stattliche dreigeschossige Neubauten getreten waren, deren Tordurchfahrten von vornherein überbaut waren, so dass die Vorschrift freistehender Baukörper inzwischen aufgegeben worden war.

Erste Villenbauten

Der Zeitraum zwischen 1845 und 1868 war eine erste Blütezeit des Villenbaues in Wiesbaden, das bald wegen dieser vornehmen Wohnbauten berühmt wurde und dadurch nach dem Anschluss an Preußen 1866 noch mehr Wohlhabende – jetzt auch aus Berlin – anlockte, sich hier niederzulassen.

Die Ursprünge der Villa

Ursprünglich entstammt die Villa der römischantiken Baukunst, in der die „villa rustica" jedoch ein Landhaus in Verbindung mit einem Ökonomiebetrieb war. In der Umgebung von

Wiesbaden bewohnten römische Offiziere der Mainzer Garnison derartige Villen, von denen einige durch Ausgrabungen bei Erbenheim im Bereich der Autobahn bekannt geworden sind. Die Tradition der römischen „villa rustica" lebte weiter in den Villen der italienischen Renaissance, zum Beispiel der Medici in der Toskana oder in den Villen des Veneto. Die meist dem Adel oder reichen Handelsherren gehörenden Villen dienten dem vorübergehenden Aufenthalt in der heißen Sommerzeit und für ländliche Feste. Die Villa des 19. Jahrhunderts dagegen hat mit Landgütern nichts gemein, sondern war für naturverbundenes, aber dennoch stadtnahes Wohnen bestimmt. Bis zum Ende des 18. Jahrhunderts besaßen nur Adelige die Möglichkeit, in der Natur zu wohnen. Der noch so wohlhabende Bürger konnte es nicht riskieren, zum Wohnen den Schutz der Stadtmauern zu verlassen. Erst als diese geschleift worden waren und die allgemeine Sicherheit durch den Aufbau einer Landpolizei größer wurde, konnte man vor die Tore ziehen. Das geschah zu Beginn des 19. Jahrhunderts zunächst durch Gartenhäuser, die man auf den Stadtmauern oder im Grüngürtel der eingeebneten Wälle errichtete, wie sie in Mühlhausen (Abb. 365) oder Grimma (Abb. 366) erhalten sind. Goethes Gartenhaus in Weimar (Abb. 367) ist das berühmteste dieser Gattung.

Abb. 363: Die Rechteckfelder unter den Fensterbrüstungen erinnern an die Formen der Nassauischen Landesbank.

Abb. 364: Friedrichstraße. Bis 1866 entstanden im romantischen Historismus stattliche Bauten.

Abb. 365 (unten links): Gartenhäuser auf der Mühlhauser Stadtmauer

Abb. 366: Gartenhäuser, Grimma

Abb. 367: Goethes Gartenhaus im Weimarer Grüngürtel

Das Landhaus vor den Toren der Stadt

Der nächste Schritt zur Entwicklung der Stadtvilla war das Landhaus inmitten eines weitläufigen Gartens vor den Toren der Stadt, wie es zunächst im Frankfurter Westend mit dem von 1817/18 der Familie Berna-Brentano in der Niedenau 80 (Abb. 368) vorkam, gefolgt vom Landhaus Rothschild in der Bockenheimer Landstraße von 1829 (kriegszerstört) und anderen, wie sie im Plan von Friedrich Wilhelm Delkeskamp (1794–1872) zu erkennen sind (Abb. 369). Mit dem Landhaus Berna-Brentano und auch der sogenannten Villa Bagatelle in Offenbach schuf der Architekt Johann Friedrich Christian Hess 1830 den Prototyp des klassizistischen Landhauses. Es handelt sich um einen einfachen, im Grundriss um die Symmetrieachse geordneten Baukörper in der schlichten, strengen Architektursprache des antikisierenden Historismus. Zwar gab es in Berlin eine ähnliche, von Schinkels Pavillon am Schloss Charlottenburg ausgehende Entwicklung mit Villen im Tiergarten an der Viktoriastraße. Damals stand Wiesbaden jedoch noch nicht unter dem Einfluss von Berlin, sondern orientierte sich am Frankfurter Westend.

Das Paulinenschlösschen – das erste Palais im Grünen

Den Auszug der wohlhabenden Bewohner in die grüne Natur eröffneten 1824 der Anwalt Bermbach sowie der Kammerherr und Oberst Freiherr von Hagen am Hang über der Sonnenberger Straße, den Zais für den Bau von Landhäusern vorgeschlagen hatte. Oberst von Hagen nannte sein Palais „Zur schönen Aussicht" – geblieben ist nur der Name der Straße, denn nach dem Konkurs des wohl zu üppig lebenden von Hagen kam das Grundstück auf Umwegen an Herzog Adolf. Hier ließ er 1841–45 für seine Stiefmutter Pauline das im Zweiten Weltkrieg zerstörte Paulinenschlösschen (Abb. 370) vom Architekten Theodor Götz errichten. Die Zeitgenossen sprachen vom „maurischen Alhambrastil" seiner Schöpfung. Am Außenbau ist dies mit unseren Kenntnissen nicht direkt nachzuvollziehen, denn es handelt sich für uns mehr um ein typisches Werk des romantischen Historismus, in dem der harte Kubus des Klassizismus durch die polygonalen Eckpavillons mit bekrönenden Statuen und die dazwischen gespannte Bogengalerie zum Malerischen gewandelt wurde.

Im Inneren aber pflegte die Herzoginwitwe offensichtlich gemäß der damaligen Mode den orientalischen Stil, denn es hat sich ein türkisches Zimmer aus dem Paulinenschlösschen im

Abb. 370: Das Paulinenschlösschen, 1841–45 anstelle des Palais von Hagen am Sonnenberger Hang erbaut, gab den Anstoß zum Bau weiterer Villen.

Abb. 371: Von dem leider kriegszerstörten Bau im Stil des romantischen Historismus ist eines der Zimmer im damals modernen „maurischen Stil" überliefert, heute auf Schloss Arolsen.

Residenzschloss von Arolsen (Abb. 371) erhalten, wohin es durch Erbgang gelangte und so der Kriegszerstörung entgangen ist.

Der Bau des Paulinenschlösschens gab wohl den eigentlichen Anstoß zum Villenbau, denn bis 1842 entstanden bereits östlich davon an der Sonnenberger Straße fünf, bis 1857 an der Parkstraße vier, an der Paulinenstraße fünf, an der Frankfurter Straße vier und an der Bierstadter Straße neun Landhäuser, wie die damalige Bezeichnung noch lautete. Erst von den

60er Jahren des 19. Jahrhunderts an sprach man von Villen, nachdem eine Verdichtung durch das Bebauen der parzellierten großen Gärten entstanden war.

Villa Frankfurter Straße 1

Von einer ersten Bebauung mit fünf Villen östlich der Wilhelmstraße in Richtung Bierstadt für die Familien Zimmermann, von Nauendorf, von Krauskopf, von Rettberg und von Erath haben sich noch einige erhalten, wenn

Linke Seite:

Abb. 368 (oben): Klassizistisches Landhaus der Familie Berna-Brentano in der Niedenau, Frankfurter Westend, 1817/18

Abb. 369: Der „Malerische Plan von Frankfurt am Main", 1864 von Friedrich Wilhelm Delkeskamp, zeigt die Villen an der Bockenheimer Landstraße umgeben von Gärten.

Abb. 372: Frühe Villa 1840/41, Frankfurter Straße 1, ursprünglich als zweigeschossiger Kubus angelegt, um 1870 aufgestockt

Abb. 373 (o. rechts): Bierstadter Straße 1, kurz vor 1845. 1876 wurden die Loggien und der polygonale Altan hinzugefügt.

Abb. 374 (Mitte rechts): Das Kutscherhaus Bierstadter Straße 1 bestand ursprünglich nur aus dem schlichten Kubus.

Abb. 375 (Mitte links:): Anregungen des Paulinenschlösschens finden sich im polygonalen Mittelrisalit des Hauses Bierstadter Straße 11 a, vor 1857.

Abb. 376 (unten): Bierstadter Straße 13, vor 1857, ganz vom Rundbogenstil beherrscht

auch meist in veränderter Gestalt. Die ursprüngliche Form ist bei der Villa Frankfurter Straße 1 (Abb. 372) noch abzulesen. Sie wurde 1840/41 für Freiherr von Rettberg als klarer, zweigeschossiger Kubus, mit plastisch vortretendem Kranzgesims und dahinter verborgenem, flachem Dach erbaut. Im Erdgeschoss waren die Fenster rundbogig, im Obergeschoss rechteckig. Die drei mittleren wurden dichter aneinander gerückt als die beiden äußeren, ohne dass es zur Bildung eines Risalits kam.

Der Bau galt offensichtlich als so innovativ, dass er schon um 1845 in einer französischen Bauzeitung veröffentlicht worden ist.[64] Dadurch konnte seine ursprüngliche Gestalt überliefert werden, denn um 1870, bald nachdem er 1860 in den Besitz der Familie von Holbach überging, wurde er um anderthalb Geschosse aufgestockt und mit Vorbauten in den beiden unteren Geschossen sowie mit einer Rustizierung im Erdgeschoss versehen. Ferner gehörten Eckverzahnungen im ersten und Doppelpilaster im zweiten Obergeschoss zur plastischen Belebung des Baues.

Villen in der Bierstadter Straße

Ähnlich erging es dem nachfolgenden Villen-bau, den sich die Familie von Erath kurz vor 1845 an der Bierstadter Straße 1 von Richard Goerz erbauen ließ. Eine Zeichnung aus der Allgemeinen Bauzeitung von 1845[65] gibt auch hier einen zweigeschossigen, würfelförmigen Kubus mit einem Pyramidendach und einer Laterne wieder. Über den direkt anschließen-den Seitenflügeln gab es bereits Terrassen und vor den drei zusammengerückten Mittelachsen der Hauptfassade einen Balkon. Die Loggien vor dem Mittelrisalit sowie der polygonale Vor-bau neben dem Eingang (Abb. 373) wurden wohl um 1876 hinzugefügt, als der Fabrikbe-sitzer Albert Charlier Bauveränderungen am Stallgebäude (Abb. 374) beantragte. Damit war wohl dessen seitlicher Anbau an den würfel-förmigen Gründungsbau gemeint. Letzterer zeigt auch noch am besten – auch wenn es sich nur um das Kutscherhaus handelt – die Schlichtheit der ersten Bauphase von Landhäu-sern.

Offensichtlich wenig verändert sind die Häuser Bierstadter Straße 11a und 13, die zu den neun von dem Bauunternehmer Kochen-dörfer errichteten und zu den 15 im Spiel-mann-Plan von 1857 bereits vorhandenen Vil-len gehören. Beim Haus 11a (Abb. 375) wird der sonst sehr schlichte Kubus durch das poly-gonale Vorziehen der mittleren drei Achsen be-lebt. Darin ist nicht die frühe Rezeption des Rokoko nach Vorbildern der französischen Maison de Plaisance, sondern eine Anregung durch die polygonalen Eckpavillons des Paulinenschlösschens zu sehen.

Das Haus 13 (Abb. 376) ist ganz vom Rund-bogenstil beherrscht. Die beiden Balkons an der Straßenseite waren zwischenzeitlich durch massive Brüstungen verunstaltet und wurden jüngst stilgerecht durch schmiedeeiserne Gitter ersetzt.[66] Die eingetieften Rechteckfelder un-ter den Fenstern erinnern an die Nassauische Landesbank und das Haus Wilhelmstraße 20, wo auch der flache, nach unten offene Giebel als oberer Abschluss des Mittelrisalits vor-kommt, so dass man an Richard Goerz als Planverfasser denken könnte.

Villa Mainzer Straße 15

Zu den frühen Villen am Bierstadter Hang ge-hört auch das Haus Mainzer Straße 15 (Abb. 377), das Regierungsrat Jahn vermutlich vom Architekten und Bauunternehmer Jahn um 1845 aufführen ließ. Hier dominiert noch kompromisslos der klare Kubus des Klassi-zismus, doch werden im Erdgeschoss als Neue-rung erstmals Segmentbogen als Abschluss der

Fenster eingeführt. Auch existiert vor dem fla-chen Risalit der Rückseite eine zweigeschossi-ge Veranda aus Gusseisen. Das dritte, angebliche Mezzaningeschoss halte ich für eine jüngere Aufstockung, wofür auch das dürftige Dachge-sims spricht.

Villa Parkstraße 6

Von der ersten Villenbebauung südlich des Kurparks hat sich noch das Haus Parkstraße 6 (Abb. 378) aus der Zeit um 1845 erhalten. Der einfache klare Kubus mit dem flachen Zelt-dach gibt sich durch seine rechteckig gerahm-ten Rundbogenfenster als Werk des romanti-schen Historismus zu erkennen. Dieses Motiv tauchte bereits 1835 am Haus Luisenplatz 1 (Abb. 322 f.) auf und geht letztendlich auf die italienische Renaissance, zum Beispiel auf den Palazzo della Cancelleria in Rom, zurück.

Abb. 377: Villa Mainzer Straße 15, um 1845. Der klassizisti-sche Kubus ist durch Segment-bögen an den Fenstern aufge-brochen.

Abb. 378: Villa Parkstraße 6, um 1845. Der klassizistische Kubus trägt durch die recht-eckig gerahmten Rundbogen-fenster Züge des romantischen Historismus.

Abb. 379

Abb. 379–385: Kaltwasserbadeanstalt und Häuser in der Kapellenstraße, meist klassizistische
Modellbauten

Abb. 380

Abb. 381

Abb. 382

Abb. 383

Abb. 384

Abb. 385

Aufwendigere Landhäuser:

Abb. 386: Landhaus, Frankfurter Straße 32 mit Zwerchhaus
und schmiedeeisernem Balkongitter, nach 1855

Abb. 387: Villa in der Blumenstraße 10 mit gerade abge-
schlossenem Zwerchhaus und
Balkongittern

Modellbauten und Landhäuser

Bei dem Haus Südliches Nerotal 6 (Abb. 379)
handelt es sich um die gegen 1850 entstandene
Kaltwasserbadeanstalt. Der Kubus besitzt vier
Achsen, zweieinhalb Geschosse sowie ein flaches Zeltdach. Die gusseisernen Veranden vor
den beiden Mittelachsen mit ihren
reizvollen spätklassizistischen Orna-
menten beleben den Bau im Sinne
des Romantischen Historismus.

Bei den um 1845 errichteten Häusern in der Kapellenstraße 3 (Abb.
380), 5 (Abb. 381), 11 (Abb. 382) und
17 (Abb. 383) handelt es sich vom Typ
her mehr um klassizistische Modellbauten nach den Baugnaden als um
Landhäuser, wovon man erst bei den
Häusern 21 (Abb. 384) und 25 (Abb.
385) sowie den Häusern Dambachtal
3, 9, 13 und 15 sprechen kann. Sie
sind jedoch deutlich bescheidener als
die im Gebiet am Bierstadter Hang.
Nach 1855 wurden häufig Satteldächer üblich, nahmen Zwerchhäuser
mit dreieckigem oder geradem Abschluss zu, so auch bei den Villen
Frankfurter Straße 32 (Abb. 386) und
Blumenstraße 10 (Abb. 387), die meistens mit gusseisernen Balkongittern
ausgestattet sind.

Neue Formen für den Sakralbau –
Abschied von der Antike

Während sich im Profanbau der Übergang
vom Klassizismus zum romantischen Historismus allmählich und nicht überall gleich erkennbar vollzog, ist er im Sakralbau sofort bei
allen vier Wiesbadener Bauvorhaben zu erkennen: bei der Bonifatiuskirche 1844–49 und
1862–66, der Griechischen Kapelle 1847–55,
beide von Philipp Hoffmann, der Marktkirche
1852–62 von Karl Boos und der Englischen
Kirche 1863–65 von Theodor Götz. Alle vier
wandten sich auf sehr eindeutige Weise von der
Formenwelt der Antike ab, mit der man bei
christlichen Kirchen Schwierigkeiten hatte.
Nach herrschender Meinung war vor 1835 das
Schönste eben gut genug für den höchsten
Zweck der Baukunst, den Kirchenbau. Und
das Schönste war nach Ansicht des Klassizismus
nun einmal der griechische Tempel. Deshalb
sieht in Paris die Madeleine, 1808–42 von
Pierre Vignon erbaut (Abb. 388), auch der
Börse von Alexandre Theodore Brongniart,
1808 errichtet (Abb. 389, vgl. CD), so ähnlich,
denn schließlich wollten die Börsenmänner für
ihren Bau auch das Schönste zum Vorbild,
nämlich den griechischen Tempel. Eigentlich
eignet er sich nur wenig zum Bau christlicher
Kirchen, denn zum einen war er vom Ur-

sprung her heidnisch, zum anderen bot der Typ des Peripteros nur wenig Variationsmöglichkeiten.

Zur Bereicherung der Erscheinungsformen griff man deshalb bald auf die römische Baukunst zurück. Man wählte – wie schon im Barock bei der Hedwigskathedrale in Berlin (1747–73, Abb. 390) – das Pantheon in Rom zum Vorbild für die 1822–38 von Georg Moller entworfene katholische Ludwigskirche in

Darmstadt (Abb. 391) und damit einen heidnischen Tempel aus der Stadt der Christenverfolgungen. Eine weitere Schwierigkeit war, den für christliche Gottesdienste erforderlichen Glockenturm einem griechischen Tempel oder einer Kopie des Pantheons zuzuordnen. Das wird besonders an der St. Andrew's Church in der Georges Street von Edinburgh (Abb. 392) deutlich, die der Major und Architekt Andrew Fraser entwarf. Da sie ohne Turm einen zu profanen Charakter besaß, erhielt der Architekt William Sibbald 1789 den Auftrag, einen Turm auf die Säulenhalle zu setzen – ein eher verzweifelter als gelungener Versuch. Ähnlich missglückt ist die Lösung bei der ersten, im Jahr der Fertigstellung eingestürzten katholischen Kirche auf dem Luisenplatz (1829–31, Abb. 306) von Schrumpf, bei der die beiden Glockentürme nicht nur für das Geläut, son-

dern auch zur Unterscheidung vom Jagdschloss Platte (Abb. 303) oder dem Palais von Hagen (Abb. 305) erforderlich waren.

Anlehnung an die Romanik

Auf der Suche nach neuen Architekturformen für den Sakralbau stieß man zunächst auf die romanische Baukunst. So ließ sich Leo von Klenze 1826–37 beim Bau seiner leider im Zweiten Weltkrieg zerstörten und nur vereinfacht wieder aufgebauten Allerheiligen-Hofkirche in München von der Cappella Palatina in Palermo inspirieren. Ferdinand Nebel (1783–1860), Landbauinspektor in Koblenz, orientierte sich 1825–30 bei seiner evangelischen Dorfkirche von Urbach (Rheinland-Pfalz, Kreis Neuwied) am Aachener Dom und August Stüler 1844–46 bei seiner St. Matthäuskirche im Berliner Stadtteil Tiergarten (Abb.

Abb. 392 (oben): St. Andrew's Church, Edinburgh, erhielt 1789 einen „christlichen" Turm auf der antikisierenden Säulenhalle.

Abb. 390 (Mitte links): Hedwigskathedrale, Berlin, 1747–73, Orientierung des Barock am Pantheon in Rom

Abb. 391 (Mitte rechts): Klassizistische Ludwigskirche in Darmstadt, 1822–38, ebenfalls nach dem Vorbild des Pantheon

Abb. 306: Wiesbaden, Klassizistische Kirche auf dem Luisenplatz (1821–31)

Abb. 303: Jagdschloss Platte, vgl. S. 60

Abb. 305: Palais von Hagen, vgl. S. 55

Abb. 393: Die Matthäuskirche, Berlin, 1844–46, orientiert sich an der oberitalienischen Romanik.

Abb. 394: St. Ludwig, München, 1829–44, ebenso mit Blick auf Italien, aber auch mit klassizistischem Formempfinden

Abb. 395: Gehört zu den Vorbildern – romanische Kirche von San Pietro in Cefalù bei Palermo, 1131–1240

Abb. 396: Wiesbaden, Bonifatiuskirche am Luisenplatz, 1844–49/1862–66. In den Proportionen knüpft der Bau trotz der rundbogigen Fenster an die Hochgotik an.

Werksteinbauten der deutschen Romanik. Als Friedrich Gärtner von König Ludwig I. von Bayern den Auftrag zum Bau der katholischen Pfarr- und Universitätskirche St. Ludwig an der gleichnamigen Straße in München (Abb. 394) von 1829–44 erhielt, beeinflusste ihn ebenfalls die Romanik Italiens mehr als die Deutschlands. Denn das Motiv der Fassade mit zwei weit auseinander stehenden Türmen und der dazwischen gespannten dreibogigen Vorhalle erinnert stark an den romanischen Dom San Pietro in Cefalù bei Palermo (Abb. 395). Friedrich Gärtner schuf in München eine dreischiffige Basilika mit Querschiff und gerade schließendem Chor, die noch vom Baumassengefühl des Klassizismus geprägt ist.

Anknüpfung an die Gotik – die Bonifatiuskirche

Gärtners Ludwigskirche hat seinen Schüler Philipp Hoffmann beeinflusst, als er 1844–49 die neue katholische Bonifatiuskirche am Luisenplatz (Abb. 396) und nach einer Bauunterbrechung 1862–66 auch deren Türme errichtete. Die weit auseinander stehenden schlanken Türme, die auf flache Portalnischen reduzierte dreibogige Vorhalle, die Rosette und der flache, zwischen die Türme gespannte Dreiecksgiebel weisen nach München. Die Details aber sind viel stärker von der Gotik geprägt.

In München betraf dies nur den Krabbenbesatz am Giebel, hier aber fast alle Ornamente – so das frei vor der Wandfläche stehende Maßwerk im Mittelfeld und vor dem Giebeldreieck, besonders aber in den grazilen Türmen mit ihren Gitterhelmen nach dem Vorbild des Freiburger Münsterturmes. Unverständlich bleibt, dass Hoffmann seinen Bau nicht für gotisch hielt. Er wollte sich dem klassizistischen Stadtbild anpassen, aber auch einen christlichen, also mittelalterlichen Stil wählen. Die Gotik schien ihm zu sehr im Gegensatz zum Klassizismus zu stehen. Deshalb wählte er als

393) an der oberitalienischen Romanik. Sie kam seinem eigenen ästhetischen Empfinden auf Grund ihrer klaren kubischen Formen, den flachen Dachschrägen und den unverputzten Ziegelmauern mehr entgegen als die schweren

Kompromiss den – wie er meinte – romanischen Stil, der in seiner Entfaltung von der Gotik verhindert worden sei und Elemente der Antike enthalte.

Dieses Fehlurteil von Hoffmann über den Stil seines eigenen Werkes ist für seine Zeit nicht ungewöhnlich, war doch die mittelalterliche Baukunst im Gegensatz zur Antike und Renaissance noch nicht systematisch erforscht und publiziert. So behauptete C. L. Stieglitz, dass die gotische Baukunst in Deutschland ausgebildet worden sei, und zwar unter der Regierung von Konrad I. bis Heinrich IV., also zwischen 1024 und 1106.[67] Dies war allerdings die Blütezeit der klassischen romanischen Baukunst. Hoffmann ging bei seiner Einschätzung der Stile einfach von der laienhaften Definition der Romanik als Rundbogen- und der Gotik als Spitzbogenstil aus. Diese geringe Kenntnis vom Wesen der Gotik ist schwer zu verstehen, wenn man bedenkt, dass Hoffmann zuvor 1836–41 in seiner Heimatstadt Geisenheim die katholische Pfarrkirche in den spätgotischen Formen einer Hallenkirche um zwei Joche erweitert und mit zwei neugotischen Türmen ausgestattet hatte. Ebenfalls errichtete er 1844 die Kapelle von Burg Rheinstein in neugotischen Formen und restaurierte 1846 die Michaelskapelle in Kiedrich (Rheingau). Dabei hatte er Werksteine so stark überarbeitet und erneuert, dass ihm dies die Kritik des Nassauischen Altertumsvereins eintrug. Er rechtfertigte sich mit dem Hinweis, er wolle den Bau so erneuern, wie er aus der Hand des Gotikers hervorgegangen sei. Ein Ruinenstil (der Steinzerfall muss bei der Michaelskapelle wohl sehr stark gewesen sein) sei nur bei künstlerisch belanglosen Bauten wie Burgen und Schlössern des Mittelalters tragbar. Dies ist ein sehr aufschlussreiches Urteil über die Wertschätzung von Ruinen.

Die Wirkung der Fassade der Bonifatiuskirche ist eindeutig gotisch und steht durchaus im Kontrast zur klassizistischen Bebauung des Platzes, was Hoffmann ausdrücklich vermeiden wollte. Das Innere der dreischiffigen Hallenkirche (Abb. 397) ist ebenfalls eindeutig als gotischer Raum anzusprechen, sowohl bezüglich der breiten Maßwerkfenster, der schlanken Achteckpfeiler und der Netzgewölbe. Nur die konsequente Verwendung von Rund- anstelle von Spitzbögen bildet einen Unterschied zu spätgotischen Hallenkirchen. Darin besteht eine Verwandtschaft zur Ludwigskirche in München, auch wenn es sich dort um eine Basilika handelt.

Mit dem Anknüpfen an die Gotik folgte Philipp Hoffmann einer allgemein verbreiteten

Strömung im Kirchenbau des romantischen Historismus. Die theologische Begründung dafür lautete: Die Gotik weist nach oben, oben ist Gott, also vermittelt sie bereits dadurch christliche Frömmigkeit.

Neugotische Bestrebungen im England des 17. und 18. Jahrhunderts

Seit dem Ende der Gotik am Ausgang des Mittelalters hat es immer wieder neugotische Bestrebungen gegeben. Eine der stärksten wurde um 1600 unter anderem von den Jesuiten verfolgt, die im Zuge der Gegenreforma-

Abb. 397: Der Innenraum der Wiesbadener Bonifatiuskirche zeigt mit Netzgewölbe, schlanken Achteckpfeilern und hohen Maßwerkfenstern eine spätgotische Raumwirkung und Verwandschaft mit der Ludwigskirche in München.

Abb. 207 (vgl. S. 105): Die Jesuitenkirche in Molsheim im Elsaß knüpfte mit den gotischen Formen bereits 1614–18 an die mittelalterliche Frömmigkeit an.

Abb. 399: Englische Neugotik mit Zinnen, Rundtürmen, Spitzbogenfenster am Culzean Castle, Schottland, 1777–87

Abb. 400: Englische Neugotik, Inverary Castle, Schottland, um 1750

Abb. 402 (rechts): Wörlitz, das Gotische Haus von 1773 bis 1776/1786. Als privates Landhaus des Fürsten im Wörlitzer Park spricht es von seiner Verehrung für englische Bau- und Parkauffassung.

Abb. 401: Englische Neugotik in Potsdam – das Nauener Tor, 1755

tion mit neugotischen Kirchen zum Beispiel 1614–18 in Molsheim bei Straßburg (Abb. 207) oder mit ihrer Jesuitenkirche in Paderborn 1682 an die Frömmigkeit des katholischen Mittelalters anknüpfen wollten. Sie bevorzugten die Gotik ähnlich wie die Kirchenbauer des romantischen Historismus wegen ihrer religiösen Wirkung.

England hat sich eigentlich stets eine Vorliebe für die Gotik bewahrt und bis in das 20. Jahrhundert hinein diesen dem englischem Wesen besonders nahe kommenden Stil immer wieder eingesetzt. So ließ sich selbst Christopher Wren, Erbauer der St. Paul's Cathedral, von der King's College Chapel in Cambridge inspirieren, in dem er bei seiner Kirche St. Mary Aldermary in London 1682 Fächergewölbe und Maßwerkfenster im Perpendicular Style verwandte. Doch England beschränkte im Zeitalter des – hier ungeliebten – Barock die Neugotik nicht auf

Kirchen, sondern bevorzugte sie geradezu für bestimmte Profanbauten. Das begann schon 1624 mit der Bibliothek des St. John's College in Cambridge (Abb. 398, vgl. CD), wo die gotischen Fenster laut Pevsner „... hier überlegt gewählt wurden, da einige Männer von Urteil eine Vorliebe für die alte Form der Kirchenfenster haben bei einem Bau wie eine Universitätsbibliothek."[68]

Waren neugotische Bauten im 17. Jahrhundert noch eher selten, so nahmen sie im 18. Jahrhundert stark zu. Das berühmteste Beispiel ist das Schloss Strawberry Hill bei Twickenham südlich von London, das sich der Kunstsammler und Schriftsteller Horace Walpole (1717–1797) 1748–73 mit zinnenbestücktem Rundturm, Strebepfeilern und Spitzbogenfenstern im Äußeren und im Inneren in Formen der Kathedralgotik von höchster Qualität schuf. Von da an mehren sich im Schlossbau und besonders bei Gartenhäusern und Orangerien die neugotischen Beispiele, von denen stellvertretend Culzean Castle 1777–87 von Robert Adam erbaut (Abb. 399) und Inverary Castle, um 1750 von Richard Morris errichtet (Abb. 400), beide in Schottland gelegen, genannt werden sollen. Für das Nauener Tor in Potsdam (Abb. 401) wurde nach einer Idee Friedrichs des Großen 1755 der Stil englischer gotischer Burgen gewählt, obwohl es doch nahe gelegen hätte, hierfür die großartigen Stadttore der Backsteingotik in Brandenburg nachzubilden. Fürst Leopold

Friedrich Franz von Anhalt-Dessau (1740 bis 1817) war wohl der größte Englandverehrer unter den deutschen Landesherren. Nach einer Englandreise 1763/64 ließ er den berühmten Landschaftspark von Wörlitz samt Schloss (Abb. 214, vgl. S. 107) anlegen und darin als intime Residenz – abseits des großen Schlosses im Stil des Palladianismus – das Gotische Haus (Abb. 402) errichten: Der Kernbau entstand 1773–76, der Erweiterungsbau 1785 bis 1786.

Ruinenromantik des 18. Jahrhunderts

Für das 18. Jahrhundert war die Gotik ähnlich exotisch wie die orientalische, chinesische oder japanische Kunst und besonders geeignet, in schwermütige Träumereien zu verfallen. Dafür bevorzugte man vor allem künstliche Ruinen – und das in einer Zeit, die doch nach den pfälzischen Erbfolgekriegen und dem Siebenjährigen Krieg über viele echte Ruinen verfügte. Das älteste Beispiel für eine künstliche Ruine überhaupt scheint mir die Kolonnade am Palazzo Barberini in Rom (Abb. 403, vgl. CD) zu sein, die ab 1629 von Gian Lorenzo Bernini unter Mitwirkung von Francesco Borromini geschaffen wurde. In Deutschland ist es die Magdalenenklause im Schlosspark von München-Nymphenburg, 1725–28 aus Backstein in den Formen des Barocks, jedoch gemischt mit mittelalterlichen und orientalischen Elementen aufgeführt. Der Rheingau besitzt in der Rossel im Niederwald von Rüdesheim 1774 eine der ältesten künstlichen Ruinen, äußerst malerisch gelegen oberhalb der damals schon echten Ruine der Burg Ehrenfels.

Die Mosburg im Biebricher Schlosspark

Nachdem sich die Landgrafen von Hessen mit dem Alten Turm in Hanau-Wilhelmsbad von 1781 (Abb. 404) und der Löwenburg in Kassel-Wilhelmshöhe 1793–98 (Abb. 405) künstliche Ruinen geschaffen hatten, folgte ihnen Fürst Friedrich August von Nassau-Idstein 1804 mit dem Auftrag an seinen Bauinspektor Carl Florian Goetz, die Mosburg im Biebricher Schlosspark (Abb. 406) als künstliche Burgruine an der Stelle von Resten einer mittelalterlichen Burg zu errichten. Um der größeren Echtheit willen verwandte man auch mittelalterliches Baumaterial von der in Mainz zur selben Zeit abgebrochenen Liebfrauenkirche vor dem Dom. Auch brachte man am neugotischen Torbau sechs aus der Klosterkirche von Eberbach stammende Epitaphien an, die 1836 wieder zurückgeführt wurden. Goethe berichtete bei seinem Besuch im Sommer 1814: „Nach der Tafel sah man den Park und eine recht artig angelegte Ritterburg. Von dem Altan ist die Aussicht sehr schön." Seine Formulierungen lassen eine gewisse Distanz spüren, denn er konnte sich für diese Ruinenromantik nicht begeistern. Die romantischen Strömungen des 18. Jahrhundert sahen in der Gotik eine Art von Naturerzeugnis, gerade gut, um neben Felsengrotten, Wasserfällen und alten Bäumen schwermütige Gefühle zu erzeugen. Goethe war es, der mit seinem Aufsatz über das

Straßburger Münster[69] die erste ernsthafte Betrachtung der gotischen Baukunst anstellte und ihr zur Anerkennung verhalf, während Schiller noch das Wort gotisch im Sinne von ungeheuerlich gebrauchte. Wenn David Gilly 1797 bei der Erneuerung der Dorfkirche in Paretz bei Potsdam im Auftrag von König Friedrich Wilhelm III. von Preußen den mittelalterlichen Feldsteinbau nicht abbrach, sondern neugotisch überformte (Abb. 407), so war er dabei durch seine zeichnerische Aufnahme der Marienburg in Westpreußen ab 1794, publiziert 1799–1802, beeinflusst.

Schinkels „altdeutscher Stil"

Karl Friedrich Schinkel, größter deutscher Baumeister des Klassizismus, fand künstlerisch seinen Weg zur Gotik über die Landschaftsmalerei, für die er eine große Begabung hatte. In seinen Gemälden tauchen häufig gotische Kirchen auf, diese aber nicht nur als religiöses Zentrum einer Stadt, sondern zugleich als Krönung der Natur durch ein Werk der Kunst, wofür er die Gotik als besonders geeignet ansah. Nach dem Tod der Königin Luise am 19. Juli 1810 entwarf er für sie ein Mausoleum als

Abb. 404 (oben rechts): Künstliche Ruine des Alten Turms in Hanau-Wilhelmsbad, 1781

Abb. 405: (oben links): Künstliche Ruine der Löwenburg, Kassel-Wilhelmshöhe, 1793–98

Abb. 406: Wiesbaden, Mosburg, künstliche Burgruine im Biebricher Schlosspark, 1804

Abb. 407: Paretz, Brandenburg, mittelalterliche Feldsteinkirche, 1797 neugotisch überformt

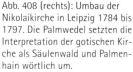

Abb. 408 (rechts): Umbau der Nikolaikirche in Leipzig 1784 bis 1797. Die Palmwedel setzten die Interpretation der gotischen Kirche als Säulenwald und Palmenhain wörtlich um.

Abb. 409: Schinkels Friedrichswerdersche Kirche in Berlin, 1824–30. Sie war Vorbild für die Wiesbadener Marktkirche. Der Außenbau vermittelt jedoch auch die Herkunft Schinkels aus dem Klassizismus.

gotischen Idealentwurf und legte seine Gedanken dazu in einem Aufsatz nieder. Dabei begründet er seine Bevorzugung des christlichen vor dem antiken Tempel damit, dass dieser allen Gemeindegliedern freien Zugang gewährte, der antike aber nur vom Priester betreten werden durfte. Die Wiederaufnahme gotischer Bauweise erschien ihm als erster Schritt zur Vollendung der Idee christlicher Architektur, die erstmals im Mittelalter aufkam, nicht als Rückgriff auf eine abgeschlossene Vergangenheit. Es kam ihm sehr auf den Zusammenhang von Bauwerk und Natur an, und so sollte das Mausoleum im Inneren die Empfindung eines „schönen Palmenhaines" wecken. Damit steht er noch in der schwärmerischen Deutung des 18. Jahrhunderts der gotischen Kirche als eines Waldes, wie sie 1784–97 von Johann Friedrich Dauthe beim Umbau der Nikolaikirche von Leipzig (Abb. 408) umgesetzt wurde, indem auf die Pfeiler des Langhauses von 1513–16 in Stuck Palmwedel aufgetragen wurden. Das Mausoleum für die Königin Luise wurde in dieser Form nie gebaut. Sein Entwurf wurde jedoch für die Grabkapelle der evangelischen Linie der ansonsten katholischen Fürsten von Thurn und Taxis in Regensburg verwendet.

Sein erster offizieller Auftrag als Architekt war der Bau eines deutschen Domes als Dank Preußens für den Sieg über Napoleon. Dazu schreibt Christian Daniel Rauch an Ludwig Tieck: „Schon aus London [wo König und Kronprinz vom 6. bis 22. Juni 1814 weilten] laut Ordre des Königs wird Schinkel aufgetragen, einen prächtigen Dom, Dankdenkmal für Preußen, in Berlin zu errichten, Entwürfe zu liefern. Der König wünscht den bei dem Auftrage erwähnten Platz an der Spittelkirche und einen Entwurf im altdeutschen Charakter." In seiner an den König gerichteten Denkschrift zum Bauplatz dieses Auftrags schreibt Schinkel 1814: „Ganz besonders steht der Charakter, in dem Seine Majestät das große Werk gehalten wünschen, meiner Natur nahe. Denn von jeher gewann ich den deutschen Alterthümern einen hohen Rang ab, und sie forderten mich immerwährend auf, in ihr Inneres tiefer einzudringen." Das sparsame Preußen konnte sich nicht aufraffen, einen ganzen Dom als Dank für den Sieg über Napoleon zu errichten. Letztendlich kam aus allen Entwürfen Schinkels einzig das Nationaldenkmal auf dem Kreuzberg in Berlin von 1818–21 heraus, ein 19 Meter hoher gotischer Turmhelm aus Gusseisen.

Seinen ersten neugotischen Sakralbau und zugleich den ersten ernst zu nehmenden in Deutschland schuf Schinkel 1824–30 mit der ehemals evangelischen Friedrichswerderschen Kirche in Berlin (Abb. 409). Sie hatte ursprünglich eine sehr viel günstigere städtebauliche Lage, als sie mit ihren beiden südlichen Türmen in den kleinen Werderschen Markt ragte. Nachdem sie als Ruine des Zweiten Weltkriegs lange Zeit vom Neubau des DDR-Außenministeriums verdeckt wurde, steht sie seit dessen Abbruch zu sehr frei, wodurch ihr die einstige Monumentalität genommen wor-

den ist. Für ihren Bau lieferte Schinkel verschiedene Entwürfe, einen vom Äußeren in der Gestalt eines römischen Tempels in der Art der Maison Carrée von Nîmes, einen weiteren für das Innere in den Formen römischer Thermenanlagen und zwei des Äußeren im neugotischen Stil, den einen mit vier, den anderen mit zwei niedrigen Türmen. Der König entschied sich im März 1824 gegen die beiden antikisierenden und den viertürmigen Entwurf für die zweitürmige Ausführung, die dann bis 1830 realisiert wurde.

Was bei der Bonifatiuskirche in Wiesbaden noch unausgegoren und von Philipp Hoffmann selbst noch nicht als neugotisch erkannt war, findet in der Marktkirche eine künstlerische Höchstleistung, wie sie nur noch in ihrem Vorbild, der Friedrichswerderschen Kirche in Berlin (Abb. 409) von Schinkel, erreicht worden ist. Deshalb muss man sich mit Schinkels Verhältnis zum „altdeutschen Stil", wie er die Gotik nannte, auseinandersetzen. Bedeutsam für die Friedrichswerdersche Kirche ist die Rückkehr zum unverputzten Backsteinbau, der in der mittelalterlichen Baukunst großartige Leistungen vollbracht hatte. Danach wurde zwar Backstein als preiswerter Baustoff weiterhin verwendet, jedoch unter Putz verborgen. Für einen Ziegelrohbau musste die Backsteintechnik ungleich sorgfältiger sein, wurden alle Verzierungen und Skulpturen in Ton modelliert und gebrannt. Das Äußere der Friedrichswerderschen Kirche zeigt die Verwendung gotischer Bauformen wie die Spitzbogenfenster

mit Maßwerk, die Strebepfeiler und Spitzbogenportale, zugleich aber das Baumassengefühl des Klassizismus. So wird das für die Gotik charakteristische Steildach durch ein ganz flaches Dach unterdrückt. Die Fialen wurden erst später nach dem Entwurf von Friedrich August Stüler als Ersatz für Obelisken auf die Strebepfeiler gesetzt, die Schinkel ursprünglich verwandt hatte. Die beiden flach abschließenden Türme wirken zu klein für den stattlichen Baukörper der Saalkirche. Deshalb versuchten sowohl Stüler als auch Kronprinz Friedrich Wilhelm IV. durch Turmhelme den gotischen Charakter, wie dieser im Innenraum (Abb. 410) zum Ausdruck kommt, stärker zu betonen. Im Saalraum dominiert trotz der horizontalen Brüstungen der steinernen Emporen durch die profilierten Wandpfeiler, die Sterngewölbe und die konsequente Anwendung des Spitzbogens der gotische Höhendrang.

Der Nassauische Landesdom – die Marktkirche

Bei der Marktkirche in Wiesbaden von Karl Boos ist es umgekehrt. Hier dominiert durch die großartige Silhouette der Türme (Abb. 411)

Abb. 410: Innenraum der Friedrichswerderschen Kirche mit gotischer Raumauffassung

Abb. 411: Im Vergleich zum Vorbild in Berlin (linke Seite, Abb. 409) wird am Außenbau der Wiesbadener Marktkirche die gotische Auffassung der Baumassen stärker umgesetzt.

einen frühchristlichen Stil, worin die kritische Haltung zur Gotik zum Ausdruck kam, beanstandete aber den zu hohen Turm und vor allem das Material Backstein als ortsfremd. Die Gotik verteidigte Boos mit den Worten, dass sie „die Schwere des Materials überwinden, den Beschauer in die Höhe ziehen oder sein bescheidenes Dasein fühlen lasse, das christliche Empfinden voll zum Ausdruck bringe." Von einer sklavischen Nachahmung der Gotik hat er aber abgesehen, „da die Bildung seiner Zeit mehr in klassischen Studien als in einer sich abschließenden religiösen Gefühlsrichtung beruhe." Er selbst betonte seine Bindung an den Klassizismus, der den klaren Kubus zum ästhetischen Ideal hatte, deshalb lehnte er auch ausdrücklich offenes Strebewerk ab, denn er könne den Schub der Gewölbe auch so abfangen und den Bau auf diese Weise „ohne Umhüllung" zeigen.

Auch Schinkel wandte sich 1838 bei seinem Vorschlag zum Weiterbau des Kölner Domes gegen offenes Strebewerk, das er für eine „... späte, zum ursprünglichen Gedanken des Ganzen nicht gehörende Anordnung" hält, „welche äußerlich gerüstartig die eigentlichen Ver-

Abb. 412: Im Inneren der Marktkirche wirken klassizistische Auffassungen nach.

Abb. 413 (rechts): Ornamentik der Emporenbrüstung

Abb. 414: Zittau, Rathaus, 1840–45, sog. „Schinkelgotik"

Rechte Seite:

Abb. 415 (links): Im Gegensatz zu den gotisierenden Fialen sind die Details in den Portallaibungen antikisierend.

Abb. 416 (oben rechts): Schinkels viertürmiger Entwurf der Friedrichswerderschen Kirche

Abb. 417: Zwirners Apollinariskirche, Remagen, 1839–43

Abb. 418: Götz' Englische Kirche in Wiesbaden, 1863–65

die Gotik außen stärker als im Inneren (Abb. 412), wo in der Ornamentik der Emporenbrüstungen (Abb. 413) noch stärker klassizistische Details erkennbar sind. Boos hatte 1852 seinen Bauaccessisten Alexander Fach zum Studium der Friedrichswerderschen Kirche und der Bauakademie von Schinkel sowie der Ziegeleien nach Berlin geschickt. Sicher beeinflusste ihn nicht nur die Verwendung des Backsteins, sondern auch die speziellen Formen der Schinkelgotik, wie man die Verwendung gotischer Elemente bei einem Weiterleben des klassizistischen Baumassengefühls nennt. Ein typisches Beispiel dafür ist das 1840–45 vom Schinkel-Schüler Carl August Schramm erbaute Rathaus in Zittau (Abb. 414).

Mit seinem ersten Entwurf erntete Karl Boos scharfe Kritik durch den badischen Landbaumeister Hübsch, den man um ein Gutachten gebeten hatte. Dieser plädierte mehr für

hältnisse des Gebäudes verdeckte." Dies empfand auch Dombaumeister Ernst Friedrich Zwirner so, als er 1842 bei seinem Entwurf zum Weiterbau des Kölner Domes das offene Strebepfeilerwerk wegließ. Die mittelalterliche Gotik wollte bewusst den Baukörper verhüllen, um Schwerelosigkeit vorzutäuschen, denn die Kathedrale sollte nicht von dieser Welt, sondern ein Abbild des Himmlischen Jerusalems sein. Die Klassizisten aber liebten den klar begrenzten Kubus, so auch Boos, der deshalb auch alle Dächer sehr flach hielt und hinter Maßwerkbrüstungen und einem Kranz von Fialen versteckte.

In einem aber geht er weit über die Neugotik aller Architekten des romantischen Historismus hinaus: in der Ausbildung eines großen Westturmes, umstellt von vier Flankentürmen. War schon der Turm im ersten Entwurf dem Kritiker Hübsch zu hoch, so steigerte Boos ihn bei der Ausführungsplanung noch um 48,5 Fuß auf 300 Fuß (98 Meter). Zu der damals ungewöhnlichen Verwendung eines hohen Turmes ist Boos wohl durch den Turm am Freiburger Münster gekommen, der ihm schon 1826 während seines Studiums zu einem großen Erlebnis geworden war.

Der Bau eines großen Hauptturmes und von vier immer noch stattlichen Flankentürmen war nur durch die Verwendung von Backstein ermöglicht worden, denn in Haustein wäre dies nicht zu bezahlen gewesen. Die reiche Bauornamentik aus Terrakotten stammt aus den keramischen Werkstätten von Johann Jacob Höppli (1822–76), der durch diese Arbeiten von nun an für die Baukunst in Wiesbaden zu einer unverzichtbaren Einrichtung wurde und von dessen hoher Qualität heute noch seine z. B. 1872–76 errichteten Häuser Wörthstraße 4–6 zeugen. Die Ornamentik am Außenbau der Marktkirche ist in den Laibungen der Portale (Abb. 415) noch ganz antikisierend, bei den Fialen, Krabben und Kreuzblumen gotisierend.

Zu der das ganze Stadtbild prägenden Turmgruppe kam Boos auch durch den Wunsch des Kirchenvorstands, mit seiner Kirche einen „Nassauischen Landesdom" schaffen zu wollen. Vielleicht hing dieser Wunsch auch damit zusammen, dass die damals noch fünftürmige Stiftskirche in Limburg 1827 zum Dom des neu geschaffenen katholischen Bistums geworden war. Jedenfalls steht Boos mit den hohen gotischen Türmen der Marktkirche in seiner Zeit noch allein da. Denn die klassizistisch ausgebildeten Architekten schätzten keine Türme, weil antike Tempel keine besaßen und allseitig frei stehende Kuben waren. Sie begnügten sich mit niedrigen Türmchen, mit denen sie ihren Baukörper wie mit größeren Fialen umstellten. Dafür steht sowohl Schinkels viertürmiger Entwurf für die Friedrichswerdersche Kirche in Berlin (Abb. 416) als auch die 1839 bis 1843 von Ernst Friedrich Zwirner erbaute Apollinariskirche von Remagen (Rheinland-Pfalz, Abb. 417) als auch die 1863 bis 1865 von Theodor Götz geschaffene Englische Kirche in Wiesbaden (Abb. 418), die erst 1887/88 ihren heutigen Turm erhielt.

Das Innere der Marktkirche (Abb. 412) vermittelt stärker noch als Schinkels Friedrichswerdersche Kirche in Berlin das Höhenstreben der Gotik auch trotz der klassizistischen Brüstungen, die aber niedriger als die in Berlin erscheinen. Auch lassen die steiler wirkenden Kreuzrippengewölbe von Boos den Raum schlanker erscheinen als die Sterngewölbe von Schinkel. Insgesamt wirkt

das Boossche Werk ausgereifter im Sinne der Neugotik, vor allem am Außenbau, wo die stattlichen Türme jenes Missverhältnis vermeiden, wie es in Berlin durch das sehr voluminöse Kirchenschiff zu den zu kleinen Türmchen entstanden war.

Die Marktkirche überragt in ihrer Bedeutung für den romantischen Kirchenbau in Deutschland nicht nur deutlich die Bonifatiuskirche, sondern stellt insgesamt den Höhepunkt der klassizistisch geprägten Neugotik in der Mitte des 19. Jahrhunderts dar.

Die Griechische Kapelle – altrussische Bauformen treffen auf die italienische Renaissance

Noch ein zweiter Kirchenbau kann nationale Bedeutung für die Epoche des romantischen Historismus in Deutschland beanspruchen: die Griechische Kapelle auf dem Neroberg (Abb. 419), die doch eigentlich Russische Kirche heißen müsste. Sie ist die erste und mit Abstand bedeutendste von drei weiteren russischen Kirchen der Region, die eine vom Ende des 19. Jahrhunderts an der Ludwig-Landmann-Straße in Frankfurt am Main, die zweite von 1896–99 in Bad Homburg und die dritte auf der Mathildenhöhe in Darmstadt von 1898/99.

Schon ihre Entstehungsgeschichte passt hervorragend in das Zeitalter der Romantik: Herzog Adolf holte sich die Großfürstin Elisabeth, Nichte des russischen Zaren, aus dem fernen Rußland zur Frau. Sie stirbt aber noch im jugendlichen Alter von 19 Jahren am 28. Januar 1845 bei der Geburt des ersten Kindes. Der trauernde Herzog wollte die reichliche Mitgift des Zarenhauses nicht für sich verwenden, sondern damit eine würdige Grabkapelle finanzieren. Ein erster Entwurf des badischen Landbaumeisters Hübsch befriedigte den Bauherren nicht und so wurde Philipp Hoffmann nach Rußland geschickt, um die dortige Bauweise zu studieren. Bei seinem Aufenthalt in Moskau 1846 vermerkte er: „Unter diesen unzähligen Kirchen von der verschiedenen Gestalt, Größe und Ausstrahlung waren es aber nur die wenigen aus älterer Zeit herstammenden Überreste, welche für die vorliegende Aufgabe von besonderem Interesse gewesen sind. Dahin gehört besonders die von Iwan Wassiliewitsch durch den Italiener Rudolfo Fioravante 1479 nach dem Vorbild der Kirche zu Wladimir auf dem Kreml errichtete Kathedrale und Krönungskirche zur Himmelfahrt Mariae."

Nicht die altrussischen Kirchen im romanischen oder gotischen Stil hatten Hoffmann beeindruckt, sondern die Verbindung speziell russischer Bauformen mit solchen der italienischen Renaissance. Diese bevorzugte auch Alexander Thon, Lieblingsarchitekt von Zar Nikolaus I. Thon hatte sich in jungen Jahren in Italien aufgehalten und nach der Rückkehr 1841 für die russische Sakralbaukunst ein Gemisch von altrussischen, byzantinischen und antikisierenden Elementen vorgeschlagen. In diesem eigenen Stil schuf er die Erlöserkirche in Moskau, die angeblich das direkte Vorbild der Griechischen Kapelle gewesen sein soll. Angehörige der russischen Gemeinde in Wiesbaden gingen sogar so weit zu behaupten, dass nicht Hoffmann, sondern Thon ihr Planverfasser gewesen wäre. Doch ist die Ähnlichkeit zwischen beiden nur allgemeiner Natur. Das Erscheinungsbild durch das abweichende Verhältnis der Hauptkuppel zu den vier Nebenkuppeln ist hingegen ganz unterschiedlich. Auch ist nicht bekannt, wie weit der erst 1881 vollendete Bau der Erlöserkirche 1846 bei Hoffmanns Aufenthalt in Moskau bereits gediehen war. Er könnte allerdings Pläne oder ein Modell gesehen haben. Die Moskauer Erlöserkirche genießt wegen ihrer wechselhaften Geschichte in der Russisch-Orthodoxen Kirche eine besondere Verehrung. Auf Befehl Stalins war an ihrer Stelle ein Schwimmbad gebaut worden. Inzwischen ist die Erlöserkirche jedoch wieder völlig rekonstruiert.

Ob Hoffmann beim Entwurf der Griechischen Kapelle nun durch Alexander Thon und die Erlöserkirche beeinflusst wurde oder sich direkt auf Grund von Hoffmanns eigener Italienreise 1849/50 und seiner generellen Vorliebe an der italienischen Renaissance orientierte, ist abschließend nicht festzustellen. Italienische Einflüsse sind jedenfalls sowohl am Außenbau als auch im Inneren in der Plastizität der Architekturglieder wie auch den einzelnen Schmuckformen unübersehbar.

Aus der altrussischen Ikonostasis machte Hoffmann ein Renaissanceretabel (Abb. 420). Der aus dem griechischen Kreuz entwickelte Grundriss mit der zentralen Kuppel hätte auch von einem italienischen Baumeister der Renaissance entworfen worden sein können. Die reiche Ausstattung mit Marmor aus Carrara und von der Lahn und die Malereien des Emil Alexander Hopfgarten aus Berlin zeigen, wie weit sich die Baukunst des romantischen Historismus schon von der Kargheit des Klassizismus entfernt hatte. Einmalig im Sinne der Romantik ist die Lage der Grabkapelle auf dem Neroberg hoch über der Stadt (Abb. 147, s. S. 87). Um diese exponierte städtebauliche

Abb. 147: Die Idee der Grabkapelle, in exponierter Lage hoch über der Stadt.

Abb. 421: Ihre romantische Wirkung entfaltet die Griechische Kapelle bis heute: Inmitten dunkler Fichten glänzt das Bauwerk wie eine Gestalt gewordene Idee.

Lage noch zu betonen, ging man von dem ursprünglich geplanten roten zu einem sehr hellen Sandstein über und hinterpflanzte den Bau außerdem mit dunklen Fichten (Abb. 421), die es nur hier am Rand des Buchenwaldes gibt.

Meisterwerke des romantischen Historismus von nationaler Bedeutung für die deutsche Baukunst im 19. Jahrhundert entstanden in Wiesbaden mit der Griechischen Kapelle von Hoffmann und der Marktkirche von Boos. Rechnet man die anderen herausragenden Schöpfungen hinzu, die Bonifatiuskirche von Philipp Hoffmann, das Ministerialgebäude von Karl Boos und das Stadtschloss von Georg Moller, so ist die Epoche des romantischen Historismus für Wiesbaden die eigenständigste und prägendste in ihrer Geschichte, auch wenn die großstädtischen Überformungen des strengen und späten Historismus heute im Stadtbild zu dominieren scheinen.

Linke Seite:

Abb. 419: Wiesbaden, Griechische Kapelle auf dem Neroberg, ein Höhepunkt des romantischen Historismus, zeitgenössische Darstellung

Abb. 420: Der Innenraum der Kapelle nimmt Renaissanceformen auf.

Der Festsaal im Haus der Casi-
no-Gesellschaft bot auch den
Veranstaltungen bürgerlicher
Mitglieder einen fürstlichen
Rahmen.

Strenger Historismus Gründerzeit 1866–88

Das Ende des romantischen Historismus fällt in Wiesbaden nur ungefähr mit der Annexion des Herzogtums Nassau durch Preußen 1866 zusammen, denn der liberale König und spätere Kaiser Wilhelm I. ließ die gesamte nassauische Beamtenschaft und damit die für Bauaufgaben Zuständigen im Amt. Dennoch begann ein Wandel der Architekturauffassung hin zu größerer Monumentalität.

Aufnahme byzantinischer und islamischer Bauformen

Die Synagoge am Michelsberg

So waren auch Architekten wie Philipp Hoffmann weiterhin tätig. Dieser vollendete 1869 die fünf Jahre vorher begonnene Synagoge am Michelsberg (Abb. 422), die von den Nationalsozialisten in der Reichspogromnacht 1938 barbarisch vernichtet wurde. Wiesbaden verlor dadurch eines seiner bemerkenswertesten Baudenkmale. Der exotisch wirkende Bau verband den Grundriss und die Silhouette byzantinischer Kuppelkirchen mit maurisch-islamischen Bau- und Dekorationsformen. Er war damit ein typisches Zeugnis für die Architektur des im Zeitalter der Aufklärung emanzipierten Judentums, das jetzt endlich eine Staatsangehörigkeit erhielt, aus dem Ghetto ausziehen und ohne Zwang seine Kultbauten schaffen durfte.

Mittelalterliche Synagogen wie die in Worms oder die 1993–2001 in Marburg ausgegrabene mussten im Stil christlicher Kirchen erbaut werden, barocke wie die in Ansbach, Mainz-Weisenau oder Gelnhausen gleichen evangelischen Predigträumen. Vor der ersehnten Rückkehr in das Gelobte Land wollten die Juden keine Tempel mehr bauen, sondern nur Bethäuser. Ihr Haupttempel in Jerusalem war von den Römern zerstört worden und ist nur in Münzbildern überliefert. Auf der Suche nach einem eigenen, nichtchristlichen Stil holten sie sich ihre Formensprache aus Palästina und der Türkei, wo es aber nur noch byzantinische und islamische Bauten gab. In einem ähnlich orientalisch-exotischen Stil wie Hoffmanns Synagoge in Wiesbaden schufen Edwin Oppler (1831–1880) 1864–70 die ebenfalls vernichtete Synagoge in Hannover und Eduard Knoblauch 1859–66 die Synagoge an der Oranienburger Straße in Berlin (Abb. 423), von der nur das Eingangsbauwerk erhalten blieb.

Abb. 422: Wiesbaden, Synagoge am Michelsberg, 1864–1869 in byzantinisch-islamischen Bauformen errichtet, zerstört 1938

Abb. 423: Berlin, Synagoge in der Oranienburger Straße, 1859–66 erbaut, 1938 größtenteils zerstört, ab 1988 wieder aufgebaut

Abb. 424: Wiesbaden,
Wilhelms-Heilanstalt, 1868–71,
eine neue asymmetrische
Baulösung

Abb. 425 a + b: Wilhelms-Heilanstalt, kräftiges Kranzgesims
und Terrakottaschmuck

Abb. 351: Wiesbaden, Werkkunstschule, 1861

Abb. 352: Wiesbaden, Nassauische Landesbank, 1863–65.

Die Eckturmvilla als neuer Bautyp –
Wilhelms-Heilanstalt

Einen neuen Auftrag erhielt Philipp Hoffmann
nach dem Übergang Wiesbadens an Preußen
mit dem Bau der Wilhelms-Heilanstalt am
Schlossplatz 3 (Abb. 424) neben dem Kavaliersbau in den Jahren 1868 –1871. Es sind im wesentlichen die Formen des romantischen Historismus, wie sie bei Hoffmanns Schule auf
dem Schulberg (Abb. 351) von 1861 oder der
Nassauischen Landesbank von Görz (Abb. 352)
von 1863–65 vorkommen. Völlig neu ist aber
bei der Wilhelms-Heilanstalt die erstmals von
Hoffmann angewandte Asymmetrie der Fassade am Schlossplatz durch die Anordnung des
großen Risalits an der Einmündung der Mühlgasse. Dieser wurde zudem über das Kranzgesims des Baukörpers als Turm hinaus geführt
und begründete damit in Wiesbaden den

neuen Typ einer Eckturmvilla, wie sie in der
leider nicht erhaltenen Villa Rheinstraße 6
zwischen 1878 und 1888 entstanden war. Die
in der engen Mühlgasse kaum in Erscheinung
tretende Nordfassade scheint zwar durch den
zweiten, gleich hohen Turm ausgewogen zu
sein, gewinnt aber durch die allein am Nord-
ostturm vorhandene Auslucht eine deutliche
Asymmetrie, vor allem aber große Plastizität.
Diese tritt in dem sehr kräftigen Kranzgesims
(Abb. 425 a) auf. Die Schmuckelemente bestehen sowohl aus rotem Sandstein als auch aus
den Terrakotten von Jacob Höppli (Abb. 425b).
Der Bau verlässt die im Klassizismus obligato-
rische, im romantischen Historismus wei-
terlebende horizontale Lagerung der Geschosse durch eine die beiden Obergeschosse zu-
sammenfassende Lisenengliederung.

Die neue Monumentalität –
Vorbild Wien

Philipp Hoffmann hatte noch bei seinem letzten Werk die Tür zu einer neuen Phase des
Historismus aufgestoßen. Renate Wagner-
Rieger nennt diese dritte Entwicklungsstufe
den „strengen Historismus", da man sich in
Wien zwischen 1850 und 1880 bemühte, die
historischen Stile streng in reiner Form anzu-
wenden.[70] Man könnte auch vom monumentalen Historismus sprechen, eine Bezeichnung,
die aber in Deutschland auch auf den Späthistorismus von 1888–1914 unter Kaiser Wil-

helm II. passt. Die Bezeichnung Gründerzeit leitet sich von der Gründung des Deutschen Reiches 1871 ab, bezieht sich aber auch auf die im anschließenden Wohlstand erfolgte Gründung vieler Fabriken und Handelsfirmen. Alles wurde nun größer, plastischer, monumentaler. Dafür reichten die Vorbilder der griechischen und römischen Antike, der frühchristlichen und byzantinischen Kirchen wie auch der italienischen Frührenaissance nicht mehr aus.

Abb. 426 (oben): Begründer einer neuen Monumentalität war Gottfried Semper. Dresden, Gemäldegalerie Alter Meister, 1843

Abb: 427 und 428: Neue Hofburg in Wien, ab 1869, Anfänge des Neobarock

Begründer einer neuen Monumentalität und Plastizität im Historismus war Gottfried Semper (1803–79), nach Schinkel wohl die bedeutendste Gestalt unter den deutschen Architekten des 19. Jahrhunderts. Er lehnte sowohl die Antike wie auch die Gotik als Vorbild ab und bevorzugte die italienische Hochrenaissance. An seiner Gemäldegalerie in Dresden (Abb. 426), mit der er 1843 den Zwinger nach Norden zur Elbe hin abschloss, zitierte er im Mittelrisalit gleich auf doppelte Weise das Motiv eines römischen Triumphbogens und kam erstaunlich früh zu reichen plastischen Formen. Diese steigerten sich noch bei seinem Bau der Eidgenössischen Technischen Hochschule in Zürich 1859–64 im kräftig vorspringenden Mittelrisalit mit seiner mehrschichtigen Gliederung aus Bogenfenstern zwischen rustifizierten Pilastern im Erdgeschoss, einem niedrigen Zwischengeschoss mit Rechteckfenstern und dem Hauptgeschoss mit kolossalen, paarweise zusammengerückten Wandsäulen. Alle Prinzipien des Klassizismus vom Gleichmaß der Geschosse und der Freistellung einzelner Säulen wurden hier aufgegeben, ein erster Schritt in Richtung auf einen Neubarock war getan. Der erfolgt noch stärker seit 1869 bei der Exedra der Neuen Hofburg in Wien am Heldenplatz (Abb. 427), entworfen von Gottfried Semper und seinem Mitarbeiter Karl Hasenauer (1833–94). Hier ist die Annäherung an den 1726–30 begonnenen barocken Mitteltrakt von Fischer von Erlach schon sehr stark, so dass auch der Innenraum (Abb. 428) als neubarock einzustufen ist.

Abb. 429: Wiener Neoklassizismus, Parlamentsgebäude, 1873/74

Doch dies war nur eine von drei für die deutsche Baukunst wichtigen Kunstströmungen in Wien. Die zweite war eine pathetisch reiche Variante des Klassizismus, deren wichtigster Vertreter Theophil Hansen (1813–91) das Parlamentsgebäude an der Wiener Ringstraße (Abb. 429) 1873/74 erbaut hatte. Weitere Werke von Hansen in diesem Stil des Neoklassizismus waren in Wien das Palais Sina und das Palais Todesco. Die Schule des Neoklassizismus in den 70er Jahren des 19. Jahrhunderts hatte auch Auswirkungen auf die Baukunst in Berlin, Wiesbaden oder Hannover, dort am Schiffgraben in den Villen von Köhler.

Die dritte bedeutende Stilrichtung in Wien vertrat Friedrich von Schmidt (1825–91) mit seinem neugotischen Rathaus (Abb. 431), das keinerlei klassizistische Anklänge mehr erkennen lässt, sondern flandrisch-brabantischen Rathäusern der mittelalterlichen Spätgotik sehr nahe steht. Friedrich von Schmidt war zuvor

Abb. 430/431: Neugotische Formen am Wiener Rathaus

Abb. 436 (rechts): Amöneburg, Hessen, Pfarrkirche, 1866–71, täuschend echte Nachbildung der mittelalterlichen Raumwirkung

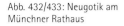

Abb. 432/433: Neugotik am Münchner Rathaus

Abb. 434: Hannover, Nordstadt, Christuskirche, 1858–64, niedersächsische Neugotik

als Steinmetz am Kölner Dom tätig, was seine genauen Kenntnisse und die strenge Einhaltung der Gotik auch im Inneren (Abb. 430) erklärt. Sein Schüler Georg von Hauberisser (1841–1922) errichtete 1867–74 den östlichen Teil des Rathauses in München (Abb. 433) als neugotischen Backsteinbau mit reichen Hausteingliederungen, dann 1889–93 den rückwärtigen Erweiterungstrakt und 1899–1909 den Westteil mit der Schaufassade und dem hohen Turm (Abb. 432) aus Kalk- und Tuffsteinquadern.

Neugotik für den Sakralbau in Wiesbaden

Die Bergkirche

Zum Zentrum der gotischen Schule in Deutschland wurde Hannover durch den Baumeister Conrad Wilhelm Hase (1818–1902), der mit seiner Christuskirche (Abb. 434) der mittelalterlichen Backsteingotik sehr nahe kam und darüber hinaus eine Vielzahl neugotischer Bauten in Niedersachsen schuf.

Zur gotischen Schule gehörte auch Johannes Otzen (1838–1911), der den 1875 ausgelobten Wettbewerb zum Bau der Bergkirche in Wiesbaden (Abb. 435) gewann. Nach seinen Plänen führte Hans Grisebach, Schüler von C.

W. Hase, die Kirche 1876–79 als Backsteinbau in den Formen frühgotischer, rheinischer Werksteinkirchen aus. Gottfried Sempers folgende Mahnungen (Aufsatz „Über den Bau evangelischer Kirchen") „Unsere Kirchen sollen Kirchen des 19. Jahrhunderts sein. Man soll sie in Zukunft nicht für Werke des 13. Jahrhunderts halten müssen. Man begeht sonst ein Plagiat an der Vergangenheit und belügt die Zukunft." fanden immer weniger Gehör. Die Angleichung an die mittelalterliche Gotik wurde immer enger, so dass mancher Tourist auf den ersten Blick die Votivkirche in Wien von Heinrich Ferstel aus den Jahren 1856–79 für den Stephansdom halten könnte. Mancher Kunstgeschichtsstudent der ersten Semester könnte die katholische Pfarrkirche von Amöneburg (Abb. 436) als mittelalterlich einstufen, dabei wurde sie 1866–71 von Georg Gottlob Ungewitter neu erbaut.

Bei der Bergkirche verhält es sich beim Anblick von Osten ähnlich, jedoch würde man spätestens beim Betrachten des Grundrisses (Abb. 437) stutzig werden. Die Verbindung eines kreuzförmigen Langhauses mit einem zentralen Achteckraum kommt so im Mittelalter nicht vor und weist auf Johannes Otzens kritische Haltung zum Eisenacher Regulativ hin. Dieses von den Anhängern der Neugotik initiierte Programm des evangelischen Kirchenbaus hatte sich vom typisch protestantischen Kirchenraum mit zentraler Anordnung von Altar, Kanzel und Orgel abgewandt und den mittelalterlichen Prozessionsraum wiedererstehen lassen, wie er zum Beispiel bei Schin-

„In welchem Style sollen wir bauen?" zum Ausdruck kam. Diese Stilvielfalt und der Kampf der einzelnen Bauschulen um den „richtigen Stil" wurde aber von den Zeitgenossen als unbefriedigend empfunden und so erließ König Maximilian II. von Bayern 1851 ein Preisausschreiben, mit dem eine neue Bau-

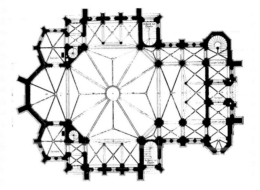

Abb. 435: Bergkirche in Wiesbaden, 1875/76–79, in stark an das Mittelalter angelehnten neugotischen Formen

Abb. 437: Der Grundriss der Wiesbadener Bergkirche verbindet einen Zentralraum mit einem lateinischen Kreuz und verrät damit die Zuordnung ins 19. Jahrhundert.

kels Friedrichswerderschen Kirche in Berlin und der Marktkirche von Boos in Wiesbaden verwirklicht worden ist. Otzen versuchte, den gotischen Baustil mit den Zentralbauideen des protestantischen Kirchenbaus zu verbinden und wählte deshalb gern die rheinische Frühgotik des 13. Jahrhunderts zum Vorbild, weil diese schon gewisse Ansätze zum Zentralbau besaß. Wiesbaden besitzt mit der Bergkirche eine der frühen Schöpfungen Otzens, der zu einem der renommiertesten Kirchenbauer seiner Zeit wurde. Er entwickelte die hier 1876–79 verwirklichte Konzeption bei der Heilig-Kreuz-Kirche in Berlin-Kreuzberg 1885–88, der Lutherkirche in Berlin-Schöneberg 1891 bis 1894 und der Ringkirche 1892–94 in Wiesbaden (vgl. S. 202 ff.) konsequent weiter.

Beherrschte auch die Neugotik bis zum Ende des 19. Jahrhunderts den Sakralbau, so konnte sie sich doch im Profanbau nur in Hannover unter dem starken Einfluss von Hase durchsetzen. Für kommunale oder private Bauaufgaben bevorzugte man in Berlin unter dem Einfluss der Schinkel-Schule noch lange Zeit den Klassizismus, der den preußischen Idealen von Sparsamkeit, Disziplin und Zurückhaltung sehr entgegenkam. Die Stilhaltung der Semper-Schule mit ihrer Vorliebe für die italienische Hochrenaissance eignete sich für besonders repräsentative Gebäude.

Der strenge Historismus der Gründerzeit wird deshalb durch ein Nebeneinander von mehreren Stilrichtungen charakterisiert, was in dem Titel einer Schrift von Heinrich Hübsch

art als ein neuer Stil gesucht wurde. Im Auslobungstext heißt es unter anderem: „Die Verhältnisse der Völker und des Staatslebens sind andere geworden. Sollte es nicht gelingen, für sie einen neueren Stil zu schaffen, der sich wie einst die Renaissance als Selbständiges aus dem Bekannten entwickele? Sollte es nicht möglich sein, zweckmäßig, deutsch und doch neuartig zu bauen, aus den mit soviel Eifer durch die Wissenschaft wiedereroberten Stilen ein eigenartiges, schönes, wohlgegliedertes Ganzes zu gestalten?"

Der Versuch missglückte natürlich, denn ein Stil lässt sich nicht durch ein Preisausschreiben erschaffen, wie sicher auch die meisten der 100 zur Teilnahme eingeladenen Architekten erkannten, denn nur 17 beteiligten sich mit einem Vorschlag. Zu sehr hielt man im strengen Historismus noch an der Reinheit des jeweiligen Stiles fest und war nicht bereit, der folgenden Aufforderung in der Ausschreibung zu folgen: „Die Künstler sollen sich in voller Freiheit der verschiedenen Baustyle und ihrer Ornamentik zur zweckmäßigen Lösung ... der Aufgabe bedienen, damit die zu erwählende Bauart keinem der bekannten Baustyle ausschließlich und speziell angehöre." Diese hier empfohlene Stilmischung aber wird erst im Späthistorismus eingeführt. Da im Text der Auslobung deutlich der „altdeutschen, sogenannten gotischen Architektur" der Vorzug gegeben wurde, war das Ergebnis schließlich eine neugotische Bebauung der Maximilianstraße in München (Abb. 438) ab 1853 durch Friedrich Bürklin.

cherung der Baukörper mit Risaliten, Treppentürmen, Gauben und Obelisken aber noch in der gotischen Tradition stand. Leider hat man nach den schweren Beschädigungen des Zweiten Weltkriegs darauf verzichtet, die prachtvolle Fassade am Schlossplatz (Abb. 439) wieder originalgetreu aufzubauen.

Einen Abglanz der einstigen Qualität dieses in der Baumassenbewältigung, der Ornamentik und Steinmetztechnik herausragenden Bauwerks bieten nur noch die von Hauberisser weniger aufwendig gehaltenen Fassaden hin zur Marktkirche und zum Dernschen Gelände (Abb. 440).

Abb. 438: München, neugotische Bebauung der Maximilianstraße ab 1853

Abb. 439: Wiesbaden, Rathaus. Die Hauptfassade greift die deutsche Renaissance auf, deren Schmuckformen in gotischer Tradition stehen (teilweise kriegszerstört).

Abb. 440 (rechts): Die weniger aufwendig gehaltene Südfassade des Rathauses zeugt noch von der Qualität des herausragenden Bauwerks.

Da Wiesbaden sich nach 1866 zu einem Weltbad entwickelte, konnte es sich aller Stilrichtungen bedienen. Zunehmend erhielten nun Architekten von außerhalb Aufträge, und es nahm auch allgemein zu, dass diese sich auf bestimmte Bauaufgaben spezialisierten, so Georg Ritter von Hauberisser auf den Bau von Rathäusern, die er in München, Wiesbaden, Kaufbeuren und Saarbrücken-St. Johann schuf. Nachdem er seinen Ruf vor allem dem Rathaus in München verdankte, hätte man annehmen können, dass er in Wiesbaden die Formen der Neugotik einsetzen würde, die bei allen vier Kirchenbauten und mit der Marktkirche auch in unmittelbarer Nachbarschaft auftraten.

Doch hatte man in Wiesbaden außerhalb der Sakralbaukunst im strengen Historismus keinen Sinn für die Neugotik, die auch nur bei ganz wenigen Wohnbauten zu finden ist. So wählte man die deutsche Renaissance als Stil für das Neue Rathaus, die im Unterschied zur italienischen zwar Einzelformen der Antike aufgenommen hatte, in der malerischen Berei-

Die italienische Hochrenaissance hält Einzug in Wiesbaden

Das Gebäude der Casino-Gesellschaft

In den 70er Jahren des 19. Jahrhunderts setzte auch in Wiesbaden die von Gottfried Semper schon seit seinem Galeriebau am Dresdner Zwinger von 1843 verbreitete italienische Hochrenaissance ein, bedingt durch zwei hier ansässige Architekten. Zum ersten Mal geschah dies 1872 durch Wilhelm Bogler (1825 bis 1906) beim Gebäude der Casino-Gesellschaft, Friedrichstraße 22 (Abb. 441). Die Fassade ist leider durch den Umbau für eine Bank in ihrer Wirkung stark verändert worden, denn ursprünglich war das Erdgeschoss ganz als tragender Sockel ohne die hier falsche Gliederung aus Arkaden und Pilastern (Abb. 442) ausgebildet, so dass das Obergeschoss mit den Festräumen im Sinne einer Beletage dominierte. Der Vergleich mit dem Ministerialgebäude von 1838–41 (Abb. 443) zeigt, wie viel mehr an Plastizität und rhythmischer Belebung durch den Wechsel von Fensterformen und Pi-

lasterstellungen die italienische Hochrenaissance gegenüber der Frührenaissance des rund 30 Jahre älteren Werkes von Karl Boos mit sich gebracht hat. Lohnend ist auch der Vergleich der Innenräume, die schon 1856 im Ministerialgebäude (Abb. 444) gegenüber dem Stadtschloss von 1841 reicher erschienen, jetzt aber zu fast barocker Prachtentfaltung gesteigert wurden. Das begann schon bei dem großzügig bemessenen, zweiläufigen Treppenhaus (Abb. 445) mit der feierlichen Säulenstellung, das zusammen mit dem Festsaal (Abb. 446) und den Gesellschaftsräumen überwiegend bürgerlichen Mitgliedern für ihre gesellschaftlichen Veranstaltungen einen bis dahin Fürsten vorbehaltenen festlichen Rahmen bot.

Abb. 445 (links) und 446: Im Innern entfaltet das Casinogebäude nicht nur im Treppenhaus und im Festsaal fast barocke Pracht.

Abb. 447 und 448: Wiesbadener Kochbrunnen-Trinkanlage von 1887/88, historische Aufnahmen

Der Kochbrunnen

Das zweite herausragende Werk von Wilhelm Bogler war die Kochbrunnen-Trinkanlage von 1887/88 (Abb. 447, 448), mit der die Stadt Wiesbaden leider sehr lieblos umgegangen ist. Keineswegs im Zweiten Weltkrieg zerstört, sondern 1949 erneut in Benutzung genommen, wurde sie irgendwann danach ohne erkennbaren Grund bis auf einen Flügel an der Saalgasse abgebrochen, den man wiederum durch einen modernen Vorbau gänzlich seiner Wirkung beraubte. Dabei war diese Trinkkur-Anlage neben dem Kurhaus und seinen Kolonnaden die wichtigste Kureinrichtung der Stadt, zugleich Zentrum gesellschaftlicher Begegnungen der vornehmen Kurgäste. Vereinsamt steht jetzt der umgesetzte und weitgehend erneuerte Kochbrunnentempel. Einst schloss er die winkelförmige Anlage, die aus Hallen und Pavillons mit großen Fensterflächen in gusseisernen Rahmen und steinernen Bogenstellungen im Stil der italienischen Hochrenaissance bestand, nach Süden ab.

Der Abschied vom symmetrischen Kubus

An herausragenden öffentlichen Gebäuden ist ansonsten zwischen 1866 und 1888 nicht sehr viel entstanden. Doch verdienen zwei Zweckbauten eine Erwähnung, weil sie den typisch preußischen Baustil vertreten, wie er in zweifacher Hinsicht durch Schinkels Bauakademie begründet worden ist: Zum einen durch die gründliche Ausbildung, die angehende, meist dem Handwerk entstammende Baumeister hier erfuhren, zum anderen durch die außerordentlich solide Backsteintechnik des Gebäudes selbst, das zum Vorbild für unzählige Zweckbauten in Preußen und seinen neuen Provinzen wurde. Sie strahlen sowohl Nüchternheit als auch Zweckmäßigkeit und Solidität aus. Das ist bei der Gewerbeschule in der Wellritzstraße (Abb. 449) von Hane der Fall, weniger bei den 1879/80 entstandenen Krankenanstalten an der oberen Schwalbacher Straße (Abb. 450), die reichere Fensterformen und einen Wechsel von roten und gelben Backsteinen anstelle der uniform wirkenden gelben Klinker aufweist.

Villa Clementine

Neben Wilhelm Bogler, diesen an Begabung noch überragend, war Georg Friedrich Fürstchen (1848–84), der wichtigste historistische Vertreter der italienischen Hochrenaissance in Wiesbaden und der eifrigste Verehrer von Semper. Sein Hauptwerk ist die 1878–82 an der Wilhelmstraße 19/Ecke Frankfurter Straße 1 erbaute Villa Clementine (Abb. 451). Ihre

Abb. 449 und 450: Preußische Zweckmäßigkeit vermitteln die Gewerbeschule, heute Jugendzentrum, und das alte Krankenhaus, 1879/80, in der Tradition der Schinkelschen Bauakademie (vgl. S. 29).

Besonderheit liegt weniger darin, dass sie unter anderem Formen der italienischen Hochrenaissance verwendete. Sie lag vielmehr in der Abkehr vom symmetrischen Kubus der klassizistischen Villa, der bis dahin durchweg für diese Bauaufgabe eingesetzt wurde und mal mit Schmuck- und Gliederungsformen des Klassizismus, mal des Rundbogenstils oder seltener der Neugotik (Parkstraße 18) (Abb. 452) ausgestattet wurde. Die Villa Clementine aber bietet von jeder Seite eine andere Ansicht und hat nur an ihren repräsentativen Seiten zur Wilhelmstraße (Abb. 453) und zum Warmen Damm eine Symmetrieachse. Ein Säulenportikus akzentuiert den Eingang, das daneben liegende Treppenhaus springt als Mittelrisalit vor. Ein Wintergarten sowie eingeschossige Bauteile mit Dachterrassen bilden ebenfalls Vor- und Rücksprünge. Der Verzicht auf kubische Geschlossenheit und Symmetrie führt zur besseren Differenzierung der Räume bezüglich ihrer Funktion und damit Größe, wie der Grundriss zeigt. Es ergeben sich kleine Nebenräume und eine Dienstbotentreppe. Dem repräsentativen Äußeren entsprechen auch die festlich mit Stuckaturen und Wanddekorationen ausgeschmückten Innenräume (Abb. 454).

Villa Ecke Rosenstraße und Bierstadter Straße 14

Bereits zwei Jahre früher begann laut Bauantrag vom 15. September 1876 der Architekt Alfred Schellenberg in einem großen Garten an der Ecke Rosenstraße und Bierstadter Straße 14 (Abb. 455) eine der größten Villen Wiesbadens. Auch er hat sich vom klaren Kubus und von strenger Symmetrie verabschiedet, indem er beispielsweise die monumentale Loggia mit der hohen Bogenstellung an die Ecke des Baukörpers setzte, ähnlich wie Philipp Hoffmann dies 1868–71 bei seiner Wilhelms-Heilanstalt am Schlossplatz getan hatte. Der Baukörper wurde am Hang auf ein hohes Kellergeschoss über einer Gartenterrasse errichtet und wirkt dadurch besonders monumental. Die Ansicht zur Rosenstraße prägt die Loggia, die zur Bierstadter Straße der polygonale, auf das Erdgeschoss beschränkte Vorbau mit der Dachterrasse. Alfred Schellenberg schuf zwischen 1876 und 1912 in Wiesbaden 17 Villen und hat dabei durch seinen Wandel der Stilrichtungen von der italienischen Hochrenaissance bis zum Jugendstil seine Kreativität bewiesen. Für ihn wie auch für Georg Friedrich Fürstchen waren die Vorbilder außer Gottfried Semper die Schinkelschüler Persius, Stüler und Stracke in Berlin.

Abb. 451: Wiesbaden, Villa Clementine, 1878–82, als neuer Typ des asymmetrischen Baus

Abb. 452: vgl. CD

Abb. 453: Schauseite der Villa Clementine an der Wilhelmstraße – die einzige symmetrische Front

Abb. 454: Innenraum der Villa Clementine mit festlichen Wanddekorationen

Abb. 455: Eine der größten Villen Wiesbadens, Villa Bierstadter Straße 14, ab 1876

Abb. 456: Villa Mainzer Straße 2–4, 1869/70, eine der wenigen Doppelvillen in Wiesbaden, die jedoch auch asymmetrisch angelegt ist.

Abb. 457: Villa Rheinstraße 1, 1885/86, zeigt an den Straßenfassaden symmetrische Fassaden, an den Gartenseiten asymmetrische.

Die Doppelvilla Mainzer Straße 2–4

Etwas von dem Pathos der Bierstadter Straße 14 besitzt auch die Villa Mainzer Straße 2–4 (Abb. 456) von 1869/70. Es handelt sich um eine der wenigen Doppelvillen in Wiesbaden, ein Typ, der übrigens in der Bonner Südstadt sehr verbreitet ist. Bei dieser Aufgabe hätte sich eine strenge Symmetrie angeboten, um beide Haushälften gleich zu behandeln. Stattdessen wendet der nördliche Teil seine aus Säulen und Bögen gebildete Loggia nach Norden, der südliche Teil nach Westen, anstelle symmetrisch nach Süden, was sich doch angeboten hätte. Man suchte offensichtlich in dieser Entwicklungsphase des Historismus nach Asymmetrie oder schon nach malerischer Belebung, wie sie im Späthistorismus beliebt war.

Villa Rheinstraße 1

Das Haus Rheinstraße 1 (Abb. 457) bietet in seiner Ecklage zur Frankfurter Straße einen malerischen Anblick durch Balkonvorbauten, ein mittleres Zwerchhaus mit Schweifgiebel, Eckerker und Türmchen. Scheint an den beiden Straßen noch die Symmetrie eingehalten zu sein, so zeigen die beiden abgewandten Seiten eine starke Asymmetrie durch den spitzwinklig nach Nordwesten geformten Baukörper. Das ist eine Folge des unregelmäßig geschnittenen Grundstücks, das erst nach der Weiterführung der Rheinstraße bis zur Frankfurter Straße nach 1879 entstanden ist, so dass der Bau nicht aus der Überformung einer spätklassizistischen Villa aus der Zeit um 1860[71] entstanden sein kann, sondern ein Neubau der Architekten Friedrich Hatzmann und Joseph Kreizner von 1885/86 ist.

Gründerzeitvillen in spätklassizistischer Bautradition

Die behandelten Villen leiten in ihrer Monumentalität und bewussten Asymmetrie bereits zur letzten Phase des Historismus in der Regierungszeit Kaiser Wilhelms II. über. Die Architekten Alfred Schellenberg, Friedrich Hatzmann und Joseph Kreizner haben ihr eigentliches Lebenswerk im Späthistorismus nach 1888 geschaffen. Dies hätte sicher auch für Georg Friedrich Fürstchen gegolten, wenn er nicht so früh, im Alter von nur 36 Jahren, verstorben wäre.

Neben den besprochenen innovativen Villen werden jedoch in der Gründerzeit zwischen 1866 und 1888 auch noch zahlreiche würfelförmige, streng symmetrische Baukörper im spätklassizistischen Stil errichtet. Zu den schönsten gehört die Villa Viktoriastraße 20 (Abb. 458), ein frühes Werk der Architekten Hatzmann und Kreizner von 1871/72, die hier mit dem halbkreisförmigen Vorbau aus Wintergarten und Loggia, deren Bögen von Karyatiden getragen werden, ihr Können bewiesen haben. Von vornehmer, klassizistischer Haltung ist auch die um 1880 entstandene Villa Gustav-Freytag-Straße 18 (Abb. 459), in der der Dichter von 1881 bis zu seinem Tod 1895 lebte. Der Mittelrisalit zur Gartenseite ist in beiden Geschossen durch vier kannelierte Halbsäulen gegliedert, die unten der dorischen, oben der korinthischen Ordnung angehören. Die gesamte Ornamentik der Palmettenfriese und gusseisernen Balkongitter ist antikisierend, nur die Drachen im klassisch flachen Dreiecksgiebel (Abb. 460) gehören einer anderen Fabelwelt an.

Dem Neoklassizismus gehören aus der Zeit um 1875 unter vielen anderen auch die Villen Blumenstraße 4 (Abb. 461) und Humboldtstraße 10 an. Bei ersterer verrät das plastische, für die Gründerzeit typische Relief im Giebeldreieck (Abb. 462) die vergleichsweise späte Entstehungszeit, nämlich erst im Neoklassizismus, bei der anderen sind es die charakteristischen, von Blattkränzen und Blumenkörben gerahmten Köpfe unter den Fensterbrüstungen (Abb. 463).

Der Villenbau gehört zu den besonders herausragenden Leistungen der Gründerzeit in Wiesbaden. Der neue, von auswärts durch Zuzug eingeführte Wohlstand führte im Vergleich zu den Villen des romantischen Historismus in einigen Fällen zu größerem Aufwand in monumentalen Architekturformen, bei anderen blieb die für den Neoklassizismus in Berlin typische Zurückhaltung bestehen.

Im repräsentativen Wohnungsbau lag zwischen 1866 und 1888 das Schwergewicht nach Süden von der Adelheid- bis zur Goethestraße, nach Westen bis an die Wörthstraße, nach Osten bis an den Rheinbahnhof. Die beste Wohnlage war die Adolfsallee (Abb. 464), abzulesen an den von Säulen getragenen Loggien, die einen nahezu vergleichbaren Wohn-

Abb. 458: Viktoriastraße 20

Abb. 459: Gustav-Freytag-Straße 18

Abb. 460 Giebel von Abb. 459

Abb. 461: Blumenstraße 4

Abb. 462 Giebel von Abb. 461

Abb. 463: Humboldtstraße 10

Abb. 464: Adolfsallee

Abb. 465: Adolfsallee 11

Abb. 466: Adolfsallee 15

Abb. 467: Adolfsallee 18

Abb. 468: Adolfsallee 21

Abb. 469: Albrechtstraße 35

Abb. 470: Oranienstraße 15

Günderzeitvillen in spätklassizistischer Bautradition

komfort zu bieten hatten wie die Villen am Bierstadter Hang. Die Häuser Adolfsallee 11 (Abb. 465), 15 (Abb. 466), 18 (Abb. 467) und 21 (Abb. 468) vertreten diesen Typ großbürgerlicher Wohnkultur besonders gut, doch auch in den Seitenstraßen finden sich ähnlich repräsentative Mietshäuser, wie zum Beispiel Albrechtstraße 35 (Abb. 469) oder Oranienstraße 15 (Abb. 470), die zwar keine von Säulen getragenen Veranden, aber eine reiche Pilastergliederung und Bauornamentik am Mittelrisalit aufweisen.

Fassade und Kuppel des
Café Kunder tragen noch
wesentlich zum Eindruck der
Wilhelmstraße als einer
Prachtstraße bei.

Späthistorismus 1888–1914

Die Stilphase des Späthistorismus fällt im Königreich Preußen und besonders in Wiesbaden mit der Regierungszeit Kaiser Wilhelms II. (reg. 1888–1918) zusammen. Seiner Vorliebe für monumentale Prachtbauten kam der Neobarock entgegen. Dieser hat die beiden letzten Jahrzehnte des 19. Jahrhunderts immer stärker beherrscht, verbunden mit einer Mischung mehrerer Stile an einem Bau. Wenn der Barock als letzter aller historischen Stile vom Historismus und dann so spät rezipiert wurde, liegt dies zum einen an der generationsbedingten Abneigung gegenüber der vorangegangenen Kunstepoche, die zudem noch vom Absolutismus der herrschenden Fürstenhäuser geprägt war, die man doch 1789 und nochmals 1848 überwunden zu haben gehofft hatte. Schinkel bezeichnete in seinem Reisebericht durch Ostpreußen von 1834 das damals barock erneuerte Schloss Rhein als „aus einer späteren Zeit und in einer unverstandenen, halbitalienischen Architektur gehalten, hat es von Seiten der Kunst gar keinen Wert". Und von seinem Besuch in Königsberg schrieb er: „Die Schloß- und Krönungskirche ist im Innern in einem korrumpierten und modernistischen Stil des 16. Jahrhunderts gehalten." Er sah den Innenraum aber nicht im Zustand des 16. Jahrhunderts, sondern des frühen 18. Jahrhunderts, nachdem der Raum aus Anlass der Erhebung zur Krönungskirche 1705–10 barock überformt worden war.

Hinwendung zum Barock

Bis über die Mitte des 19. Jahrhunderts hinaus sprach man vom Barock mit Verachtung als vom „Welschen Stil". Die Anerkennung erfolgte auf drei Gebieten: erstens politisch in Frankreich unter Kaiser Napoleon III. (1852–70), zweitens künstlerisch – basierend auf den Werken von Gottfried Semper – durch das Streben nach noch größerer Plastizität als sie die italienische Hochrenaissance erreichte, und drittens durch die kunstgeschichtliche Würdigung.

Dass ausgerechnet ein Neffe jenes berühmten Napoleons, der doch aus der französischen Revolution gegen den Absolutismus hervorgegangen war, die Kunst der französischen Könige Ludwig XIV. bis XVI. wieder aufnahm, ist verwunderlich. Ein erstes Projekt im neobarocken Stil waren die neuen Gebäudeteile des Louvre (Abb. 471), die ab 1851 nach den Plä-

nen von Louis Tullius Visconti (1791–1853) als langgestreckte Flügel mit Pavillons errichtet wurden. Der Pavillon Turgot (Abb. 472) knüpfte mit den gekuppelten Vollsäulen an Perraults barockisierende Hauptfassade des Louvre von 1671 an (Abb. 473). Er übertrifft diese aber deutlich an barockisierender Plastizität, insbesondere in den überladen wirkenden Lukarnen der Dachzone.

Der zweite Monumentalbau des Neobarock ist die Oper von Paris, erbaut 1863/74 von

Abb. 471: Neobarocker Flügelanbau am Louvre in Paris, 1851–57

Abb. 472: Neobarocker Pavillon Turgot, 1857, am Louvre in Paris

Abb. 473: Barocke Ostfassade des Louvre mit Doppelsäulen, 1671

Abb. 474: Opéra Garnier in Paris, 1863–74, Vorbild für neobarocke Strömungen im bürgerlichen Wohnungsbau

Abb. 475: Denkmal für den Architekten Charles Garnier an der Pariser Oper in typischer dramatisch-pathetischer Bewegtheit

Charles Garnier (1825–1898). Vom barocken Pathos dieser Fassade mit ihrem Spiel von Licht und Schatten und ihrer reichen Bauplastik (Abb. 474) gingen die neubarocken Strömungen im bürgerlichen Wohnungsbau aus. Diese beherrschten bald das nach den Plänen von Raoul Haussmann (1886–1971) großzügig mit Avenuen neugestaltete Stadtbild von Paris. Das Denkmal für Garnier am Sockelgeschoss der Oper (Abb. 475) spiegelt in den Skulpturen die dramatisch–pathetische Bewegung des gesamten Bauwerks wider. Der auf der Bronzeplatte wiedergegebene Grundriss zeigt, dass das links liegende Treppenhaus die gleiche Größe besitzt wie der gesamte Zuschauerraum. Hier findet das Repräsentationsbedürfnis des durch Wohlstand erstarkten Bürgertums seinen Ausdruck. Sein neuer Reichtum drängte den Adel auch in Deutschland mehr und mehr zurück. Dieser sonnte sich zwar noch im Glanz der Monarchie, prägte aber immer weniger den Charakter der Gesellschaft.

Betrachtet man, in welcher Reihenfolge der Historismus sich die originären Kunstepochen aneignete, stellt man mit Erstaunen fest, dass dies etwa in der historischen Reihenfolge geschah, nämlich von der antiken über die frühchristliche Kunst zur italienischen Frührenaissance, zur Neugotik, der deutschen Renaissance und dann über die italienische Hochrenaissance schließlich zum Barock. Der Grund liegt nicht in der Treue zum Ablauf der Kunstgeschichte, sondern im wachsenden Trend zu mehr Plastizität und ornamentaler Bereicherung der Bauten.

Gottfried Semper

Waren Winckelmann und Erdmannsdorff die Wegbereiter für den Klassizismus, so waren dies Schinkel und Gärtner für den romantischen Historismus. Gottfried Semper war vor allem für den strengen und schließlich auch für den späten Historismus der Wegbereiter, sowohl in seinen Bauten als auch in seinen Schriften, die uns einen interessanten Einblick in die Ästhetik des 19. Jahrhunderts bieten. Er stand mit seinen Auffassungen im Gegensatz zu den Klassizisten der Schinkel-Schule und den Neugotikern in Hannover. Dort hielten C. W. Hase und seine Schule – der mittelalterlichen Steinmetztradition folgend – an der Werkform fest, das heißt an der Forderung, dass das Material die Formgebung bestimmen sollte. Deshalb lehnten sie jeglichen Verputz ab und zeigten den rohen Bruchstein oder Backstein. Für Semper war dadurch die Form nicht durchgeistigt genug, das Stoffliche trat ihm zu stark hervor. Er drückte es wörtlich so aus: „Wie beim Bau des Krebses ist bei der gotischen Kirchenform das Knochengerüst zur Schau gestellt, im Gegensatz zum griechischen Tempel, der den Baustoff unter der Form versteckt."

Semper war der profilierteste Anhänger des assoziativen Historismus, bei dem eine bestimmte Bauaufgabe mit einem bestimmten Stil identifiziert wurde. So heißt es bei ihm: „Der Eindruck, den ein Bauwerk auf die Massen hervorbringt, ist zum Teil auf Gedächtnisbildern begründet. Ein Schauspielhaus muss an ein römisches Theater erinnern (ein gotisches wäre unkenntlich), Kirchen im Altdeutschen – oder selbst im Renaissancestil – haben für uns nichts Kirchliches. Ein Gerichtshaus muss in der Art des Dogenpalastes, eine Kaserne wie eine mittelalterliche Befestigung, eine Synagoge wie ein orientalischer Bau wirken."

Semper hat deshalb in allen Stilen gebaut, und er fand für alle Bauaufgaben selbständige Lösungen, hielt sich dabei aber streng an die Formgebung der jeweiligen Kunstepoche, Stilmischungen lehnte er ab. Er forderte eine stärkere Farbigkeit in der Architektur, nachdem er in seinem Aufsatz von 1834 nachgewiesen hatte, dass die Tempel und Statuen der Antike nicht wie bis dahin behauptet weiß, sondern farbig gefasst waren.[72] So heißt es bei ihm: „Ein nach bisherigen Begriffen restaurierter Tempel ist ein eisgraues Unding, ein in den sonnenfarbigen Süden versetzter St. Petersburger Schneepalast." Offensichtlich kannte er aber St. Petersburg nicht mit seinen farbigen Barockpalästen an der Newa. Weiter heißt es: „Es ist in der Tat eine auffallende Erscheinung, dass durch das ganze verflossene Jahrhundert [das 18. Jahrhundert], welches sich auszeichnete in dem Bestreben, Bildung jeder Art auf das genaue Studium der Alten zu gründen, die wichtige Frage über Polychromie antiker Monumente fast ganz unberührt geblieben ist." Neben einer größeren Farbigkeit forderte Semper stärkere Gegensätze

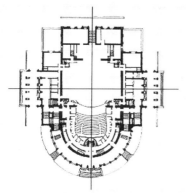

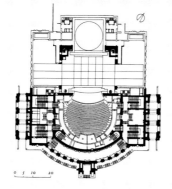

zwischen Flächen und Gliederungen in der Architektur, breitere Schatten, bewegtere Flächen. Bei seinen Ausmalungen richtete er sich nach den entdeckten Malereien von Pompeji, aber auch nach den Grotesken von Raffael und seinen Schülern in den Stanzen des Vatikan beziehungsweise nach den Innendekorationen in den Uffizien von Florenz.

Sempers eigene Entwicklung zu stärkerer Plastizität in der Architektur kann man besonders anschaulich verfolgen bei einem Vergleich seines ersten Hoftheaters in Dresden (Abb. 476, Voss S. 82) mit dem zweiten. Es wurde 1838–41 errichtet, 1869 allerdings durch Brand vernichtet, aber ebenfalls nach Sempers Plänen unter der örtlichen Bauleitung seines Sohnes Manfred 1871–78 neu erbaut (Abb. 477). Das erste Opernhaus entstand gemäß seiner eigenen Forderung außen nach dem Vorbild des Kolosseums in Rom, von dem die mächtige Rundung und die in zwei Geschossen für die Entstehungszeit schon sehr plastischen Bogenstellungen zwischen Wandsäulen übernommen wurden. Beim Neubau wurde aus dem Halbkreis im Grundriss des Zuschauerhauses ein flacher Segmentbogen, dem in der Mitte ein plastisch stark vortretender Risalit mit einer tiefen Nische im Obergeschoss vorgesetzt

wurde. Anstelle der einfachen Halbsäulen an der Rundung des ersten Baues sind jetzt Doppelsäulen getreten, die doch die Klassizisten, wie zum Beispiel Schinkel, so sehr ablehnten, die aber im Barock besonders beliebt waren.

Der neue Baukörper ist wesentlich vielgliedriger und steiler in die Höhe gestaffelt. Dies bewirkt vor allem der Aufzugsschacht für die Kulissen, der im Theaterbau stets ein besonderes Problem darstellt, da er dieselbe Höhe wie die Bühne haben muss. Hier ragt er wie ein eigener Tempel mit seinem klassischen Dreiecksgiebel über den Zuschauerraum hinaus. Die Seitenflügel mit den Eingängen sind breiter geworden. Vergleicht man die Grundrisse (Abb. 478 und 479) miteinander, stellt man fest, dass dies die Folge wesentlich aufwendiger gestalteter Treppenhäuser ist. Vielleicht stellt dies eine Reaktion auf den Brand von 1869 zur Verbesserung der Fluchtwege, zugleich aber auch ein gesteigertes Bedürfnis nach Repräsentation dar. Das Reichstagsgebäude in Berlin (Abb. 480), erbaut von Paul Wallot 1882–94, verwendet noch die Formen der italienischen Hochrenaissance. Der monumentale Säulenportikus in der Mitte und die Kolossalsäulen der Flügel mit Halbsäulen folgen ungefähr dem Stil der Bauten Gottfried Sempers.

Abb. 476: Oper in Dresden, Sempers erster Bau, 1834–41, folgte dem Kolosseum in Rom

Abb. 477: Semperoper in Dresden. Der zweite Bau, 1871–78, zeigt mehr Plastizität.

Abb. 478: Grundriss der ersten Semperoper

Abb. 479: Grundriss der zweiten Semperoper mit wesentlich repräsentativeren Treppenhäusern

Abb. 480: Paul Wallots Reichstag in Berlin, 1884–94, verwendet noch die Formen der italienischen Hochrenaissance – die Kolossalsäulen der Flügel sind beeinflusst von Sempers Stil.

Öffentliche Bauvorhaben

Das Staatstheater, ehemals Hoftheater

Während sich in der Reichshauptstadt Berlin der Späthistorismus in seiner neubarocken Ausprägung erst ab 1893 mit dem Bau des Domes (Abb. 481) nach Plänen von Julius Carl Raschdorff und ab 1897 mit dem Bode-Museum auf der Spitze der Museumsinsel nach Entwurf von Ernst von Ihne (1848–1917) durchsetzte, kam Wiesbaden mit dem Neubau des Staatstheaters 1892–94 durch Ferdinand Fellner (1847–1916) und Hermann Helmer (1849–1919) dem Prunkbedürfnis Kaiser Wilhelms II. bereits zwei Jahre früher entgegen.

Abb. 481: Berliner Dom, 1893. Mit dem Bau setzte sich der Späthistorismus in der Reichshauptstadt durch.

Der erste Theaterbau in Wiesbaden war 1825–27 an der Wilhelmstraße entstanden. Er wurde bis 1894 bespielt, war dann für das zum Weltbad aufgestiegene Wiesbaden zu klein und unscheinbar geworden und zu Gunsten des 1897 erbauten Hotels „Nassauer Hof" abgebrochen worden. Zum Standort für das neue Hoftheater hatte man nach langem Hin und Her das Gelände zwischen den südlichen Kolonnaden des Kurplatzes und dem 1859 angelegten Park am Warmen Damm entschieden.

Mitten in die Vorbereitungen zum Bau des neuen Theaters platzte im Mai 1892 die Mitteilung des Ministers des königlichen Hauses in Berlin, dass die Verwaltung der Hoftheater in Kassel, Hannover und Wiesbaden aufzugeben und in städtische Hände zu geben sei, wobei die Zuschüsse von 240 000 Mark pro Jahr auf eine Miete in Höhe von 25 000 Mark reduziert werden sollten. Dennoch beschlossen die magistratischen Kollegien am 22. Juli 1892, das Theater ohne Einschränkungen zu bauen, was für den finanziellen Wohlstand der Stadt zum damaligen Zeitpunkt spricht. Im Jahr 1891 wurde ein beschränkter Wettbewerb unter den Architekten Manfred Semper & Krutisch (Hamburg), Professor Frentzen (Aachen) sowie

Fellner & Helmer (Wien) ausgelobt, aus dem letztere als Sieger hervorgingen. Die beiden Architekten betrieben in Wien ab 1873 bis 1916 das auf Theaterbauten spezialisierte Atelier Fellner und Helmer. In den 34 Jahren ihrer Tätigkeit als gleichberechtigte Partner schufen sie in Europa 47 Theaterbauten, überwiegend im Stil des Neubarock, einen der letzten 1906/07 im Jugendstil.

Am 5. August 1892 wurde der Vertrag mit dem Büro Fellner & Helmer geschlossen. Darin verpflichtete sich die Stadt, das Grundstück bis zum 15. Oktober 1892 baureif zu machen und die Architekten, das Gebäude schlüsselfertig bis zur Eröffnung am 15. September 1894 zum Preis von 1 590 000 Mark zu erstellen. Die Baukosten konnten – wie so oft in der Geschichte der Baukunst – nicht eingehalten werden und endeten bei 1 800 000 Mark, der Theaterbetrieb konnte jedoch wie geplant am 16. Oktober 1894 aufgenommen werden. Eine Bauzeit von nur einem Jahr und zehn Monaten ist bei der Größe des Bauvolumens und dem Reichtum der Schmuckformen außen wie innen erstaunlich kurz, benötigte man doch bei der jüngsten Restaurierung und Erweiterung 1974–78 immerhin vier Jahre. Planung und Oberbauleitung lagen bei Helmer, die örtliche Bauleitung beim Architekten J. Roth aus Mainz, der schon zuvor für das Wiener Atelier den Theaterbau in Zürich geleitet hatte.

Im Urteil der Zeitgenossen, das auch heute noch Gültigkeit hat, zeichneten sich die Pläne von Fellner und Helmer und der danach ausgeführte Bau vor den anderen Entwürfen aus drei Gründen besonders aus, und zwar durch:
1. die geschickte städtebauliche Anlage auf dem schwierigen Gelände,
2. den reichen architektonischen Schmuck und
3. die vollkommene Einhaltung der feuerpolizeilichen Vorschriften vom Jahre 1888.

Da die Wiesbadener zu Recht darauf bestanden, dass der klassizistische Kurhausplatz mit den Kolonnaden unangetastet blieb, der Eingang aber von hier aus erfolgen sollte, um die enge Verbindung von Kur und kulturellem Angebot herzustellen, schied die Ausbildung einer repräsentativen Eingangsfront von vornherein aus. Um dem Bauwerk dennoch ein Eigengewicht zu verschaffen, wurde die Rückfront (Abb. 482) zur großen Schaufassade ausgestaltet. Dies haben die Architekten des Funktionalismus im 20. Jahrhundert mit Genuss als einen Verstoß gegen die Einheit von Funktion und Form gerügt, weil sich hier keineswegs wie ar-

Abb. 482: Staatstheater, 1892–94, „hochmodernes" Bauwerk des Wilhelminismus. Ungewöhnlicherweise ist die Rückfassade als Schaufront ausgebildet.

Abb. 484: Staatstheater von der Wilhelmstraße aus

chitektonisch vorgegeben der Haupteingang, sondern lediglich die Rückseite des Bühnenhauses befindet. Doch war es die denkmalpflegerische Rücksichtnahme auf den klassizistischen Kurhausplatz, die Helmer zu dieser Lösung zwang. Gerade er hatte beim Wettbewerb im Unterschied zu den anderen Bewerbern auf einen durchgreifenden Umbau der Kolonnaden verzichtet, lediglich den Haupteingang in das Theater durch Vorsetzen eines Säulenportikus (Abb. 483) betont, der sich durch eine Attika und ein Walmdach auch in der Höhe bemerkbar macht, ohne die Einheit der Kolonnaden allzu sehr zu stören. Der Nachteil der fehlenden repräsentativen Eingangsfront wird durch den Vorteil aufgewogen, eine Wandelhalle von großem Ausmaß wie bei kaum einem anderen Theater zu besitzen. Sie ermöglicht

einer großen Besuchermenge das reibungslose Betreten und Verlassen des Theaters. In den Pausen lädt sie auch bei schlechtem Wetter zum Flanieren an der frischen Luft ein. Auf Grund dieser besonderen Situation glaubte Helmer auf ein Foyer verzichten zu können, das erst acht Jahre später hinzugefügt wurde, um dem Prunkbedürfnis des Kaisers und seiner ihn nachahmenden Zeitgenossen gerecht zu werden.

Bei der Ausbildung der Rückfront zur Schaufassade überbrückte Helmer die Höhendifferenz zwischen dem Fußboden der Kolonnade und dem sehr viel tiefer liegenden Parkgelände des Warmen Dammes durch ein hohes Sockelgeschoss. Über einen seitlichen Durchgang, umlaufende Terrassen an den Längsseiten des Theaters und aufwendige Treppenanlagen kann man von den Kolonnaden das Parkgelände erreichen.

Die Gebäudemasse wird an der langgestreckten Seite zur Wilhelmstraße (Abb. 484) durch die Ausbildung von Risaliten und terrassenförmigen Rücksprüngen stark zergliedert, dazu kommen die Kolossalordnung der durch beide Obergeschosse reichenden Wandsäulen, die Gesimse und Fensterbekrönungen wie auch das starke Dachgebälk und die darüber liegende Attika. Das aus technischen Gründen herausragende Bühnenhaus wurde architektonisch geschickt als signifikanter Kuppelbau definiert. Es handelt sich jedoch nicht um eine klassische Kuppel, wie sie bis zum Späthis-

Abb. 483: Die Neuen Kolonnaden von 1839 erhielten im Zuge des Theaterbaus 1894 einen vorgesetzten zentralen Säulenportikus.

Abb. 485: Haubendach des Berliner Reichstags im ersten Entwurf von 1882, ausgeführt 1890, zerstört 1933

sten Entwurf von 1882 (Abb. 485), die Ausführung erfolgte erst 1890.

Als Baumaterial für das Wiesbadener Theater wählte man einen goldgelben Heilbronner Sandstein der Firma Winterhelt in Miltenberg a.M. Die Steinbildhauerarbeiten stammen von der Firma L. Schulz, die Tonbildhauerarbeiten von Jacob Höppli, beide in Wiesbaden ansässig. Für den Figurenschmuck wurde 1893 ein Wettbewerb mit vier Preisen ausgeschrieben. Von 29 eingereichten Entwürfen erhielt Professor Volz den ersten Preis und den Auftrag für das große Giebelrelief der Südfassade (Abb. 486). Hier ist in der Mitte sitzend die Poesie dargestellt, links von ihr die Trauer, rechts zu ihren Füßen der Schmerz, in der rechten Giebelecke ein von Amor belauschtes Liebespaar, in der linken ein sterbender Held auf dem Schoß der Parze. Die Viergespanne der Panther mit dem Wagen und den Figuren von Dionysos und Poesie sind das Werk von Theodor Bausch aus Stuttgart, dem dritten Preisträger des Wettbewerbs.

Im 19. Jahrhundert gab es zahlreiche Theaterbrände, weltweit sollen es zwischen 1797 und 1897 insgesamt 1115 gewesen sein.[74] Dabei waren zahlreiche Opfer unter den Besuchern zu beklagen, allein zwischen 1882 und 1897 mehr als 4750, die vom Brand des Stadttheaters in Nizza am 23. März 1881 sind nicht mitgerechnet.[75] Hier nannte man 200 Todesopfer, die Stadtverwaltung meldete 280 Vermisste, in den Hotels fehlten 37 Fremde. Die Zunahme der Theaterbrände mit steigender Zahl von Todesopfern ist zum Teil auf die Einführung der Gasbeleuchtung zurückzuführen. Diese Katastrophen hatten in Preußen und seinen Provinzen die neuen verschärften Brandschutzbestimmungen vom 12. Oktober 1889 zur Folge, die in Wiesbaden vollkommen berücksichtigt wurden.

Das Theater wurde in zwei nahezu gleichgroße, völlig getrennte Bereiche geteilt: den Zuschauerraum mit Vestibülen, Garderoben und Toiletten und das Bühnenhaus mit Ankleide- und Magazinräumen. Dazwischen liegt eine bis über das Dach hinausgehende Feuermauer, die lediglich von der Bühnenöffnung durchbrochen wird, die wiederum durch den eisernen Vorhang gesichert ist. Diese von Helmer getroffenen Sicherheitsvorkehrungen bewährten sich, als am 19. März 1923 das Bühnenhaus in Brand geriet, ein Übergreifen des Feuers auf den Zuschauerraum aber verhindert werden konnte. So waren weder Menschenleben noch der Verlust von Kunstwerken zu beklagen, ausgenommen der von Kögler bemalte Schauvorhang. Alle 1241 im Parkett und auf

torismus über kreisförmigem, ovalem oder achteckigem Grundriss konstruiert worden war, sondern um ein sogenanntes Haubendach[73] auf quadratischem Grundriss. Es hat vier gewölbte Dachflächen, einen flachen oberen Abschluss und ist gelegentlich wie in Wiesbaden mit einem Aufsatz versehen, der mit einem konkav geschweiften Pyramidendach abschließt. Fellner und Helmer verwandten diese neue Art eines kuppelartigen Abschlusses, der sich für quadratische Bühnentürme besonders eignete, zum ersten Mal 1874/75 beim Volkstheater in Budapest und 1876/77 beim Stadttheater in Brünn.

Soweit anhand der mir zugänglichen Literatur nachgeprüft werden konnte, könnte das Haubendach erstmals in Wien bei der Ringstraßenfront der Universität von Heinrich Ferstel 1873–84 verwandt worden sein; sollte es aber erst zum Schluss der elfjährigen Bauzeit dazu gekommen sein, könnte es zuerst von Fellner und Helmer eingesetzt worden sein. Mit abgefasten Kanten wie in Wiesbaden wird das Haubendach zum wichtigsten Motiv für den kuppelartigen Abschluss von Mitteltürmen. Es eignete sich besser als eine Halbkugel zur Ausbildung einer Glaskuppel, wie sie der Reichstag in Berlin bis zum Brand 1933 besaß. Paul Wallot verwandte sie bereits in seinem er-

Abb. 486: Staatstheater in Wiesbaden, Giebelrelief der Südfassade mit Personifikationen

den Rängen vorhandenen Plätze waren durch eine Vielzahl von Türen erschlossen, so dass maximal 50 Personen auf eine Tür kamen. Besonders wichtig sind in diesem Zusammenhang auch die erwähnten, außen umlaufenden offenen Terrassen, die vom Parkett aus die Flucht ins Freie ermöglichten. Bei einer so großen Zahl von Ausgängen kann das Theater in zwei bis drei Minuten vollständig geräumt werden.

Der Zuschauerraum (Abb. 487) ist eine Mischung aus Hoftheater und Volkstheater. Der relativ großen Zahl von 552 Plätzen im Parkett, 234 im zweiten und 259 im dritten Rang stehen 196 Logenplätze im ersten Rang gegenüber. Die eigentliche Kaiserloge war die linke Proszeniumsloge und nicht die optisch hervorgehobene Mittelloge des ersten Ranges, weil die linke Proszeniumsloge von einer eigenen Auffahrt unter dem Theater und einer separaten Treppe zu erreichen war. Die Brüstungen der Ränge und die Wölbung der Decke wurden reich im Stil des Neubarocks mit figürlichem und ornamentalem Schmuck ausgestattet. Bis zur Kriegszerstörung 1945 befanden sich ein kleines Deckengemälde über der Bühnenöffnung mit der Darstellung der „entfesselten, aufschwebenden Fantasie" und ein großes in der Mitte mit der „Allegorie auf die Stadt Wiesbaden" des Wiesbadener Malers Kaspar Kögler. Beim Wiederaufbau bis 1949 wurden zwar die Kolonnaden, Treppen, Balustraden und Außenfassaden historisch getreu wiederhergestellt, das Vestibül und die Decke des Zuschauerraumes jedoch vereinfacht ohne Stuck neu gestaltet. Das damals geschaffene Deckengemälde (Abb. 488) war jedoch unbefriedigend, denn die graphisch harten Konturen des Mittelkreises und der Stichkappen über dem dritten Rang standen im Gegensatz zur rei-

chen plastischen Dekoration der Ränge. Deshalb wurde bei der umfassenden Instandsetzung in den Jahren 1974–78 der Zustand von 1892–94 rekonstruiert. Denkmalpflege und Staatsbauverwaltung entschieden sich unter Beratung von Landeskonservator Dr. Hans-Christoph Hoffmann aus Bremen für eine freie Nachschöpfung des Gemäldes von Kaspar Kögler und des Stuckes von 1893. Als Vorlage existierte eine Schwarzweiß-Fotografie von 1907, die Beschreibung von Dr. Otto Weddigen[76] und die Farbgebung des erhaltenen Deckengemäldes von Kögler im Foyer.

Für die freie Nachbildung der Deckenmalereien wurde ein Wettbewerb ausgelobt, aus dem der Maler Wolfgang Lenz aus Würzburg als Sieger hervorging. Seine Aufgabe war nicht die sklavische Kopie der Gemälde von Kögler, sondern eine freie Nachschöpfung. Dabei sollten der Bildinhalt und die raumbildenden Kompositionselemente beibehalten werden. Wolfgang Lenz ist kein Kopist oder Restaurator, sondern ein zeitgenössischer Maler, der über ein eigenständiges Œuvre in der Art eines skurrilen Naturalismus verfügt, in dem er auch den eisernen Vorhang bemalt hat. Die damals von der Regierung Holger Börner durch Finanzminister Heribert Reiz bereitgestellten 82 Millionen Mark waren gut angelegtes Geld, denn dadurch konnten Theater, Kleines Haus und Foyer fachgerecht restauriert und mit einem Erweiterungsbau für die technischen Einrichtungen versehen werden. So kann das frühere Stadt- und Hoftheater und heutige Staatstheater noch nach mehr als 100 Jahren seine Funktion als festliches Opern- und Schauspielhaus hervorragend erfüllen. Darüber hinaus prägt der Prachtbau wesentlich das Erscheinungsbild der oberen Wilhelmstraße.

Abb. 487: Staatstheater, Zuschauerraum vor der Zerstörung 1945.

Abb. 488: Zuschauerraum nach dem Wiederaufbau 1949. 1974–78 wurde der ursprüngliche Zustand von 1882–94 rekonstruiert.

Felix Genzmers Späthistorismus

Hatte Philipp Hoffmann mit seinen Bauten des romantischen Historismus einen besonderen Beitrag zum Stadtbild Wiesbadens geleistet, so war dies noch stärker bei den Werken von Felix Genzmer[77] der Fall, von denen einige leider untergegangen sind. Geboren am 22. November 1856 in Labes (Pommern) besuchte Genzmer 1875/76 Vorlesungen von Conrad

Abb. 489 und 490: Försterhaus im Dambachtal von Genzmer, 1895/96, mit Sichtfachwerk und Anklang an den Harzraum, unregelmäßiger Grundriss

Abb. 491: Volksschule am Blücherplatz, 1896/97, Ziegelbau in den Formen der niederländischen Renaissance

Abb. 492: Geschwungener Dachreiter der Volksschule

Abb. 493: Dachlösung des Hotels auf dem Neroberg, 1897-1902, leider zerstört

Wilhelm Hase am Polytechnikum in Hannover, durch den er den Zugang zur Neugotik erhielt. Der Wechsel zum Polytechnikum nach Stuttgart brachte Vorlesungen bei Professor Dr. Wilhelm v. Lübke über die Baukunst von der Antike bis zur Renaissance, die neben der Neugotik seine Werke beeinflusst haben. Nach dem Abbruch des Studiums 1879, das er ohne sein Staatsexamen als Baumeister abgeschlossen hatte, war er 1880-87 als Assistent bei der Eisenbahnverwaltung in Straßburg, 1887-90

beim städtischen Hochbauamt in Köln tätig. Schließlich wurde er 1890 Stadtbaumeister von Hagen in Westfalen, bis er sich mit Erfolg um die 1893 in der Deutschen Bauzeitung ausgeschriebene Stelle des Stadtbaumeisters von Wiesbaden beworben hatte. Dieses Amt bekleidete er von 1894 bis zu seiner Berufung 1903 auf den Lehrstuhl für „Farbige Dekorationen, Künstlerischen Städtebau und Verwandtes" an der TH Berlin-Charlottenburg. Sein umfangreiches Lebenswerk in Wiesbaden begann er mit unscheinbaren Bauten wie dem Försterhaus im Dambachtal von 1895/96 (Abb. 489) und dem Toilettenhäuschen im Nerotal von 1898. Bei beiden Bauten verwandte Genzmer Sichtfachwerk, wie es in Wiesbaden seit 1890 erstmals wieder das Solmsschlösschen prägte.

Der Baukörper des Försterhauses ist sehr malerisch gegliedert, abweichend vom sonst in Wiesbaden üblichen würfelförmigen Villentypus. Über einem niedrigen Sockel aus grauem Sonnenberger Bruchstein erhebt sich Ziegelmauerwerk, einst mit einem rauhen, grau-grünen Spritzbewurf verputzt, heute verändert mit glattem, weißem Putz. Die Fenstergewände aus roten Zielgelsteinen und das Fachwerk mit den farbig abgesetzten Fächerrosetten auf den Blockstreben, wie sie im 16. Jahrhundert im Harzraum üblich waren, geben dem Bau mit seinem Schieferdach ein malerisches Aussehen. Der unregelmäßige Grundriss[78] (Abb. 490) ergab sich aus der Funktion der einzelnen Räume und ihrer Zuordnung zueinander.

Vom ersten größeren Auftrag an Genzmer, der Erweiterung des Schlacht- und Viehhofes 1895-1902, blieb nur noch der 1897-99 ausgeführte Wasserturm mit seinem originellen Glockenhelm erhalten, der bis heute die Gleisanlagen des Hauptbahnhofes überragt. Der Volksschule auf dem Blücherplatz (Abb. 491)

von 1896/97 gab Genzmer die Formen der niederländischen Renaissance des 16. Jahrhunderts als Ziegelbau mit geschweiften Giebeln, bereichert durch das teilweise erhaltene farbige Ziegeldach, einen eleganten Dachreiter (Abb. 492) und ornamentalen Reliefplatten unter den Fensterbrüstungen.

Von einem Hauptwerk Genzmers, den Erweiterungsbauten des Hotels auf dem Neroberg von 1897–1902, blieb nach den Bränden von 1987 und 1988 und dem anschließenden, übereilten Abbruch der Ruine nur noch der Turm von Stadtbaumeister Johann Lemcke bestehen. Auf dessen Unterbau und dem Südflügel hatte Genzmer malerische Aufbauten aus Fachwerk (Abb. 493) errichtet, die das als Ausflugslokal sehr beliebte Hotel zum Wahrzeichen des städtebaulich markanten Neroberges machten, eine Rolle, die die dürftig wirkenden Ersatzanlagen der „Erlebnismulde" und des kleinen Gaststättenbaues bei weitem nicht erfüllen können.

Höhere Töchterschule und Leihhaus

Ein weiteres Hauptwerk Genzmers ist untergegangen: Die 1898–1901 erbaute Höhere Töchterschule (Lyzeum) auf dem Schlossplatz (Abb. 494) wurde Opfer des Bombenangriffs in der Nacht vom 2. auf den 3. Februar 1945. Für Wiesbaden war dieser großartige Bau insofern ein Novum, als er den ausgeprägten Stil der Neugotik zum ersten Mal nach Wiesbaden gebracht hat. Bis dahin waren nur an der Villa Parkstraße 18 (Abb. 452) aus der Zeit um 1860 neugotische Einzelformen einem ansonsten die klare kubische Würfelform des Klassizismus vertretenden Baukörper appliziert worden, desgleichen im Stil der venezianischen Gotik bei der 1882 entstandenen Villa Emser Straße 47.

Der Westflügel des winkelförmigen, dreigeschossigen Schulbaus bildete eine räumliche Zäsur nach Norden zum großen Schlossplatz, der mit dem klassizistischen Kavaliersbau, dem im romantischen Historismus erbauten Stadtschloss und der Marktkirche sowie dem Neuen Rathaus im Stil der deutschen Renaissance wohl eines der großartigsten Ensembles des Historismus gebildet hat. Der reiche architektonische Schmuck aus rotem Sandstein führte zu Mehrkosten von 112 000 Mark gegenüber den zunächst auf 450 000 geschätzten, dann schon auf 605 000 Mark angehobenen Baukosten. Dies hatte deutliche Kritik in der Stadtverordnetenversammlung zur Folge, die aber bald nach der Fertigstellung verebbte, zumal die Presse des In- und Auslandes den Bau auf das höchste pries, so die englische Fachzeitschrift „The Builder", die das Lyzeum zum „vorzüg-

lichsten und besteingerichtetsten Schulhaus der Welt" erklärte.[79]

Noch ein weiteres, stadtbildprägendes Werk Genzmers ist untergegangen, das 1899–1901 an der Westseite der Neugasse von ihm geschaffene Ensemble aus Feuerwache, Akziseamt und Leihhaus (Abb. 186). Hier wählte er die Formen des Neubarock für seine beiden, durch eine zweibogige Toranlage verbundenen Baukörper, die als Putzbauten mit Backsteindetails und einem Mansarddach aufgeführt worden waren.

Foyer des Hoftheaters

Den größten Ruhm, die Gunst des Kaisers und dadurch wohl auch den Lehrstuhl in Berlin-Charlottenburg erwarb sich Felix Genzmer mit dem Bau des Foyers für das Hoftheater, das er mit Gesamtkosten von 580 000 Mark im Winkel zwischen Kolonnade und der Ostseite des Zuschauerraumes errichtete. Heute ist der elegant in den Formen des Rokoko geformte

Abb. 494: Lyzeum auf dem Schlossplatz, 1891–1901, mit reichem neugotischem Schmuck, vor der Kriegszerstörung

Abb. 452: Vor dem Lyzeum gab es neugotische Formen lediglich an der Villa Parkstraße 18 von 1860.

Abb. 186: Feuerwache, Akziseamt und Leihhaus von Genzmer, 1899–1901, in neubarocken Formen, vgl. S. 99

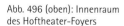

Zentralbau (Abb. 495) völlig durch jüngere Erweiterungsbauten verdeckt. Die auf elliptischem Grundriss erbaute Halle wurde von den Zeitgenossen mit Recht als „Wunderbau" bezeichnet, der schwerlich in irgendeinem Schauspielhaus der Erde seinesgleichen hat.[80] Seinen Formenschatz hat Genzmer von den Barockschlössern in Bruchsal, Brühl und vor allem

Würzburg bezogen, wie der Vergleich des Innenraumes (Abb. 496) mit dem Kaisersaal der Residenz in Würzburg (Abb. 497) ergibt.

Dennoch ist aus den Anregungen etwas durchaus Eigenständiges hervorgegangen. Die Eleganz und Heiterkeit des Raumes versetzen nun schon seit mehr als hundert Jahren die Besucher in eine festliche und beschwingte Stim-

mung. Vom Umgang des Parketts erreicht man das Foyer direkt durch Bogenöffnungen, vom ersten Rang aus über eine zweiläufige, großzügig und schwungvoll geführte, raumgreifende Treppe. Den Besuchern des zweiten Ranges ist zwar nicht das direkte Betreten, aber wenigstens noch der Einblick in den Raum durch die halbrunden Öffnungen in den Lünetten der Deckenwölbung gewährt, denen des dritten Ranges nicht einmal diese passive Teilnahme an der exklusiven Gesellschaft. So deutlich trennte man damals noch die Rangstufen.

Auf dem Gebälk unterhalb der Kuppelwölbung stellen allegorische Frauengestalten Frieden und Ruhm, Wahrheit und Gerechtigkeit, Ernst und Würde, Scherz und Frohsinn dar. Die Wölbung wurde wie die des Zuschauerraumes von Kaspar Kögler ausgemalt (Abb. 498). Das auf Leinwand gemalte Deckenbild blieb als einziges seiner Werke glücklicherweise im Original erhalten. Als Bildinhalt wählte Kögler verschiedene, inhaltlich aber zusammenhängende Einzelbilder zum Generalthema „Die Beglückung und Erhebung der Menschheit durch den vom Himmel herniedergestiegenen Genius der Kunst".

Das Römertor

Zu den heute noch das Stadtbild prägenden Bauten von Felix Genzmer zählt das von ihm 1901–03 geschaffene Römertor, das aus einer Notmaßnahme heraus entstand. Der ständig wachsende Verkehr forderte für die Langgasse eine parallele Entlastungsstraße, die in Verlängerung der Saalgasse wegen des steil ansteigenden Schulbergs nur mit einer Öffnung durch die römische Heidenmauer zu verwirklichen war. Beim damals schon regen Bewusstsein für den Denkmalschutz war der Durchbruch durch das letzte Stück der einst 500 Meter langen Mauer mit einer Höhe von fünf Metern und einer Dicke von 2,30 Metern (Abb. 499) ein brisantes Vorhaben, das nur durch das Kaschieren mit einem pseudoantiken Tor einigermaßen zu rechtfertigen war.

Aus ähnlichen verkehrstechnischen Gründen wäre das schließlich von Genzmer erbaute Römertor (Abb. 500) 1968 und nochmals 1976/77 fast dem Abriss zum Opfer gefallen, als man die Coulinstraße vierspurig ausbauen wollte. Doch das als Notlösung entstandene Bauwerk war inzwischen zu einem der beliebtesten Wahrzeichen der Stadt geworden, und

Abb. 498: Das Deckengemälde im Rokokostil von Kaspar Kögler im Foyer traf ganz den Geschmack des Kaisers.

Abb. 499: Heidenmauer, Teil der römischen Umwehrung

Abb. 500: Römertor, 1901–03, „Rekonstruktion" ohne Vorbild für den verkehrsbedingten Durchbruch durch die Heidenmauer

Abb. 501: Seitenansicht des Römertors

Tat auch heute noch dienen könnte, wäre es den meisten Fußgängern nicht zu mühsam, auf der einen Seite über die aufwendigen Treppenanlagen (Abb. 501) hoch- und an der Bergseite wieder herabzusteigen, zumal ihnen das Überqueren der Straße durch die Fußgängerampel viel leichter gemacht wird. Charakteristisch für römische Brücken ist die Kombination von Unterbauten aus Naturstein mit Holzaufbauten.

Mit diesen Bauwerken ist das Œuvre von Felix Genzmer während seiner nur neunjährigen Tätigkeit als Stadtbaumeister von Wiesbaden jedoch nicht erschöpfend behandelt. Zu nennen sind der 1945 zerstörte Innenausbau des Rathauses mit der Gestaltung des Goldenen Buches, das Armenarbeiterhaus (1896/97), die Brücken und das Schweizerhäuschen in den Nerotalanlagen, der Um- und Erweiterungsbau der Schule an der Lehrstraße (1898/99), die Marktanlage und die Marktsäule an der Südseite des Rathauses (1899–1902), die Gutenbergschule (1901–05), das Städtische Bad und Wohnhaus in der Roonstraße (1901 bis 1902), die Urnenhalle auf dem Nordfriedhof (1901–02) und die Oberrealschule am Zietenring (1903–05). Kein Architekt hat zuvor oder danach eine so große Zahl qualitätvoller Bauten von stadtbildprägender Bedeutung für Wiesbaden hinterlassen.

Das neue Kurhaus

Als sich die Bevölkerungszahl Wiesbadens am Ende des 19. Jahrhunderts der Grenze zur Großstadt mit 100 000 Bewohnern und jährlich 126 000 Kurgästen näherte, waren die öffentlichen Bauten für die gewachsenen Ansprüche zu klein und angesichts des wilhelminischen Bedürfnisses zur Prachtentfaltung zu bescheiden. Deshalb entstanden zunächst das Rathaus 1883/87 und dann das Staatstheater 1892-94 neu und sehr viel größer und prunkvoller als die Vorgängerbauten. Auch das alte Kurhaus von Zais (1808–10) genügte trotz einer Erweiterung 1852 den stark gestiegenen Anforderungen an Komfort und Prunk nicht mehr, besonders denen Kaiser Wilhelms II. nicht, durch den sich der Kurdirektor von Ebmeyer bei seiner Forderung nach einem repräsentativen Neubau bestärkt fühlte, zumal er sich bester Beziehungen zum Kaiser rühmen konnte. War er doch von diesem als ehemaliger Adjutant des Reichskanzlers von Caprivi in den erblichen Adelsstand erhoben worden. So kam es 1895 zu ersten Plänen von Genzmer, die jedoch abgelehnt wurden, dann 1897 zu einem Wettbewerb, zu dessen Preisgericht der bekannte Münchener Architekt Friedrich von Thiersch gehörte.

dies entgegen der Behauptung des städtischen Amtes für Verkehrswesen, es sei in wilhelminischer Zeit erbaut worden und als historisch wertlos einzustufen. So hagelte es derart viele Proteste, dass der Magistrat seine Pläne aufgeben musste.

Für die Gestaltung des Tores als neoantiker Bau konnte sich Genzmer auf die Darstellung der Donaubrücke von Drobtae auf der Trajanssäule in Rom stützen.[81] Hierbei kam ihm wohl sein Studium der antiken Baukunst bei Professor von Lübke in Stuttgart zugute, bei dem er besonders gute Noten erzielt hatte. So erweckt das Römertor nicht allein den Typ eines Tores, sondern zugleich einer Brücke, als die es in der

Der erste Preis ging an den Bremer Architekten H. Mänz, befriedigte aber weder Bauherrschaft noch Preisgericht, so dass schließlich ein Mitglied Thiersch für den Auftrag vorschlug, was dann auch 1902 schriftlich erfolgte. Hatte man zuvor den Neubau im Kurpark unmittelbar hinter dem alten Kurhaus geplant, um letzteres weiter nutzen zu können, sah Thiersch seinen neuen Bau genau an der Stelle des alten vor, was der Magistrat bestätigte. Für die Bauzeit bestimmte man das Paulinenschlösschen als provisorisches Kurhaus. Erst nachdem die Werkplanung durch Thiersch im Oktober 1904 baureif erarbeitet worden war, trat der Denkmalschutz – wie häufig in seiner Geschichte – zu spät mit seinem Einspruch gegen den geplanten Abbruch des alten Kurhauses hervor, den der preußische Kultusminister auf Grund des Gutachtens von Provinzialkonservator Professor Ferdinand Luthmer erhob. Er blieb jedoch durch das persönliche Eingreifen des Kaisers ergebnislos.

Da sich aber Luthmer auf den weitverbreiteten Unmut in der Bevölkerung Wiesbadens über den Abbruch des geliebten alten Kurhauses aus der nassauischen Zeit stützen konnte, kam es zu einem in der Geschichte der Denkmalpflege nicht seltenen faulen Kompromiss, bei dem der Kultusminister dem Abbruch unter der Bedingung zustimmte, dass man zwei Säulen und ein Stück des Architravs vom Portikus des Altbaues im Kurpark gleich hinter dem Haupteingang aufstelle (Abb. 502) und der alte Kursaal beim Kurhausneubau oder einem anderen städtischen Gebäude wiedererstehe. Dazu führte Thiersch aus: „Die Wiedervorführung der alten, um fünf Achsen verkürzten Kursaalarchitektur in dem neuen sogenannten ‚Kleinen Saal' war von den zuständigen Behörden von vornherein gutgeheißen worden. Der Schmerz darüber, dass der Altbau mit seinem feinsinnigen Saal verschwinden mußte, und daß sich kein anderer Platz fand, der für den Neubau auch nur entfernt so günstig gewesen wäre, wird von allen, wie auch von dem unterfertigten Architekten geteilt."

Eine weitere Konzession an die protestierenden Wiesbadener war der neoklassizistische Stil des Neubaues (Abb. 503), der eigentlich nicht zur Vorliebe von Thiersch gehörte, denn dieser hatte zunächst die italienische Hochrenaissance bevorzugt und dann beim Bau des Justizpalastes in München 1890–97 (Abb. 504), durch den er berühmt wurde, den Neobarock in

Abb. 502: Zur Erinnerung an das alte Kurhaus von Zais, 1808–10, blieb beim Abriss für den Neubau ein Teil des Portikus mit zwei Säulen erhalten.

Abb. 503: Neues Kurhaus von Thiersch 1902–07 im neoklassizistischen Stil, heute Kongress- und Kulturzentrum

Abb. 504: München, Justizpalast, 1890–97 von Thiersch in neobarocken Formen erbaut

Abb. 505: Im Kontrast zum schlichten neoklassizistischen Außenbau steht die überbordende Innenausstattung des Neuen Kurhauses, hier in einer Entwurfszeichnung Thierschs für die Decke des Großen Kursaals.

einer besonders aufwendigen Prachtentfaltung. Da man mit dem neubarocken Staatstheater und besonders mit seinem Foyer genau den Geschmack des prunksüchtigen Kaisers getroffen hatte, verwundert es, dass hier am Kurhaus der Klassizismus gewählt wurde, der doch sonst im Œuvre von Thiersch nicht vorkommt. Er selbst nennt dafür zwei Gründe: die Rücksichtnahme auf die klassizistischen Kolonnaden und die Erinnerung an das römische Wiesbaden, wie sie auch in der Inschrift „Aquis Matthiacis" außen am Portikus zum Ausdruck kommt. Sicher muss man als dritten Grund die Rücksichtnahme auf die Gefühle der Bürger von Wiesbaden annehmen. Mit seinem neuen Kurhaus wollte er das geliebte alte von Zais „wiederaufführen". In raffinierten Fotomontagen, die seitdem immer zur Täuschung der kritischen Öffentlichkeit eingesetzt werden, versuchte er den Nachweis, dass sein Bau kaum größer als der abzubrechende sei. Dabei vergrößerte sich allein schon die Grundfläche von 4887 auf 6235 Quadratmeter. Außerdem war der Altbau durchweg eingeschossig, der Neubau aber zweigeschossig, auf der Nordseite gibt es sogar ein zweites Obergeschoss. Um die stark gestiegene Höhe zu kaschieren, wurde das Obergeschoss terrassenartig zurückgesetzt, ein Trick, der auch heute noch bei eigentlich zu hohen Bauten eingesetzt wird.

Die Zeit heilt alle Wunden, auch die über den Verlust des Alten Kurhauses von Zais, nicht zuletzt deshalb, weil das neue von Thiersch wiederum ein Meisterwerk ist, dessen monumentale Fassade zum Symbol für die Stadt Wiesbaden geworden ist, so wie dies für Lübeck das Holstentor, für Köln der Dom, für München die Türme der Frauenkirche sind.

Den Ruhm des Neuen Kurhauses in Wiesbaden hat aber auch die kostbare Innenausstattung begründet. Sie steht in einem gewissen, aber nicht störenden Kontrast zum relativ schlichten Außenbau, wodurch beim Betreten ein Überraschungseffekt erzielt worden ist. Bei der sehr vielseitigen Ausgestaltung der prachtvollen Innenräume konnte Thiersch sein allumfassendes Wissen über die abendländische und orientalische Ornamentik in allen Kunstepochen anwenden. Auf seinen zahlreichen Reisen, die er mit Zeichnungen für Verlage finanzierte, hatte er sich einen gewaltigen Schatz an Detailstudien zur Architektur angelegt. Hier konnte er sein großes Zeichentalent einsetzen, das sein Onkel, der bekannte Historienmaler Ludwig Thiersch, schon in jungen Jahren so stark gefördert hatte, dass er zunächst selbst Maler werden wollte, was aber auf den Widerstand des Vaters stieß. Neben seiner wissenschaftlichen und technischen Begabung hat ihm seine Zeichenkunst große Vorteile gebracht. Er beherrschte nicht allein die klare Architekturzeichnung, bei der jeder Strich sitzen muss und kein Strich zu viel sein darf, sondern auch das Architekturaquarell meisterhaft. Über ein perspektivisches Gerüst aus wenigen feinen Bleistiftstrichen wurde wie beim Entwurf für die Decke im Großen Kursaal (Abb. 505) das stark farbige Aquarell gelegt. Man kann ohne Übertreibung feststellen, dass die Werke von Thiersch einen Höhepunkt der malerischen Architekturzeichnung bilden. So gewannen schon seine ersten Arbeitgeber in Frankfurt, die Architekten Mylius & Bluntschli, den Wettbewerb für den Neubau des Hamburger Rathauses hauptsächlich durch die prachtvolle Schnittzeichnung, die der junge Thiersch angefertigt hatte. Auch seine Erfolge bei anderen Wettbewerben verdankt Thiersch in erster Linie seinen bestechend schönen farbigen Zeichnungen, die vor allem die Laien im Preisgericht begeisterten. Freilich erhielt er häufig den ersten Preis, ohne auch mit der Ausführung beauftragt zu werden, da man mit Recht die Kosten seiner aufwendigen Innenarchitekturen fürchtete.

Das kam auch den Wiesbadener Magistrat schließlich teuer zu stehen, denn aus den 1903 auf drei Millionen Mark Baukosten wurden am Ende fünf Millionen, die in der Schlussrechnung nochmals um 572 000 Mark überzogen wurden. Die übermenschliche Geduld der Wiesbadener beruhte wohl auf der Hoffnung, der Kaiser würde sich am Ende mit einer statt-

Abb. 507: Der Große Saal im Kurhaus folgt der Pracht des Barocks.

Abb. 506: Wandelhalle im Neuen Kurhaus nach antiken Vorbildern

Abb. 508: Der ehemalige Weinsaal, heute Spielbanksaal, nimmt Formen der nordischen Renaissance auf.

Abb. 509: Der Zais-Saal – die Nachbildung des zentralen Saales des ersten Kurhauses von 1810 im klassizistischen Stil ist heute beliebter Konzertsaal.

Abb. 510: Der grottenartige Muschelsaal mit Wandfresken, Muscheln und Kieseln

lichen Summe an den Mehrkosten beteiligen, die nicht zuletzt auf seine Wünsche nach repräsentativer Pracht zurückgingen. Er machte der Stadt aber lediglich einen Abguss des Denkmals für Wilhelm von Oranien zum Geschenk, der auf dem Schlossplatz Aufstellung gefunden hat.

Bei seiner monumentalen Wandelhalle (Abb. 506) folgte Thiersch nach seinen eigenen Worten antiken Vorbildern, vor allem römischen Thermen und Palästen. Der Große Saal (Abb. 507) zeigt die ganze Pracht des Barock (Abb. 508), während der Weinsaal, heute der Spielbank dienend, die Formen der nordischen Renaissance aufgenommen hat. Im kleinen Konzertsaal, heute Zais-Saal genannt (Abb. 509), wurde der Klassizismus „wiederaufgeführt", wie Thiersch vermerkt „unter getreuer Nachbildung aller Elemente, welche dem alten Saal angehörten und durch welche die Feinheit und Liebenswürdigkeit des alten Kunstdenkmals der Nachwelt überliefert werden soll." Der Muschelsaal (Abb. 510) an der Südseite hat den Charakter einer Sala Terrena der barocken Schlossbaukunst und soll wie diese mit seinem steinernen Fußboden und den grottenartigen Wanddekorationen Kühle an zu heißen Tagen spenden. Die Wandgemälde schuf Fritz Erler aus München, bekannt durch seine Gestaltung des Titelblattes der Zeitschrift „Jugend", die dem Jugendstil seinen Namen gab. Seine nordisch-mythologischen Darstellungen der „Vierjahreszeiten" und des Themas „Jugend und Alter" sollen die schroffe Ablehnung des Kaisers geweckt haben, als er zur Einweihung kam. Angeblich wollte er die nackten Gestalten der Kaiserin nicht zumuten. In Wirklichkeit sah er in Erler zu Recht einen Vertreter der aufmüpfigen, republikanisch gesinnten Jugend.

Der Hauptbahnhof

Das späte 19. Jahrhundert wurde zur Blütezeit der Eisenbahn und dieses zu dem ganz Deutschland umspannenden Verkehrsmittel, ohne dass die gewaltige Industrialisierung und der daraus erwachsende Wohlstand nicht möglich gewesen wären. Gab es 1870 in ganz Deutschland noch eine Streckenlänge von insgesamt 19575 Kilometern, so waren es 1910 bereits 63062. Innerhalb des Jahrzehnts von 1883 bis 1893 verdoppelte sich die Zahl der Reisenden von 2,3 Millionen auf 4,6 Millionen jährlich. Dieser neuen Mobilität jetzt auch für weniger bemittelte Bürger waren die alten Privatlinien mit ihren einzelnen Bahnhöfen nicht gewachsen. Das Eisenbahnwesen wurde staatlich innerhalb der einzelnen Länder des Deutschen Reiches zusammengefasst.

Musste man bis zur Eröffnung des Hauptbahnhofs 1906 in Wiesbaden noch in der Gegend der heutigen Rhein-Main-Halle und des Landesmuseums beim Umsteigen vom Taunusbahnhof in den Rheinbahnhof oder den Ludwigsbahnhof wechseln, wurden diese jetzt aufgegeben. Der neue Hauptbahnhof wurde ab 1904 nach Süden verschoben am Kaiser-Wilhelm-Ring, dem heutigen Gustav Stresemann-Ring, errichtet. Einen ausgelobten Wettbewerb gewann Professor Fritz Klingholz aus Aachen. Ein ähnlicher Prozess vollzog sich in Frankfurt mit Aufgabe der Einzelbahnhöfe an der Taunusanlage und der Verlagerung des Hauptbahnhofs nach Westen. Während man dort jedoch das freigewordene Gleisgelände zum Bau des einst vornehmen Bahnhofsviertels als Wohn- und Geschäftsquartier nutzte, wandelte man in Wiesbaden die neugewonnene Fläche zu einer öffentlichen Grünanlage um, die dem Ruf der Stadt als Kurstadt im Grünen gerecht wird und dem ankommenden Reisenden einen verlockenden Blick bis zu den Türmen der Stadt bietet. Die Gestaltung dieses Grünzuges erfolgte im vorderen Teil mit den Reisinger-Brunnenanlagen 1932 durch eine Stiftung des Deutsch-Amerikaners Hugo Reisinger und im nördlichen Teil 1937 durch den Apotheker Adam Herbert.

Wie der Frankfurter Hauptbahnhof ist auch der Wiesbadener (Abb. 511) ein Kopfbahnhof. Das hat für die Reisenden den Vorteil, ohne Treppen auf die Bahnsteige zu gelangen. Bahntechnisch aber bringt das Wenden der Züge Zeitverzögerungen mit sich, weshalb jüngst sowohl für Frankfurt als auch für Stuttgart Pläne zur Umwandlung in Durchgangsbahnhöfe entwickelt wurden, die aber wohl wegen der gewaltig hohen Kosten einer Untertunnelung in absehbarer Zeit nicht realisiert werden können.

Historische Durchgangsbahnhöfe wie der in Hannover haben zwei Nachteile: Die durchlaufenden Gleisanlagen zerschneiden das Stadtgebiet, auch wenn man durch ein Hochlegen der Gleiskörper mit Unterführungen eine zu starke Abtrennung der an der Rückseite liegenden Stadtquartiere zu vermeiden suchte. Dennoch bilden die relativ niedrigen Unterführungen ein Nadelöhr für den Verkehr, was bei den gebündelt in ein Stadtgebiet geführten

Abb. 511: Der Hauptbahnhof in Wiesbaden, eröffnet 1906, ist einer der wenigen erhalten gebliebenen Kopfbahnhöfe.

Abb. 512: Stadtbahnpavillon in Wien-Schönbrunn, 1900, in Jugendstilformen, während der Wiesbadener Bahnhof unter dem Einfluss Wilhelms II. späthistoristische Formen zeigt.

Gleisanlagen wie in Wiesbaden nicht der Fall ist. Auch muss man als Reisender mit Gepäck bei Durchgangsbahnhöfen stets Treppen steigen, beim Umsteigen gleich zweimal.

Vom Bauvolumen und dem architektonischen Anspruch ist der Wiesbadener Hauptbahnhof ungewöhnlich groß, was vor allem auf Kaiser Wilhelm II. zurückzuführen ist, der hier alljährlich zu einem Aufenthalt im Mai anreiste. Zugleich entsprach der stattliche Bau dem Repräsentationsbedürfnis des Weltbades mit seinen vornehmen Kurgästen. Deshalb wurden auch neubarocke Formen in einem leuchtend roten Sandstein gewählt. Bedenkt man, dass in Wien bereits bis 1900 die 36 Stationen der Stadtbahn, darunter auch die in Schönbrunn (Abb. 512) nach dem Entwurf von Otto Kolomann Wagner (1841–1918), in den klaren kubischen Formen des Jugendstils entstanden waren, erkennt man, wie stark Wiesbaden unter

Abb. 513: Darmstadt, Hochzeitsturm auf der Mathildenhöhe, 1908, verweist auf die spätere Architekturentwicklung des 20. Jahrhunderts.

Abb. 514: Die Turmspitze des Wiesbadener Bahnhofs von 1906 zeigt traditionelle neubarocke Formensprache.

Abb. 515: Porto Alegre, Brasilien, Turm in den gleichen Formen wie der Wiesbadener Bahnhofsturm

Abb. 516: Hauptbahnhof Wiesbaden, ursprünglicher Zustand

Abb. 517: Der Darmstädter Bahnhof, 1908–11, entstand nur wenig später, aber in deutlich weniger konservativen Formen als der Wiesbadener Bahnhof.

dem Kaiser und seiner konservativen Anhängerschaft am Späthistorismus festhielt. Während man im benachbarten Darmstadt dem Mäzen des Jugendstils, Großherzog Ernst Ludwig von Hessen-Darmstadt, 1908 den Hochzeitsturm auf der Mathildenhöhe nach dem Entwurf von Josef Maria Olbrich widmete und dieser die klaren kubischen Formen des 20. Jahrhunderts mit seinem originellen Staffelgiebel als oberem Abschluss (Abb. 513) aufweist, ist die Turmspitze des Wiesbadener Bahnhofs (Abb. 514) noch ganz traditionell in den Formen des Neubarock gehalten.

Überrascht war ich bei einer Reise durch Südbrasilien in Porto Alegre, einen Turm (Abb. 515) zu sehen, der dem Wiesbadener Bahnhofsturm zum Verwechseln ähnlich ist. Dies konnte ich mir zunächst nicht erklären, bis ich erfuhr, dass er ein Werk des Architekten Theo-

dor Wiederspahn ist, der in Wiesbaden die Villen Viktoriastraße 18, Lessingstraße 13, Lortzingstraße 7 und Martinstraße 16 zwischen 1896 und 1905 erbaut hat und den man offensichtlich nach Porto Alegre gerufen hatte.

Verharren auch die Gliederungs- und Schmuckformen der Fassaden traditionell im Neubarock – auch hier mit Rücksicht auf den Kaiser, der das Bauvorhaben beobachtete –, so werden die Baukörper durchaus von der Funktion des Bahnhofs bestimmt. Die breite Querhalle vor den Bahnsteigen drückt sich an den Seitenfassaden in den großen Rundbögen aus. Auf sie führen die kurzen Eingangshallen zu, ebenfalls in rundbogigen Portalbögen weit geöffnet (Abb. 516); dabei ist der für den Haupteingang deutlich größer, der für den Kaiserpavillon aber durch Kuppelaufsatz und Laterne hervorgehoben. Wie konservativ insgesamt die ganze Anlage ist, ergibt der Vergleich mit dem wenig später 1908–11 entstandenen Hauptbahnhof von Darmstadt (Abb. 517), einem Werk Friedrich Pützers, dem Wiesbaden die zur selben Zeit entstandene Lutherkirche verdankt.

Abb. 518: „Nassauer Hof",
1897/98 anstelle des alten
Hoftheaters und des Zaisschen
„Nassauer Hofes" errichtet

Repräsentative Hotels, Wohn-
und Geschäftshäuser

Bei der Entwicklung zum großbürgerlichen
Weltbad wollten die privaten Bauherren
gegenüber den öffentlichen Bauvorhaben von
Theater, Foyer, Kurhaus und Hauptbahnhof an
Prachtentfaltung nicht zurückstehen. Der statt-
lichste Hotelbau ist der „Nassauer Hof" (Abb.
518), der 1897/98 an der Stelle des Vorgänger-
baus von Zais und des alten Hoftheaters von
Johann Eberhard Philipp Wolff von 1826/27
errichtet wurde. Seine große Kuppel über dem

Eckbau am Kaiser Friedrich-Platz beherrschte
bis zur Kriegszerstörung den gesamten oberen
Teil der Wilhelmstraße. Eine kleinere Kuppel
bekrönte die Nordwestecke des Platzes. Die
sehr plastische, durch neubarocke Schmuckformen und kolossale Halbsäulen aufwendig gestalteten Fassaden (Abb. 519, vgl. CD) reichen
bis zu der einst ebenfalls von einer Kuppel bekrönten Ecke Wilhelmstraße/Taunusstraße. Von
den festlichen Innenräumen, darunter eine
Halle im Empire-Stil (Abb. 521), hat der Zweite Weltkrieg leider nichts übrig gelassen. Doch
immer noch ist der „Nassauer Hof" (Abb. 520)
das vornehmste Hotel in Wiesbaden, seine
neugestalteten Innenräume strahlen immer
noch etwas von der einstigen wilhelminischen
Pracht aus.

Einst reichte die Reihe prachtvoller wilhelminischer Hotels von der Burgstraße bis zum

Abb. 520: Aufwendige Fassaden
des „Nassauer Hofes" mit barock anmutenden Duppelsäulen

Abb. 521: Leider ging die
Innenausstattung, wie hier die
Halle im Empire-Stil, im Zwei-
ten Weltkrieg verloren.

Abb. 521: Wilhelmstraße 30-32 mit sehr plastisch gestalteten Fassaden, ab 1906

Mittlere Reihe:
Abb. 522: Café Kunder, Wilhelmstraße 12, 1898

Abb. 523: Kuppel, Café Kunder, mit reicher neubarocker Fassadengestaltung

Untere Reihe:
Abb. 524: Rheinstraße um 1900, eine ausgeprägte Flanierstraße

Abb. 525: Frühere Hauptpost, 1901

Abb. 526: Die Taunusstraße hat ihr historistisches Erscheinungsbild bewahrt.

dernisiert die andere, die übrigen Häuser bis an die Burgstraße wurden im Stil der 50er Jahre neu aufgebaut. Wenn trotz der schmerzhaften Kriegsverluste die Wilhelmstraße immer noch als wilhelminische Prachtstraße empfunden wird, so trägt dazu wesentlich das Café Kunder an der Ecke zur Luisenstraße (Abb. 522) bei. Zum Glück blieb bei dem in üppigen Formen des Neubarock aus Sandstein aufgeführten Bau die Kuppel (Abb. 523) erhalten.

Die Rheinstraße (Abb. 524) war nach der Wilhelmstraße die bevorzugte Flanierstraße und deshalb auch von aufwendigen Fassaden des Späthistorismus gesäumt, in deren Reihe sich die frühere Hauptpost (Abb. 525) mit ihrem besonders plastischen Fassadenschmuck auch heute noch hervorhebt. Nach dem Abbruch des Taunushotels und dem Ersatz durch einen der üblichen Serienbauten der 1980er Jahre ist vom Glanz der Rheinstraße nicht mehr viel geblieben. Dagegen hat die dritte bedeutende Flanierstraße, die Taunusstraße (Abb. 526), noch weitgehend ihr ursprüngliches, von üppig ausgeschmückten Fassaden des Historismus gestaltetes Erscheinungsbild bewahrt.

Von den exklusiven, mit großem gestalterischem Aufwand erbauten Hotels existiert außer dem „Nassauer Hof" nur noch die „Rose" (Abb. 527), allerdings nicht mehr als Hotel, sondern seit 2004 als hessische Staatskanzlei. Bis zur Wende des 19. zum 20. Jahrhundert stand sie quer zwischen Kranz- und

spätklassizistischen Eckhaus an der Museumstraße. Die beiden sehr reich und plastisch gestalteten Fassaden der Häuser Wilhelmstraße 30 und 32 (Abb. 521) sind erhalten geblieben. Vom einstigen „Hotel du Parc et Bristol", Wilhelmstraße 34–36, steht noch fast unverändert die eine Fassade, im ersten Obergeschoss mo-

Abb. 527: Das ehemalige Hotel „Rose", 1898, heute Staatskanzlei, historische Aufnahme

Zweite Reihe:
Abb. 162: Altes Hotel „Rose"

Abb. 528: Englischer Hof, um 1890, Kranzplatz 11, abgerissen

Abb. 100: Hotel „Schwarzer Bock", 1874/75 (1901–07 renoviert), mit nach 1945 modernisierten Fassaden

Kochbrunnenplatz (Abb. 162), beide trennend und damit selbständige Räume bildend, die von nun an ineinander gehen, auch in ihren Bezeichnungen durch die Bürger. Das neue, im Stil des Neubarock errichtete Hotel „Rose" nimmt seitdem die gesamte östliche Seite des Kochbrunnenplatzes ein. Die nach Süden angrenzenden Hotelbauten, so der „Englische Hof", Kranzplatz 11 (Abb. 528), sind ausdruckslosen, den Maßstab verletzenden Neubauten gewichen. Die Fassade des Hotels „Schwarzer Bock" (Abb. 100), ältestes der Wiesbadener Badehotels, hat man nach 1945 ohne Not modernisiert, in dem man einen wesentlichen Teil ihrer Schmuckformen beseitigte. Zu den Kriegsverlusten an repräsentativen wilhelminischen Hotelbauten gehören das „Imperial" gegenüber dem Kurpark an der Sonnenberger Straße (Abb. 155), das „Augusta-Victoria-Bad", Viktoriastraße 2-4 (Abb. 529) und das einst daneben stehende Hotel „Kaiserhof" (Abb. 530). Das große, bis zur spitzwinkligen Einmündung der Viktoriastraße in die Frankfurter Straße reichende Grundstück nimmt seit der Nachkriegszeit das amerikanische Militärhospital ein.

Abb. 155 (oben): Hotel „Imperial", Sonnenberger Straße, kriegszerstört

Abb. 529 (links): „Augusta-Victoria-Bad", 1895, Viktoriastraße 2-4, kriegszerstört

Abb. 530: Hotel „Kaiserhof", 1895, Viktoriastraße, kriegszerstört

Abb. 531

Abb. 532

Abb. 533

Abb. 534

Abb. 535

Abb. 536

Abb. 537

Abb. 531–534: Beispiele für den repräsentativen Hausbau des Späthistorismus mit plastisch ausgestalteten Fassaden

Der Kaiser-Friedrich-Ring

Zu einem eindrucksvollem Beispiel für den repräsentativen Städtebau des Späthistorismus wurde der erst nach 1888 angelegte Kaiser-Friedrich-Ring, der zwar einige Lücken durch den Zweiten Weltkrieg erhalten hat, aber immer noch den großbürgerlichen Wohnungsbau aus der Zeit zwischen 1900 und 1914 spiegelt. Die Südwestseite des Ringes zwischen Schiersteiner- und Walluferstraße (Abb. 531) erscheint bereits im Spielmann-Plan von 1900. Ihre viergeschossigen Wohnbauten sind relativ einheitlich durch die stark vortretenden, einst wohl durchweg geöffneten Veranden geprägt. Pate für die Vorbauten standen die Ausluchten der nordeuropäischen Renaissance, die im Unterschied zum Erker bereits vom Boden aus aufsteigen. Dieser im großbürgerlichen Wiesbadener Wohnungsbau des Historismus weit verbreitete Typ kommt auch bereits zwischen 1868 und 1879 in der Adolfsallee, Albrechtstraße und auf der Nordseite der oberen Rheinstraße (Abb. 532) vor, hier aber noch in Formen der Neorenaissance oder des Neoklassizismus. Sind es hier in der Dachzone noch klassizistische Dreiecksgiebel, so tragen am Kaiser-Friedrich-Ring im ausgebauten Dachgeschoss Zwerchhäuser mit geschweiften Giebeln zur Belebung der Silhouette bei, so dass

trotz der relativen Gleichmäßigkeit der Häuser keine Monotonie entstand. Entlehnten diese Zwerchhäuser ihre Formen der Spätrenaissance, so findet man um die Ecke herum in der Schiersteiner Straße (Abb. 533) sowie auf der Ostseite des Kaiser-Friedrich-Ringes (Abb. 534) Elemente der Spätgotik in Kielbögen und Maßwerkfenstern.

Dass es trotz der Hochkonjunktur des Bauens zwischen 1888 und 1914 zu keiner Gleichförmigkeit in den Fassaden gekommen ist, liegt an dem häufig – aber zu Unrecht – kritisierten Stilpluralismus der Zeit um 1900. Er erlaubte ein individuelles Gestalten des einzelnen Hauses bei Einhaltung des vorgegebenen städtebaulichen Gesamtkonzeptes. Ein anschauliches Beispiel dafür stellen die Häuser an der Herderstraße (Abb. 535) dar, im Spielmann-Plan von 1888 noch nicht, in dem von 1900 dagegen bereits an der Nordseite vorhanden, am Luxemburgplatz aber erst 1910. Abseits der besonders anspruchsvollen Wohnlage treten anstelle der Ausluchten Erker auf, wodurch nur die drei Obergeschosse eine Veranda erhielten, das Erdgeschoss zudem besser belichtet werden konnte. Einige Häuser kehren jedoch hier wie auch am Ring zum Motiv des Balkons mit gusseisernem Geländer zurück (Abb. 536), wie

Abb. 538

Abb. 539

Abb. 540

es bereits im Klassizismus zu finden ist. Während das Haus Herderstraße 13 vorwiegend neobarocke Stilelemente verwendet, dominieren am Nachbarhaus Herderstraße 15 (Abb. 537) spätgotische Formen, gemischt jedoch mit solchen der Weserrenaissance in den Muschelrosetten des Dachgesimses.

Neben dem Kaiser-Friedrich- und dem Bismarck-Ring gehören zu den noch geschlossen erhaltenen Wohnstraßen des Späthistorismus zwischen 1900 und 1910 die Matthias-Claudius-Straße (Abb. 538), ursprünglich Goethestraße genannt, der Gutenbergplatz (Abb. 539), die De-Laspée-Straße (Abb. 540) und die Südseite der Marktstraße zwischen Altem Rathaus und Dernschem Gelände (Abb. 541), die in der Menükarte des Historismus am Schlossplatz die Spätstufe vertritt. Wenn viele andere Straßen jener Zeit – einst ähnlich geschlossen von Bauten des Späthistorismus geprägt – dann aber bereits von Neubauten unterbrochen dennoch die wilhelminische Pracht vermitteln, so liegt dies an der Erhaltung vieler Eckbauten mit bekrönenden Aufbauten, die in den vom Rastergrundriss der Blockrandbebauung bestimmten Quartieren wie auch innerhalb des Historischen Fünfecks eine wichtige Rolle spielten und zum Teil auch heute noch spielen.

Keine andere Bauepoche hat zum Haustyp der Eckbebauung an einer Straßenkreuzung so qualitätvolle und vielfältige Lösungen hervorgebracht wie der Späthistorismus. Beim Haus Kaiser-Friedrich-Ring 33 (Abb. 542) erfolgte der Übergang entsprechend der stumpfwinkligen Einmündung der Seitenstraße durch einen Eckbau aus zwei seitlichen konkaven und einer mittleren konvexen Fläche, eine Lösung, wie sie die Baukunst des Spätbarock häufig als Vermittlung zwischen zwei Flügelbauten gefunden hatte, zum Beispiel bei der Amalienburg im Schlosspark von München-Nymphenburg (Abb. 543, s. CD). Im Haus Kaiser-Friedrich-

Abb. 538–541: Wilhelminische Pracht in den Wohnstraßen

Abb. 542-546: In den architektonischen Ecklösungen zeigt sich der Formenreichtum des Späthistorismus.

Abb. 542

Abb. 544

Abb. 545

Abb. 546

Abb. 547–551: Formenvielfalt der späthistoristischen Ecklösungen

Ring/Ecke Oranienstraße (Abb. 544) wird die Überleitung durch das konvexe Vorschwingen eines Risalits und eine darin eingetiefte große Wandnische gestaltet, wie dies ähnlich auch in der Amalienburg vorkommt, nur dass in Wiesbaden die rahmenden Doppelsäulen einen stärker plastischen Akzent erzeugen. Die Ecke Luxemburgstraße/Karlstraße (Abb. 545) ist sehr ähnlich, jedoch weniger aufwendig gelöst. An der Südwestecke des Luxemburgplatzes (Abb. 546) dient ein Erker mit bekrönendem Türmchen als Eckakzent, ähnlich der Lösung in der Goldgasse/Häfnergasse (Abb. 547), wenn hier auch mit anderen, reduzierten Schmuckformen.

Wie stark sich das Baugeschehen in den Neubaugebieten rings um den Ring und die späthistoristische Überformung des Historischen Fünfecks gegenseitig beeinflusst haben, zeigen uns die folgenden vier Beispiele: Der Eckbau Rheinstraße/Kirchgasse (Abb. 548) variiert die Lösungen des Luxemburgplatzes und der Goldgasse mit dem Eckerker, der hier polygonal gestaltet worden ist, wodurch er noch besser die Vermittlerrolle zwischen den beiden Straßenräumen übernehmen kann. Während in der Goldgasse eine echte Zwiebelkuppel das Ecktürmchen ziert, handelt es sich beim Luxemburgplatz wie auch bei der Rheinstraße um eine Kuppelform, die man nicht als Zwiebelkuppel bezeichnen kann, weil sie nicht die dafür charakteristische untere Einschnürung besitzt, deshalb am ehesten als Glockenkuppel zu bezeichnen wäre, bei der der untere Rand wie beim Schlagring einer Glocke geschweift ausschwingt. Diese Kuppelform besitzt auch das Café Kunder in der Wilhelmstraße (Abb. 522) wie auch das Eckhaus Langgasse 36 (Abb. 549). Beide bieten eine so verwandte Lösung an, dass man an denselben Architekten glauben möchte: Über den beiden schlicht gehaltenen, im Erdge-

Abb. 548

Abb. 522

Abb. 549

Abb. 550

Abb. 551: Berlin-Grunewald

schoss leider mit Schaufenstern verunstalteten unteren Geschossen kragen die beiden oberen erkerartig über Konsolen aus. Die seitlichen Wandfelder werden beim Café Kunder durch flache Pilaster, in der Langgasse durch Kolossalsäulen gerahmt, die Mitte zeichnet ein zweigeschossiger Eckerker aus. Den Ansatz der Glockenkuppel verschleiern steinerne Lukarnen. Selbst in das Bergkirchengebiet drang an der Einmündung der Büdingenstraße in die Webergasse (Abb. 550) im Späthistorismus eine repräsentative Ecklösung ein, die zwar gegenüber den vorher behandelten mit etwas geringerem Aufwand, aber nicht weniger städtebaulich wirkungsvoll gestaltet worden ist. Zur Büdingenstraße gibt es einen einfachen Erker, zur Webergasse einen reich ausgeschmückten und breiteren, der im oberen Teil zur polygonalen Brechung der Ecke überleitet, über der sich ein ebenfalls gebrochener Schweifgiebel erhebt.

Sucht man nach auswärtigen Vorbildern für die Wiesbadener Ecklösungen des Späthistorismus, wird man, wie schon im romantischen Historismus, auf Berlin stoßen. Dies bestätigt der Vergleich zwischen dem Eckbau Kirchgasse/Friedrichstraße in Wiesbaden mit dem der Akazienstraße/Grunewaldstraße in Berlin (Abb. 551). Beide Eckbauten betonen die Straßenkreuzung durch eine Kuppel über einem Tambour, bekrönt von einer Laterne. Während der Berliner Bau entsprechend seiner früheren Entstehungszeit 1892 in seinen Schmuck- und Gliederungsformen noch deutlich plastischer und aufwendiger ist, dürfte das Wiesbadener Geschäftshaus der Nassauischen Leinen-Industrie J. M. Baum, wie der Fremdenführer von 1910/11 den dort abgebildeten Bau bezeichnet, erst wenige Jahre zuvor entstanden sein, denn er weist bereits die typischen Formen des frühen 20. Jahrhunderts auf. Gegenüber der genannten Abbildung hat sich bis heute nichts am Äußeren des Bauwerks geändert. Den Eigentümern wie auch denen der anderen genannten Eckbauten gebührt Dank dafür, dass sie die erheblichen Mehrkosten für die Erhaltung der Kuppelaufbauten durch alle Zeiten getragen haben.

Villen

Im ausgehenden 19. Jahrhundert wurden die Villengebiete geringfügig vergrößert. So wurde bis 1900 das nördliche Nerotal zu zwei Dritteln, das südliche zu einem Drittel bebaut, die Kapellenstraße fast ganz. Im Dambachtal findet man nur im unteren Teil einige Häuser, weiter oben zum Taunus hin noch einmal fünf weitere. Die Idsteiner Straße war gemäß Spielmann-Plan von 1900 auf der Ostseite bis Haus 11, die Schöne Aussicht schon nahezu auf ganzer Länge mit Häusern besetzt, desgleichen die Sonnenberger Straße und die Parkstraße.

Das Villengebiet am Bierstadter Hang war wegen der stadtnahen Lage besonders begehrt. Die bebaute Fläche wurde zwischen 1888 und 1900 nur unwesentlich vergrößert, im Osten bis an die Alwinenstraße, im Süden bis an das Josefshospital. In dieser Zeit fand eine deutliche bauliche Verdichtung statt, indem man die großen Gärten teilte und auf diese Weise neue Bauplätze gewann. Wegen der gestiegenen Bodenpreise erzielte man auch einen beachtlichen Gewinn. Das ohnehin schon teure und damit exklusive Villengebiet gewann noch beträchtlich an Ansehen, nachdem Prinz Albrecht von Solms-Braunfels 1890–92 in der Solmsstraße 1 sein „Solmsschlösschen" (Abb. 552) erbaute.

Die beiden Villen Prinz Albrechts von Solms-Braunfeld

Schon auf den ersten Blick erkennt man, dass mit dem Werk der hannoverschen Architekten Edwin Oppler (1831–1880) und Ferdinand Schorbach (1846–1912) ein ganz anderer Stil in Wiesbaden Einzug hielt. Es handelt sich nicht mehr um den am meisten verbreiteten Typ eines würfelförmigen Kubus, wie er seit dem Klassizismus verbreitet war, sondern um eine malerische Baugruppe auf einem unregelmäßigen Grundriss, der ganz von der Größe und zugleich Funktion der einzelnen Räume bestimmt wurde. Er folgt keiner starren Symmetrieachse mehr und ist außerdem durch mehrere Erker und Ecktürme bereichert worden. Gemäß der von Conrad Wilhelm Hase begründeten hannoverschen Bauschule fanden neugotische Formen Verwendung. Vor allem das Innere mit dem übergroßen Rittersaal lässt

Abb. 552: Das sogenannte „Solmsschlösschen" wertete das Villengebiet am Bierstadter Hang sehr auf und brachte den Typ der malerischen Baugruppe im Sinne der Englischen Neugotik nach Wiesbaden.

Oben:
Abb. 553: Burg Eltz in den Moselbergen, 12. bis 15. Jahrhundert, Wohnburg mit Fachwerk

Abb. 554: Schloss Braunfels, Lahn-Dill-Kreis, 1881–85 in mittelalterlicher Anmutung erneuert

Mitte:
Abb. 555: Marburg, Wettergasse, 1899, in der Nachfolge des Viktorianischen Stils in England

Abb. 556: Chester, England, Viktorianische Fachwerkbauten

Rechts:
Abb. 557: Potsdam, Cecilienhof, 1913–17, Schlossbau in viktorianischem Stil

Unten:
Abb. 558: Jagdschloss Gelbensande bei Rostock, 1889/87

Beziehungen zur englischen Neugotik erkennen. Die stark bewegte Silhouette des Eckbaues mit einem dicken Hauptturm und kleineren Ecktürmen sowie Erkern geht sicher auch auf den Einfluss von Schloss Braunfels (Abb. 554) zurück, das für den Bruder des Prinzen, Fürst Georg von Solms-Braunfels, 1881–85 ebenfalls nach Entwürfen von Edwin Oppler zu einem nördlichen „Neuschwanstein" ausgebaut worden war.

Neu ist aber beim Solmsschlösschen in Wiesbaden die Verwendung von Fachwerk, gerade weil es sich um einen Bau des Hochadels handelte. Während im Mittelalter Fachwerk ein hohes Ansehen besaß und auch vom Adel für die wohnlichen Teile einer Burg wie die von Eltz (Abb. 553) verwandt wurde, lehnte der vom französischen Sonnenkönig geprägte Absolutismus das Fachwerk als Bauweise der armen Leute ab. Etwa von der Mitte des

18. Jahrhunderts an verputzte man auch in Deutschland die meisten alten Fachwerkbauten und täuschte ebenso wie bei den neu errichteten einen Massivbau vor.

Die Wiederbesinnung auf das Fachwerk als eine ebenso preiswerte wie schöne Bauweise ging von England zur Regierungszeit der Königin Victoria (1837-1901) aus. Es prägt seitdem viele Ortsbilder Englands, so auch das von Chester (Abb. 556) am sogenannten Cross. In Deutschland errichtete der Baumeister Karl Schäfer in der Wettergasse von Marburg (Abb. 555) im ausgehenden 19. Jahrhundert eindrucksvolle Fachwerkbauten. Unweit von Rostock schuf der mecklenburgische Landbaumeister Gotthilf Ludwig Möckel 1886/87 das herzogliche Jagdschloss Gelbensande (Abb. 558) mit Fachwerk im Obergeschoss, wie es auch der letzte deutsche Schlossbau für Kronprinz Wilhelm von Preußen, der Cecilienhof in Potsdam (Abb. 557), 1913–17 von Paul Schulze-Naumburg, aufweist.

Diesen Vorbildern des Hochadels beeilten sich die wohlhabenden Großbürger sogleich nachzueifern; und so entstand in Wiesbaden 1892 die Villa Humboldtstraße 1 (Abb. 559) nach dem Entwurf von Hermann Reichwein, der selbst der Bauherr war. Der zweigeschossige Massivbau in frei nachempfundenen spätmittelalterlichen Formen verwendet im Dachbereich Fachwerk, sicher nicht ohne den Einfluss des nur wenige hundert Meter entfernten Solmsschlösschens. Ähnliche Villen im Landhaus- oder Cottage-Stil mit Fachwerk im Dachbereich errichteten die Architekten Friedrich Hatzmann und Joseph Kreizner im oberen Bereich der Kapellenstraße mit den Häusern 91–97, deren Fernblick wie bei Haus 93 (Abb. 560) auf das Dambachtal ausgerichtet ist.

Die Villen im Landhausstil mit Fachwerk in der Dachzone blieben jedoch in Wiesbaden eher eine Ausnahme, zu sehr hatte sich als ortsüblicher Bautyp der würfelförmige Kubus in den Formen des Neoklassizismus oder der Neorenaissance ausgebildet, zu dem sich schließlich noch gegen 1900 die stark in neubarocken oder neugotischen Formen gehaltenenen Prachtbauten vor allem in den Ecklagen gesellten.

In diesem Zusammenhang ist es bezeichnend, dass sich Prinz Albrecht von Solms-Braunfels unmittelbar unterhalb seines neugotischen Solmsschlösschen 1897 eine zweite Villa in der Gustav-Freytag-Straße 27 (Abb. 561) bauen ließ. Architekt war Wilhelm Köster, der einen hellen Putzbau in den Formen des Neobarock schuf. Über dem gebänderten Erdgeschoss ragt an der Straßenseite über dem Mittelrisalit ein imponierender Säulenportikus

Abb. 559: Wiesbaden, Villa Humboldtstraße 1, 1892, greift den Fachwerkbau im Cottagestil auf.

Abb. 560: Wiesbaden, Kapellenstraße 93, 1895/96

Abb. 561: Die zweite Solms-Villa, Gustav-Freytag-Straße 27, blieb bei neobarocker Repräsentationsfreude.

mit bekrönendem Dreiecksgiebel auf. An der abgeschrägten Ecke setzt ein halbrunder Balkon und ein von Säulen getragener Segmentbogengiebel einen weiteren, stark plastischen Akzent. Der Gegensatz dieses pathetischen Repräsentativbaus zu dem benachbarten Solmsschlösschen mit seiner malerischen Silhouette aus Fachwerk könnte größer nicht sein. Man erklärt sich den Bau einer zweiten, so andersartigen Villa aus der physischen und psychischen Belastung, die eine heimtückische Krankheit des Prinzen in den letzten Jahren bis zu seinem Tod 1901 verursachte, weshalb er aus dem etwas düsteren Bau mit seiner riesigen gotischen Halle in den helleren Neubau umgezogen sein soll.[82]

Haus Schöne Aussicht 29

Eine Sonderform unter den Villen des Späthistorismus vertritt in Wiesbaden das Haus Schöne Aussicht 29 (Abb. 562), dessen Architekt bisher noch nicht ermittelt werden konnte. Den Bauantrag stellte 1895 der Bankier Wilhelm von Erlanger aus Frankfurt, keineswegs

aber mit der Absicht, dort zu wohnen. Vielmehr handelte es sich um ein lukratives Geschäft im Zusammenhang mit dem Verkauf des Paulinenschlösschens aus dem Besitz des im Exil lebenden Adolf von Nassau. Dabei wurden aus dem großen Garten zwei Parzellen abgeteilt, die eine an der Sonnenberger Straße 14, die andere mit der Adresse Schöne Aussicht 29, die nach der Fertigstellung an Hugo Hinze von Tengg aus Berlin verkauft wurde.[83] Möglich ist also, dass der Bankier einen Architekten aus Frankfurt mit dem Bau beauftragt hatte.

Denn auch dort herrschte der würfelförmige Villentyp noch bis zum Ende des 19. Jahrhunderts vor, jedoch bevorzugte man nicht den in Berlin durch die Schinkel-Schule konservierten Neoklassizismus, sondern besonders die italienische Renaissance. In den Wandfeldern des Mezzaningeschosses entdeckt man das hessische und das Wiesbadener Wappen sowie einen Hahn zwischen zwei Putten (Abb. 563).

Abb. 562, 563: Späthistoristisches Haus Schöne Aussicht 29, ab 1895, als würfelförmige Villa. Unten: Detailaufnahme des Puttenfrieses aus Zement

Abb. 565 und 566: Die Villa Uhlandstraße 4, 1903, zeigt reichhaltige Formen der Spätgotik.

Abb. 564 (ganz rechts): Nördliches Nerotal 71, 1892, in üppigem Neubarock

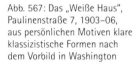

Abb. 567: Das „Weiße Haus", Paulinenstraße 7, 1903–06, aus persönlichen Motiven klare klassizistische Formen nach dem Vorbild in Washington

Abb. 568: Verspielte Neo-Rokoko-Dekoration im Innern stehen im Gegensatz zum Äußeren.

Diese Reliefs bestehen nicht, wie man vermutet, aus frei angetragenem Stuck, sondern sind aus Zement in Formen gegossen. Im Zeitalter der zunehmenden Industrialisierung verwandte man immer mehr vorgefertigte Schmuckelemente, eine Entwicklung, die schon bald nach 1850 durch den Tonwarenfabrikanten Höppli eingeleitet worden war.

Die Villen Wojitowskis und Dähnes

Unter den 130 in der Denkmaltopograhie von Sigrid Russ[84] aufgeführten Architekten ragt Stanislaus Wojitowski durch seine besonders üppigen Bauten im Stil des Neubarock hervor, so die Villen Nördliches Nerotal 69 und 71 (Abb. 564) von 1892, die durch die elegant um den Sockel des Eckturms zur großen Eingangsnische herumgeschwungene Freitreppe und die beiden monumentalen Karyatiden auffällt. Auch beim benachbarten Haus Nörd-

liches Nerotal 69 und in der Kapellenstraße 73 und 87 stellte er die ganze Pracht des Neubarock zur Schau, wird aber ab 1902 bei den Häusern Lanzstraße 14 und 16 schlichter und mischt neugotische Formen unter die des Neubarock.

Doch keinesfalls überall ist nach 1900 eine Abkühlung der Formen, eine Abnahme der Plastizität zu beobachten, wie sie doch allgemein im Zeitalter des seit 1895 in ganz Europa verbreiteten Jugendstils zu beobachten ist. Das kaisertreue, zu großem Reichtum gelangte Bürgertum legte weiterhin Wert auf prunkvolle Repräsentation. Davon zeugen die Villa Uhlandstraße 4 (Abb. 565) von Christian Dähne, der zwischen 1884 und 1904 acht Häuser erbaute, die alle in der Viktoria- und Uhlandstraße liegen. Seinen wirtschaftlichen Erfolg demonstrierte er 1903 auf eindrucksvolle Weise mit dem eigenen Bau an der Ecke zur Gustav-

Freytag-Straße. Mit dem beherrschenden Eckturm, den Erkern, Altanen, Balkons und mit Fialen besetzten Schildgiebeln entfaltete er einen architektonischen Aufwand, der dem des Solmsschlösschen nahe kommt. Die der deutschen Spätgotik nachgebildeten Formen (Abb. 566, vgl. CD) setzte er in ziemlicher Reinheit und steinmetzmäßiger Virtuosität ein.

Das Weiße Haus

Wie groß die Vielfalt der Erscheinungsformen im Wiesbadener Villenbau des Späthistorismus war, demonstriert das „Weiße Haus", Paulinenstraße 7 (Abb. 567), 1903–06 erbaut. Seine Bezeichnung geht auf die Frau Emma von Friedrich Wilhelm Söhnlein aus der amerikanischen Brauereifamilie Papst zurück, die er 1902 in New York geheiratet hatte. Die Firma des Sektfabrikanten hatte durch Protektion des Kaisers einen großen Aufschwung erfahren, so dass man sich zusammen mit der reichlichen Mitgift der Braut einen repräsentativen Wohnsitz in bester Lage unweit des Kurbezirks leisten konnte. Frau Söhnlein wünschte sich als Erinnerung an ihre amerikanische Heimat eine Nachbildung des 1792 erbauten Weißen Hauses in Washington, dem Amtssitz des amerikanischen Präsidenten. So kam es, dass neben all den prunkvollen Villen im Stil des Neubarock, der Neugotik oder Hochrenaissance ein nobler klassizistischer Bau entstand, der Klarheit und Ruhe ausstrahlt. Dazu trägt der segmentbogig vorschwingende Mittelrisalit durch seine ionischen Kolossalsäulen wesentlich bei.

Im Unterschied zu der ernsten Würde des Außenbaus steht die heitere Verspieltheit der Innendekorationen (Abb. 568) in spritzigen Stuckformen des zweiten Rokoko. Dass mit Otto Wilhelm Pfleghard (1869–1958) und Max Haefeli (1869–1941) hier zwei Architekten aus der Schweiz tätig waren, hängt wohl damit zusammen, dass beide nach ihrem Studium an der Eidgenössischen Technischen Hochschule Zürich einige Jahre im Büro des Wiesbadener Architekten Alfred Schellenberg gearbeitet haben und dabei Kontakte zu Johann Jakob Söhnlein knüpfen konnten.[85]

Kirchenbau

Die protestantische Gemeinde war in Wiesbaden von 12900 Mitgliedern 1860 auf 42900 im Jahre 1890 angewachsen. Die 1852–62 entstandene Marktkirche und die 1876–78 von Johannes Otzen erbaute Bergkirche reichten für die Gläubigen nicht mehr aus, die Entfernungen zu diesen waren wegen der neuen Wohngebiete im Süden und Westen inzwischen auch zu groß. Man benötigte deshalb dringend einen dritten Kirchenbau. Er wurde an den Kaiser-Friedrich-Ring in die Achse der Rheinstraße platziert und sollte ursprünglich Reformationskirche heißen, doch setzte sich bis heute der Name Ringkirche durch. Der inzwischen zusammen mit der Markt- und der Lutherkirche zum Denkmal besonderer kultureller nationaler Bedeutung erhobene Bau hat dieses Prädikat weniger durch seine architektonischen Qualitäten als durch das von ihm erstmals vertretene liturgische Konzept erhalten.

Es ging auf den Wiesbadener Dekan Emil Veesenmeyer zurück und bedeutete als Wiesbadener Programm, wie es bald in der Literatur genannt wurde, eine Wende im protestantischen Kirchenbau. Dieser hatte sich unter dem Einfluss von Hase und anderen Neugotikern mit dem Eisenacher Regulativ wieder dem längsorientierten Wegeraum zugewandt, nach mittelalterlichem Vorbild mit einem besonders ausgebildeten Chorraum und der Kanzel dicht davor. Die Marktkirche in Wiesbaden, ablesbar am Grundriss (Abb. 569), entspricht diesem Konzept, in abgeschwächter Form auch noch die Bergkirche.

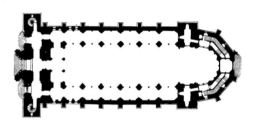

Abb. 569: Der Grundriss der Marktkirche folgt dem eigentlich mittelalterlichen Konzept des Kirchenbaus: Ein längsgestreckter Prozessionsweg führt zum Chorraum und trennt somit zwischen dem Platz für die Gemeinde und dem Altar.

Das neue Programm von Veesenmeyer war eigentlich das alte des protestantischen Kirchenbaus, besonders konsequent verwirklicht in der Frauenkirche von Dresden, durch George Bähr 1726–43 erbaut. Die Forderungen Veesenmeyers lauteten:

1. Die Kirche soll nicht den Charakter eines Gotteshauses im katholischen Sinne, sondern den des Versammlungshauses der feiernden Gemeinde erhalten.

2. Eine Trennung zwischen Kirche und Chorraum ist als unevangelisch zu vermeiden, vielmehr soll durch die Einheitlichkeit des Raumes die Einheit der Gemeinde und der Grundsatz des allgemeinen Priestertums zum Ausdruck gebracht werden. Von der Teilung des Raumes in Schiffe ist aus demselben Grunde abzusehen.

3. Mittelpunkt des ganzen Inneren ist der Altar.

4. Die Kanzel ist mindestens dem Altar gleichwertig zu behandeln, hinter denselben zu stellen und mit Orgel und Sängerbühne organisch zu gestalten.

5. Letztere erhalten ihren Platz im Angesicht der Gemeinde.

Abb. 570: Bei der Wiesbadener Ringkirche von 1894 ist die Einheit von Form und Funktion zugunsten der städtebaulichen Wirkung nicht gewahrt: Die Ostfassade erscheint als Haupteingang, hinter ihr liegt jedoch der Altarraum.

Abb. 571: Die Westseite lässt den Altar in der Apsis des Zentralbaus vermuten.

Diese gemeinsam mit dem Architekten Johannes Otzen entwickelten Grundsätze standen im Mittelpunkt des Kongresses für Kirchenbau 1894, fanden dort Widerspruch, aber auch Anerkennung vorwiegend von den „vom reformierten Geist beseelten unierten Gemeinden".[86]

Die protestantische Ringkirche

Bei der Planung der Ringkirche ergab sich für Johannes Otzen das Problem, dass der vorgesehene Bauplatz in einer städtebaulich sehr exponierten Lage am westlichen Ende und in der Sichtachse der 1,4 Kilometer langen und 45 Meter breiten Rheinstraße lag. Mit Rücksicht darauf musste die Turmanlage (Abb. 570) im Osten angeordnet werden, trat damit aber in Konkurrenz zu dem dort vorgeschriebenen Altar. So glaubt man in dem Portalvorbau an der Ostseite – betont noch durch die Maßwerkrose darüber – den Haupteingang vor sich zu haben. Dieser liegt aber im Westen, wo man in der dortigen Apsis des Zentralbaus (Abb. 571)

den Altarraum vermuten würde, während dieser in Wirklichkeit im Osten vor den Türmen angeordnet ist. Hierin ergibt sich eine Parallele zum Theater mit seinem vermuteten Haupteingang in der großzügig gestalteten Fassade zum Warmen Damm (Abb. 482, S. 177), die in Wirklichkeit lediglich den Abschluss des Bühnenhauses darstellt. In beiden Fällen handelt es sich um die Zurückstellung der Funktion als Grundlage der Gestaltung zugunsten der städtebaulichen Wirkung, wie sie gerade für die Ringkirche als Sichtbezug (s. S. 87) für die Rheinstraße vom damaligen Städtebau gefordert wurde.[87]

Von außen erscheint die Ringkirche (Abb. 572) als eine kurze Basilika mit einem Trikonchos, in Wahrheit ist sie ein großer Zentralbau auf der Grundlage eines inneren Quadrats (Abb. 573), an das an drei Seiten Polygone mit Emporen anschließen. Die Außenformen sind der staufischen Spätromanik im Übergang zur Frühgotik entliehen. In der Schwere und großen Plastizität der Bauformen passt sie in die

allgemeine Tendenz des Kirchenbaus an der Wende des 19. Jahrhunderts, die reiche spätromanische Formen bevorzugte, so zum Beispiel bei der Kaiser-Wilhelm-Gedächtniskirche in Berlin 1891–95 von Franz Schwechten oder der ebenfalls im Zweiten Weltkrieg zerstörten St.-Rochus-Kirche von 1894–97 in Düsseldorf. Die Turmanlage der Ringkirche im Osten besteht aus einem wuchtigen, rechteckigen Unterbau als Einturm und eng beieinander stehenden polygonalen Zwillingstürmen darüber. Als Baumaterial wurde außen am Sockel Basaltlava, im Mauerwerk darüber hellgelber Sandstein aus den Keringsbacher Brüchen aus der Pfalz (von anderen als Königsbacher Brüche bezeichnet) verwandt, im Inneren (Abb. 574) ein perlgrauer Pfälzer Sandstein.

Wie stark Otzen, durch Veesenmeyer angeregt, wieder auf den protestantischen Kirchenbau vor der Neugotik und dem Eisenacher Regulativ zurückgreift, erkennt man bei der Betrachtung der Dorfkirche von Küchen (Abb. 575) im Landkreis Werra-Meißen, bei der Landbaumeister Johann Friedrich Matthei 1827/28 halbkreisförmige Emporen und ein stufenweise ansteigendes, halbkreisförmiges Gestühl so angeordnet hat, dass der Raum ganz auf

Abb. 572: Die historische Aufnahme vermittelt das äußerliche Erscheinungsbild der Ringkirche als kurze Basilika in Wiederaufnahme von Formen der staufischen Spätromanik.

Abb. 573: Der Grundriss zeigt die wirkliche Form der Ringkirche als Zentralbau, der aus einem Quadrat entwickelt ist.

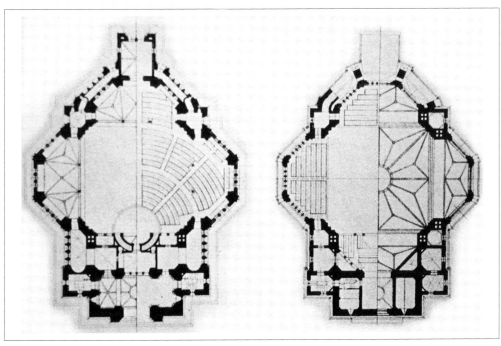

Abb. 574: Der Innenraum der Ringkirche unterstreicht im Sinne des Wiesbadener Programms die Einheit von Liturgie, Predigt und Kirchenmusik durch die Anordnung von Altar, Kanzel und Orgel.

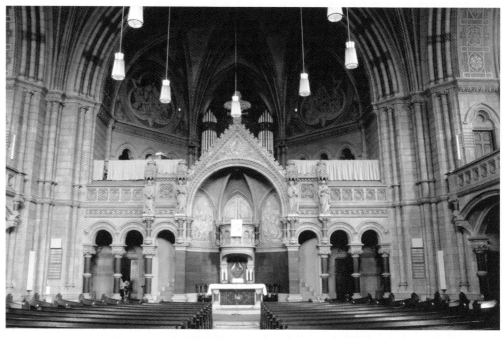

Abb. 575: Dorfkirche in Küchen, Kreis Werra-Meißen, 1827/28. Das halbkreisförmige Gestühl ist in protestantischem Sinn auf Altar und Kanzel ausgerichtet.

den Kanzelaltar ausgerichtet ist. In Wiesbaden ragt über der Ostempore noch die Orgel auf und unterstreicht dadurch die Einheit von Liturgie, Predigt und Kirchenmusik ganz im Sinn des Wiesbadener Programms. Der Innenraum hat einschließlich der Emporen 1 200 Sitzplätze, von allen kann man gut sehen und hören, was durch den stützenlosen quadratischen Mittelraum unter dem weit gespannten Sterngewölbe ermöglicht worden ist. Die Vorhalle unter dem Turmbau im Osten war für kirchliche Versammlungen oder Konfirmandenunterricht gedacht, sollte aber auch zur Aufstellung der Standbilder der vier Reformatoren Luther, Melanchthon, Calvin und Zwingli genutzt werden, wodurch der programmatische Anspruch nochmals unterstrichen wurde.

Die katholischen Kirchenbauten

Im Späthistorismus erhielt Wiesbaden noch drei weitere, in diesen Fällen katholische Kirchenbauten. Die 1893–95 von Diözesanbaumeister Max Meckel geschaffene Maria-Hilf-Kirche nimmt mit den Formen einer spätromanischen Gewölbebasilika Bezug auf den Limburger Dom, insbesondere bei der Westfassade (Abb. 576) mit den rheinischen Rhombenhelmen ihrer Doppelturmfront. Darin drückt sich der Stolz aus, mit der Erhebung Limburgs zum katholischen Bistum und der früheren Stiftskirche zum Dom endlich die erstrebte Anerkennung im überwiegend protestantischen Nassau erhalten zu haben.

Noch 1912 hielt man bei dem Bau der katholischen Pfarrkirche der Heiligen Dreifaltigkeit in der Eichendorffstraße (Abb. 577 a) an mittelalterlichen Bauformen fest. In der Vieltürmigkeit folgt auch sie dem Vorbild des Limburger Domes, verwendet jedoch gotische Einzelformen.

Die altkatholische Friedenskirche in der Schwalbacher Straße (Abb. 577 b) erfüllt ähnlich wie die Ringkirche für die Rheinstraße die Rolle eines städtebaulichen Blickpunktes, die jetzt nach dem Abriss der Hochstraße wieder besser sichtbar wird, aber immer noch durch den Übergang zum ehemaligen Warenhaus „Herti" empfindlich gestört wird. Die Gemeinde wurde im Friedensjahr 1871 gegründet, spaltete sich in dem von Bismarck provozierten Kirchenkampf von der Bonifatiusgemeinde ab und erhielt deren Gotteshaus zur alleinigen Nutzung. Als dieses 1886 nach

Beilegung des Kirchenkampfes wieder an die Bonifatiusgemeinde zurückgegeben wurde, brauchte man ein eigenes, neues Kirchengebäude, dessen Standort wahrscheinlich wesentlich vom Stadtbaumeister Felix Genzmer festgelegt wurde. Für seine Mitwirkung spricht nicht nur ein Zeitungsartikel vom 11. November 1900[88], sondern auch der Umstand, dass der Bauplatz der Kirchengemeinde von der Stadt geschenkt worden war. Die exponierte städtebauliche Anordnung hatte auf dem schwierigen, vom Verkehr umfluteten Grundstück auch hier zur Folge, dass man beim Bau 1899/1900 nach dem Entwurf des Offenbacher Baumeisters Max Schröder von der mittelalterlichen Tradition der Ausrichtung des Chores nach Osten abweichen musste. So liegt die polygonale Apsis an der Hangseite im Süden, der Haupteingang mit dem daneben asymmetrisch stehenden Turm an der Bergseite im Norden.

Abb. 576 (oben links): Maria-Hilf-Kirche, Kellerstraße, 1893–95. Die Doppelturmfront nimmt Bezug auf den 1827 zur Bischofskirche erhobenen Limburger Dom.

Abb. 577a (oben rechts): Dreifaltigkeitskirche, Eichendorffstraße, 1912, in Orientierung an gotischen Einzelformen

Abb. 577b: Friedenskirche, Schwalbacher Straße, 1899/1900. Trotz mittelalterlicher Formensprache der Architektur ist aus städtebaulichen Gründen der Chor nicht wie im Mittelalter nach Osten ausgerichtet.

Baukunst

Baden im Jugendstil. Hoch-
wertige Keramik aus Darmstadt
schmückt das Wiesbadener
Kaiser-Friedrich-Bad.

Jugendstil und Neoklassizismus 1895–1914

Der Jugendstil als letzte Phase des Historismus und zugleich Beginn einer neuen Entwicklung in der Baukunst hat in Wiesbaden längst nicht die überragende Rolle wie der prunkvolle Späthistorismus gespielt. Sie beruhte auf der starken Förderung der Stadt durch Kaiser Wilhelm II., der durch seinen jährlichen Aufenthalt im Sommer das wohlhabende, der Monarchie in Treue ergebene Großbürgertum in das Weltbad brachte. Der Jugendstil aber war, schon 1897 so nach der in München erscheinenden Zeitschrift „Jugend" genannt, die Kunst der aufmüpfigen, republikanisch gesonnenen jungen, künstlerisch progressiven Generation. Kam der Neobarock dem Herrschaftsanspruch und Prunkbedürfnis der dem Untergang zutreibenden Monarchien sehr entgegen, so war er zugleich eine der beiden wichtigen Voraussetzungen zur Entstehung des Jugendstils. Seine hohen, gebrochenen Dächer, die ein- und ausschwingenden Gebäudeflügel und weichen, schmiegsamen Formen sind ohne barocke Vorbilder nicht denkbar, wie man in Wien an der Französischen Botschaft (Abb. 578), 1806–10 von G. P. Chedune aus Paris erbaut, erkennt. Andererseits beobachtete man um die Jahrhundertwende und um den Ersten Weltkrieg herum einen erneuten Klassizismus mit einer deutlichen Abkühlung und Erstarrung der Formen, die als Voraussetzung für die Neue Sachlichkeit als zukünftigen Stil des 20. Jahrhunderts anzusehen ist. Sie kündigte sich bei Otto Wagner mit seinem Postsparkassengebäude in Wien (Abb. 579) 1904–06 an, bei Walter Gropius war sie bereits 1911 in seinem Fagus-Werk von Alfeld/Leine (Abb. 580) voll ausgebildet.

Jugendstil ist kein eigener Kunststil wie Romanik, Gotik, Renaissance oder Barock, sondern nur die letzte große Phase des Historismus, so wie es der Manierismus für die Renaissance oder das Rokoko für den Barock gewesen sind. Doch wie im Manierismus bereits die Wurzeln für den neuen Stil des Barock und im Rokoko für den Klassizismus als erster Phase des Historismus gelegt worden sind, enthält auch der Jugendstil die ersten Ansätze für den das 20. Jahrhundert beherrschenden internationalen Stil. Der Begriff Jugendstil, in Frankreich und Belgien unter Art Nouveau, in Spanien unter Modernismo bekannt, lässt sich am leichtesten auf die Graphik, Bauornamentik, auf Möbel, Keramik und andere Bereiche des Kunstgewerbes anwenden, am schwersten auf die Architektur und schon gar nicht auf den Städtebau. Um sich zu einem eigenen Stil zu entwickeln, stand dem Jugendstil eine viel zu kurze Zeitspanne zur Verfügung, denn um das Jahr 1894 kam er auf und spätestens mit dem Beginn des Ersten Weltkriegs 1914 wurde er durch den Neoklassizismus abgelöst.

Abb. 578: Wien, Französische Botschaft, 1806–10. Die neubarocke Formensprache fand ihren Widerhall in den geschwungenen Jugendstilelementen.

Die Folge dieser knappen Zeitspanne war auch eine starke räumliche Begrenzung auf wenige europäische Zentren wie Paris, Nancy, Brüssel, Barcelona, Glasgow, Wien, München und Berlin, sowie – für Wiesbaden von besonderem Interesse – in Darmstadt. Dort in lediglich 40 Kilometer Entfernung war es Landesherr Großherzog Ernst Ludwig (1868–1937), der 1899 sieben bedeutende Vertreter der neuen Kunstrichtung berief, um auf der Mathildenhöhe eine Künstlerkolonie zu gründen. Davon versprach er sich eine Belebung des

Abb. 580 (links): Fagus-Werk in Alfeld/Leine von Gropius, 1911, Neue Sachlichkeit, der dominierende Stil des 20. Jahrhunderts

Abb. 579: Wien, Postsparkassengebäude von Wagner, 1904–06, Rückkehr zu einer kühleren, klassizistischen Formensprache

Kunsthandwerks als Wirtschaftsförderung für sein in weiten Gebieten strukturschwaches Großherzogtum, was in Orten wie Erbach mit der Elfenbeinschnitzerei und Wächtersbach mit der Keramik sowie in Darmstadt mit der Möbelindustrie auch gelang. Die herausragendste Persönlichkeit unter den sieben Künstlern war ohne Zweifel Joseph Maria Olbrich (1867 bis 1908) aus Wien, wo er 1897 mit der Secession (Abb. 581) seine revolutionäre Idee vom

Links:
Abb. 581: Wiener Secessions-
gebäude von J. M. Olbrich,
1897. Die Architektur erscheint
als moderne Variation barocker
Gestaltungselemente.

Abb. 582: Gegenüber der
Secession liegende barocke
Karlskirche, 1716–37

Rechts:
Abb. 583: Darmstadt, Mathildenhöhe, Großes Glückerthaus
von J. M. Olbrich, 1901, Mo-
dellhaus der Künstlerkolonie,
ebenfalls mit geschwungenen
Linien

Abb. 584: Darmstadt, Mathildenhöhe, Ernst-Ludwig-Haus,
das ehemalige Atelierhaus der
Künstlerkolonie von J. M. Olbrich, 1901, in klaren Kuben

Abb. 585: Darmstadt, Mathildenhöhe, Wohnhaus von Peter
Behrens, 1901, mit geschwungenen Linien

„Kunsttempel" verwirklichte. Das Gebäude
wirkte ursprünglich, als es die breiten Verkehrs-
wege noch nicht gab, wie eine moderne Ant-
wort auf die gegenüberliegende barocke Karlskirche (Abb. 582), 1716–37 von Johann Bernhard Fischer von Erlach errichtet. Deren mächtiger Barockkuppel auf hohem Tambour
antwortet die leichte „Seifenblase" aus kunst-
voll ineinander verwobenen vergoldeten Lor-
beerzweigen, die zwischen die abgestumpften
Pyramidenpfeiler herabgeschwebt zu sein
scheint. Dem räumlich stark hervortretenden
klassischen Portikus der Karlskirche steht ein
kahler, in das Innere zurückgenommene, halb
im Dunkel liegender Eingang bei Olbrich
gegenüber. Auf die monumentalen Ecktürme
Fischer von Erlachs nimmt die Secession mit
zwei kahlen, flächigen Seitenrisaliten Bezug.
Offensichtlich hatte sich Olbrich bei seinem
Entwurf für das Gebäude der Secession mit der
Karlskirche auseinander gesetzt, jedoch nicht
wie die Historisten durch eine direkte Übernahme von Formen, sondern durch moderne
Variationen barocker Gestaltungselemente, die
von ihm in das Gegenteil verkehrt wurden.
Zeitgenossen nannten sein Werk „Schrei des
Lebens", „Architektur des Erlebnisses" oder
eine „Architektur des in Formen verkörperten
Lebens". Neben derartiger Begeisterung gab es
aber auch großen Widerstand gegen diese völlig
neuartige Architektur, die im Fin-de-siècle-Mi-

lieu Wiens ebenso ein Fremdkörper war, wie
sie es in Berlin oder Wiesbaden gewesen wäre,
wo sie aber gar nicht hätte entstehen können.

Der kunstsinnige, aufgeklärte Großherzog
Ernst Ludwig von Hessen-Darmstadt aber erkannte die Qualitäten einer derartig innovativen, in die Zukunft weisenden Architektur, wie
sie dann mit den Werken Olbrichs und seiner
Kollegen auf der Mathildenhöhe verwirklicht
wurde. Auch hier findet man im selben Jahr
1901 noch beide Strömungen: die eine mit
eher weichen, an Schweifgiebel der Renaissance erinnernde Formen im Wohnhaus von Peter
Behrens von 1901 (Abb. 585) und im Großen
Glückerthaus aus dem selben Jahr von Olbrich
(Abb. 583) und die andere, in klaren Kuben for-
mende Richtung im Ernst-Ludwig-Haus (Abb.
584) von Olbrich.

Kirchenbau in Wiesbaden

Einen direkten Einfluss der Darmstädter Mathildenhöhe auf die Baukunst in Wiesbaden
sucht man vergeblich. Er ist nur indirekt in der
Lutherkirche wieder zu finden, und zwar durch
ihren Architekten Friedrich Pützer (1871 bis
1922). Er war Professor an der Technischen
Hochschule Darmstadt und dadurch von den
Künstlern der Mathildenhöhe beeinflusst worden, fand aber seine eigene Variante des Jugendstils. In Darmstadt erbaute er den Hauptbahn-

hof 1908–11 zur gleichen Zeit wie die Lutherkirche in Wiesbaden. Außerdem entwarf er die
Gartenstadt von Sprendlingen-Buchschlag, entwickelte den Bebauungsplan für den Paulus-
Platz in Darmstadt, an dem er die Pauluskirche
als eine seiner insgesamt 14 protestantischen
Kirchen errichtete, darunter mehrere Luther-
kirchen, wiewohl er selbst Katholik war.

Die Lutherkirche – Wohnzimmer Gottes

Zum Auftrag für die Lutherkirche in Wiesbaden kam der junge Friedrich Pützer als Sieger
aus einem 1905 ausgelobten Wettbewerb, in
dem ausdrücklich auf das „Wiesbadener Programm" als Grundlage der Raumgestaltung
hingewiesen wurde. Im Vergleich zur Ringkirche ist das liturgische Grundkonzept konsequent weiter entwickelt worden. Zugleich
wurde ein wichtiger Schritt vom reinen Sakralbau des 19. Jahrhunderts zum Kirchenzentrum
des 20. Jahrhunderts getan, denn es wurden in
den Kirchenbau nicht nur ein Gemeindesaal,
die Taufkapelle und Nebenräume für praktische
Bedürfnisse integriert, sondern auch das Pfarrhaus an der Mosbacher Straße (Abb. 586) und
an der Sartoriusstraße baulich direkt angebun-

den. Der Grundriss[89] (Abb. 587) des Kirchenraumes besitzt die Form eines langgezogenen
Achtecks von unregelmäßiger Gestalt. Ihm sind
die Treppentürme und Annexräume symmetrisch zugeordnet. Das Äußere (Abb. 588) ist als
Putzbau mit Gliederungen aus Muschelkalk
und Einzelteilen aus Granit gestaltet und wird
in seiner Wirkung ganz wesentlich durch das
gewaltige hohe Walmdach bestimmt. Man fühlt
sich bei diesem an die Wallonische Kirche in
Hanau oder an die Chorbauten der beiden großen Stadtkirchen von Nürnberg erinnert.

Auch wenn Pützer es für unpassend hielt,
bei Neuschöpfungen in der Baukunst auf historische Formen zurück zu greifen, kommt er
dennoch nicht ohne Anlehnungen an historische
Beispiele aus. Er übernimmt sie allerdings
nicht direkt, sondern verarbeitet sie. Hinter der
nach Norden gerichteten Fassade liegt in der
halbrunden Apsis die Taufkapelle. Darüber erhebt sich ein Erker, ein Motiv aus dem profanen Bürgerhaus des 16. Jahrhunderts. Die Vorhalle im Westen (Abb. 589) wie auch der dahinter liegende Haupteingang leiten ihre Gestalt von romanischen Säulenportalen ab.

Im stützenlosen Innenraum (Abb. 590)
musste die ungewöhnliche Raumbreite von 18
Metern mit einem Netzgewölbe überspannt
werden, das aus akustischen Gründen mit den
gebusten Kappen reich gegliedert wurde. Aus
denselben Gründen wurde im Innenraum viel

Abb. 586 (links): Pfarrhaus
und Lutherkirche von Süden,
1907–10

Abb. 587: Grundriss der Lutherkirche mit direkt angeglieder-
tem Pfarrhaus

Abb. 588 (oben): Lutherkirche
von Norden mit der Taufkapelle
und einem darüber liegenden
Erker

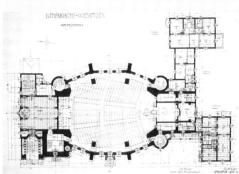

Abb. 589: Lutherkirche, westliche Vorhalle, orientiert an
romanischen Säulenportalen

Abb. 590: Ein Netzgewölbe überspannt den Innenraum der Lutherkirche.

Abb. 591: Die 1992 restaurierte Jugendstil-Ausmalung der Lutherkirche

künstlerisch hochwertigen Ausstattung, zum Beispiel den sechs Kronleuchtern, dem Taufbecken mit seinem Schutzgitter, den farbigen Glasfenstern und vor allem der Ausmalung zum Ausdruck. Die erstgenannten Ausstattungsstücke sind das Werk Professor Ernst Riegels, der zur Künstlerkolonie Darmstadt gehörte, die Glasgemälde und Raumfassung das von Rudolf Linnemann aus Frankfurt. Letztere war in den 50er Jahren aus Verachtung für Historismus und Jugendstil übermalt worden und wurde glücklicherweise 1992 nach Befund restauriert (Abb. 591).

Im umfangreichen Werk Pützers ist die Lutherkirche in Wiesbaden das bedeutendste Werk, zugleich ist sie mit ihrem Turm und hohem Dach ein markanter städtebaulicher Akzent im südlichen Teil des Stadtgebietes. Sie ist ein Meilenstein in der Entwicklung des Kirchenbaus im 20. Jahrhundert, so wie es die Marktkirche für das Zeitalter des Historismus ist. Die Berg- und die Ringkirche von Otzen sind dabei wichtige Zwischenglieder.

Die Lutherkirche wendet sich vom bloßen Nachahmen historischer Vorbilder ab, steht aber dennoch ganz in der Tradition des protestantischen Kirchenbaus vom 16. bis zum 18. Jahrhundert. Sie reduziert den Formenapparat auf das notwendige Maß, ohne in die Schmucklosigkeit späterer Entwicklungen zu verfallen. Sie ist Versammlungsstätte der Gemeinde für die Predigt, zugleich feierlicher Rahmen für Liturgie und Sakramente und eine bewährte Stätte der Kirchenmusik. Sie ist der Beweis, dass ein Sakralraum nicht nur Kultstätte, sondern auch vielfach nutzbarer Raum für die Gemeinde und auch für weltliche Kulturveranstaltungen sein kann. Dadurch bestätigt sie die Zweifel an jenen multifunktionalen Gemeindezentren des protestantischen Kirchenbaus, in denen am Sonntag die Tischtennisplatte beiseite gerückt wird, um einem Altartisch Platz zu machen. Wiesbaden kann stolz darauf sein, mit der Russischen Kirche, der Markt-, der Ring- und der Lutherkirche gleich vier Kirchen von besonderer nationaler kultureller Bedeutung zu besitzen.

Holz verwendet, in Wandvertäfelungen wie auch an den Emporen. Dadurch entstand eine fast wohnliche Atmosphäre, was der Kirche die Bezeichnung „des Herrgotts Wohnzimmer" eingebracht hat. Obwohl der Außenanbau im Süden durch die Strebepfeiler wie ein Chor wirkt, enthält er im Inneren keineswegs den Altar, sondern die historische Orgel von Walcker und die Sängertribüne. Der Altar steht vor dem Chorbogen, hinter ihm, eingebunden in die Stufenanlage zur Sängertribüne. Das Fehlen eines eigentlichen Chores wurde von den Traditionalisten kritisiert, doch hat auch die Ringkirche keinen, weil dies Teil des Wiesbadener Programms war und eher reformiertem als lutherischem oder gar katholischem Verständnis vom Sakralraum entsprach.

Der Charakter der Lutherkirche als Werk des Jugendstils kommt hauptsächlich in der

Öffentliche Gebäude

Kein öffentliches Bauvorhaben lässt sich in Wiesbaden eindeutig dem Jugendstil zuweisen. Von den öffentlichen Gebäuden kann man das 1905–07 von den Wiesbadener Architekten Friedrich Werz und Paul Huber erbaute Landeshaus nur mit Einschränkung dem Jugendstil zuordnen und das auch nur wegen des Orna-

mentbandes über den Fenstern des zweiten Obergeschosses (Abb. 592), das mit seinen teigig weichen Formen typisch ist. Im übrigen aber handelt es sich um einen sehr repräsentativen Bau des Neobarock, der mit seinem monumentalen Säulenportikus und hohen Mansarddach (Abb. 593) auf die Bedeutung des Kommunalparlaments hinweist, zugleich einen städtebaulichen Höhepunkt auf der Anhöhe oberhalb des Hauptbahnhofs bildet. Durch die Schrägstellung in der Biegung des Kaiser-Friedrich-Ringes vermittelt er außerdem zur einmündenden Straße. Hoffentlich führt das geplante, mit Nutzungen überfrachtete Neubauvorhaben anstelle der abgebrochenen Hauptpost zu keiner Störung für die eindrucksvollen städtebaulichen Bezüge zwischen Hauptbahnhof und Landeshaus.

Das Kaiser-Friedrich-Bad

Während beim Kaiser-Friedrich-Bad der Außenbau (Abb. 594) mit seinem hohen Mansarddach und den Fensterformen eher eine barocke und mit den flachen Kolossalpilastern und dem Säulenportikus eine klassizistische Haltung einnimmt, kann man die Innendekorationen eindeutig dem Jugendstil zuordnen. Das trifft besonders für das Tepidarium in der römisch-griechischen Abteilung (Abb. 595) zu. Die Keramik stammt aus der großherzoglichen Manufaktur in Darmstadt, die auch die Keramik für den Sprudelhof in Bad Nauheim 1905 (Abb. 596) lieferte. Der Vergleich zeigt die gemeinsame Herkunft aus dem Darmstädter Jugendstil. Das Kaiser-Friedrich-Bad entstand 1910–13 als eine gemeinsame Schöpfung des jungen Stadtbaumeisters A. O. Pauly unter Mitwirkung des Baurats Petri und des Bauin-

spektors Grün. Für fast die gesamte dekorative Ausstattung der Innenräume war der Wiesbadener Maler und Innenarchitekt Hans Völcker verantwortlich.[90]

Die vier anderen öffentlichen Bauten zwischen Jahrhundertwende und Erstem Weltkrieg in Wiesbaden sind im Stil des Neoklassizismus erbaut worden, der nach einer ersten Wiederaufnahme in den 70er und 80er Jahren schon um das Jahr 1908 den Jugendstil abzulösen begann.

Abb. 592 (links): Landeshaus, Kaiser-Friedrich-Ring 75, 1905–07, eigentlich ein repräsentativer Bau des Neobarock, jedoch mit Jugendstil-Ornamentik

Abb. 593: Landeshaus, monumentaler, neobarocker Säulenportikus

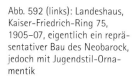

Abb. 594: Kaiser-Friedrich-Bad, 1910–13. Der Außenbau folgt neubarocken und neuklassizistischen Formen.

Abb. 595: Kaiser-Friedrich-Bad. Im Innern ist besonders die Ausstattung der römisch-griechischen Abteilung in Jugendstildekor ausgestaltet.

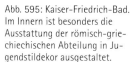

Abb. 596: Die Kacheln im Kaiser-Friedrich-Bad stammen wie die aus dem Sprudelhof Bad Nauheim aus Darmstadt.

Abb. 583: Darmstadt, Haus von P. Behrens, 1901, noch in Jugendstilformen (vgl. S. 208)

Abb. 597 (rechts oben): St. Petersburg, Deutsche Botschaft, 1911/12. Hier wandte P. Behrens eine rein neoklassizistische Formensprache an.

Abb. 224: Berlin, Altes Museum, klassizistisch, 1825–28

Abb. 303: Das Jagdschloss Platte, 1823–26, im Stil des englischen Palladianismus (vgl. S. 127)

Abb. 598: Wiesbaden, Schloss Freudenberg, 1905, Neoklassizismus

Dies kann man auch im Werk von Joseph Maria Olbrich feststellen, der 1908 für den Tabakwarenhändler Josef Feinhals eine Villa in Köln-Marienburg schuf und dabei mit den klaren kubischen Formen und der Halle aus kräftigen dorischen Säulen zwischen den beiden Risaliten die Formen des Klassizismus verwandte und auch ganz auf die typische Ornamentik des Jugendstils verzichtete. Auch Peter Behrens (1868–1940) wandte sich vom Jugendstil seines Hauses von 1901 auf der Mathildenhöhe in Darmstadt (Abb. 583) ab und mit seiner ehem. Deutschen Botschaft in St. Petersburg von 1911/12 (Abb. 597) dem Neoklassizismus in besonders konsequenter Weise zu. Angesichts der dichten Reihung aus Kolossalsäulen, die den Bau wie eine monumentale, eingeschossige Halle wirken lässt und

verschleiert, dass er über drei Geschosse verfügt, fühlt man sich an Schinkels Altes Museum in Berlin (Abb. 224) von 1825–28 erinnert.

Abgesehen vom „Weißen Haus" in der Paulinenstraße 7, das jedoch auf den persönlichen Wunsch der amerikanischen Ehefrau des Bauherren Söhnlein zurückging, zog der Neoklassizismus in Wiesbaden 1905 mit dem Schloss Freudenberg (Abb. 598) ein. Bauherr war der exzentrische englische Maler James Pitcairn-Knowles[91], Architekt war Paul Schultze-Naumburg (1869–1949), der mit seinem Erstlingswerk entweder direkt an den englischen Palladianismus oder auch durch die Vermittlung über das Jagdschloss Platte (Abb. 303) anknüpft.

Als nächstes Werk des Neoklassizismus in Wiesbaden schuf Paul Bonatz (1877–1956) 1907–09 die Sektfabrik Henkell an der Biebricher Allee (Abb. 599), einen breitgelagerten, dreigeschossigen Bau mit einer strengen Wandgliederung aus flachen Kolossalpilastern und einem breiten Dreiecksgiebel über dem Mittelrisalit. Das voluminöse Walmdach wie auch die Ausbildung eines Cour d'honneur aus flachen Seitenflügeln mit Eckpavillons sind Elemente des barocken Schlossbaues, die sich hier mit den Formen des Neoklassizismus vereinen. Dieser Neoklassizismus bedeutet immer noch ein Weiterleben der Stilmischungen des Späthistorismus, wie man überraschend beim Betreten des Inneren an dem spritzigen Rokokostuck bemerkt, den man in einer so feierlich-ernsten Säulenhalle nicht erwartet hätte.

Abb. 599: Sektfabrik Henkell, 1907–09, neoklassizistischer Fabrikbau, jedoch in Stilmischung mit einem barocken Ehrenhof und hohem Walmdach

Eine ähnliche Überraschung steht dem Besucher bevor, wenn er das im strengen Stil des Neoklassizismus 1913–16 von Theodor Fischer erbaute Museum Wiesbaden (Abb. 600) betritt und dann als Eingangshalle (Abb. 601) eine Nachbildung der Aachener Pfalzkapelle Karls des Großen vorfindet.

Nach meiner Meinung musste zum Entstehen der Neuen Sachlichkeit eine Abkühlung des aus dem Neobarock entstandenen Jugendstils zu einem Neoklassizismus erfolgen. Bestätigt wird dies durch den Bau der einst Nassauischen, jetzt Hessischen Landesbibliothek (Abb. 602) 1913. Über dem gequaderten Sockel aus Keller- und Hauptgeschoss ruhen fünf niedrige Stockwerke für die Magazine. Sie werden durch genutete Kolossalpilaster zusammengefasst, die in ihrer engen Stellung in Verbindung mit den Fensterbrüstungen die Wirkung einer Rastergliederung aus Stahlbeton vorweg nehmen. Planung und Ausführung lagen in den Händen von Stadtbauinspektor Grün und Stadtinspektor Berlim. Sie stehen in der von Alexander Fach 1863 begründeten Tradition städtischer Baubeamter mit beachtlichen gestalterischen Qualitäten.

Abb. 600: Museum Wiesbaden, 1913–16, außen als neoklassizistischer Bau

Abb. 601: Museum Wiesbaden. Im Foyer überrascht den Besucher eine Nachbildung der Aachener Pfalzkapelle.

Abb. 602: Hessische Landesbibliothek, 1913, Vermittlung über den Neoklassizismus zur Neuen Sachlichkeit

Abb. 603 (oben links): Wiesbaden, „Palasthotel", wichtigster Jugendstilbau Wiesbadens, ab 1904, 1975/76 durch den rechten Flügel modern ergänzt

Abb. 604 (oben rechts): Jugendstilformen in der Dachzone des „Palasthotels"

Abb. 605 (rechts): Wiesbaden, Eckbau Michelsberg/Coulinstraße mit einer Jugendstilvariante der barocken Zwiebelkuppel

Abb. 606 (unten rechts): Ecklösung des Jugendstils, Klopstock-/Schenkendorfstraße, vor 1910

Abb. 607: Wiesbaden, Zietenring 2 – im Baukörper dem Späthistorismus zuzuordnen, in der Bauzier trägt die Fassade Jugendstilformen.

Abb. 608: Detail Zietenring 2

Privatbauten

Der wichtigste Wiesbadener Hotelbau des frühen 20. Jahrhunderts, den man dem Jugendstil zurechnen kann, ist das „Palasthotel" am ehemalig selbständigen Kranzplatz, der besonders durch diesen, in einer konvex geschwungenen Fassade (Abb. 603) zum Kochbrunnenplatz überleitenden Bau seine Eigenständigkeit einbüßte.

Die ursprüngliche Planung von Paul Jacobi sah wohl eine symmetrische Fortsetzung des Baues über den vom Turm bekrönten Mittelrisalit hinaus vor, der Erste Weltkrieg und die wirtschaftlichen Probleme der 20er Jahre verhinderten dies, erst 1975/76 entstand der, jetzt konkav einschwingende, ergänzende Flügel. Jacobi leitete den Bau nur bis April 1904, Fritz Hatzmann hat ihn vollendet. Die Fassade ge-

dorfstraße (Abb. 606), jetzt ganz im Gewand des Jugendstils, auf dem Spielmann-Plan von 1900 noch nicht, auf dem von 1910 bereits vorhanden, nachdem es kurz zuvor erbaut worden war. Aus zwei Glockenkuppeln des Historismus ist hier durch Verschleifung eine neue Form entstanden.

In den allgemeinen Bauformen beobachtet man in Wiesbaden zwischen 1900 und 1914 im Grundsatz keine Veränderungen. So folgt das Haus Zietenring 2 (Abb. 607) den Großformen des Späthistorismus, wobei zu den jetzt wohl von Anfang an verglasten Erkern Loggien hinzugekommen sind. In der Bauzier (Abb. 608) tauchen aber mit dem Eierstab im unteren Fenstergewände, den über dem Sturz locker eingestreuten Blättern und den vier Heuschrecken über dem oberen Fenster neue Motive auf, zu denen auch die ungewöhnlichen Konsolen gehören. Die männlichen, in c-förmigen Ranken hockenden Figuren erinnern an mittelalterliche Darstellungen von Baumeistern, wie man sie zum Beispiel um 1220 im Chor der Marienkirche von Gelnhausen (Abb. 609, vgl. CD) findet.

Bei den Villen ist es ähnlich wie im Mietwohnungsbau, am Grundtyp des würfelförmigen Baukörpers mit Ecktürmen und Erkern ändert sich in den meisten Fällen nichts, so auch nicht bei der Emserstraße 39 (Abb. 610), erbaut 1905 vom Architekten Reinhard Hildner. Nur die Ornamentik (Abb. 611) ist mit ihren verschlungenen Blattranken mit eingestreuten Kugeln typisch für den Jugendstil. Die kubische Grundform bleibt auch bei der qualitätvollsten Villa des Jugendstils Bingertstraße 10

Abb. 610: Villa Emser Straße 39, 1905. Der bewährte würfelförmige Bautyp bleibt und wird mit Jugendstilmotiven geschmückt.

Abb. 611: Jugendstilblattranken an der Fassade Emserstraße 39

staltete der Wiesbadener Architekt Theobald Schöll in einer Mischung von Formen des Neobarock mit denen des Jugendstils, wie schon die Zeitschrift „Innendekoration" bemerkte: „Unmittelbar am ‚Kochbrunnen', also in nächster Nähe der heilspendenden brodelnden Sprudel erheben sich die stolzen, aber ruhig und breit, fast behaglich, gelagerten Massen der großzügigen Fassaden barocken Charakters mit leichter Pointierung der Formen im Geiste der modernen Richtung."[92] Der mit „moderner Richtung" gemeinte Jugendstil kommt am stärksten in der Dachzone (Abb. 604) zum Ausdruck. Stärker noch wie hier zum barocken Motiv der Zwiebelkuppel eine Variante im Jugendstil gefunden wurde, erfolgt dies beim Eckbau Michelsberg/Coulinstraße (Abb. 605), der mit seinem Turm das

Abb. 612: Wiesbaden, Bingertstraße 10, 1901, kubischer Baukörper mit rund geschwungenem Jugendstilfenster

Abb. 613: Florale Jugendstilornamentik überwuchert die Fassade

Entrée zur Innenstadt markant betont, wohl zur Erinnerung an das einst hier stehende Stumpfe Tor. Vor allem in seiner „abstrahierten" Laterne löst er sich weitgehend von barocken Vorbildern. Zu den letzten markanten Eckbetonungen des Historismus in Wiesbaden gehört das Haus Ecke Klopstock-/Schenken-

in Wiesbaden (Abb. 612) bestehen, doch erhält sie durch das originale Fenster der Eingangsseite und die Eckpylonen mit grotesken Masken einen besonderen Charakter. Die die Flächen überwuchernde florale Ornamentik (Abb. 613) ist von besonderer bildhauerischer Qualität. Charakteristisch für den Jugendstil

216

Abb. 614: Kiedricher Straße 4, 1904, Verbindung barocker Formensprache mit Jugendstil

Abb. 616 (rechts): Typisches Jugendstildekor trägt das Haus Rüdesheimer Straße 20 – ein weiblicher Akt umgeben von Blattranken.

Abb. 615: Bei der Villa Humboldtstraße 14, 1903, stammen die Architekturformen aus der Spätgotik, die Ornamente zeigen Jugendstil.

Abb. 617: Haus Kiedricher Straße 4, 1904. Ein Fuchs lauert zwischen Blattranken.

sind die an kannelierte Pilaster erinnernden mal senkrecht herabfallenden, mal bogenförmigen schmalen Bänder. Die Ableitung vom barocken Ochsenauge als Fensterform im Dachbereich kann man am Haus Kiedricher Straße 4 (Abb. 614) noch nachvollziehen. Auch die beiden üppigen Blumenkörbe vermitteln eine barocke Stilhaltung, die originellen Abschlüsse der seitlichen Lisenen und die Wellenform des Giebels weisen uns darauf hin, dass wir uns im Jahr 1904 und nicht 1704 befinden.

Der Neobarock ist aber nicht immer der Ausgangspunkt für den Übergang zum Jugendstil. Bei der Villa Humboldtstraße 14 (Abb. 615), erbaut 1903 von Paul A. Jacobi, entstammen die Architekturformen noch der Spätgotik, die Ornamente aber sind wieder die typisch flachen verschlungenen Ranken des Jugendstils.

Sehr reizvoll ist es, durch das Rheingauviertel zu wandern, denn dort entdeckt man viele für den Jugendstil typische Einzelformen. Am Haus Rüdesheimer Straße 20 (Abb. 616) ist im Feld über dem Fenster ein liegender weiblicher Rückenakt in Blattranken eingebunden. Am Erker des Hauses Kiedricher Straße 4 (Abb. 617), erbaut 1904, lauert ein Fuchs zwischen Blattgewächsen.

Je dichter man an das Jahr 1910 herankommt, um so stärker wandeln sich die Formen von üppig-floralen zu klassizistisch-küh-

len. Das spürt man am Haus Büdingenstraße 4 (Abb. 618) in den Festons des Balkons und hängenden Girlanden auf den Lisenen mit dem Bemühen, sich zum Beispiel auch in den ovalen, blütenartigen Knäufen von historischen Vorbildern zu lösen. Eine Variante dazu ist der Giebel des Hauses Beethovenstraße 10 (Abb. 619) von 1908, dessen sparsame, flächige und geometrisch kühle Ornamentik schon auf die Art Déco genannte Stilrichtung der Zeit nach dem Ersten Weltkrieg hinweist. Der aus Essen stammende Bauherr Heinrich Kirchhoff brachte von dort seinen Architekten Paul Dietz mit, wodurch erste Ansätze neuer Strömungen nach Wiesbaden gelangten, deutlich spürbar auch bei der Villa Bierstadter Straße 17 (Abb. 620), von Alfred Schellenberg 1912 erbaut. Sie sind jedoch nicht mehr dem Historismus zuzurechnen und in Wiesbaden wegen der wirtschaftlichen Probleme nach dem Zusammenbruch des Kaiserreiches nur wenig vertreten.

Mit den immer noch an historische Vorbilder anknüpfenden Bauten des Jugendstils und Neoklassizismus endete 1914 die glanzvolle Epoche des Historismus in Wiesbaden.

Das verkannte Jahrhundert – Historismus am Beispiel Wiesbaden – Würdigung

Innerhalb eines Jahrhunderts entstand bei einer stürmischen Entwicklung der Einwohner- und Gästezahlen ein Gesamtkunstwerk des Historismus, das auf allen Bereichen der Bauaufgaben und in allen fünf Stilphasen ungewöhnliche Leistungen aufweist. Bei den öffentlichen Bauten seien für den Klassizismus das Erbprinzenpalais, für den romantischen Historismus das Stadtschloss, für den gründerzeitlichen Historismus das Casinogebäude , für den Späthistorismus das Staatstheater und für den Neoklassizismus und den Jugendstil das Kaiser-Friedrich-Bad genannt. Auch die Bauaufgaben des Mietwohnungsbaus, der Villen und der Kirchen sind in allen fünf Stilphasen mit qualitätvollen Zeugnissen vertreten. Kaum eine andere deutsche Stadt hat vier Sakralbauten von besonderer kultureller, nationaler Bedeutung aufzuweisen. Dazu kommt die für das 19. Jahrhundert beispielhafte Durchgrünung der Stadt mit Parkanlagen und baumbestandenen Boulevards. Waren es bis 1866 vornehmlich einheimische Baumeister der herzoglichen Verwaltung, so kamen nach 1866 Architekten aus München, Wien und Berlin. Von der romantischen Residenz der Herzöge von Nassau wandelt sich Wiesbaden zu einer Weltkurstadt mit großstädtischen Zügen als einem Abbild der früheren Reichshauptstadt Berlin. Nach den unwiederbringlichen Verlusten in Berlin ist Wiesbaden zum bedeutendsten Zeugnis des Historismus in Deutschland geworden.

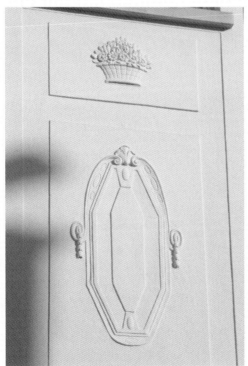

Abb. 618–20: Annäherung an den Neoklassizismus

Abb. 618: Büdingenstraße 4, die Ranken werden geometrischer.

Abb. 619: Beethovenstraße 10, von 1908, mit flächigerer Ornamentik

Abb. 620: Bierstadter Straße 17, 1912, zeigt Stiltendenzen zum Art Déco.

KAPITEL I

1 Hermann, Fritz-Rudolf und Jockenhövel, Albrecht (Hrsg.): Die Vorgeschichte Hessens, Stuttgart, 1990, S. 494-500.
2 Baatz, Dietwulf und Fritz-Rudolf Herrmann (Hrsg.): Die Römer in Hessen, Stuttgart 1982, S. 485-91.
3 zum Stadtgrundriss von Chester: Kiesow, Gottfried: Gesamtkunstwerk – Die Stadt, Bonn 1999, S. 62.
4 Baatz, Dietwulf und Fritz-Rudolf Herrmann (Hrsg.): Die Römer in Hessen, Stuttgart 1982, S. 221.
5 Kiesow, Gottfried: Romanik in Hessen, Stuttgart, 1984.
6 Schaefer, Albert: Wiesbaden. Von der Römersiedlung zur Landeshauptstadt, Frankfurt 1969, S. 25/26.
7 Die Turmburg wird bereits in der Beschreibung der Bäder zu Wißbaden bei Philipp Weber, Frankfurt 1636 genannt. Vgl. zur Turmburg: Fischer, Thomas: Die Römer in Deutschland, Stuttgart 1999; Baatz, Dietwulf und Fritz-Rudolf Herrmann (Hrsg.): Die Römer in Hessen, Stuttgart 1982, S. 222; Kiesow, Gottfried: Der Mittelrhein. Eine Kulturlandschaft. In: Land am Strom. Zwei Jahrtausende Geschichte am Mittelrhein. 75 Jahre „Mittelrheinische Gesellschaft zur Pflege der Kunst", Wiesbaden 1999, S. 62f; Vergleichsbeispiele in: Friedrich, Waltraud: Das ehemalige Prämonstratenserkloster Konradsdorf. Reihe: Quellen und Forschungen zur hessischen Geschichte, Historische Kommission für Hessen, Darmstadt/ Marburg 1999, S. 151; Hermann, Fritz-Rudolf: Lich-Arnsburg, Führungsblatt. Reihe: Archäologische Denkmäler in Hessen 6; zur mittelalterlichen Kaufmannssiedlung: Döringer, Karl und Wilhelm: Der kleine Heimatforscher in der Stadt Wiesbaden, Wiesbaden 1977, S. 27; Gruber, Karl: Die Gestalt der deutschen Stadt, München 1952, S. 40.
8 Renkhoff, Otto: Siegel und Wappen der Stadt Wiesbaden. In: Nassauische Annalen 68 (1957), S. 203-232.
9 Czysz, Walter: Vom Römerbad zur Weltkulturstadt. Geschichte der Wiesbadener heißen Quellen und Bäder, Wiesbaden 2000, S. 67.
10 Schaefer, Albert: Wiesbaden. Von der Römersiedlung zur Landeshauptstadt, Frankfurt 1969, S. 150.
11 Czysz, Walter: Vom Römerbad zur Weltkulturstadt. Geschichte der Wiesbadener heißen Quellen und Bäder, Wiesbaden 2000, S. 68.
12 Döringer, Karl und Wilhelm: Der kleine Heimatforscher in der Stadt Wiesbaden, Wiesbaden 1977, S. 27.

KAPITEL II

13 Zum Schloss von 1596 im Stil der Spätrenaissance vgl.: Müller-Werth, Herbert: Zur städtebaulichen Gestaltung Wiesbadens in der zweiten Hälfte des 19. Jahrhunderts. In: Nassauische Annalen, 70 (1959), S. 234-258.
14 Hildner, Heinz: Wiesbadener Wohnbauten der klassizistischen Zeit, Diss. 1931, S. 7ff.
15 Hildner, Heinz: Wiesbadener Wohnbauten der klassizistischen Zeit, Diss. 1931, S. 33.
16 Struck, Wolf-Heino: Wiesbaden im Biedermeier, (Geschichte der Stadt Wiesbaden; 5), Wiesbaden, 1981, S. 150.
17 Struck, Wolf-Heino: Wiesbaden im Biedermeier, (Geschichte der Stadt Wiesbaden; 5), Wiesbaden, 1981, S. 150-174.
18 Kiesow, Gottfried: Gesamtkunstwerk – Die Stadt, Bonn 1999, S. 196.
19 Struck, Wolf-Heino: Wiesbaden im Biedermeier, (Geschichte der Stadt Wiesbaden; 5), Wiesbaden 1981, S. ?
20 Briefliche Mitteilung von Dipl.-Ing. Herbert Hohmann, Darmstadt, 25.1.1984.
21 Struck, Wolf-Heino: Wiesbaden im Biedermeier. (Geschichte der Stadt Wiesbaden; 5), Wiesbaden, 1981, S. 165-167.
22 Zitat nach Struck, Wolf-Heino: Wiesbaden im Biedermeier, (Geschichte der Stadt Wiesbaden; 5), Wiesbaden, 1981, S. 166.
23 Struck, Wolf-Heino: Wiesbaden im Biedermeier, (Geschichte der Stadt Wiesbaden; 5), Wiesbaden, 1981, S. 170.
24 Spielmann, Christian und Krake, Julius: Historischer Atlas der Stadt Wiesbaden, Frankfurt 1812, neu herausgegeben als CD-Rom mit Begleitbuch in der Bearbeitung von Thomas Weichel und Rudolf Krämer, Wiesbaden 2002.
25 Struck, Wolf-Heino: Wiesbaden im Biedermeier, (Geschichte der Stadt Wiesbaden; 5), Wiesbaden 1981, S. 168.
26 Struck, Wolf-Heino: Wiesbaden im Biedermeier, (Geschichte der Stadt Wiesbaden; 5), Wiesbaden 1981, S. 173.

27 Hermann, Albert: Gräber berühmter und im öffentlichen Leben bekanntgewordener Personen auf den Wiesbadener Friedhöfen, Wiesbaden 1928, S. 90.
28 Denkmaltopographie Bundesrepublik Deutschland. Kulturdenkmäler in Hessen. Wiesbaden II. Die Villengebiete, bearbeitet von Sigrid Russ, hrsg. vom Landesamt für Denkmalpflege Hessen, Wiesbaden 1988.
29 Funk, Birgit: Die Arbeiten des Wiesbadener Architekten Wilhelm Bogler. In: Nassauische Annalen, 99 (1988), S. 110ff.
30 Müller-Werth, Herbert: Zur städtebaulichen Gestaltung Wiesbadens in der zweiten Hälfte des 19. Jahrhunderts. In: Nassauische Annalen, 70 (1959), S. 234-258.
31 Czysz, Walter: Vom Römerbad zur Weltkulturstadt. Geschichte der Wiesbadener heißen Quellen und Bäder, Wiesbaden 1997, S. 26/27.
32 Cöntgen, F.: Denkwürdigkeiten der Stadt Wiesbaden, 1800, der Stich ist wohl älter.
33 Rullmann, G.C.W.: Wiesbaden und seine Heilquellen, Wiesbaden 1823.
34 Aquatinta-Kupferstich von Martens nach einer Zeichnung von Dielmann.
35 Czysz, Walter: Vom Römerbad zur Weltkulturstadt. Geschichte der Wiesbadener heißen Quellen und Bäder, Wiesbaden 1997, S. 26/27.
36 Die Hygieagruppe mit sämtlichen Badhäusern der Stadt, Lithographie erschienen im Verlag der Hofdruckerei Jac Zingel, Wiesbaden 1853/55.
37 Wiesbaden-Geschichte von der Römerzeit bis zur Gegenwart, Essen 1981, S. 98.
38 Schabe, Peter: Felix Genzmers frühe Schaffensjahre und Stadtbaumeisterzeit 1881-1903. Historische Kommission für Nassau, Wiesbaden 1997.
39 Funk, Birgit: Die Arbeiten des Wiesbadener Architekten Wilhelm Bogler. In Nassauische Annalen, 99 (1988), S. 111ff.
40 Stephanitz, Iris von: Die Wiesbadener Bauten der Architekten Kreizner & Hatzmann, Wiesbaden 2002.
41 Sitte, Camillo: Der Städtebau nach seinen künstlerischen Grundsätzen, Wien 1889.
42 Schüler, Winfried: Das wilhelminische Wiesbaden. In: Nassauische Annalen 99 (1988), S. 89-110.
43 Schüler, Winfried: Das wilhelminische Wiesbaden. In: Nassauische Annalen 99 (1988), S. 104.
44 Dilger, Thomas: Architektur und Städtebau in Wiesbaden nach 1945. Ein Architekturführer, Heidelberg 1995, S. 38/39.
45 Siedler, Wolf Jobst, Niggemeyer, Elisabeth und Angreß, Gina: Die gemordete Stadt. Abgesang auf Putte und Straße, Platz und Baum, München 1967.
46 Mitscherlich, Alexander: Die Unwirtlichkeit unserer Städte. Anstiftung zum Unfrieden, Frankfurt 1965.

KAPITEL III

47 Beenken, Hermann: Der Historismus in der Baukunst. In: Historische Zeitschrift 157 (1938), S. 27-68.
48 Pevsner, Nikolaus: Möglichkeiten und Aspekte des Historismus. In: Historismus und bildende Kunst. (Studien zur Kunst des 19. Jahrhunderts), Bd. 1, München 1965, S. 13-24.
49 Gideon, Sigfried: Spätbarocker und romantischer Klassizismus, München 1922, S. 9.
50 Wagner-Rieger, Renate: Wiens Architektur im 19. Jahrhundert, Wien 1970.
51 Hirt, Alois: Die Baukunst nach den Grundsätzen der Alten, Berlin 1809, S. 208.
52 Reidelbach, Hans: König Ludwig I. von Bayern mit besonderer Berücksichtigung seiner Kunstschöpfungen, München 1888.
53 Schinkelmuseum, Mappe XI
54 Quatremère de Quincy: Geschichte berühmter Architekten und ihrer Werke, Bd. 3, Leipzig 1931 S. 203.
55 Lithographie von W. Zingel nach einer Zeichnung von J. Zingel, Wiesbaden 1843.
56 Dehio, Georg: Handbuch der Deutschen Kunstdenkmäler Hessen, bearb. von Magnus Backes, München 1982, S. 587.
57 Denkmaltopographie Bundesrepublik Deutschland. Kulturdenkmäler in Hessen. Lahn-Dill-Kreis I, hrsg. vom Landesamt für Denkmalpflege Hessen, Wiesbaden 1986.
58 Hildner, Heinz: Wiesbadener Wohnbauten der klassizistischen Zeit, Diss. 1931, Abb.11.

59 Schaefer, Albert: Wiesbaden. Von der Römersiedlung zur Landeshauptstadt, Frankfurt 1969, S. 87/88.

60 Hildner, Heinz: Wiesbadener Wohnbauten der klassizistischen Zeit, Diss. 1931, S.10.

61 Hildner, Heinz: Wiesbadener Wohnbauten der klassizistischen Zeit, Diss. 1931, S. 39/ 40.

62 Luthmer, Ferdinand: Die Bau- und Kunstdenkmäler des Regierungsbezirkes Wiesbaden, Bd. 5, 1914

63 Schaefer, Albert: Wiesbaden. Von der Römersiedlung zur Landeshauptstadt, Frankfurt 1969, S. 72/73.

64 Denkmaltopographie Bundesrepublik Deutschland. Kulturdenkmäler in Hessen. Wiesbaden II. Die Villengebiete, bearbeitet von Sigrid Russ, hrsg. vom Landesamt für Denkmalpflege Hessen, Wiesbaden 1988, S. 115.

65 Denkmaltopographie Bundesrepublik Deutschland. Kulturdenkmäler in Hessen. Wiesbaden II. Die Villengebiete, bearbeitet von Sigrid Russ, hrsg. vom Landesamt für Denkmalpflege Hessen, Wiesbaden 1988, S. 91.

66 Denkmaltopographie Bundesrepublik Deutschland. Kulturdenkmäler in Hessen. Wiesbaden II. Die Villengebiete, bearbeitet von Sigrid Russ, hrsg. vom Landesamt für Denkmalpflege Hessen, Wiesbaden 1988, S. 95

67 Stieglitz, Christian Ludwig: Lehrbuch Altdeutscher Baukunst, 1820.

68 Pevsner, Nikolaus: Das Englische in der englischen Kunst, München 1974.

69 Goethe, Johann Wolfgang: Von deutscher Baukunst. In: Hamburger Fliegende Blätter, 1773.

70 Wagner-Rieger, Renate: Wiens Architektur im 19. Jahrhundert, Wien 1970, S. 149 ff.

71 Denkmaltopographie Bundesrepublik Deutschland. Kulturdenkmäler in Hessen. Wiesbaden II. Die Villengebiete, bearbeitet von Sigrid Russ, hrsg. vom Landesamt für Denkmalpflege Hessen, Wiesbaden 1988, S. 199.

72 Semper, Gottfried: Vorläufige Bemerkungen über bemalte Architektur und Plastik bei den Alten, Hmburg-Altona 1834.

73 Hans-Christoph Hoffmann, a.a.O., S.122, 88, 90.

74 Edwin O. Sachs: Modern Opera Houses and Theaters, London 1896-98, Vol.1, S. 55.

75 Hans-Christoph Hoffmann, a.a.O. S. 25.

76 Otto Weddigen: Geschichte des Theaters in Wiesbaden, Wiesbaden 1894.

77 Peter Schabe: Felix Genzmer, Architekt des Späthistorismus in Wiesbaden, Historische Kommission für Nassau, Wiesbaden 1997, sehr gründliche und umfassende Monographie für frühe Schaffensjahre und Stadtbaumeisterzeit 1881-1903.

78 Reproduziert nach der Süddeutschen Bauzeitung 2, 1898, S. 258.

79 Peter Schabe, a.a.O., S. 143.

80 Otto Weddigen a.a.O., Bd. 2, S. 1337.

81 Peter Schabe a.a.O., S. 209.

82 Peter Schabe: Solms-Schlößchen in Wiesbaden, Wiesbaden 1986, S.18-19.

83 Günther Leicher u.a. : Zeitzeugen III, Wiesbadener Häuser erzählen ihre Geschichte, Wiesbaden 2000, S.78.

84 Sigrid Russ, a.a.O., S. 625-629.

85 Zeitzeugen, Band I, Wiesbaden 1996, S. 94.

86 A.Schellenberg: Die Ringkirche in Wiesbaden, Süddeutsche Bauzeitung V, 1895, S. 431-33.

87 Camillo Sitte: Der Städtebau nach seinen künstlerischen Grundsätzen, Wien 1889.

88 Peter Schabe a.a.O., S. 266.

89 Architektonische Rundschau, Heft 12, 1907, S. 102-04, Deutsche Bauzeitung 45, 1911, Nr. 1 und Nr. 27, S. 11 und S. 231.

90 Willy von Grolmann: Das Kaiser Friedrich-Bad in Wiesbaden, Zeitschrift Innen-Dekoration, XXIV. Jahrgang, Darmstadt 1913.

91 Zeitzeugen 1. Bd., Wiesbaden 1996, S. 28.

92 Zeitschrift „Innendekoration", XVI. Jahrgang, Darmstadt, Mai 1905.

A

abgefaste Kanten abgeschrägte Kante einer rechteckigen Form

Ädikulamotiv Lat. kleines Haus, verkleinerte Form einer Tempelfassade als Schmuckmotiv für Fenster und Portale

Agora Platz in der griechischen Stadt auf dem Versammlungen und Märkte stattfanden

Akziseamt Amt zur Erhebung der Verkehrs- und Verbrauchssteuer

Altan Ein bis zum Boden herabreichender Austritt aus oberen Stockwerken

altdeutscher Stil Bezeichnung des Klassizismus für die Gotik

altrussische Elemente Motive der mittelalterlichen Baukunst Russlands im Historismus des 19. Jahrhunderts

Antentempel Ältere Form des antiken Tempels mit rechteckigem Baukörper und Säulenvorhalle am Eingang

Antike Griechisches und römisches Altertum vom 8. Jh. v. Chr. bis 476 n. Chr

antike Baukunst Baukunst der Griechen und Römer in der Antike

Aquis Mattiacis Die Wasser der Mattiaker

Aquae Mattiacorum römischer Name von Wiesbaden

Architrav Auflager über zwei Säulen durch einen Steinbalken

Attika Über das abschließende Kranzgesims hinausgezogener Wandteil

Aufschieblung auf den Dachsparren aufgeschobenes Holz, das ein weiches Abknicken der Dachfläche bewirkt

augustäischer Klassizismus Kunstrichtung zur Zeit des römischen Kaisers Augustus unter starker Einflussnahme der griechischen Klassik

Aula regia Königliche Halle, Repräsentationsraum mittelalterlicher Könige

Auslucht Vom Boden aus aufsteigender Vorbau eines Hauses

B

Baptisterium Hauptsächlich in der Spätantike und im frühen Mittelalter verwandter Bautyp zur Taufe meist von Erwachsenen

Barock Europäische Kunstrichtung vom frühen 17. Jh. bis zur Französischen Revolution

barocco Portugiesisch: unregelmäßige, schiefrunde Perle zunächst Ausdruck des Juwelierhandwerks, davon die Stilbezeichnung Barock abgeleitet

Basilika Aus dem römischen Palastbau abgeleitete Raumform aus hohem Mittelschiff und niedrigen Seitenschiffen

Bauakzessist Titel eines Baubeamten der unteren Gehaltsgruppe

Bekrönung Aufsatz auf einem Fenster

Beletage Beste Wohnlage im 1. Obergeschoss

Bellevue Schöne Aussicht

Biedermeier Dekorationsstil des 19. Jahrhunderts vom Ende der napoleonischen Kriege bis zur Revolution 1848

Blattrosetten Ornament der Baukunst aus einem Kreis mit radial angeordneten Blättern

Bogenfries Fortlaufende Reihe von kleinen, der Wand vorgeblendeten Bögen

Bogengalerie In Bögen geöffneter Laufgang innerhalb des Baukörpers

Bowling-Green Rasenfläche zum Bowling spielen, einem englischen Kugelspiel

bündige Fenster Fenster, die in der vorderen Ebene der Außenwand sitzen

burgum Abgegrenzter Stadtteil für Kaufleute in der frühmittelalterlichen Stadt

byzantinisch Kunststil des oströmischen Reiches

C

Cardo Eine der beiden Hauptachsen des römischen Militärlagers oder einer römischen Militärsiedlung, in der Regel die nord-südlich verlaufende

castrum Römisches Militärlager

Chatten Germanischer Stamm im Gebiet des heutigen nördlichen Hessens

Chor Heiligster, meist im Osten gelegener Raumteil einer christlichen Kirche, vorbehalten dem Priester am Altar

Chorturm Anordnung eines Turmes über dem Chor

civitas imperatoria kaiserliche Stadt, bedeutet Reichsfreiheit

Civitas Mattiacorum Flecken der Mattiaker, eines Teilstammes der Chatten

civitas Römische Bezeichnung einer größeren Siedlung ohne Stadtrechte, dem heutigen Flecken gleich

colonia Römische Siedlung in eroberten Gebieten mit Stadtrecht

Court d'honneur Ehrenhof, Fläche zwischen den drei Flügeln einer Schlossanlage

Curtis Frühmittelalterliche Bezeichnung für einen Königshof

D

Dachreiter Auf dem First eines Daches sitzendes Türmchen

Dekumanus Eine der beiden Hauptachsen eines römischen Militärlagers oder einer Zivilsiedlung, i.d.R. ost-westlich

deutsche Renaissance Von der italienischen Kunstrichtung der Wiedergeburt der Antike abgeleiteter Stil

deutsche Romanik Kunststil in Deutschland der Zeit vom 11. bis zum 13. Jh.

deutscher Manierismus Stilphase zwischen Renaissance und Barock, in Deutschland etwa 1590–1650

Dicasterialhäuser, -gebäude Vom Staat erbaute Wohnhäuser für Beamte

dorisch Eine der drei griechischen Stilgattungen und Säulenordnungen

dorische Säule Eine der drei griechischen Säulenformen, ohne Basis und mit einfachem Kapitell anstelle eines Kapitells

Dreiflügelanlage Anordnung von drei Gebäudeflügeln um einen Hof

dreiseitiger Chorschluss Chorform aus drei Seiten eines Vielecks (Polygons)

E

Eckpylonen An den Ecken eines Gebäudes angeordnete Pfeilertürme

Eckverzahnungen Abwechselnd in Längs- und Querrichtung angeordnete, plastisch hervortretende Quader an den Ecken eines Bauwerks

Eierstab Griechisches Ornament von ovaler Gestalt

Eierstabfries Reihung von Eierstäben

Eisenacher Regulativ Bauordnung der evangelischen Kirchen Deutschlands, beschlossen 1861 in Eisenach

Empire-Stil Kunstrichtung zur Regierungszeit von Napoleon

Emporen Auf Stützen ruhende Einbauten zur Aufnahme zusätzlicher Sitzplätze oder der Orgel

Enfilade Anordnung aller Verbindungstüren zwischen den Räumen eines Schlosses in einer Achse

Entlastungsbogen Bündig im Mauerwerk sitzender Bogen zur Entlastung eines waagerechten Portal- oder Fensterabschlusses

Epitaphien Gedenktafeln oder Gedenksteine für einen Verstorbenen

Exedra Halbrunder Bauteil, der sich zu einem Platz oder einem Innenraum öffnet - im Kirchenbau Apsis genannt

F

Fächergewölbe Besondere Gewölbeform in der englischen Gotik, gekennzeichnet durch fächerartig von den Wänden aufsteigende Kappen

Fachwerk Skelettbauweise aus Holz mit senkrechten Pfosten und horizontalen Riegeln

Festons Schmuckform in Gestalt von Gehängen aus Früchten, Laubwerk oder Blumen

Fialen Schlanke, türmchenartige Zierglieder der Gotik und Neugotik mit Helm, Krabben und bekrönender Kreuzblume

Flecken Lat. vicus, Mittelpunkt einer ländlichen Siedlung

Florentiner Renaissance Wiederaufnahme antiker Bauformen im zweiten Viertel des 15. Jahrhunderts in Florenz

Flügelaltar Altarform aus feststehendem Mittelschrein und klappbaren Flügeln, entwickelt in der gotischen Kunst seit dem 14. Jahrhundert

Fluxus-Bewegung Richtung in der Bildenden Kunst, in den USA seit 1957, in Deutschland mit dem Mittelpunkt Wiesbaden 1962 und Düsseldorf 1963

Fries Schmuckband aus unterschiedlichen Elementen

frühchristlicher Stil Stil der christlichen Kunst vom 4. bis zum 6.Jh

Frühklassizismus Stilphase zwischen Barock und Klassizismus in der Zeit um 1760–1800

Funktionalismus Richtung in der Architektur des 20.Jh., die sich besonders an der Funktion der Gebäude ausrichtet

Fuß Maßeinheit vor Einführung des Meters, in der Länge je Gegend zwischen 0,29 und 0,34 m schwankend

G

gebrochene Dachform Geknickte Dachfläche mit zwei unterschiedlichen Neigungswinkeln

gebuste Kappen Kuppelartig geblähte Kappen eines gotischen Gewölbes, vom Dachraum aus einem Busen gleichend

genutete Kolossalpilaster Durch mindestens zwei Geschosse gehende Pilaster, die durch horizontale Scheinfugen in Quadergröße unterteilt sind

Gesims Element zur horizontalen Gliederung einer Wand durch ein plastisch vortretendes, schmales Band

Gewände Seitliche Begrenzung einer Fenster- oder Türöffnung

Gewölbebasilika Gewölbter Raum aus hohem Mittelschiff und niedrigen Seitenschiffen

Gitterhelm Gotische Form des Turmhelms aus durchbrochenen Steinplatten

Glockenkuppel Form der Kuppel mit einem Querschnitt wie eine Glocke

Glockenstuhl Gerüst zum Aufhängen der Glocken

Glyptothek Museum für Skulpturen

Gotik In Frankreich im 12. Jh. entstandene und bis zum Ende des Mittelalters dauernde Kunstrichtung

Grand Prix d'Architecture Preis für vorbildliches Bauen in Frankreich

griechische Klassik Stilstufe der griechischen Kunst etwa zwischen 500 und 330 v. Chr

Gründerzeit Kunstphase des Historismus zwischen der Reichsgründung 1871 und 1914

Gussmauerwerk Aus Bruchsteinen und viel Mörtel auf einer Schalung oder zwischen zwei Mauerschalen gegossenes Mauerwerk

H

Haubendach Besondere Kuppelform über einem quadratischen Grundriss mit abgeschrägten Ecken, im Historismus besonders verbreitet

hellenistischer Klassizismus Kunststil im Zeitraum 1780–1830, der überwiegend die antike griechische Baukunst zum Vorbild wählte

Herrengarten Ortsbezeichnung in Wiesbaden der Stelle, an der ein fürstlicher Garten lag

Historismus Kunststil des 19. Jahrhunderts, der sich die vorhergehenden historischen Stile zum Vorbild nahm

Hochklassizismus Blütezeit des Klassizismus um 1790–1810

I

Ikonostasis Bilderwand in einer orthodoxen Kirche

Intarsien Dekorative Einlegearbeit aus dünnen Holzfolien

Internationaler Stil Kunstrichtung zwischen den beiden Weltkriegen ohne nationale Ausprägung

Interregnum Kaiserlose Zeit in Deutschland von 1256–1273

ionisch Kunstrichtung in Griechenland

ionische Kolossalsäule Durch mindestens zwei Geschosse reichende Säulenordnung mit ionischen Kapitellen, erkennbar an den großen seitlichen Voluten

italienische Hochrenaissance Kunstphase in Italien zwischen 1500 und 1560

italienische Renaissance Kunststil in Italien zwischen 1425 und 1560

J

Jacobean Style „Kunststil in England zur Zeit von König Jacob I. (1603–25) mit der Besonderheit einer Neugotik, genannt „Good King James's Gothic"

Joch Raumteil eines Gewölbebaues, begrenzt durch die quer zur Längsachse gespannten Gurtbögen

Jugendstil Kunststil in Deutschland zwischen 1895 und 1910, genannt nach der Münchener Zeitschrift „Jugend"

K

Kanneluren Senkrechte Einkehlungen am Schaft einer Säule oder eines Pilasters

Kanzelaltar Altaraufbau mit einbezogener Kanzel

Kapitell Oberer Abschluss einer Säule oder eines Pfeilers

Karolinger Fränkisches Herrschergeschlecht 714–911

Karyatiden Weibliche Trägerfiguren anstelle von Säulen

Kavaliershaus Wohnhaus für adlige Zugehörige eines Fürstenhofes in unmittelbarer Nähe des Schlosses

Kenotaph Scheingrab eines an anderer, meist ferner Stelle Begrabenen

Kielbogen Gotische Bogenform ähnlich dem Querschnitt durch einen Schiffskörper, bestehend aus einem unteren konvexen und einem oberen konkaven Bogen

Kirchenschiff Teil eines mehrteiligen Kirchenraumes, abgeteilt durch Wände mit Öffnungen, genannt Scheidbögen oder Arkaden

Klassizismus Kunststil im Zeitraum zwischen 1760 und 1830, der sich die klassische Baukunst der Antike zum Vorbild nahm

Kolossalordnung Gliederung einer Fassade oder Innenwand durch Säulen oder Pilaster, die mindestens durch zwei Geschosse reichen

Kolossalpilaster Wandpfeiler, die mindestens durch zwei Geschosse einer Wand reichen

Kopfbahnhof Bahnhof, der am Ende eines Schienenstranges liegt und somit die Züge zum Wechseln der Fahrtrichtung zwingt

korinthisch Stilhaltung der griechischen Antike mit Kapitellen aus Eckvoluten und mehreren Reihen von Akanthusblättern

Krabbenbesatz Stilisierte Blattknospen auf den Schrägen von Wimpergen oder Fialen der gotischen Baukunst

Kranzgesims Abschließendes Gesims unterhalb des Daches

Kreuzblumen Kreuzförmige gotische Zierform aus Blättern als Bekrönung von Wimpergen oder Fialen

Kreuzgang Laubengang um den Innenhof eines Klosters

Kreuzgratgewölbe Entstanden aus der Durchdringung zweier Tonnengewölbe mit Graten an den Schnittstellen der Kappen

Kreuzrippengewölbe Weiterentwicklung des Kreuzgratgewölbes mit Profilstäben an den Schnittstellen der Kappen

L

Laibung Die der Öffnung von Türen und Fenstern zugewandte Mauerfläche

Laterne Turmartige Bekrönung einer Kuppel, oft auch deren Belichtung dienend

Laubengänge Wandelgang innerhalb eines Gebäudes an der Außenseite, in Bogenstellungen geöffnet

Laubrosette Schmuckform aus einem mit Laubwerk Laubwerkrosette gefüllten Kreis

Limes Verteidigungsbauwerk der Römer gegen das unbesetzte Germanien

Lisenengliederung Vertikale Gliederung einer Wand durch flache, plastische Wandstreifen

Loggia, Loggien Freisitz innerhalb eines Gebäudes mit Öffnung in der Fassade

Louis-Seize Kunststil zur Regierungszeit des französischen Königs Ludwig XVI. (1774–1792) mit den Formen eines Frühklassizismus

Lukarne Steinerner Ausbau zur Belichtung des Daches, jedoch auf der Mauer des oberen Geschosses aufsetzend. Im Unterschied zur Lukarne ist die Gaube oder Gaupe Teil des hölzernen Dachstuhls und von der Mauerkrone durch einen Streifen der Dachfläche getrennt

Lünetten Eingetiefte Bogenfelder über Türen und Fenstern, häufig mit Verzierungen versehen

Lustschloss Schloss zum zeitweiligen Aufenthalt für Lustbarkeiten aller Art

Lyzeum Höhere Lehranstalt für Mädchen

M

Magistrale Hauptverkehrsstraße in einem bebauten Gebiet

Maifestspiele Internationale Festspiele in Wiesbaden, begründet 1896

Mansarddach Gebrochenes Dach mit steiler unterer und flacherer oberer Fläche, benannt nach dem französischen Architekten Hardouin-Mansard, der es häufig zur besseren Nutzung des unteren Dachraums für Zimmer nutzte

Maßwerk Steinerne Gliederungs- und Schmuckformen der gotischen Architektur

Maßwerkfenster Steinerne Unterteilung der großen gotischen Fenster mit Pfosten, Bögen, Kreisen, Passformen, sphärischen Vielecken oder Fischblasen

Mattiaker Teilstamm der germanischen Chatten, die in dem von den Römern eroberten Gebiet zwischen Taunus und Rhein siedelten

maurischer Alhambrastil An der exotisch-maurischen Kunst orientierter Stil des romantischen Historismus

maurisch-islamisch An der maurisch-islamischen Kunst des Vorderen Orients orientierte Bau- und Dekorationsformen

Medaillon Kreisförmiges oder ovales Schmuckfeld in der Baukunst

Mennoniten Von Menno Simons (1496 bis 1561) im Küstengebiet der Nordsee gegründete freikirchlich reformierte Religionsgemeinschaft

Mezzaningeschoss Halbgeschoss eines Schlosses oder Palastes

Mithrasheiligtum Auch Mithräum, im spätrömischen Reich weit verbreitete Kultstätte für den Gott Mithras

Mittelportal Mittlerer von drei Eingängen in einer Fassade

Mittelrisalit Um ungefähr eine Mauerstärke vorgezogenes Mittelfeld einer Fassade

monumentaler Historismus Deutscher Baustil im Zeitraum 1888–1914

Municipium Stadtgemeinde römischen Rechts im römischen Reich

N

Neobarock Wiederaufnahme barocker Formen in die Baukunst Neubarock des Historismus ab etwa 1875

Neoklassizismus Wiederaufnahme der Formen des Klassizismus von 1790 bis 1830 im Historismus ab 1870

Neorenaissance Wiederaufnahme von Formen der Renaissance in die Baukunst des Historismus etwa ab 1835

Netzgewölbe Reiche Gewölbeform der Spätgotik mit dichtem Netz von Rippen

Neue Sachlichkeit Kunstrichtung des frühen 20. Jahrhunderts als Gegenbewegung zum Expressionismus, der Begriff wurde erstmalig 1923 verwandt

Neugotik, neugotisch Wiederaufnahme der mittelalterlichen Gotik im romantischen Historismus des 19. Jahrhunderts

niederländisch-norddeutscher Barock Kunstströmung des Barocks mit schlichten, klassizistisch wirkenden Formen.

O

Obelisk „Schlanker, hoher, viereckiger Steinpfeiler, der sich nach oben verjüngt und in einer pyramidenförmigen Spitze endet; Motiv aus der ägyptischen Kunst."

oberitalienische Romanik Kunst des 12. Jahrhunderts in Oberitalien

offene Bauweise Bebauung der Front einer Straße oder eines Platzes mit einzelstehenden Baukörpern, die im Unterschied zur geschlossenen Bauweise nicht aneinander erbaut worden sind

orientalisch-exotischer Stil Stilhaltung im Romantischen Historismus mit der Verwendung von Formen aus dem Vorderen Orient

Ostapsis Halbrunder Raumteil im Osten einer Kirche

Ostturm Turm, der ausnahmsweise im Osten einer Kirche steht

ottonische Basilika Bauform des 10. bis frühen 11. Jahrhunderts

P

Pädagogium Ausbildungsanstalt für Lehrer

Palladianismus Strömung in der englischen Baukunst vom 17. bis zum 19. Jh. mit der Wiederaufnahme von Formen des italienischen Architekten Andrea Palladio (1508–80)

Palmette Fächerartiges Blattornament, beliebtes Schmuckelement seit der griechischen Antike

Palmettenfries Fortlaufendes Schmuckband aus Palmetten

Pavillonbauten Kleinbauten für Nebenfunktionen einer größeren Anlage

Periptoros Tempel mit Säulenhallen an allen Seiten

Perpendicular Style Stilhaltung der Spätgotik in England

Pilaster Wandpfeiler aus rechteckiger Vorlage mit Basis und Kapitell, an Gebäudeecken Eckpilaster genannt

pompejianischer Stil Dekorationsformen nach den seit dem 18. Jh. freigelegten Wandmalereien in der 79 n. Chr. verschütteten Stadt Pompeji

Portalnische Wandnische mit einem Portal

Portikus Offene Vorhalle mit Säulen

Postmoderne Strömung in der Baukunst seit etwa 1980

preußischer Baustil Spätklassizistische Strömung in Preußen durch den Einfluss der Schüler Schinkels

Proszeniumsloge Loge über dem Orchestergraben im Grenzbereich zwischen Bühnenhaus und Zuschauerraum

Putzbau Gebäude mit verputztem Naturstein-, Fachwerk- oder Backsteinmauerwerk

Q

Querschiff Quer zur Längsachse einer Kirche stehender Raumteil

R

Rechteckchor Altarraum mit geradem Abschluss

Reformation Abspaltung der Protestanten von der katholischen Kirche im ersten Viertel des 16. Jahrhunderts

Reichspogromnacht Grausame Ausschreitungen der Nationalsozialisten gegen die deutschen Juden, auch Reichskristallnacht

Renaissance Wiedergeburt der antiken Kunst, beginnend in Italien um 1425

Renaissanceretabel Altaraufsatz im Stil der Renaissance

rheinischer Rhombenhelm Achteckiger Pyramidenhelm über quadratischem Grundriss

Risalit Gering, ungefähr um Mauerstärke vortretender Teil einer Fassade

Rokoko Spätphase des Barock ab circa 1740

romanische Baukunst Architekturstil des 12. und frühen 13. Jh

Romantik Kunstphase etwa 1830–60

römischer Triumphbogen Ehrenbogen für siegreiche, im Triumphzug in Rom einziehende Feldherren

Rotunde Raum über kreisförmigem Grundriss

Russisch-Orthodoxe Kirche Sakralbau der Russisch-Orthodoxen Glaubensgemeinschaft, meist in Form eines kreuzförmigen Zentralbaus mit fünf Kuppeln

Rustika Mauerwerk aus grob behauenen Quadern

Rustizierung Gliederung von Putzflächen in Form einer Rustika

rustizierte Pilaster Gliederung von Putzflächen in Form einer Rustika

S

Saalkirche Einschiffiger Kirchenraum

Saalraum Einschiffiger Raum

Sala Terrena Raum im Untergeschoss eines Schlosses mit steinernem Fußboden für den Aufenthalt an heißen Tagen

Schildgiebel Steinerne Giebelwand, die breiter als der Querschnitt des Daches ist, gegen die die Dachhaut stößt

Schweifgiebel Weiterentwicklung des Treppengiebels durch die Anordnung von Voluten in den Abtreppungen im 16. Jh. und Verschleifen des Umrisses in der niederländischen Baukunst des 17. Jahrhunderts

Secession Abspaltung innovativer Künstlergruppen von den traditionellen Vereinigungen, in Wien ab 1895; Bezeichnung für den Jugendstil

Segmentbogen Bogen aus einem flachen Teil eines Kreisbogens

Segmentbogengiebel Giebel mit dem oberen Abschluss eines Segmentbogens

Seitenapsiden Halbrunde Raumteile an den Enden der Seitenschiffe

Seitenrisalit Flach vortretende Seitenflächen einer Fassade

Sirona Quellenkönigin, Nymphe einer Quelle

Sockelgeschoss Unteres, optisch tragendes, meist niedriges Geschoss ohne aufwendige Gliederung

Späthistorismus Höhepunkt und Ausklang des Historismus zur Regierungszeit Kaiser Wilhelm II. 1888 bis 1918

spätklassizistisch Stilhaltung nach 1830

spätromanisches Tympanonportal Portal des frühen 13. Jahrhunderts mit gestaltetem Bogenfeld über dem Türsturz

Spitzbogen Hauptform der Bögen in der gotischen Baukunst, konstruiert aus zwei Zirkelschlägen

Spitzhelm Besonders spitze Helmform

Staketenwände Wände aus Holzlatten

Sterngewölbe Gotische Gewölbeform, deren Rippen im Grundriss einen Stern bilden

Stichkappen Verbindungskappen zu einer geraden Wandfläche oder einer Bogenöffnung

Stileklektizismus Gleichzeitige bloße Nachbildung aller historischen Stilformen an einem Gebäude

Stilpluralismus Spätstil des Historismus mit der schöpferischen Verarbeitung aller historischen Stile

Stoßfuge Fuge am Stoßpunkt zweier Bauteile

Strebepfeiler Kräftiger Wandpfeiler zur Ableitung der seitlich wirkenden Kräfte bei einem Gewölbebau

strenger Historismus Stilphase des deutschen Historismus zur Regierungszeit Kaiser Wilhelm I. 1866–1888

Sturz Waagerechter Abschluss einer Tür

Suburbium Planlos gewachsene Siedlung rings um eine Burg oder ein Kloster im frühen und hohen Mittelalter

T

Tambour Ringförmiger, über das Dach ragender Teil einer Kuppel

Tempietto Kleiner Tempel, meist in der Gestalt eines kreisförmigen Säulentempels = Monoptoros

Tepidarium Lauwarmer Raum der römischen Thermen

Thermenfenster Halbkreisförmige Fensterform römischer Thermen

Tonnenwölbung Gewölbeform aus einem hohlen halben Zylinder

toskanische Protorenaissance Vorform der Renaissance hauptsächlich in Florenz um 1050–1150

toskanische Säule Römische Säulenform mit einfachem Ringkapitell

Traufgesims Gesims unmittelbar unterhalb der Traufe des Daches

Trikonchos Chorform aus drei nach Norden, Osten und Süden ausgerichteten Apsiden

V

Venezianische Gotik Sonderströmung der italienischen Gotik in Venedig

Veste Ältere Bezeichnung für Festung

Vestibül Eingangsraum eines Hauses

villa rustika Römisches Landgut mit Wohnhaus

Voluten Spiralförmiges, schneckenartig eingedrehtes Schmuckelement

Volutenkonsolen Stützelement für ein tragendes Architekturglied in der Form einer Volute

vorromanisches Sturzportal Portal mit geradem oberem Abschluss in der karolingischen oder ottonischen Baukunst

Voute, Voutendecke Große Hohlkehle als Überleitung zur Wand bei Flachdecken

W

Walmdach Satteldach mit abgeschrägten Seitenflächen an Stelle von Giebeln

Wappenkartusche Von Profilen gerahmtes Zierfeld für Wappen

Welscher Stil Bezeichnung des Klassizismus für den Barockstil

Weserrenaissance Gebiet an der Weser mit einer besonderen Dichte und Gattung von Bauten der Renaissance

Wichhäuschen Kleine turmartige Eckhäuschen für den Turmwächter

Wiesbadener Programm Programm des Kirchenbaus mit der Rückkehr zu typisch protestantischen Predigträumen, entwickelt 1894 vom Dekan Emil Veesenmeier und dem Architekten Johannes Otzen, erstmalig verwirklicht in der Ringkirche von Wiesbaden

Z

Zeltdach Pyramidendach über quadratischem oder polygonalem Grundriss

Zentralbau „Regelmäßiger, nach allen Seiten gleichmäßig gestalteter Baukörper über quadratischem, kreisförmigem oder polygonalem Grundriss; auch über einem griechischen Kreuz mit gleichlangen Armen."

Zwerchhaus Abgeleitet vom mittelhochdeutschen zwerch = quer (enthalten auch im Zwerchfell), quer stehender Dachausbau

Baatz, Dietwulf und Fritz-Rudolf Herrmann (Hrsg.): Die Römer in Hessen, Stuttgart 1982.

Baedeker: Wiesbaden – Rheingau, Ostfildern 2001.

Beenken, Hermann: Der Historismus in der Baukunst. In: Historische Zeitschrift 157 (1938), S. 27-68.

Bergh, Ulrike van den: Der Hessische Landtag. Ein Schloß als Parlamentssitz, Königstein 1995.

Biehn, Heinz: Residenzen der Romantik, München 1970.

Bubner, Berthold: Wiesbaden, Baukunst und Historische Entwicklung, Wiesbaden 1983.

Bubner, Berthold: Wiesbaden, Baudenkmale und Historische Stätten, Wiesbaden 1993.

Cöntgen, F.: Denkwürdigkeiten der Stadt Wiesbaden, 1800.

Czysz, Walter: Vom Römerbad zur Weltkulturstadt. Geschichte der Wiesbadener heißen Quellen und Bäder, Wiesbaden 2000.

Czysz, Walter: St. Bonifatius Wiesbaden, Schnell Kunstführer Nr. 1893, München 1992.

Dehio, Georg: Handbuch der Deutschen Kunstdenkmäler Hessen, bearb. von Magnus Backes, München 1982.

Denkmaltopographie der Bundesrepublik Deutschland - Kulturdenkmäler in Hessen, Wiesbaden II - Die Villengebiete von Sigrid Russ, Wiesbaden 1988.

Denkmaltopographie der Bundesrepublik Deutschland - Baudenkmale in Hessen - Lahn-Dill-Kreis, Wiesbaden 1986.

Dilger, Thomas (Hrsg.): Architektur und Städtebau in Wiesbaden nach 1945. Ein Architekturführer, Heidelberg 1995.

Döringer, Karl und Wilhelm: Der kleine Heimatforscher in der Stadt Wiesbaden, Wiesbaden 1977.

Emig, Erik, Knop, Detlef, Steinbach, Hartmut (Hrg.): Der Luisenplatz in Wiesbaden, Wiesbaden 1985.

Emig, Erik und Weiler, Clemens: Wiesbaden, Frankfurt 1967.

Evers, Hans Georg: Vom Historismus zum Funktionalismus, Baden-Baden 1967.

Fischer, Thomas: Die Römer in Deutschland, Stuttgart 1999.

Friedrich, Waltraud: Das ehemalige Prämonstratenserkloster Konradsdorf. Reihe: Quellen und Forschungen zur hessischen Geschichte, Historische Kommission für Hessen, Darmstadt/ Marburg 1999.

Funk, Birgit: Die Arbeiten des Wiesbadener Architekten Wilhelm Bogler. In Nassauische Annalen, 99 (1988) S. 110ff.

Geschichtswerkstatt Wiesbaden e.V. (Hrsg.): Wiesbaden und Rheingau zu Fuß, Wiesbaden 2002.

Gideon, Siegfried: Spätbarocker und romantischer Klassizismus, München 1922.

Goethe, Johann Wolfgang: Von deutscher Baukunst. In: Hamburger Fliegende Blätter, 1773.

Gideon, Siegfried: Spätbarocker und romantischer Klassizismus, München 1922.

Grolmann, Willy von: Das Kaiser Friedrich-Bad in Wiesbaden. In: Zeitschrift Innen-Dekorationen, XXIV. Jg., Darmstadt 1913.

Gruber, Karl: Die Gestalt der deutschen Stadt, München 1952.

Hase, Ulrike von: Wiesbaden – Kur- und Residenzstadt. In: Die deutsche Stadt im 19. Jahrhundert, Studien zur Kunst des 19. Jahrhunderts, Bd. 24, München 1974.

Hermann, Albert: Gräber berühmter und im öffentlichen Leben bekannt gewordener Personen auf den Wiesbadener Friedhöfen, Wiesbaden 1928.

Hermann, Fritz-Rudolf und Jockenhövel, Albrecht (Hrsg.): Die Vorgeschichte Hessens, Stuttgart, 1990.

Hermann, Fritz-Rudolf: Lich-Arnsburg, Führungsblatt. Reihe: Archäologische Denkmäler in Hessen 6.

Hildner, Heinz: Wiesbadener Wohnbauten der klassizistischen Zeit, Diss. 1931.

Hirt, Alois: Die Baukunst nach den Grundsätzen der Alten, Berlin 1809.

Hoffmann, Hans-Christoph: Die Theaterbauten von Fellner und Helmer, München 1966.

Honekamp, Gerhard, Jung, Wolfgang und Wunderer, Hartmann (Hrsg.): Historische Erkundungen in Wiesbaden und Umgebung, Wiesbaden-Erbenheim 1994.

Kiesow, Gottfried: Vom Klassizismus zur Romantik. In: Herzogtum Nassau 1806-66, Ausstellungskatalog Museum Wiesbaden 1981, S. 305-329.

Kiesow, Gottfried: Gesamtkunstwerk – Die Stadt. Zur Geschichte der Stadt vom Mittelalter bis in die Gegenwart, Bonn 1999.

Kiesow, Gottfried: Romanik in Hessen, Stuttgart, 1984.

Kiesow, Gottfried: Der Mittelrhein. Eine Kulturlandschaft. In: Land am Strom. Zwei Jahrtausende Geschichte am Mittelrhein. 75 Jahre „Mittelrheinische Gesellschaft zur Pflege der Kunst", Wiesbaden 1999.

Kur- und Verkehrsverein e.V. (Hrsg.): Von Biebrich nach Wiesbaden, Köln und Wiesbaden 1998.

Luthmer, Ferdinand: Die Bau- und Kunstdenkmäler des Regierungsbezirkes Wiesbaden, Bd. 5, 1914.

Mattiaca, Gesellschaft zur Pflege von Dialekt und Stadtgeschichte Wiesbaden (Hrsg.): Zeitzeugen, Wiesbadener Häuser erzählen ihre Geschichte, Wiesbaden, Bd. I. 1996/ 99, Bd. II 1998/ 2003, Bd. III 2000.

Mitscherlich, Alexander: Die Unwirtlichkeit unserer Städte. Anstiftung zum Unfrieden, Frankfurt 1965.

Müller, C.U.: Das neue Wiesbaden, Wiesbaden 1924.

Müller-Werth, Herbert: Zur städtebaulichen Gestaltung Wiesbadens in der zweiten Hälfte des 19. Jahrhunderts. In: Nassauische Annalen, 70 (1959), S. 234-258.

Pevsner, Nikolaus: Möglichkeiten und Aspekte des Historismus. In: Historismus und bildende Kunst. (Studien zur Kunst des 19. Jahrhunderts), Bd. 1, München 1965, S. 13-24.

Pevsner, Nikolaus: Das Englische in der englischen Kunst, München 1974.

Quincy, Quatremère de: Geschichte berühmter Architekten und ihrer Werke, Bd. 3, Leipzig 1931.

Reidelbach, Hans: König Ludwig I. von Bayern mit besonderer Berücksichtigung seiner Kunstschöpfungen, München 1888.

Renkhoff, Otto: Siegel und Wappen der Stadt Wiesbaden. In: Nassauische Annalen 68 (1957), S. 203-232.

Renkhoff, Otto: Wiesbaden im Mittelalter, Wiesbaden 1980.

Rullmann, G.C.W.: Wiesbaden und seine Heilquellen, Wiesbaden 1823.

Sachs, Edwin O.: Modern Opera Houses and Theaters, London 1896-98.

Schabe, Peter: Felix Genzmers frühe Schaffensjahre und Stadtbaumeisterzeit 1881–1903. Historische Kommission für Nassau, Wiesbaden 1997.

Schabe, Peter: Solmsschlösschen in Wiesbaden – gestern und heute, Wiesbaden 1996.

Schaefer, Albert: Wiesbaden. Von der Römersiedlung zur Landeshauptstadt, Frankfurt 1969.

Scheffler, Hans A.: Wiesbaden ... aus der schönen alten Zeit, Wiesbaden 1986.

Schellenberg, A. Die Ringkirche in Wiesbaden. In: Süddeutsche Bauzeitung V (1895), S. 431-433.

Schoppa, Helmut: Wiesbadens römische und alamannisch-merowingische Vergangenheit, Wiesbaden 1974.

Schüler, Winfried: Das wilhelminische Wiesbaden. In: Nassauische Annalen 99 (1988), S. 89–110.

Semper, Gottfried: Vorläufige Bemerkungen über bemalte Architektur und Plastik bei den Alten, Hamburg-Altona 1834.

Siedler, Wolf Jobst, Niggemeyer, Elisabeth und Angreß, Gina: Die gemordete Stadt. Abgesang auf Putte und Straße, Platz und Baum, München 1967.

Sitte, Camillo: Der Städtebau nach seinen künstlerischen Grundsätzen, Wien 1889.

Spielmann, Christian und Krake, Julius: Historischer Atlas der Stadt Wiesbaden, Frankfurt 1812, neu herausgegeben als CD-Rom mit Begleitbuch in der Bearbeitung von Thomas Weichel und Rudolf Krämer, Wiesbaden 2002.

Stephanitz, Iris von: Die Wiesbadener Bauten der Architekten Kreizner & Hatzmann, Wiesbaden 2002.

Stieglitz, Christian L.: Lehrbuch Altdeutscher Baukunst, 1820.

Struck, Wolf-Heino: Wiesbaden im Biedermeier, (Geschichte der Stadt Wiesbaden; 5), Wiesbaden 1981.

Struck, W.-H.: Wiesbaden in der Goethezeit, Wiesbaden 1979.

Vollmer, Eva C.: Das Schloß in Wiesbaden, Wiesbaden 1983.

Wagner-Rieger, Renate: Wiens Architektur im 19. Jahrhundert, Wien 1970.

Weber, P.: Beschreibung der Bäder zu Wißbaden, Frankfurt 1636.

Weddigen, Otto: Geschichte des Theaters in Wiesbaden, Wiesbaden 1894.

Weichel, Thomas: Wiesbaden im Bombenkrieg 1941–1945, Gudensberg-Gleichen 2004.

Weiler, Clemens: Romantische Baukunst in Nassau. In: Nassauische Annalen, Bd. 63, Wiesbaden 1952.

Wiesbaden-Geschichte von der Römerzeit bis zur Gegenwart, Essen 1981.

Wiesbaden – Stadtgestalt und Denkmalschutz im Städtebau - Beitrag der Landeshauptstadt Wiesbaden zum Wettbewerb 1978, Wiesbaden 1978.

Wiesbaden – Baudenkmale und Historische Stätten, beschrieben von Stefan Thiersch, Berthold Bubner, Ingeborg Büttner, Wiesbaden 1979.

Gottfried Kiesow

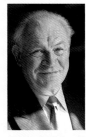

Gottfried Kiesow (★ 7. August 1931 in Alt Gennin) zählt zu den führenden Fachleuten der europäischen Denkmalpflege. Prof. Dr. Dr.-Ing. E.h. Gottfried Kiesow ist seit 1995 Vorsitzender der Deutschen Stiftung Denkmalschutz.

Der Sohn eines Pfarrers, den die Kriegsereignisse in die Altmark verschlagen hatten, ging nach seinem Abitur 1951 nach Göttingen, um hier Kunstgeschichte, Klassische Archäologie, Geschichte und Theaterwissenschaft zu studieren. Bereits nach fünf Studienjahren promovierte er zum Dr. phil. mit dem Thema: „Das Maßwerk in der Deutschen Baukunst bis 1350". Damit war schon seine zukünftige berufliche Orientierung vorgezeichnet. Auf Grund seiner wissenschaftlichen Begabung erhielt er 1956 ein Forschungsstipendium am Kunsthistorischen Institut der Universität in Florenz. Fünf Jahre durfte er die gotische Architektur der Toskana studieren und erforschen. Versehen mit derartigem theoretischen und praktischen Rüstzeug wurde er zunächst Bezirksdenkmalpfleger in Hannover, dann in Braunschweig.

Ab 1966 bestimmte er als Präsident des Landesamtes für Denkmalpflege maßgeblich Denkmalschutz und Denkmalpflege in Hessen für die nachfolgenden drei Jahrzehnte. Daneben war er seit 1975 als Honorarprofessor für das Fach Kunstgeschichte an der Johann-Wolfgang-Goethe-Universität in Frankfurt am Main tätig. Angeregt durch positive Erfahrungen englischer Denkmalschützer gehört er zusammen mit dem Deutschen Nationalkomitee für Denkmalschutz und Spitzenmanagern der deutschen Wirtschaft 1985 zu den Gründungsmitgliedern der Deutschen Stiftung Denkmalschutz, deren Vorsitzender er heute ist. Für seine Leistungen wurde der Wissenschaftler bereits mit dem Großen Bundesverdienstkreuz (2000), Ehrenbürgerschaften in Görlitz (1995), Morschen (1997), Quedlinburg (1998), Wismar, Stralsund (2004) und Zittau (2005) sowie dem Kulturpreis der Länder Hessen (2001) und Mecklenburg-Vorpommern (2002) ausgezeichnet. 2004 wurde ihm die Ehrendoktorwürde der Technischen Universität Dresden verliehen.

DEUTSCHE STIFTUNG DENKMALSCHUTZ

Spendenkonto 3055555
Commerzbank Bonn, BLZ 380 500 07

Bildnachweis:

Der weitaus größte Teil der im Buch verwendeten Abbildungen stammt vom Autor selbst. Diese Abbildungen sind nicht einzeln nachgewiesen. Trotz intensiver Recherchen konnte die Redaktion in einigen Fällen die Inhaber von Bildrechten nicht ausfindig machen. Deshalb bitten wir nicht benannte Rechteinhaber darum, sich mit uns in Verbindung zu setzen.

Renate Gruber: Titel, Abb. 126, 205, 343, 412, 443, 590, 600, Abb. Seite 132 und 206; Dr. Hans von Papen: Abb. 1, 5, 7, 8, 9, 11, 13, 14, 23, 25, 29, 51, 56, 61, 65, 66, 71, 74, 75, 80, 99, 102, 103, 104, 105, 106, 107, 108, 109, 110, 111, 112, 113, 116, 159, 162, 254a, 263, 265, 272, 273, 300, 303, 305, 306, 312, 316, 337, 349, 358, 419, 448; Pläne – Christian Kiesow: Abb. 3, 6, 10, 52, 53, 59, 63, 68, 70, 82, 83, 84, 94, 95, 101, 117, 118, 119, 120, 121, 122, 123, 137, 138, 152, 153, 154; Stadtarchiv Wiesbaden: Abb. 16, 17, 20, 79, 85, 93, 141, 161, 253, 261, 262, 264, 313, 350, 364, 370, 418, 422, 439, 447, 487, 488, 494, 496, 518, 530; Museum Wiesbaden: Abb. 30, 51; Ilona Surrey: Abb. 87, 127, 255, 326, 425b, Abb. Seite 116 und 172; aus: Dilger, Thomas (Hrsg.): Architektur und Städtebau in Wiesbaden nach 1945. Ein Architekturführer, Heidelberg 1995: Abb. 133, 168, 174, 175; aus: Fremdenführer durch Wiesbaden, Schellenberg'sche Hofbuchdruckerei: Abb. 155, 156, 160, 521, 524, 527, 528, 529; M.-L. Preiss: Abb. 157, 244b, 551; Casino-Gesellschaft Wiesbaden: Abb. Seite 160; aus: Weichel, Thomas: Wiesbaden im Bombenkrieg 1941–1945, Gudensberg-Gleichen 2004: Abb. 170; Städtisches Feuerwehrarchiv Wiesbaden: Abb. 186; Landesbildstelle Berlin: Abb. 245; Reimer Wulf: Abb. 244a; Heike Kühn: Abb. 315; Roland Rossner: Abb. 409; Kurbetriebe Wiesbaden: Abb. 506, 507, 508, 509, 510, 595

© Bonn 2005, Deutsche Stiftung Denkmalschutz
MONUMENTE Publikationen

Verlag: Deutsche Stiftung Denkmalschutz, MONUMENTE-Publikationen
Dürenstraße 8, 53173 Bonn, Tel. 02 28/9 57 35-0, Fax 957 35-28, www.monumente.de
Gesamtorganisation/Verlagsleitung: Gerlinde Thalheim
Redaktion/Lektorat: Heike Kühn, Sonja Lucas, Gerlinde Thalheim
Gestaltungsidee: Holger Hiller, Konkordia GmbH, Bühl
Satz: Rüdiger Hof, Wachtberg/Bonn
Druck und Verarbeitung: Konkordia GmbH, Bühl

Die Deutsche Bibliothek – CIP-Einheitsaufnahme

Kiesow, Gottfried : Das verkannte Jahrhundert - Der Historismus am Beispiel Wiesbaden / ; Vorw. Robert Knüppel. - Bonn : Deutsche Stiftung Denkmalschutz, Monumente Publikationen 2005
ISBN 3-936942-53-6